21世纪人力资源管理系列教材

绩效考核与薪酬管理

（第二版）

Performance Appraisal and Compensation Programs

余泽忠　编著

武汉大学出版社

图书在版编目(CIP)数据

绩效考核与薪酬管理/余泽忠编著.— 2 版.—武汉：武汉大学出版社，2016.1(2021.12 重印)
  21 世纪人力资源管理系列教材
  ISBN 978-7-307-17065-0

Ⅰ.绩… Ⅱ.余… Ⅲ.①企业管理—人力资源管理—高等学校—教材 ②企业管理—工资管理—高等学校—教材 Ⅳ.F272.92

中国版本图书馆 CIP 数据核字(2015)第 257064 号

责任编辑：范绪泉　　责任校对：李孟潇　　版式设计：马　佳

出版发行：武汉大学出版社　　(430072　武昌　珞珈山)
　　　　　　(电子邮箱：cbs22@whu.edu.cn　网址：www.wdp.com.cn)
印刷：武汉市宏达盛印务有限公司
开本：720×1000　1/16　印张：23.75　字数：436 千字　插页：1
版次：2006 年 9 月第 1 版　　2016 年 1 月第 2 版
　　2021 年 12 月第 2 版第 7 次印刷
ISBN 978-7-307-17065-0　　定价：45.00 元

版权所有，不得翻印；凡购我社的图书，如有质量问题，请与当地图书销售部门联系调换。

总　　序

十几年前，人们称呼从事人力资源管理工作的人是"福利秘书"、"就业员"、"公司警察等"。也有人说"人事经理是虚情假意的欢迎者或热情过分的人，他们通过管理好公司的外出野餐、处理好救济金的使用流向、确保休养项目良好地进行，来使公司保持一种振奋的精神状态"。那时，他们的责任确实非常有限，通常仅仅处理诸如工人的工资、少数医疗、休养和住房问题，"人事"作为一种职业一般不被尊重，在组织机构中也是处在底层。当然，今天，在大多数组织中这种现象可能已经成为历史，"人力资源管理经理的职务不再是给那些在组织中无法胜任任何岗位的经理养老的职务"，人们愈来愈认识到人力资源部门会对组织的整体效率和获利能力产生重要的影响。有关研究资料显示，在美国，在拥有10 000多名员工的企业中，人力资源总经理的年薪（包括福利和奖励）为19.6万元；在拥有1 300~3 500名员工的企业中，人力资源经理的平均年薪为11.3万美元；在拥有不足2 500名员工的企业中，人力资源经理的平均年薪为10.9万美元，跟高级律师、会计师的平均年薪差不多。

那么，为什么人力资源部门的工作在公司中的地位愈来愈重要了呢？这是因为知识经济和网络时代的到来，人们的生活方式、工作方式、心理能量的发挥、管理的对象、组织的结构模式、生产的资源、经济增长模式等发生了根本的变化。为了应对和适应这些变化，为了使企业在全球经济中变得更加灵活和更具有生产力，用比尔·盖茨的话来说就是"关键是增强每个工作者的力量"。

为了提高人力资源管理的有效性，先让我们看看我们的管理对象、工作条件和环境等都发生了什么样的变化。

1. 计算机软件的应用，尽管很难达到对复杂事件形成意识和判断的水平，也不可能全部应对工作中的难题和挑战，但是IT行业的发展，新软件将会学习人的工作方式，了解人的需要，快捷方便地获得所需要的信息，可以帮助人提高工作效率。计算机在工作生活中的应用广泛性，使得人们将会像拿笔写字一样自然地去使用它。

2. 在信息时代，"无纸办公"、"流动办公"、"虚拟办公室"等全新的办公自动化概念，可以使人们更迅速、更全面地获得解决问题所需的各种信息，更高效更准确地做出决策，提高办事效率。传统意义上的工作场所、办公地点也发生了根本的变化，只要有台电脑，在任何地方、任何地点，都可以谈生意、发指令或聊天，在家办公也成为现实。据估计，美国约有1 000多家公司职员通过与公司连接的电脑从事各种远程的业务工作。电子农场的"农民"已经从传统意义上的体力劳动中解放出来，他们可以在家或办公室获取各种庄稼成长的信息。因为传感设备将土壤信息、肥料信息、水量信息、作物生长信息、成熟程度信息以及杂草、虫害信息传送给电脑，然后根据对上述信息的分析处理结果自动实施浇水、施肥、除草、收割等操作。当然，在家上班还要取决于电话的普及和家庭电脑的拥有量，尽管对我国来讲，还相差甚远，但是，我国潜在的在家上班的人数也非常可观，而且增长速度很快。

3. 知识经济、信息时代的到来，知识员工也逐渐成为主要的管理对象。知识员工与体力员工相比，具有明显的特点，比如，知识员工有较强的自主性、成就动机、创新愿望、不迷信重真理、流动意愿，他们的劳动过程和劳动成果难以控制。这就对我们的人力资源管理提出了新的挑战。

4. 互联网的发展使得管理过程愈来愈信息化，传统意义上的金字塔式的组织形式将转向扁平化和虚拟性。一个企业，可以依托于INTERNET/INTRANET的交往平台，对遍布100多个国家的几百个部门均可以进行有效的联系和管理。区域时空对沟通、贸易的限制作用微乎其微，员工之间、员工与管理者之间、管理者之间、商家与客户之间、商家之间等不受时间、空间的限制可以随时沟通或做生意。组织中的中间管理的作用将愈来愈小。人们通过互联网可以做任何自己想做的事情，人们参加网上虚拟团队的活动将愈来愈多。

5. 网络时代，不仅对我们的工作方式带来很大的影响，它也与人类的生存方式和生活方式休戚相关。在家里，就可以通过电脑、可视电话等进行工作，不用为交通问题而烦恼；只要按一下键盘，各类新闻、股票信息、天气预报尽收眼底，想参与讨论，发个电子邮件就可表达你的想法；科学家、学者不出家门、国门就可以与世界同行进行学术交流；如果想办银行业务，只需一张银行卡，轻按键盘，便可完成传统银行所执行的一切交易；如果想做一件合适的衣服，全息摄像会给你的体形量好尺寸，再把你的设计告诉电脑，所要的款式马上就会显示出来；如果你病了，通过你手腕上的一支表，医生就知道你有情况；网络远程教育，使得学习场所和学习方式都发生了变化。

总之，在这个知识经济、信息时代，科技与生产力的快速发展，与市场经济的公正、自由和竞争的社会原则相结合，使人的个性更加张扬，施展的空间更大。这种知识经济与市场经济互相影响、互相推动而形成的新的经济形态，它既不是知识经济，也不是市场经济，本人把它叫做新商业经济。这是因为，市场经济在西方发展几百年，为什么在知识经济、信息时代到来之前没有出现人才流动、辞职、跳槽如此频繁的现象呢？而现在跳槽的原因愈来愈复杂，对特殊人才来讲，工资报酬的多少再不是选择单位的主要原因了。这种现象，用单纯的市场经济或知识经济都无法解释。新商业经济是指遵照市场经济的运行规律、具有现代理念和最新专业知识的人，能够接受知识，运用知识，创造知识，并将知识转化为社会效益和经济效益，从而推动社会发展的经济。一句话，就是市场经济与知识经济的融合而形成的经济就叫新商业经济。它是科学技术发展和经济市场化相结合的结果，特别是经济市场化将规模庞大的劳动力队伍解放出来了。在这种新商业经济条件下，人们的价值观念、思维模式、生活习惯、工作方式和人际关系等都将发生重大的变化。作为上层建筑的管理科学，在管理理念和管理方式上都要与之相适应，人力资源管理更是如此。本人认为，在这样的情况下，未来人力资源管理将呈现出如下的趋势：

1. 创新管理

创新是未来人力资源管理的主旋律。研究证明，提升生产率的真正动力，不是信息技术，而是人力资源的竞争和管理创新；信息技术的作用是必要的，但不是充分的；比如 ERP 在企业的应用，很多企业应用时并没有对自己已有的经营方式进行调整，而是要求修改软件，让软件适应原有的经营方式，而不是利用软件提供的先进技术进行管理的创新；竞争迫使企业变革与创新，创新又帮助企业提高竞争能力。随着技术水平的不断提高，员工在企业中的地位越来越重要，满足员工工作、生活质量的要求将成为 21 世纪人力资源开发与管理的核心内容之一。员工不仅要得到公平合理的充足报酬，不仅要得到发展自我的机会和条件，而且还要得到职业安全保障。企业终将意识到员工需要的不是工作，而是职业。要改变传统的企业人力资源管理工作中作业性的内容，如考勤、绩效考评、薪资福利等行政性和总务性的工作。更加重视战略性项目包括人力资源政策的制定、完善，员工的教育、培训，组织发展规划和为业务发展开发提供人才支持等。企业应该营造一个宽松自由的创新环境，树立崇尚创新、鼓励创新的风尚，让企业的每一个成员都成为创新的源泉。

2. 目标管理

伴随着 INTERNET 在企业管理中的应用，目标的确定、实施和评价将成为企业与员工之间建立战略伙伴的关键。正如通用电器前 CEO 杰克·韦尔奇所言："没有高度信任，你不可能发掘最大的头脑潜力。"因为在当代，财富的创造不是靠手，而是靠头脑。你的成功将不是依靠你管理生产的能力，而是在于你能在多大程度上激发员工运用他们的创意、判断和努力。管理过程和管理成果难以控制，目标是明确的，具有强制性的，但管理确是柔性的和弹性的。员工要了解企业的目标，企业也要了解员工的目标。企业明确的战略目标即是对员工的吸引，也是企业成功的行为导向。企业是一个利益共同体，员工首先要对自己在企业的利益认同，进而才有对企业目标的认同。企业不仅要确立目标，还要进行目标教育。一个员工不知道自己企业目标的企业，是不可能形成企业精神和企业凝聚力的。

3. 差异管理

合资经营是未来企业不可抗拒的一种重要的经营方式。构成合资经营的组织因素是多元性的，而企业经营是需要一元化的或需要各种因素的融合。从市场需求来看，顾客对消费品的需求是多种多样的；从经营管理来看，员工对工作的态度、激励方式、处世原则等是不完全一致的；从经营环境来看，企业各个股东对资本、技术和产品的选择偏好是不一样的；从员工的性格、能力、职业趋向等特征来看，是千差万别的。所以，人力资源管理必须明确：工作岗位的最佳人选并不都是智力最高的，而是最适合工作要求的人。差异是客观存在的，承认和尊重差异是搞好企业管理的前提。承认和尊重企业差异，充分发挥企业优势；承认和尊重个体差异能做到量才使用，各尽所能；承认和尊重个体差异有利于培养创造型人才，不断保持企业的创新能力。差异是财富。

4. 选拔管理

人力资源的计划、招聘和选择是人力资源管理的重要内容和有效性的前提。在网络时代，E人力资源管理愈来愈重要，所以，开发全球人力资源信息系统非常重要。不管是计划、招聘还是选拔，人力资源信息系统可以为它们随时提供有效的信息。在劳动力市场上，人力资源管理者正面临着需要更高能力的新工作与实际接受这些工作的人之间不匹配的问题；还有招聘选拔中的偏见问题，也会使有能力的人不能得到重用，比如，认为"女性不想成为国际经营管理者"而不选派她们，实际上，在不多的女性国际管理者中，有97%的人工作得非常成功。所以，在招聘选拔中，性别歧视中的法律问题将成为人力资源经理关注的重点。

5. 员工关系管理

和谐的员工关系也是生产力。和谐的员工关系有利于增强员工士气，提高员工工作的积极性和主动性，最终提升企业服务质量；和谐的员工关系有利于鼓励员工参与，充分发挥企业人力资源的潜力，提高企业科学决策及民主管理水平；

和谐的员工关系有利于避免劳动纠纷，避免企业的声誉、形象在社会、客户和员工面前受到损害。遗憾的是，近几年员工与企业之间的各类劳动纠纷越来越多。因为劳动纠纷而劳资双方对簿公堂甚至大打出手的事件不时见诸报端。那么，究竟如何将员工纠纷消除在萌芽状态？如何在纠纷发展到无可挽回而劳资双方不得不对簿公堂之前将纠纷化解在企业内部？如何处理无法可避的员工纠纷与诉讼？人力资源经理必须拥有劳动法规知识和成为处理人际矛盾的高手；必须明确影响员工满意度的因素。尽管安全和健康问题是属于保健因素，但它毕竟是引起员工不满意的直接因素，所以，善于识别和解决这类问题，将矛盾消灭在萌芽状态，也是人力资源管理者的重要技能。

6. 人本管理

《纽约时报》曾经有一篇文章说道："在过去的50年里，经济已经由以生产为基础转变为以消费者为基础。它已经由理性的范畴升华到理想的国度，从客观变迁为主观，到达心理的王国。"这就意味着在当今世界上，了解"人"，满足"人"，发展"人"，以人为本，确实是成功的关键所在。可能有人会说：在目前我们国家这种"后发展"的环境下，连资本原始积累过程还没有走完，连泰勒制下面的"承包责任制"、"计件工资制"这样的原始科学管理模式还没能逾越，连无以数计的农民工还在为讨工资而疲于奔命、甚至哭诉无门的情况下，谈什么"企业人性化"发展，是否有点太"左"，太时髦，太不合国情呢？我不想争论。我只想问：当那些制造假冒伪劣产品的企业令你深受其害的时候；当你的朋友或者是你的朋友的朋友外出打工被老板坑害拿不到工资的时候；当你虽然天天工作着，却感到压抑苦闷没什么发展前途的时候；你会不会觉得我们今天的社会，在人们困惑、不满的背后，在一批又一批的企业产生和一批又一批的企业垮掉的背后，缺少些什么呢？一个企业，盈利自然会带来繁荣。但是，花簇锦绣般繁荣的企业，却未必能够持续发展。在我们国家，生命力旺盛而不长久的企业到处都是，这到底是为什么？要知道，企业里很多东西都不是永恒的，惟有人性是长久的。要知道，全世界不同的国家、不同的地区、不同的企业，很多东西都是不一样的，惟有追求人性的满足和人的发展与完美是一样的。那么，为什么还有很多企业仍然将"人本管理"只挂在嘴上、放在文档里呢？本人认为，有四个原因：一是企业经营者没有明白企业存在的价值到底是什么。是的，企业是经济组织，追求利益最大化天经地义，但是并不意味着就可以不关心人，不把企业当做员工价值实现的地方。世界知名的长青企业的案例是最有说服力的佐证。二是企业经营者没有认识到劳动者具有对自己劳动力的所有权。人不是商品，但劳动力是商品；只有劳动者个人才有对自己劳动力的所有权和使用权。劳动力是人的体力和脑力的综合；人才不是用人单位所有；用人单位只有合同所规定的对劳动力的使用权，而没有所有权。

劳动者具有自由选择工作地点、工作类型、工作单位的权利。《共产党宣言》指出："每个人的自由发展是一切人的自由发展的条件。"未来社会是"自由人的联合体"。人对自由的需要是不可抗拒的。员工流动、人才跳槽，这是很自然的现象。三是一些企业经营者将"趋利避害"等同于人人都是自私的，既然是自私的，当然要严加管制。趋利避害是人的本性，但并不意味着人人都是自私的。四是一些企业经营者将人力资源管理仅仅当做人力资源管理部门的事，如果是这样，怎么可能在全公司实现人本管理呢？过去对人的管理好像管理一座大坝，而今天则更像是疏导一条河流，其目标不是阻止水的流动，而是控制水流的方向和速度。知识经济不是以知识为本，而是以人为本。教育首先使人成为人，其次才是成为材。尊重知识，尊重人才不等于尊重人。仅仅尊重人才，不利于人的聪明才智的发挥，只有将人当做自由的、自立的个人加以尊重，人才才能发挥出自己的聪明才智。最适合人性的管理才最有利于激发人的创造力。

7. 组织人管理

企业的长久发展，需要的不是一个个人，企业需要的是组织人。所谓组织人，按照人力资源管理的观点，首先是人才与企业要有一个正式合同，然后需要与企业有个心理契约，最后对所在企业的文化有高度的认同感。只有这样，企业招来的人才能真正成为企业的核心竞争力。在现实中，很多企业认为只要和人才签订一纸合同，这人就是自己的了，而把招聘时的承诺丢到脑后。一个管理大师曾说过，企业主可以买到一个人的时间，可以雇到一个人到固定的工作岗位，可以买到按时或按日计算的技术操作，但你无法买到热情，买不到创造性，买不到全身心的投入。组织人在哪里？在用人单位的诚信和人才的心里。一个人只有把自己当成组织人，才能成为企业有用的人才。所以，最佳企业的成功之处在于他们不只是让员工快乐，而且让员工更加敬业；不只采取最花哨的做法，而是把人力资源的系统建设得很完善，把人力资源的根本理念贯彻得很彻底。因此，培养"组织人"将是未来人力资源管理者的重要任务。

8. 团队管理

在复杂多变的社会环境中，团队比传统的部门结构或其它形式的稳定性群体更灵活，反应更快。团队的优点是：可以快速地组合、重组、解散；团队适合担任需要多种技能、经验、创新性强、紧迫的工作任务；团队是真正的独立自主，它不仅注意问题的解决，而且执行解决问题的方案。显然，团队很适应网络时代的组织结构的要求。随着信息技术与全球网络化的发展，一种新的组织形式——虚拟团队应运而生。虚拟团队（也叫虚拟社区）是指基于互联网的人类共同体，并不共同拥有一个确定的物质空间或地理区域，但具有共同特质和归属感，并维持着一定社会联系和社会互动的群体。那么维系团队成员的纽带是参与者感到这个环境是讨论个人观点的适宜场所，有些人对所在的网络团队乐意奉献，他们之间的纽带远比现实中的团队成员的联系更为密切。想进就进，想退出就退出，谁也不知道谁是谁，之间没有直接的利害冲突，网络上流传很广的一句话是："谁也不知道你对面坐着的是否为一条狗"。虚拟团队的维持、两极分化、冲突与合作、激励等问题都是需要认真研究的问题。

9. 权变管理

管理者所面对的人是千差万别的，所处的环境是千变万化的，管理的风格也要变化，这就是权变管理之意。对人，管理者究竟要用哪种管理方法，要考虑两方面的因素：一是当事人的个性特点；二是环境因素。工作任务模糊不清，员工无所适从时，工作型管理方式更有效；如果是日常性工作，目标和达到目标的途径都很明确，关系型管理可能更合适。如果目标和达到目标的方法已很清楚，管理者就不要唠唠叨叨，命令部下这样做那样做，而是要给予更多的关心和体贴，创造良好的心理环境。所以，管理是一种情景艺术，管理者不要试图改变员工的个性特征，但可以帮助他提高素质。最强有力的经理就是那些能适应特定环境和特定情况的经理。灵活和适应性是管理的灵魂，是网络时代最需要的管理模式。

10. 学习管理

人力资源管理的重要任务之一是将组织塑造成学习型组织。学习型组织是一种不同凡响的、更适合人性的组织模式，有崇高而正确的核心价值、信念与使命，具有强韧的生命力和实现梦想的共同力量，不断创新，持续变革。在其中，人们心手相连，相互反省求真，脚踏实地，用于挑战极限及过去的成功模式，不为眼前的近利所诱惑，有对共同愿景的认同感，以及与整体动态搭配的政策与行动，充分发挥生命的潜能，创造超乎寻常的成果，从而从真正的学习中体悟工作的意义，追求心灵的成长与自我实现，并与企业以外的世界产生一体感。人的素质的提高依赖于不间断的学习，同样组织素质的提高关键在于组织能否不间断的学习，在于组织的学习能力。

11. 薪酬管理

薪酬是人力资源管理中既复杂又非常重要的内容。公平是薪酬管理有效性的关键。特别在未来网络经济条件下，因为工作方式的变化，人的需求的变化，工作绩效评估和有效激励越来越难。直接经济报酬、间接经济报酬和非经济报酬的类别在现实中可以说是五花八门、八仙过海、各显神通。报酬方式的变化，固然重要，那么，价值创造、价值评价和价值分配体系的公平则是最重要的。心理契约在薪酬管理中的作用也应该引起学者们的关注。

12. 开发管理

人力资源开发是指资方为了提高员工的敬业精神、工作热情、业务能力和组织绩效而在政策、使用和培养方面进行的一种有计划的、连续性的工作。它是组织发展的要求，也是组织发展的基础和动力。但是，在现实中，人们对人力资源开发的理解有个误区，认为人力资源开发就是培训。培训与开发是很重要，培训可以使员工获得目前工作所需的知识和能力，开发可以使员工获得未来所需的知识和能力。可是，政策性开发和使用性开发也是开发的重要内容。可以想象，一个好的政策能让没有积极性的人成为有积极性的，没有能力的成为有能力的；如果政策不好，人才也会成为废品。一个很有组织才能的人，从来不给他施展组织管理才能的机会，这对他个人或企业来说不都是浪费吗？所以，培养性开发、政策性开发和使用性开发，对员工的职业生涯都非常重要。

13. 人力资源外包管理

由于市场竞争的加剧，许多公司都专注于核心业务而没有时间和资源来更好地管理人力资源业务，外包成为降低公司人力资源管理成本的另外一种选择。加上网络技术的帮助，人力资源外包服务提供商更是发展迅速。人力资源外包服务通常分为四个种类：PEO、BPO、ASP 和网上服务。PEO（Professional Employer Organization）是指专业的服务提供商承担公司所有的人力资源管理职责。通过承担公司员工所有的法律责任（包括在聘用、解聘以及员工工资上都有最终决定权），专业的服务提供商成为公司员工的一个合作雇主。PEO 在本质上与公司是合作伙伴，PEO 管理所有人力资源方面的工作，而公司则专注于处理其他方面的业务问题。BPO（Business Process Outsourcing）指公司流程外包，是一个很宽泛的术语，指不仅在人力资源而且在所有领域进行外包。BPO 与众不同的是通过引进新技术或提供现存技术以一种新的方式来改进公司流程。特别是在人力资源方面，BPO 可以确保一个公司的人力资源体系是由最新技术支撑的。ASP（Application Service Providers）指应用服务提供商，是开发软件并租给用户的人力资源服务提供商。这些软件功能包括招聘管理、工资与福利管理等。网上服务是指那些以网络为基础的人力资源服务。一般情况下 BPO 和 ASP 都被人们认为是网上服务。

要记住，人力资源外包服务提供商是公司企业文化的延伸，因此要尽可能寻找一个符合公司形象的人力资源外包服务提供商。不要期望一个保守而主要靠财务制度和法律事务生存的人力资源外包服务提供商可以成为飞速发展中的企业的最佳搭档。这类公司可能不能吸引那些适合自己公司的人才，因为它不可能很好地理解公司的需要而与未来的求职者沟通。另外，外包类型的选择也要从实际出发。选择 PEO 还是混合外包公司取决于你需要外包的业务。如果更愿意将精力集中于公司的核心业务，或者公司缺乏人力资源核心能力，PEO 或许很适合公司。PEO 可以代表公司的利益招聘或解聘员工。对公司的员工来说，他是 PEO 的雇员，实际上是公司从 PEO 再雇佣员工，员工在为你工作，而 PEO 代公司管理那些员工及相关人力资源业务，包括从员工的档案关系到薪酬福利的管理。如果认为不适合把所有的人力资源业务都外包给 PEO，或者公司不需要一整套的服务，可以考虑外包一部分耗时的人力资源管理事务性工作，如档案管理、员工保险等。例如，许多公司利用招聘代理商寻找合适的求职者，但保留调配人员的控制权诸如聘用和解聘。许多公司外包的另外一个关键职能是工资，这在国内不少企业看来是不可思议的。事实上，不少在华的外资企业将公司的薪酬管理交给专业的人力资源服务提供商。此外，公司还可以将人力资源服务以项目的形式外包。人力资源专业服务商提供各种各样的服务，诸如开发员工手册、建立公司的薪酬体系或者建立用以评估员工业绩的绩效管理体系等，这些工作可交由那些专业的人力资源机构管理，他们可能比公司人力资源部更专业，也更具有权威性。要说明的是，无论采取综合的解决方法，还是外包人力资源中特定的一些业务，与专业的人力资源机构建立一种稳固的关系是很重要的，公司需要与这些机构建立一个良好的合作过程，而且相信他们能完成公司的任务和达到要求。

总之，面对未来的发展，企业将部分作业流程外包出去的趋势不会消失，也因此，人力派遣公司的市场发展，仍具相当的成长空间；趋势专家与人力资源学者也预测，人力外包与派遣服务将是 21 世纪人力资源策略管理上最重要的人力运用形态。然而，企业在寻求人力派遣公司的服务时，还是应该重视内部的人力资源培训，避免陷入技术无法提升的难题。

14. 自我管理

在新商业经济时代，以个体为主的行为将会愈来愈突出。市场经济为人的自由发展营造了空间，INTERNET 为人际自由交往提供了便利。每一个网站就是一个领导者，每一个人就是一个领导者，每个人要靠他的智慧、知识、能力，通过他的网络施展他的影响力。网络时代为个人的发展提供了广阔的前景，比如，一个人有音乐或其他方面的天赋，他就可以将他的曲子或其他作品通过网络传遍全世界。另外虚拟团队中的每个人，完全要靠自己来管理。在家上班，领导、同事看不见你，办公室的制度管不了你，全靠自我管理。所以，自我管理又是人力资源管理的热点和难点。自我管理虽然只管一个人，但它却适用所有的人。自我管理与其他管理相比有什么特点、自我管理应包括哪些内容、有什么方法、不同的人自我管理有什么差别，等等，都需要我们去探讨。

管理发展的趋势将是人对自身的管理。

教材是学科发展成熟的结果。编写这套人力资源管理教材，并不表明我们在这个领域的研究造诣有多深，只是将我们在人力资源管理的教学中的体会写出来，便于学生学习，也便于与同行交流。在这套系列教材中，我们力求在人力资源管理的不同侧面既介绍基本理论，又反映学术前沿；更希望在准确把握人力资源发展趋势上有所贡献。

在编写过程中，吸收了国内外同行的研究成果，得到了武汉大学出版社的大力支持和帮助，在此，我们深表谢意。

关培兰
于珞珈山

第二版前言

这次教材修订一是基于教材建设的需要,二是基于广大教材使用者的意见反馈,三是基于实践的发展。绩效考核与薪酬管理是人力资源管理的两大核心模块。将两大块融于一本书一直是有一定难度的,从构建之初就一直存在这个问题。当今现实生活中无论是绩效模块还是薪酬模块发展得如火如荼,绩效视角与战略高度联系,绩效方法日益多元化、量化、系统化;薪酬模块更是显示其活力,薪酬战略化,制度设计精细化、个性化。在这种背景下思考两模块修订教材更有难度,是迟迟不动工的原因。不积跬步无以成行,但万事皆有始。

本次教材的修订在框架上没做大的调整,但针对教学中使用的反馈首先对文字做了全面的认真核查,其次是对相关章节内容做了一定增加,如考核方法选择应该注意的问题,薪酬制度分类梳理,另外是对部分案例做了更新。

教材从内容上注重人力资源两大核心模块的相互联系;从结构上关注两者间的均衡,从系统出发,第一章重点说明两模块的关系及二者作用的逻辑,第二、三、四章描述绩效管理的基本过程及方法。第五章至第十四章围绕薪酬管理核心内容(薪酬管理模式、薪酬战略、薪酬制度与设计)展开对薪酬内容的系统描述。其特点有三:一是从系统视角考虑两大核心模块,这是构建教材的初衷;二是全面思考基本理论、基本技能和基本方法,考虑内容的整体性、完整性与逻辑性;三是注重理论与实际结合,以案例引导思考。

任何事情做成都非一人之力,在此需要感谢武汉大学人力资源教研室的全体同仁,感谢参加写作的所有成员。同时在本版修订中再次感谢夫人韩红及儿子余奇睿在文字图表录入上的无私帮助。当然不能忘记的是要特别感谢范绪泉博士的专业帮助和督促。

不会忘记再次感谢教材的最初参写人员(见第一版前言),同时要衷心感谢2006年以来各届人力资源专业的学子们。特别是感谢2012届邓海生、李硕玉等全班同学地毯式地查错。

在各方大力帮助下，由作者对所有的纠正、改动和增加的内容做了取舍、修改并定稿。书中难免有不足之处，诚请同行及读者关怀指正。

作者

2016年1月于珞珈山

第一版前言

绩效考核与薪酬管理是作为人力资源专业的核心专业课程建设的。绩效考核与薪酬管理实质上是人力资源管理几大模块中的两大核心模块。如何将两大模块很好地融在一起，是作者三年来一直在思考的问题。其实，人力资源管理的几大模块本身就应该是一个整体，我们不可以强调其中某一个模块，也只有人力资源管理各模块系统地起作用，才可以最终实现人力资源管理的效率与效能。所以，在结构方面，本书第一章就想从系统角度出发，把绩效考核与薪酬管理结合起来，并把两者如何为企业获得竞争优势联系起来，第二章至第四章主要就绩效考核从理论到方法进行分别阐述，而第五章至第十四章从薪酬管理的模式、薪酬战略、薪酬制度、薪酬的外部竞争力、薪酬制度设计、奖励、福利、薪酬控制、国外薪酬制度比较及薪酬管理的法律法规等方面全视角的分析薪酬管理的理论、过程及方法。整个结构尽量体现作者意图，一是注意从系统角度出发来思考问题，二是考虑体系的完整性，三是注重理论与实践结合。因此，写作中涉及了大量的文献资料，在此对前辈们、同仁们表示衷心的感谢。

任何工作都是不容易的，在此我要特别感谢李燕萍教授、关培兰教授等无数前辈同仁的帮助，感谢参加写作的所有人员，还要感谢夫人韩红在文字表格录入等方面给予的大量无私的帮助，同时要感谢武汉大学出版社的大力支持与帮助，感谢范绪泉博士专业的高质量的帮助。

本书由余泽忠对整个结构进行起草，对全书各章节统筹修改并定稿，由余泽忠（第一、四、六、九、十、十三章）、祝金龙（第二章）、宋丽成（第三章）、吴薛彬（第四章）、张三保（第五章）、蒋文晶（第六章）、李小星（第七、九章）、徐蕾（第八章）、何剑（第十章）、吴绍堂（第十一、十二章）、吴维（第十三章）、周文亮（第十四章）等分别参与各章的写作。

由于本人水平所限，书中难免有不足之处，诚请指正。

作者于 2006 年 8 月珞珈山

目 录

第一章　绩效考核与薪酬管理 ... 1
学习目的 ... 1
【新任总经理的困惑】 ... 1
第一节　绩效考核的发展沿革 ... 2
第二节　企业薪酬管理发展脉络分析 ... 9
第三节　现代绩效考核与薪酬管理的相互关系 ... 13
关键词 ... 15
小　结 ... 16
复习思考题 ... 16

第二章　绩效考核 ... 17
学习目的 ... 17
【绩效考核如何提升企业竞争力？】 ... 17
第一节　绩效考核概述 ... 18
第二节　绩效考核系统 ... 31
第三节　绩效考核的组织与实施 ... 37
关键词 ... 42
小　结 ... 42
复习思考题 ... 43

第三章　绩效管理 ... 44
学习目的 ... 44
【索尼的绩效管理思考】 ... 44
第一节　绩效管理概述 ... 46
第二节　绩效管理系统 ... 49
第三节　绩效管理面临的挑战 ... 59
关键词 ... 65

小　结 …………………………………………………………… 65
复习思考题 ……………………………………………………… 66

第四章　绩效考核技术方法 …………………………………… 67
学习目的 ………………………………………………………… 67
【X 公司形式化考核失去了什么？】…………………………… 67
第一节　个体评估方法 ………………………………………… 68
第二节　多人评估体系 ………………………………………… 77
第三节　目标管理法 …………………………………………… 80
第四节　平衡计分卡 …………………………………………… 85
第五节　关键绩效指标法（KPI）……………………………… 95
关键词 …………………………………………………………… 98
小　结 …………………………………………………………… 99
复习思考题 ……………………………………………………… 99

第五章　薪酬管理 ………………………………………………… 100
学习目的 ………………………………………………………… 100
【朗讯的薪酬管理】……………………………………………… 100
第一节　薪酬的内涵、构成及功能 …………………………… 101
第二节　薪酬管理的含义、内容及过程 ……………………… 107
第三节　薪酬管理面临的挑战 ………………………………… 111
第四节　现代薪酬管理的新发展 ……………………………… 116
关键词 …………………………………………………………… 118
小　结 …………………………………………………………… 118
复习思考题 ……………………………………………………… 119

第六章　薪酬战略 ………………………………………………… 120
学习目的 ………………………………………………………… 120
【美菱驱动薪酬战略】…………………………………………… 120
第一节　薪酬战略的内涵和重要性 …………………………… 121
第二节　构建全面薪酬战略 …………………………………… 126
第三节　影响薪酬战略的因素 ………………………………… 131
第四节　薪酬战略与组织战略的整合 ………………………… 139
关键词 …………………………………………………………… 146

小　结 ……………………………………………………………… 146
复习思考题 ………………………………………………………… 147

第七章　薪酬制度 …………………………………………………… 148
学习目的 …………………………………………………………… 148
【房产公司工程部经理为何辞职？】……………………………… 148
第一节　薪酬制度的内容 ………………………………………… 149
第二节　薪酬等级制度 …………………………………………… 159
第三节　宽带薪酬 ………………………………………………… 163
第四节　影响企业薪酬制度的因素 ……………………………… 169
第五节　薪酬制度评价 …………………………………………… 173
关键词 ……………………………………………………………… 174
小　结 ……………………………………………………………… 174
复习思考题 ………………………………………………………… 175

第八章　薪酬的外部竞争力 ………………………………………… 176
学习目的 …………………………………………………………… 176
【"我们的管理人员的薪酬要具有竞争力"】…………………… 176
第一节　薪酬水平及外部竞争力 ………………………………… 176
第二节　薪酬水平及其外部竞争力的主要影响因素 …………… 179
第三节　选择具有竞争力的薪酬策略 …………………………… 186
第四节　市场薪酬调查 …………………………………………… 189
关键词 ……………………………………………………………… 200
小　结 ……………………………………………………………… 200
复习思考题 ………………………………………………………… 201

第九章　薪酬制度设计 ……………………………………………… 202
学习目的 …………………………………………………………… 202
【如何决策：固定工资制还是佣金制？】………………………… 202
第一节　薪酬制度设计原则 ……………………………………… 203
第二节　基本工资制度的设计与建立 …………………………… 206
第三节　各类薪酬制度的设计 …………………………………… 225
关键词 ……………………………………………………………… 229

小　结 ………………………………………………………………… 229
　　复习思考题 …………………………………………………………… 230

第十章　绩效奖励 ……………………………………………………… 231
　　学习目的 ……………………………………………………………… 231
　　【IT人才，我该怎么留住你】 ………………………………………… 231
　　第一节　绩效奖励的基本原理 ………………………………………… 232
　　第二节　绩效激励计划的种类 ………………………………………… 242
　　第三节　绩效奖励计划的选择 ………………………………………… 252
　　关键词 ………………………………………………………………… 256
　　小　结 ………………………………………………………………… 256
　　复习思考题 …………………………………………………………… 257

第十一章　员工福利管理 ………………………………………………… 258
　　学习目的 ……………………………………………………………… 258
　　【宝洁公司福利】 …………………………………………………… 258
　　第一节　员工福利概述 ………………………………………………… 260
　　第二节　员工福利的类型 ……………………………………………… 267
　　第三节　员工福利的发展趋势 ………………………………………… 272
　　第四节　员工福利管理 ………………………………………………… 277
　　关键词 ………………………………………………………………… 282
　　小　结 ………………………………………………………………… 282
　　复习思考题 …………………………………………………………… 283

第十二章　薪酬控制 ……………………………………………………… 285
　　学习目的 ……………………………………………………………… 285
　　【诺基亚的薪酬体系】 ………………………………………………… 285
　　第一节　薪酬预算 ……………………………………………………… 287
　　第二节　薪酬成本控制 ………………………………………………… 294
　　第三节　薪酬支付的艺术 ……………………………………………… 301
　　关键词 ………………………………………………………………… 304
　　小　结 ………………………………………………………………… 304

  复习思考题 ………………………………………………………………… 305

第十三章　国外薪酬制度 ……………………………………………… 306
  学习目的 …………………………………………………………………… 306
  【IBM 的薪酬模式】 ……………………………………………………… 306
  第一节　美国的薪酬管理制度 …………………………………………… 307
  第二节　日本的薪酬管理制度 …………………………………………… 316
  附　录　全球薪酬模式扫描 ……………………………………………… 324
  关键词 ……………………………………………………………………… 325
  小　结 ……………………………………………………………………… 325
  复习思考题 ………………………………………………………………… 326

第十四章　薪酬管理的法律制度 ……………………………………… 328
  学习目的 …………………………………………………………………… 328
  【社会保险费用，约定还是法定？】 …………………………………… 328
  第一节　国家对薪酬管理立法的总体精神 ……………………………… 329
  第二节　国家对直接薪酬管理的立法 …………………………………… 337
  第三节　国家对间接薪酬管理的立法 …………………………………… 346
  关键词 ……………………………………………………………………… 354
  小　结 ……………………………………………………………………… 355
  复习思考题 ………………………………………………………………… 355

参考文献 ………………………………………………………………… 356

第一章　绩效考核与薪酬管理

学习目的

学习本章后，你应当掌握如下内容：
1. 绩效考核的作用、起源与发展趋势
2. 薪酬管理的发展脉络及其功用
3. 绩效考核与薪酬管理的关系
4. 绩效管理与企业竞争力
5. 薪酬管理与企业竞争力

【新任总经理的困惑】　A公司是一家电气股份有限公司，其主要业务是生产和销售电能表自动校验装置。公司成立于1998年，一直是全国同行五强，利润稳步上升，但从2001年开始，公司的人均产出逐步下降。2001年产品合格率仅为80%，而前几年的产品合格率一直在98%以上，2001年年度利润也仅为上年度的一半，而同期同业公司的利润都有很大提升。为了解决公司严重的下滑问题，母公司派来新的总经理刘勇。

刘勇上任后，进行了为期两周的公司情况摸底，他发现公司的技术与人力资源状况都是全国最强的，但公司却面临如此糟的境况，人均生产率等多项指标低于全国同业平均水平，这是为什么？

在公司摸底时，刘勇遇到一个特殊情况，发现人们对生产部经理马明议论纷纷，而马明到底做了些什么？马明是公司的生产部经理，他平时总是帮助他的员工，特别是对有困难的员工照顾有加，也受到下属爱戴。2000年年终时，生产部员工张琳却经常不来上班。据了解得知，张琳丈夫已重病多年在家休养，近来特别严重，而最近儿子又生病住院，这对张琳的确是个难关。所以到年终考核时，马明决定尽可能地帮助她。尽管张琳平时并不是十分优秀，而马明给她每一项考核都打了优秀。由于公司的薪酬与考核直接挂钩，所以张琳除正常补贴福利外，还可获得丰厚的绩效奖金，而且还可以享受绩效加薪。另一个员工王斌在工作中常常富有创新，但就是人有点自由散漫，马明也多次劝说，但王斌依然如故，于是马明在王斌的考核时常常降低其等级，也不进行说明。

种种议论和事件让总经理刘勇感到了问题的复杂性，于是他决定求助于管理咨询公司对公司的问题进行全面诊断。

案例中的问题为什么会出现？绩效考核与薪酬管理是一个整体，只有将二者紧密联系方可避免二者的冲突。本章是总述，主要是论述如何将二者联系为一个整体，从而为企业创造竞争优势。

第一节　绩效考核的发展沿革

一、绩效考核在人力资源开发与管理过程中的整体作用

（一）绩效考核与绩效管理的界定

绩效考核是指考评主体对照工作目标或绩效目标，采用科学的考评方法，评定员工的工作任务完成情况、员工的工作职责履行程度和员工的发展情况，并且将评定结果反馈给员工的过程。

绩效考核的方法很多，而且分类的方式也很多。从实用的角度出发，我们可以分为：（1）系统的考核方法；（2）衡量关键职务职责的考核方法；（3）对绩效形成控制的考核方法；（4）对人员能力与素质的考核方法。

绩效管理是在目标与如何达到目标方面达成共识的过程以及增强员工成功地达到目标的管理方法。它由员工和他的直接主管之间达成的承诺来保证完成，并在协议中对下面有关的问题有明确的要求和规定：（1）期望员工完成的工作目标；（2）员工的工作对公司实现目标的影响；（3）以明确标准说明"工作完成得好"是什么意思；（4）员工和主管之间应如何共同努力以维持、完善和提高员工的绩效；（5）工作绩效如何衡量，即绩效标准是什么；（6）指明影响绩效的障碍并提前排除或寻求排除的办法。

绩效管理一个完整的管理过程，它侧重于信息沟通与绩效提高，强调事先沟通与承诺，它伴随着管理活动的全过程。

绩效管理强调的是系统化的建设及对组织与个体的工作绩效进行系统化的管理。更多强调的是沟通系统、信息系统、组织绩效系统。

绩效管理在实际应用中，强调的是事前控制，对未来发生的事情在前期设定控制体系，有效保障事情的顺利进行。例如企业的战略目标的设定，在事前进行对目标的绩效的预测，在上下沟通、横向沟通后达成企业内部对目标的认同，以保障后期计划实施的顺利进行。

(二) 绩效考核和绩效管理的区别及联系

在现在的企业中，当提起绩效考核，大家就会想到所需填写的一堆各种各样的表格。多数企业的员工揣摩着领导的心思，填完各种表格，而后，主管和每个员工谈上十多分钟，主管签名，这样考核就结束了。人力资源部门也就完成了工作，每个人又回到了现实工作中去，表格由人力资源部门存档。因此，很多企业感到做绩效考核就是浪费时间和流于形式。对于出现这样的结果，主要的原因是很多的企业管理者过于孤立地看待和单一地使用绩效考核。

实际上绩效考核是企业绩效管理过程中的一个环节，不能以绩效考核来代替绩效管理，而现在的许多企业却将这个环节看成为企业的绩效管理。

我们从绩效考核和绩效管理的概念来分析，绩效考核更多的是事后结果的考核，总结事态发生后对历史的问题进行评定；而绩效管理更多的是对事态的事前计划、事中管理和事后考核所形成的三位一体的系统。

绩效管理是为了达成组织的目标，通过持续开发的沟通过程，形成组织目标所预期的利益和产出，并推动团队和个人做出有利于目标达成的行为；而绩效考核是一套完整的正式的结构化的制度，用来衡量、评价并影响与员工工作有关的特性、行为和结果。参见表1-1。

表1-1　　　　　　　　绩效考核与绩效管理的区别和联系

绩效管理是一个系统工程	绩效考核只是这个系统中的一部分
绩效管理是一个过程，注重过程管理	绩效考核是一个阶段性的总结
绩效管理具有前瞻性，能够帮助企业和管理者前瞻性地看待问题，有效规划企业和员工的未来发展	绩效考核是回顾过去的一个阶段的成果，不具备前瞻性
绩效管理注重能力的培养	绩效考核注重成绩的大小
绩效管理有着完整的机会、监督和控制手段和方法	绩效考核只是提取绩效信息的一个手段
绩效管理能建立管理者与员工之间的绩效合作伙伴的关系	绩效考核使管理者与员工站在对立面，距离越来越远，甚至会制造出紧张的气氛和关系

(三) 绩效考核在人力资源开发与管理中的作用

绩效考核在企业生产经营过程中的重要作用日益凸显，它已成为保障并促进企业内部管理机制有序运转、实现企业各项经营管理目标所必需的一种管理行为。没有高水平的绩效考核，人力资源管理中的工资发放、员工培训、岗位分析、人员调配等方面的职能工作就缺乏针对性，也无法合理、科学的开展。但是我们在认识绩效考核作用与功能时，要有一个整体理念，要弄清楚绩效考核是为了什么，绩效考核在什么范围内起作用，一个企业不是做了绩效考核就一定有效。绩效考核最终要达到对人的激励，激励人更努力地工作。绩效考核只是人力资源系统的一个部分，人力资源开发与管理是一个有机的整体，我们在谈到人力资源的作用时不要人为地将人力资源的各部分分开，我们在谈到绩效考核的作用时也不可将它游离于人力资源系统之外。我们需要整体的、平衡的、理性的分析绩效考核的作用。从系统角度考察，绩效在人力资源管理开发与管理中的作用主要体现在以下几个方面。

1. 绩效考核是企业聘用人员的依据。要实现一个组织的人与事的科学结合，必须"识事"和"知人"。岗位分析、岗位评价和岗位分类是"识事"的基本活动，考核则是"知人"的主要活动。只有"知人"才能"善任"，通过绩效考核，能够对每位员工的各方面情况进行评估，了解每个人的能力、专长和态度，从而能够将其安置在适合的职位上，达到人尽其才的目的。

2. 绩效考核是员工职业生涯发展的依据。职业生涯管理已成为人力资源开发与管理的重要方式。绩效考核能为职业生涯发展提供全面信息。绩效考核通过对员工的工作成果及工作过程进行全面考察，可以提供员工的工作状态信息，如工作成就、工作态度、知识和技能的运用程度等。根据这些信息，可以进行人员的晋升、降职、轮换、调动等人力资源管理工作。这对个人来说是扬长避短，对组织来说则是实现人力资源的优化再配置。如一个员工绩效优秀而且大有潜力时，可以给予晋升，既发挥其才能，又增强组织的竞争力；一个员工业绩不良，可能是因为他的素质和能力同现在的职务不匹配，这就应当进行工作调动和重新安排，发挥其长处，帮助其创造更佳业绩。

3. 绩效考核是员工培训的依据。培训开发是人力资源投资的重要方式，它可以使人力资源增值，是企业发展的一项战略性任务。绩效考核可以为企业对员工的全面教育培训提供科学依据，知道哪些员工需要培训，需要培训哪些内容，使培训开发做到有的放矢，这样就能收到事半功倍的效果。绩效考核在此方面的作用是：一方面能发现员工的长处与不足，对他们的长处给予发扬；另一方面也可以查出员工在知识、技能、思想和心理品质等方面的不足，使培训开发工作有针对性地进行。通过持续的绩效管理，促进培训开发工作的深入。

4. 绩效考核是确定薪酬和奖惩的依据。现代管理要求薪酬分配遵守公平与效率两大原则，这就必然要对每一个员工的劳动成果进行评定和计量，按劳付酬。绩效考核为报酬分配提供依据，进行薪资分配和薪资调整时，应当根据员工的绩效表现进行，运用考评结果，建立考核结果与薪酬奖励挂钩制度，使不同的绩效获取不同的待遇。合理的薪酬不仅是对员工劳动成果的公正认可，而且可以产生激励作用，形成进取的组织氛围。考核结果不与薪酬、奖励、提职、培训等挂钩，就等于一句空话，不仅起不到激励效果，反而会挫伤员工的工作积极性，影响工作业绩和效率。

5. 绩效考核有利于形成高效的工作气氛，使个人目标与组织目标相一致，并促进员工的发展。通过考核，经常对工作人员的工作表现和业绩进行检查，并及时反馈，要求上下级对考核标准和考核结果进行充分沟通，因此，考核有利于形成高效率的工作气氛，有助于组织成员之间信息的传递和感情的融合。通过这样的沟通，可以促进员工相互之间的了解和协作，使员工的个人目标同组织目标达到一致，建立共同愿望，增强组织的凝聚力和竞争力。绩效考核可以促进员工的潜在能力发挥。通过绩效考核，员工对自己的工作目标确定了效价，他就会努力提高自己的期望值，比如学习新知识、新技能，以提高自己胜任工作的能力，取得理想的绩效，个人也就得到了进步。所以，绩效考核是促进员工发展的人力资本投资。

越来越多的企业已认识到绩效考核在企业经营管理工作中的地位与作用，与此相伴的另一个现象是大多数经营者对绩效考核普遍存在困惑：企业如何对员工的工作绩效进行精确的评分，如何真实地反映员工的绩效水平。绩效考核并不完全是一个理性的过程，考核者和被考核者往往都对考核的目的要求不同，考核者关心的是如何利用绩效考核实现自己或团体的目的；被考核者关心的是如何得到好的评分，如何通过绩效考核得到更多利益。绩效考核结果往往与各种物质和非物质利益挂钩，如果绩效考核出现偏差，必然会误导员工，取得适得其反的效果，引起各种利益冲突，引发企业内部各种矛盾，降低企业经营管理的效率，打击员工的积极性，引起员工的抵触情绪，引发员工之间的矛盾。

二、绩效考核的发展沿革

绩效考核不是现在才有的，也不是只有在现在人们才看到绩效考核的价值。我们可以通过绩效考核的历史发展的简单脉络对绩效考核有一个全面认识。

（一）传统的绩效考核

绩效考核（Performance Appraisal）有悠久的历史，古今中外都有许多关于人员考核的记载。十六国时期,前秦皇帝苻坚召见高秦,问及治理国家的根本要点,高秦答曰:"治本在得人,得人在慎举,慎举在核真,未有官得其人而国不治者也。"可见古人对考核就有了较深刻的认识。

现在理论界一般认为绩效考核起源于西方国家文官(公务员)制度。最早的考核起源于英国。在英国实行文官制度初期,文官晋级主要凭资历,于是造成工作不分优劣,所有的人一起晋级加薪的局面,结果是冗员充斥,效率低下。1854—1870年,英国文官制度改革,重表现、看才能的考核制度开始建立。根据这种考核制度,文官实行按年度逐人逐项进行考核的方法,根据考核结果的优劣,实施奖惩与升降。考核制度的实行,充分调动了英国文官的积极性,从而大大提高了政府行政管理的科学性,增强了政府的廉洁与效能。英国文官考核制度的成功实行为其他国家提供了经验和榜样。美国于1887年也正式建立了考核制度。强调文官的任用、加薪和晋级,均以工作考核为依据,论功行赏,称为功绩制。此后,其他国家纷纷借鉴与效仿,形成各种各样的文官考核制度。这些制度有一个共同的特征,即把工作实绩作为考核的最重要的内容,同时对德、能、勤、绩进行全面考察,并根据工作实绩的优劣决定公务员的奖惩和升降。

文官制度的成功实施,使得有些企业开始借鉴这种做法,在企业内部实行绩效考核,试图通过考核对员工的表现和实绩进行实事求是的评价,同时也了解组织成员的能力和工作适应性等方面的情况,并作为奖惩、培训、辞退、职务任用与升降等实施的基础与依据。

(二) 现代绩效考核[①]

传统的人事管理是一种静止的、滞后的、记录式的事务性管理,它主要着眼于员工行为表现结果的记录。在传统的人事管理观念里,人事部门是一个消费部门,其支出属于尽可能减少的成本费用,在预算上以"最省"为目标。因此,绩效考核成为了对员工的一种"秋后算账"式的控制手段,成了一种不受员工欢迎的例行公事。

现代的员工绩效考核是与现代人力资源管理思想息息相通的。现代人力资源管理理论把人作为生产力中最活跃的因素,视人力资源为企业的第一资源,对员工实行动态的、主动的、开放式、全过程的管理,以最大限度地开发员工的内在动力为目的。员工的薪酬确定、培训、岗位调整、职务升降、激励等,人力资源管理的每一个环节都离不开员工的绩效考核,都是以绩效考核为基础和依据的,绩效考核的科学性和客观可信度是能否有效地开发员工人力资源的

---

① 胡翔. 走向现代绩效考核. 中国石化,2002(2).

关键。所以，绩效考核是现代人力资源管理的基础和关键。

从现代人力资源管理理论来看，绩效考核是一个学习、改进和控制过程，绩效考核的实质不再是为了得到一个公正的考核结果，而是在于通过持续的、动态的、双向的沟通，达到真正提高组织和个人的绩效、实现企业目标、努力促进员工自身发展的目的。现代的绩效考核是一个系统过程。它主要包括：绩效计划和标准的制定、绩效的沟通、绩效的考评、绩效的反馈与辅导、绩效的提升与再计划、绩效考核结果的运用。

绩效计划和标准的制定。这是部门领导与员工一起，就员工一个考核周期内的工作内容、职责权限、任务的重要性、考核衡量的标准、可能遇到的困难及解决办法、领导所能提供的帮助等问题进行商讨并达成共识的过程。这个过程是整个体系的基础。绩效计划的作用在于帮助员工从自身的角度理解企业的经营目标，帮助员工找到正确的工作路线。制定的标准是双向沟通的成果，是具体的、可衡量的、可操作的和能够达到的，是定性与定量的结合。如在微软公司，员工个人绩效计划是由员工自己起草，经过经理审议后，再与员工一起修改制定的，但制定计划必须遵循"可衡量，明确时限，现实而必须具有较高难度"的原则。微软公司这样制定出的员工绩效计划能不断地驱使本来优秀的人才更努力地进取、竞争，使员工自觉保持巅峰竞技状态，从而不断创新。

绩效的沟通。这是指领导与员工双方在计划实施的过程中随时保持沟通，全程追踪计划的进展情况，及时排除遇到的问题，以求产生最大的绩效。这个过程是整个体系的核心。在这里，"领导者"成了绩效实现的"导师"和"伙伴"。

绩效的考评。这是指按照既定的标准，采用科学的方法，考核和评定员工对绩效计划实现的程度，以确定其工作绩效的优劣。因为是在双向沟通的基础上制定的绩效计划和考核标准，员工能领会到绩效考核是为了齐心协力提高绩效，而不是和他们作对，所以他们会坦然地、积极地参与考核。在绩效考评的具体实施上，要对考核者和被考核者双方都进行培训，考核尽可能多角度、全面地去评价，尽量使用量化的指标和行为性的描述，以减少主观性的影响。现在推行的360度考核法就是从被考核者的领导、同事、下级、相联系的业务部门、顾客和被考核者自己等多个方面对被考核者进行综合评价。

绩效的反馈与辅导。绩效考评的结果应该反馈给被考核者。如果绩效没有达到计划的要求，最重要的是找出原因。一旦查出原因，领导和员工就要齐心协力排除障碍，以提高组织和员工个体的绩效，这就是辅导。考核反馈的最好方式是面谈。面谈除了要选择一个恰当的时间、安静独立的场所，建立一个融洽的气氛外，面谈的领导还要掌握良好的反馈技巧：要鼓励和用心倾听下属的发言，允许其辩解，不要中途打断；要多问少讲，多提出建设性的问题，引导员工自己思考和解决问题、自己对工作做出评价，而不是居高临下地发号施令；反馈要具体、实事求是，尽量使用描述性的语言，即使批评也只是指出错在哪里而不是谁错了，即对事不对人；注意说话的技巧，适当地运用先表扬、后批评、再表扬的"三明治"式的方法；反馈要指向可控制的行为，应侧重于思想的交流、经验的分享，避免使用"你（不）应该……"式的责备或命令的语气，尽量说"我是这样考虑的……"等。

绩效的提升与再计划。在经过考核和反馈后，领导和下属双方共同研究，针对绩效中的不足，找出原因，做出绩效改进的计划方案，并在下一轮绩效考核中付之于实践，以期得到绩效的提升。这个过程是组织绩效不断总结、改进和发展的过程，既是上一轮绩效考核的终点，又是下一轮绩效考核的起点。

绩效考核结果的运用。在员工晋升、薪酬的调整、岗位的调配、员工激励、员工培训、人力资源规划、人力资源潜力开发等过程中充分运用绩效考核的结果，使人力资源管理的各项工作更具有严肃性和说服力。绩效考核结果正确、有效的运用会促进员工对组织的信心和对绩效考核的重视，使员工的行动自觉地朝绩效提高的方向发展。绩效考核体系是绩效的"计划—产生—考评—反馈—提升—再计划"的一个循环上升过程。在这个循环往复的过程中，要注重组织与员工之间动态的沟通和改进，注重组织与员工之间的真诚合作，注重领导和下属之间的辅导和协助。只有正确了解绩效考核的实质，我们才能真正走出传统绩效考核的误区，从而不断提高人力资源的素质，提高员工个人和整个组织的绩效。

（三）绩效考核的发展趋势①

绩效考核发展到现在，无论在考核理念，还是在考核的技术方法上都有了全面发展，更体现现代管理的理念，现代人的理念。

第一，"能力开发"取代"计分考核"。传统的绩效考核仅仅是对过去行为的考评，而今后的主流则是一种前瞻性的考核。考评不仅是对员工进行考察计分，更重要的是将成为开发员工技能的辅助手段。许多具有先进管理理念的企业都采用了"智能开发考核"和"业绩考核"双管齐下的制度。在"职能开发计划表"中引入"面谈指导制度"和"绩效改进制度"，从而有系统地进行人力资源的开发工作。

第二，"双向沟通"取代"主管中心"。过去的评估考核，员工并不清楚

---

① 郑昭磊．绩效考核在薪酬管理中的设计与应用．黑龙江社会科学，2004（4）．

上司对自己的期望是什么,上司究竟用什么尺度来考核自己的工作表现和能力,这是一种以主管为中心的单项考核。今后的绩效考核发展趋势是企业不仅更注重考核结果的反馈,而且让员工自己参与考核,并自我考核、自我陈述,从而体现出一种双向沟通的特点。

第三,"工作绩效标准"取代"综合抽象标准"。以往的绩效考核往往以"人"为中心,从而演变为总括性、抽象性的考评结果而备受指责。未来的绩效考评依据工作表现和绩效为中心的具体评定基准来做才有意义,因此,企业进行工作分析是非常重要的,应该设定基本目标和工作事项的标准。

第四,"多面考核"取代"纵向考核"。以前绩效考核都将考核者与被考核者的关系定义在上司对部属的关系之上,是建立在"最了解自己的莫过于自己的上司"这样的假设之上。但是,上级与下级关系比较近,因而会受感情所左右。所以多面考核开始出现,它是跨越部门或上下级关系的限制而作的一种客观考评方式,尽管此方法费时费力,但是却为许多企业欣然采用。

总之,建立科学的绩效考核体系是进行科学薪酬管理的首要条件,是有效整合各种激励手段的管理工具,是一个优秀企业经营管理的基础。

第二节 企业薪酬管理发展脉络分析[①]

一、早期工厂制度阶段:把工资水平降低到最低限度的观点

在前工业革命时期,当时的工人习惯于家庭或农村生活,不喜欢接受工厂管理的约束,工作时间随意性大,工厂面临的最大困难在于培养"工业习惯"。当时的情形正如一个观察家所描述的那样:"一个人在4天时间里如果能挣到足够维持7天生活的钱,那么他就会把那3天作为休息日。换句话说,他就会挥霍放荡地过日子。"(鲍威尔,1772)在这样的背景下,重商主义经济学派的研究结果是:"收入与所提供的劳动之间的关系是负相关的,也就是说,当工资增加时,工人宁可去花掉他们的钱,等钱花光以后,需要更多的钱时再去工作。"(雷恩)因此,在很长一段时间里,雇主们认为"最饥饿的工人就是最好的工人"。他们就尽可能地降低工人的工资,让工资稳定在最低水平上,使工人刚刚能够维持生计,争取"让工人尽快把钱花完,然后不得不回到工厂工作"。但是,为了吸引熟练的技术工人,这些雇主又不得不为他们提供稳定的较高水平的工资。于是,雇主们为了在两者之间实现平衡,就采用

---

① 何燕珍.企业薪酬管理发展脉络考察.外国经济与管理,2002(11).

了各种不同的物质刺激方法。

在这个时期，工厂薪酬的支付沿用了家族制简单的计件付酬办法。在那些劳动密集型的工厂里，工资激励使用得相当广泛，那里的劳动力成本在总成本中占有很大比例，劳动报酬与个人表现紧密相关。当时，也有部分企业采用团体计件计划。比如，大多数煤矿实行小组工作。由于当时衡量工人表现的标准是以历史形成的平均工时为基础，而不是以工作本身及完成任务应当花费的时间的研究为基础，因此"小组的计件计划虽然是在实践中形成的，但却大都没有效率"。（皮奇和雷恩，1992）

为了充分发挥工资的激励作用，少数管理学者提出了利润分享计划作为固定工资的补充。比如，巴比奇提出的利润分享计划包括两个方面：(1) 工人的部分工资要视工厂的利润而定。(2) 工人如果能提出任何改进建议，那么就应获得另外的好处，即建议奖金。除了分享利润外，工人们按照他们所承担的任务的性质获得固定工资。这样，按照利润分享计划，工人作业组合将会采取行动，淘汰那些使他们分红减少的不受欢迎的工人（雷恩）。应该说，在工厂制度逐步成熟的过程中，企业主已经意识到薪酬在管理中的地位和作用。

二、科学管理阶段：围绕工作标准和成本节约展开的薪酬政策

在科学管理时代，"以高工资提高生产力，降低产品单位成本"的思想得到了发展。当时的观点认为，最好的办法就是把劳动报酬与劳动表现联系起来。利润分红能够鼓励工人以更低的成本生产更多的产品，因为他们能分享盈利。弗雷德里克·W. 泰罗（Frederick W. Taylor）不赞同当时正在实行的利润分享计划，认为利润分享计划不能促进个人抱负的实现，因为不管人们做出的贡献大小，所有的人都参与分享利润。而且，按照时间接近的心理原则，这种制度"获得奖赏的日子太遥远"，在一年终了时分享利润并不能激励工人在每天都做出最大的成绩。1895年，他针对工人的"偷懒"提出了差别计件工资制度，作为"部分解决劳动力问题的进一步措施"。这个计划包括三部分内容：(1) 通过工时研究进行观察和分析以确定"工资率"，即工资标准。(2) 差别计件工资制。(3) "把钱付给人而不是职位"。泰罗认为，如果采用差别计件工资，一旦工作标准确定下来，差别计件制就能产生两方面的作用：使得达不到标准的工人只能获得很低的工资率，同时付给确实达到标准的工人较高的报酬（莱特尔，1942）。

在此基础上，甘特发明了"完成任务发给奖金"的制度，来实现泰罗制所无法达到的鼓励工人相互合作的目的。根据这个制度，如果工人某一天完成了分配给他的全部工作，他每天将得到50美分的奖金。他建议，工人

如在规定时间或在少于规定时间内完成任务,他们除了可得到规定内的报酬外,还能按该时间的百分比获得另外的报酬(甘特,1916)。此外,甘特采纳了一位同事的意见:一个工人达到标准,工长就可以得到一笔奖金;如果所有的工人都达到标准,他还会得到额外的奖金。甘特认为,给工长这种额外奖金是为了"使能力差的工人达到标准,并使工长把精力用在最需要他们帮助的那些人身上"(甘特,1916)。可以说,这是最早关于管理者薪酬激励的表述。

与此同时,利润分享计划也在得到修正和改善。1938年,约瑟夫·F. 斯坎伦针对团体激励提出薪酬计划。当时,他所在的拉角公司处于破产的边缘。斯坎伦在同钢铁工人工会职员商量以后,制定了一个"工会—管理当局"合作提高生产率的计划,该计划在工人节约劳动成本时给予奖金。这项计划使得拉角公司免于破产。斯坎伦计划的核心是建议以计划和生产委员会为主体寻求节省劳动成本的方法和手段。不对提出建议的个人付给报酬,整个计划的首要原则是以团体为目标。强调的是协作与合作而不是竞争,任何一个人的建议都能使大家得到好处。在整个工厂或整个公司范围内付给报酬,鼓励"工会—管理当局"进行协作以降低成本和分享利润。斯坎伦计划的独特之处在于:(1)对提出的建议实行团体付酬;(2)建立讨论和制定节约劳动技术的联合委员会;(3)工人分享的是节省的成本,而不是增加的利润。

可以看出,这个时期完成了从"低薪"到"高薪"刺激理念的根本转变。"最饥饿的工人就是最好的工人"的观点逐渐变为"最廉价的劳动力是得到最好报酬的劳动力;正是由于得到最好报酬的劳动力去操纵机器,才保证了相对于资本投入的最多的产品"(阿特金森)。

当时流行的观点是:如果雇主支付低工资,产量就会下降;但是,如果工人得到了高工资,并且与机器相结合,产量就会提高。为了证实这个结论,舍恩霍夫对各国的情况进行比较以后,发现支付工资最高的国家其成本最低(舍恩霍夫,1893)。当时匹兹堡制钉工人的工资收入是英国同类工人的10倍,而前者铁钉的成本却只有后者的一半。这样"高工资、低成本"的观点便在企业中得到确立。

三、行为科学阶段:适应员工心理需求的薪酬制度

人际关系学派认为"工作中的人同生活中其他方面的人没有多大差别。他们并不是彻底的理性生物。他们有感情。他们喜欢感到自己重要并使自己的工作被人认为重要。当然,他们对自己工资袋颇感兴趣,但这不是他们关心的主要问题。有时候,他们更关心的是他们的工资能确切地反映他们所做的不同

工作的相对重要性"（勒特利斯贝格尔，1950）。因此，一些企业为满足个体心理需求而进行了不同的尝试。

詹姆斯·F. 林肯尝试了一种以经验为基础的方法。他认为，对工作的自豪、自力更生以及其他久经考验的品德正在消失，为了恰当地解决这个问题，就要恢复个人"明智的自私自利"。激励人们的主要因素不是金钱、安全，而是对他们技能的承认。林肯计划试图使职工的能力得到最大的发挥，然后按照他们对公司成功做出的贡献发给"奖金"。结果表明，与克利夫兰地区其他制造业工人的工资水平相比，林肯电气公司没有停工，也几乎没有职工离职现象，个人生产率是整个制造业平均生产率的5倍，每股的平均股息稳定上升，产品价格稳定下降，而工人的奖金保持在高水平上（林肯，1951）。林肯电气公司的个人刺激计划一直得以延续执行，使企业一如既往地取得成功。这些做法在现在的美国还仍然获得很高的评价（汉德林，1992）。

怀延·威廉斯最先提出工资权益理论。他认为，从工人的角度看，工资是相对的，也就是说，重要的并不在于一个人所得到的绝对工资，而在于他所得到的相对工资。到20世纪60年代，埃利奥特·雅克（1961）与约翰·斯泰西·亚当斯等人（1963）的公平激励理论发展了这种观点，即工资分配的公正是社会比较的结果。他们认为，一个人对薪金的感觉至少基于两种比率：(1) 所得工资相对于他人工资的比率；(2) 其"投入"（即所付出努力、受教育水平、技术水平、培训、经验）相对于"产出"（薪金）的比率。因此，他们强调了薪酬调查在薪酬决策中的地位。

从整个过程来看，在传统的薪酬管理思想中，薪酬政策考虑的因素往往是多维度的，"证据表明，工资刺激的效力是如此依赖于它与其他因素的关系，以至于不能将它分离出来作为一个独立的因素来衡量效果。"（勒特利斯贝格尔和迪克森，1939）。

从表1-2中我们可以看出，企业薪酬管理的基本思路也随企业发展的不同阶段进行调整。但是，薪酬管理的技术和方法却仅是一个不断完善和发展的过程。比如，19世纪末，巴比奇就提出了利润分享计划；1938年斯坎伦对之进行了完善以实现其团队激励的目的；20世纪70年代以后，企业采用与股票价值相联系的权益分享计划来解决长期激励问题，利用员工持股计划强化员工的归属感和认同感，也只是当初利润分享计划的延续和发展。这些基于管理实践需要的利润分享理论要比经济学家威茨曼（Weizman）的"分享经济"（1985）理论早了将近1个世纪。因此，在薪酬管理领域中，往往实务先于理论，推动理论不断发展。

表 1-2　　　　　　　　　　企业薪酬管理发展历程

阶　段	主要特点	主要方法	管理核心
早期工厂制度	把工资水平降低到最低限度	以家族制简单的计件付酬方法为主，辅以利润分享计划和小组计件计划	培养"工业习惯"和工厂纪律，留住熟练技术工人
科学管理阶段	实行以工作标准和成本节约为主线的薪酬政策，希望用"高工资率"换取低成本	以泰罗、寸特为首的差别计件工资制度为主，利润分享制度逐步趋于完善	主要目的在于减少工人的"偷懒"行为，降低成本，通过对工作和职位价值的衡量来确定薪酬
行为科学阶段	薪酬必须适应员工的心理需求	林肯的个人刺激计划、工资权益理论等获得广泛认同	强调员工对薪酬的心理感受，以此提高工作效率
现代管理阶段	采用与业绩紧密挂钩的薪酬政策	与股票价值相联系的权益分享制度进一步成熟，对员工采用以技能、业绩为基础的柔性薪酬制度	强调解决经理人长期激励问题，重视员工的主动性、协作性和创新性

第三节　现代绩效考核与薪酬管理的相互关系

一、绩效考核、薪酬管理与企业竞争力

（一）薪酬管理与企业竞争力

薪酬管理的具体作用我们会在后面论述。在这里主要从薪酬管理与企业竞争力的关系来说明薪酬与提升企业竞争力的逻辑关系。图 1-1 是薪酬管理与企业竞争力关系图。图中说明通过薪酬管理实践直接影响员工和组织，并最终影响企业的竞争力。薪酬管理主要通过薪酬管理实践，如提高对薪酬的认识水

平，充分利用薪酬形式工具、差异化薪酬战略、薪酬设计、薪酬预算控制等作用于员工，直接影响员工能力、员工动力、员工与工作相关的态度、员工取向。员工结果又会直接影响组织结果，即组织竞争力，它涉及组织凝聚力、战斗力、创造力，而组织结果最终导致企业的竞争优势的形成，如成本领先、产品差异、高份额和高渗透等。

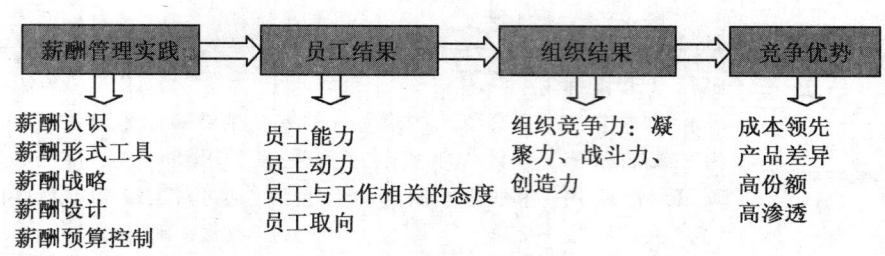

图 1-1　薪酬管理与企业竞争力的关系

（二）绩效考核与企业竞争力

绩效考核与企业竞争力提升有着密切联系。如图 1-2，我们通过绩效考核实践活动直接影响员工行为态度，科学的、规范的、制度化的、公平公正的考核实践对员工直接产生影响，如对员工职业导向、员工价值导向、员工能力导向、员工努力导向都可以通过绩效考核达到，而绩效考核又可直接对企业战略、企业文化、经营目标、企业形象产生作用。如绩效指标考核形式可以直接反映企业战略，服务于经营目标，绩效考核又可以而且要建立在一定的企业文化的基础上，公平公正直接反映着企业对外的形象。员工结果与组织结果，共同协调最终形成企业的竞争优势，使产品成本、产品质量、服务，组织的凝聚力、战斗力和创新力都得以实现。

二、绩效考核在薪酬管理中的价值[①]

如前所述，薪酬管理和绩效管理存在着一种互动关系。一方面，绩效管理是薪酬管理的基础之一，激励的实施需要对员工的绩效做出准确的评价；另一方面，针对员工的绩效表现及时给予不同的激励薪酬，也会有助于增强激励效果并确保绩效管理的约束性。绩效考核在企业薪酬管理中得到了广泛的应用，无论对个人，还是对组织都具有十分重要的作用。

---

① 郑昭磊．绩效考核在薪酬管理中的设计与应用．黑龙江社会科学，2004（4）．

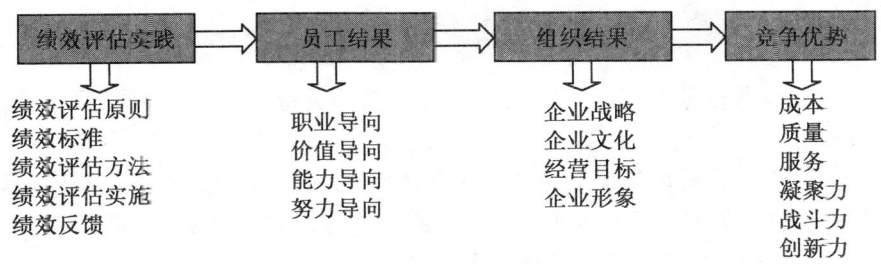

图 1-2　绩效考核与企业竞争力的联系

1. 绩效考核有利于在薪酬制度中将员工薪酬与可量化的工作绩效挂钩，从而将激励机制融入组织目标和个人业绩的联系之中，而且这种激励机制要比那种不区分工作绩效，仅根据生活费用上涨情况给予报酬的机制公平。

2. 有利于在薪酬管理中建立科学的薪酬结构。在薪酬结构中，依据什么拉开薪酬差距，不同人员之间的薪酬关系怎样处理，可以采用多种标准，而绩效是一个重要的依据。有了绩效考核，不同岗位的员工的业绩就可以进行比较，不同人员薪酬的调整也可依据绩效考核结果来进行，这样不仅有利于从薪酬制度上将薪酬向业绩优秀者倾斜，而且有利于强化结果导向的组织文化。

3. 有利于简化薪酬方案设计过程，降低设计成本，并提高薪酬方案运行的效率。有了绩效考核，薪酬结构的改变、薪酬水平的调整可完全由绩效自行决定，这样，薪酬方案运行的效率将大大提高。

从个人方面看，绩效考核可以给员工提供反馈信息，帮助员工认识自己的长处和优点，发现自己的不足和缺点，从而有利于员工个人事业的发展。从企业方面看，绩效考核可以为甄别高效和低效员工提供标准，从而为员工的培训、晋级、调岗、转岗和下岗决策提供依据。

总之，这一章主要是说明绩效考核与薪酬管理是一个系统，我们在实践中不可人为地将其分割。其实人力资源应视为一个整体，任何一个单一的人力资源管理模块都难以有效的发挥作用。

关　键　词

绩效考核　绩效管理　薪酬管理　企业竞争优势

小　结

1. 绩效考核是现代人力资源管理的基础和关键，它是人力资源管理各环节的依据。

2. 理论界一般认为绩效考核起源于西方国家文官（公务员）制度。最早的考核起源于英国，后在各国实施，最终形成有效的考核制度。这些制度有一个共同的特征，即把工作实绩作为考核的最重要内容，同时对德、能、勤、绩进行全面考察，并根据工作实绩的优劣决定公务员的奖惩和升降。

3. 绩效考核是一个学习、改进和控制的过程，绩效考核的实质不再是为了得到一个公正的考核结果，而是在于通过持续的、动态的、双向的沟通，达到真正提高组织和个人的绩效，实现企业目标，努力促进员工自身发展的目的。现代的绩效考核是一个系统过程。它主要包括：绩效计划和标准的制定、绩效的沟通、绩效的考评、绩效的反馈与辅导、绩效的提升与再计划、绩效考核结果的运用。

4. 现代绩效考核的发展趋势为"能力开发"取代"计分考核"、"双向沟通"取代"主管中心"、"工作绩效标准"取代"综合抽象标准"、"多面考核"取代"纵向考核"。

5. 企业薪酬发展经历了早期工厂制度、科学管理和行为科学三个阶段，并且薪酬管理基本思路也随企业发展的不同阶段进行调整。

6. 薪酬与企业竞争力、绩效考核与企业竞争力有着密切的联系。绩效考核与薪酬管理是人力资源管理不可分割的有机组成部分，它们相互联系，相互影响。

复习思考题

1. 绩效考核的发展趋势是什么？
2. 薪酬管理的发展经历了哪几个阶段，每个阶段的特点是什么？
3. 绩效考核在薪酬管理中的价值是什么？
4. 薪酬管理的作用是什么？
5. 绩效管理如何帮助企业获取竞争优势？
6. 薪酬管理如何帮助企业获取竞争优势？

第二章　绩效考核

学习目的

学习本章后，你应当掌握如下内容：
1. 绩效考核的含义、目的和意义
2. 绩效考核的一般原则
3. 绩效考核的基本方法
4. 绩效考核的组织实施
5. 绩效考核中应注意的问题

【绩效考核如何提升企业竞争力?】①　美国通用电气公司（有时简称通用电气或 GE）的 CEO 韦尔奇在他的告别演说中总结了他多年成功经营企业的经验，特别强调："如果我们不能够发现、发展和挑战这些世界上最优秀的人才，我们将注定一事无成。这是通用电气最核心的竞争要素。"

他说，技术、产业和发展，促使通用电气把人群分为三个类别：最上端（top）的 20%、中端的（middle）的 70% 和下端（bottom）的 10%。GE 的领袖们明白持续鼓励、启发、奖励最上端 20% 的必要性和不断地确认中端 70% 保持提高和向上的热情。但是，他们用人道的方式，督促下端的 10% 改变自我，也是他们每年都在做的。这就是真正精英们创造和繁荣企业的根本原因。

毋庸置疑，韦尔奇是将绩效考核和奖励作为吸引和积聚人才，提升企业竞争力的有效手段。一般说来，美国的大企业都很重视绩效考核，只是有时出发点并不一样。比如，福特汽车公司针对那些工作绩效不良的雇员，以及被公司评为"潜力有限"的绩效平平的雇员推出了一项慷慨的买断计划。这一买断计划的内容通常包括两个部分：一是根据雇员的工资水平和服务年限向他们一次性支付一笔钱，二是为鼓励员工自愿辞职或提前退休而提供其他一些激励措施。公司希望通过绩效考核达到提高效率，提高团队整体素质，降低人员成本，获得竞争优势的目的。

---

① 改写自：马新建. 人力资源管理与开发. 北京：石油工业出版社，2003. 320-321.

在1995年福特汽车公司进行企业重组之前,公司的雇员或管理者只要从他们的老板那里得到一个比较好的绩效考核结果就可获得晋升。但如今,由于许多工作都是以团队的形式完成的,因此确认一个雇员是否属于业绩优良者,需要由其同事、客户以及老板来对其进行综合评价。

福特汽车公司的买断计划有非常独特的几个方面。第一,买断计划的对象是绩效一般及不佳的雇员。许多实施买断计划的公司却发现,这种计划的实施结果是,高素质的优等雇员也会像绩效不良的雇员一样离开企业。第二,福特汽车公司对待不良者的方法也是很独特的。因为大多数公司都只是试图将绩效不良者解雇了之。但事实上真正由于绩效考核成绩不好而自动辞职的人很少,绩效平平的雇员通常是因配偶的工作变动,或仅是因为自己的上级告诉自己在公司的发展潜力有限,而重新寻找新的工作机会的。

但买断计划会招致公司员工的不安甚至不满,雇员会感到,福特汽车公司仍是家长式的雇主,因为它的政策是将雇员当成家庭成员对待的。

那么,绩效考核在企业中的作用究竟是什么?学习本章后,我们将对以上问题有一个清晰的了解。

第一节 绩效考核概述

作为绩效考核的创始人之一,苏格兰企业家罗伯特·欧文在19世纪初建立了绩效考核的雏形。为了检查他手下雇员的"工作表现",欧文特意在机器上安装了一块白、黄、蓝、黑4种颜色涂成的木板。每天将对应的工作表现用颜色表示,以此来反映工人在前一天生产中的表现。其中,白色表示优秀,黄色表示良好,蓝色表示一般,黑色表示差。这种办法非常奏效。[①]

后来,人们普遍接受了这种方法。在工作结束时,对工作进行总结、考核和表彰,它逐步发展成人力资源管理的一项重要职能。

一、绩效的内涵

我们要研究绩效考核,就必须先对绩效有一个比较清晰的认识。

管理大师彼得·德鲁克认为:所有的组织都必须思考一下"绩效"的含义。过去,它的含义显而易见、一目了然。现在这种情况已不复返了。战略越

---

① 唐志红,骆玲. 人力资源招聘·培训·考核. 北京:首都经济与贸易大学出版社,2001. 314.

来越需要以绩效的新定义为基础。① "定义绩效"已然成为 21 世纪社会、政治层面上 5 种必然趋势之一。②

(一) 绩效的界定

对于绩效我们可以从语言学、经济学、管理学、社会学 5 个不同的角度来阐释。

1. 语言学

绩效（performance）即成绩和效益。

2. 经济学

绩效与薪酬是员工和组织之间的对等交换关系，员工用自己的绩效交换相应的薪酬，组织则用相应的薪酬来交换员工的绩效。

3. 管理学

绩效是组织期望的结果，是组织为实现其目标而展现在不同层面上的有效输出，它包括个人绩效和组织绩效两个方面。

其中，组织绩效的实现应建立在个人绩效实现的基础上，但是个人绩效的实现并不一定保证组织是有绩效的。如果组织的绩效按一定的逻辑关系被层层分解到每一个工作岗位以及每一个人的时候，只要每一个人达成了组织的要求，组织的绩效就实现了。

4. 社会学

绩效是作为一名社会成员所承担的社会职责。

总之，绩效是一个组织或个人在一定时期内的投入产出情况，投入指的是人力、物力、时间等物质资源，产出指的是工作任务在数量、质量及效率方面的完成情况。

(二) 管理中的绩效

在管理学中，不同学者对绩效的含义有不同理解。结合实践中相应的绩效评价方法来看，可以分为以下几种。③

1. 绩效=生产率（完成工作任务）

生产率（productivity）是与生产所需的劳动、时间、金钱比较得到的产量，生产率进入不同领域会发展成不同概念。在人力资源管理领域，"绩效=

---

① Drucker P. 21 世纪的管理挑战. 北京：机械工业出版社，2006：43.

② 其他四种必然趋势为：发达国家越来越低的人口出生率、可支配收入分配上的变化、全球竞争力、经济上的全球化与政治上的分裂越来越不协调。

③ 张建国，徐伟. 绩效体系设计：战略导向设计方法. 北京：北京工业大学出版社，2003：26-35.

生产率"暗示了绩效概念的起源即生产率。"20世纪制造行业的体力劳动者的生产率增长了50倍,这是管理学做出的最重要的贡献,实际上也是真正独一无二的贡献。"(彼得·德鲁克)其中,科学管理之父泰勒关于体力劳动生产率的理论被奉为经典。

提高劳动者生产率的第一步,是深入了解体力劳动者任务和分析构成任务的动作。下一步是记录每一个动作、完成每个动作需要的体力和时间。然后剔除多余的动作。随后,我们按逻辑顺序将这些动作合并到一起,使之成为一项"工作"。最后,我们重新设计完成这些工作所需的工具。泰勒指出,体力劳动根本不存在技能,只有简单重复性的动作。能够提高体力劳动生产率的是知识,即按照一定的方法将简单和无需技能的动作合并在一起,对它们加以组织,并执行这些动作。①

在人力资源管理领域专业化的过程中,生产率的概念逐渐发展为绩效,也形成了绩效考核的初级方法——比较法。比较法是指按被考评者生产率相对优劣程度,通过比较,确定每位被考评者的相对等级或名次的方法。按照比较的程度不同,它又可分为以下三种:排序法、强制分布法、配对比较法。②

2. 绩效=结果或产出

根据罗斯韦尔的定义,动词"工作表现"(perform)的意思是"自始至终根据要求采取行动,完成任务"。名词"绩效"(performance)的意思是"完成任务的结果"。实际上,将绩效以"产出/结果"为导向的解释在国外十分常见。因而实践中,有许多词被用来表示作为结果/产出的绩效,如:

- 责任:指职位或部门应承担的为部门或公司目标服务的任务,其重点是结果。
- 目标:它直接反映了工作的先后顺序,是对在一定条件下、一定时间范围内所达到的结果的描述。
- 任务:一项应该完成的工作。
- 指标:是指衡量任职者工作执行状况的尺度,强调的重点与焦点在于产出/结果,而非投入或努力。
- 关键绩效指标(key performance indicator or index,KPI):是衡量企业战略实施效果的关键指标。
- 关键成果领域:是活动的重要领域,这些领域的成就决定或表明成功。

结果法是常用的绩效考核方法之一,它可以分为两种:

---

① 转录于Drucker F. 21世纪的管理挑战. 北京:机械工业出版社,2006:98-99.
② 作为概论,本章对具体考核方法不做详细介绍,相关详细内容请参照后面章节。

（1）目标管理考评法（management by objective，MBO）

1954年彼得·德鲁克博士在《管理的实践》一书中提出：管理知识应遵循一个原则，即每一项工作都必须为达到总目标而展开。衡量一个管理者是否称职，就要看其对总目标的贡献如何。管理者与被管理者都清楚自己的目标和组织的总目标，并将每个人的具体活动统一到组织目标上来。因此，目标管理是一种有效的绩效考评方法。[①]

（2）生产率衡量与评价系统法

生产率衡量与评价系统法的主要目标是激励员工向着更高的生产率水平努力。这也是一种评价生产率和向全体员工提供反馈信息的手段或方法。作为一项新的绩效管理技术，该方法进行系统开发很耗费时间，只在很少场合会用到这种方法。

3. 绩效=行为

绩效范围被墨菲（Murphy）定义为一套与组织目标相关的行为。这一界定是针对"绩效=结果/产出"的缺点提出的。一方面，产出或结果的一部分可能是由个体所不可控制的因素决定的，另一方面，过分强调结果或产出，会使得管理者无法及时获得个体活动信息，从而不能很好地进行指导与帮助，而且可能会导致短期效益。

与之相对应，"绩效=行为"的观点主要基于以下事实：

（1）产出/结果的产生可能包括许多个体无法控制的因素，尽管行为也受外界因素的影响，但相比而言，个体对行为的直接控制更强。

（2）过分重视结果会忽视重要的程序因素和人际关系因素。

（3）许多工作后果并不一定是由员工的行为所产生的，也可能有与工作毫无关系的其他因素在起作用。

（4）工作执行者执行任务的机会不平等，并非工作时所作的每一件事都同任务有关。

（5）实际上，现实中没有哪一个组织完全以"产出"作为衡量绩效的唯一尺度。

关注行为的研究，使绩效考核方法增添了不少特点与内容，如：

- 关键事件法
- 行为锚定法（behavioral anchored rating scales，BARS）
- 行为观察法（behavioral observation scales，BOS）[②]

[①] 有关目标管理法（MBO）的详细内容见本书第四章第三节。

[②] 有关关键事件法、行为锚定法、行为观察法的详细内容见本书第四章第一节。

4. 绩效=行为+特征（特征法）

朗斯纳认为，绩效考核是为了客观界定员工的能力、工作状况和适应性，对员工个性、资质、习惯和态度，以及对组织的相对价值进行有组织的、实事求是的评价。由此可以看出绩效也可以被视为是行为和特征的综合。这个概念的引入，实际上将个人潜力、能力纳入了绩效评价的范畴。他强调绩效不仅是追溯过去、评估历史的工具，而更在于关注未来。

相对于体力劳动者，知识劳动者的绩效更适用于该界定。如同财务分析中"总资产价值=账面价值+无形资产价值"的公式一样，知识劳动者的潜能、能力作为一种"无形资产"被视为绩效中重要的一部分。随着知识浪潮的推进，知识员工的管理越发受到重视。关注知识员工的企业在绩效考核中往往采用特征法——关注员工在多大程度上具有的、被认为对企业的成功非常有利的特性。

常用的绩效考核特征法有如下两种：图评价尺度法，混合标准尺度法①

5. 绩效=结果+过程

绩效是员工在实现组织或部门目标的过程中，对于组织和部门的贡献度以及在过程中表现出来的行为。即：

结果（做什么）+过程（怎么做）=绩效

实际上，单纯的将绩效界定为结果/产出或过程/行为均有失偏颇，因为仅作为结果或过程的绩效均有极端化的优缺点，具体见表2-1。

表2-1　　　　　　　　　　绩效界定优缺点比较

比较	优点	缺点
注重结果	·鼓励员工重视产出，易营造出"结果导向"的文化氛围 ·员工成就感强	·未形成结果前不易发现不正当行为 ·出现责任人无法控制的外界因素时，评价失效 ·无法获得个人活动信息，不能进行指导和帮助 ·容易导致短期效益
注重过程/行为	·能及时获得个人活动信息，有助于指导和帮助员工	·成功的创新者难以容身 ·过分地强调工作的方法和步骤有时会忽视实际的工作成果

---

① 有关混合标准尺度法的详细内容见本书第四章第一节"图解式评价法"。

将绩效界定为"结果+过程",使绩效的意义得以泛化,更能适用于不同企业、不同时期乃至不同人员对"结果"和"过程"的不同侧重:

- 高速发展的企业或行业,一般更重视"结果";发展相对平稳的企业或行业,则更重视"过程"。
- 强调反应速度,注重灵活、创新工作文化的企业,一般更强调"结果";强调流程、规范,注重规则工作文化的企业一般更强调"过程"。
- 不同层次人员对于"结果"和"过程"的偏重见图2-1。

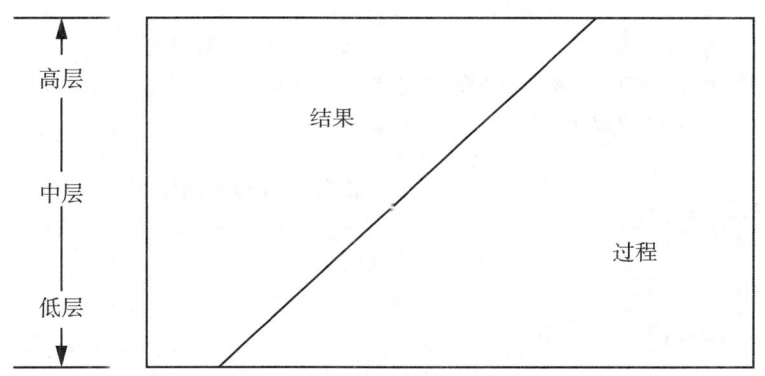

图2-1 不同层次人员结果与过程偏重比例

另外,"过程"或"结果"实际上也是在业务运作过程中所表现出的状态或结果,它包含质和量两方面的规定,可以通过定性和定量两种方式进行描述和反映,最终通过客观的考核和主观的评估等评价方式表现出来。这就产生了最新的绩效考核方法——质量法。

质量法是特征法和结果法的结合。传统的绩效考核重视对员工个人绩效的评价,而质量法则以顾客、质量为导向。提高客户满意度是质量法的一个主要目标。

企业要实施质量法进行员工的绩效考评,应把握以下几个方面的要点:

(1)员工的绩效考核不应利用员工的工作结果指标来评价。绩效评价的中心应放在对员工提供的反馈上,即告诉员工可以有所改善的领域。

(2)绩效评价过程中还应当与员工的职业生涯发展计划相结合。

(3)统计型过程控制技术是质量法中非常重要的。这些技术能用来分析引起员工绩效不佳的原因及改善绩效、解决问题等,主要包括流程分析、因果图、帕累托图、控制图、直方图以及散点图等。

实际上，绩效的含义是非常广泛的，不同的时期、不同发展阶段、不同的对象，绩效有它不同的含义。表 2-2 对几种绩效的主要含义适用情况进行了说明。

表 2-2　　　　　　　　　绩效主要含义适用情况对照表

绩效含义	适用对象	适用企业或阶段	适用考评方法
生产率	体力劳动者 事务性或例行性工作的人员		比较法
结果或产出	高层管理者 销售、售后服务等可量化工作性质的人员	高速发展的成长型企业，强调快速反应，注重灵活、创新	结果法
行为	基层员工	发展相对缓慢的成熟型企业，强调流程、规范、注重规则	行为法
行为+素质	知识员工，如研发人员		特征法
结果+过程	各类人员	综合性企业	质量法

考核方法的选择首先取决于组织管理的文化特征，后取决于考核的目的与对象、考核的前提条件与考核成本、管理者的能力与态度。为此考核方法选择一般从以下几个方面进行：

（1）组织管理文化对方法的影响；

（2）考核目的与对象对方法的影响；

（3）考核成本与条件对方法的影响；

（4）管理者能力态度对方法的影响。

（三）绩效的特征

绩效主要包括三方面的主要特征：多因性、多维性与动态性。

1. 多因性。绩效的多因性是指绩效的优劣受到主、客观多种因素影响。具体而言，主要有员工的技能、激励、环境与机会这四种影响因素，如图 2-2 所示。

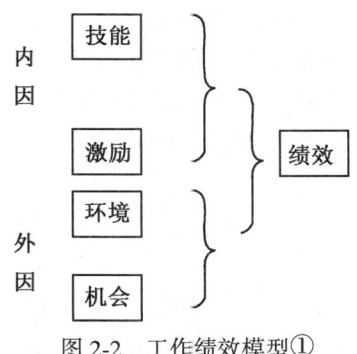

图 2-2 工作绩效模型①

绩效是技能、激励、环境与机会的函数。可以用公式表示为：

$$P = (S, O, M, E)$$

公式中 P 代表绩效，S 代表技能，O 代表机会，M 代表激励，E 代表环境。

技能是员工具有的工作技巧与能力水平，它决定于个人的天赋、智力等个人特点以及所接受的教育与培训。激励是指员工的工作积极性，它取决于员工个人的需求结构、个性、价值观等。环境是员工工作所面对的全部环境因素，既包括硬环境，也包括软环境。机会是偶然的，也是不可控的，员工要正确地看待机会。

2. 多维性。绩效的多维性是指绩效可以分解为多个维度，在考核员工绩效时要从不同的维度来全面考核绩效。

3. 动态性。绩效的动态性是指绩效是不断变化的，绩效好与差会随着很多内外因素而发生改变，绩效差的可能改进转好，绩效好的可能逐渐变差。因此，管理者要以发展的眼光来看待员工的绩效。

二、绩效考核的含义

绩效考核（Performance Appraisal，PA）又称绩效考评、绩效评估或绩效评价，是采用科学的方法，按照一定的标准，考查和审核企业员工对职务所规定的职责、任务的履行程度，以确立其工作绩效的一种有效的系统管理方法。它也是衡量、影响、评价员工的工作表现的正式系统。作为一种行为导向和控制方法，它也是一种激励措施。

绩效考核在人力资源管理中处于核心地位，它与人力资源管理的其他方面

---

① 余凯成．人力资源开发与管理．北京：企业管理出版社，1997：120.

几乎都密切相关。通过工作分析，制订岗位职责，依据企业战略目标，进而制订绩效考核的标准，实施绩效考核，而绩效考核的结果又被用于奖惩、培训、晋升、解雇等方面，并与薪酬、企业文化建设以及员工职业生涯设计挂钩。绩效考核的作用集中体现在它是奖惩、调配与解聘的依据，具有激励与控制导向和发展作用。

三、绩效考核的目的

现代企业制度中，员工的绩效考核已成为人力资源管理的一个核心问题，它对提高员工素质，加强劳动管理，激发劳动积极性都具有十分重要的意义。但是，许多企业对员工进行绩效考核时，往往把目标仅仅停在发奖金、搞分配上，这大大降低了绩效考核的功能和作用。因此，提高对绩效考核的认识，根据绩效考核的目的，科学的确定绩效考核的目标，才是正确实施绩效考核的关键问题。

绩效考核是人力资源管理的基本职能之一，但考核的目的不是考核本身，而是改善员工的组织行为，充分发挥员工的潜能和积极性，以求更好地达到组织目标。绩效考核的主要目的包括：

1. 改进组织绩效，提高企业经济效益。这是绝大部分企业所追求的，也是绩效考核的根本目的之一。绩效考核本身首先是一种绩效控制的手段，企业对员工实施绩效考核，就是要通过对员工业绩的评价，来实现对劳动者在劳动过程中行为的约束和引导，使其保持在一定范围内和一定界限中。绩效考核本身就是劳动者相互评价、相互比较、相互监督、相互影响，也是劳动者的自我教育和自我调控。绩效考核的结果会以一种特殊的力量引导劳动者，使企业得以驾驭生产经营管理的全过程，掌握对员工的使用支配权，从而保证生产经营出成果、创效益。同时，因为绩效考核也是对员工业绩的评定与认可，因此可以通过绩效考核来激励员工，使员工体验到成就感、自豪感，从而增强其工作满意感。绩效考核也是执行惩戒的依据之一，而惩戒也是提高工作效率、改善绩效不可缺少的措施。

2. 为日常的人力资源管理工作提供依据。绩效考核应为人力资源部门做好以下工作提供客观的依据：人事决策与调整，薪酬福利，员工的培训与发展。

按照社会主义的按劳付酬原则，绩效考核之后是论功行赏；所以绩效考核结果是薪酬管理的重要工具。

通过绩效考核可以考核员工对现任职位的胜任程度及其发展潜力。绩效考核对员工工作业绩进行检验。通过绩效考核，检查员工生产经营和工作任务指标的完成情况，验证员工的工作能力和业务水平。因此，绩效考核结果是员工调迁、升降、淘汰的重要标准，谁能干，谁不能干，结果一目了然。用这种方式来证明员工的业绩，具有真实性、客观性，从而为企业选拔任命和使用人才提供依据。

绩效考核对于员工的培训与发展有重要意义。一方面，绩效考核能发现员工的长处与不足，对他们的长处应注意保护、发扬，对其不足则需施行辅导与培训；另一方面对于培训工作，绩效考核不但可以发现和找出培训的需要，并据此制定培训措施与计划，还可以检验培训措施与计划的效果。

在绩效考核中，员工的实际工作表现可由上级考查与测试，也可以通过访谈或其他渠道，将结果向被考核员工反馈，并听取其意见。因此，绩效考核具有促进上、下级间的沟通，了解彼此对对方期望的作用。

3. 绩效考核的结果可提供给生产、供应、销售、财务等其他职能部门，以供这些部门在制定相关决策时作为参考。

4. 帮助员工改进工作，促进员工发展。通过绩效考核，员工可以更加明确自己的工作任务、职责，组织的要求及自己完成的情况，进一步明确自己的优势和不足，找出差距，调整工作方式，以期更好地完成工作任务，提高工作绩效。

要实现考核的目标，我们需要学习，需要沟通。我们在绩效考核过程中主要的参考点应该是未来，要将考核结果作为一种资源去规划员工的工作，这也是对员工及工作的开发。

四、绩效考核的作用

(一) 绩效考核的功能

1. 管理功能。绩效考核的管理功能首先表现在考核什么，即要明确组织、部门及个人的工作目标和工作标准。其次，表现为怎么考核，即具体操作时应当体现沟通、学习、改进、评价等功能。最后，表现为考核结果的运用上，考核结果应当是晋升、奖惩、培训等人力资源开发与管理的基础和依据。

2. 激励功能。绩效考核要奖优罚劣，改善调整员工的行为，激发其积极性，促使组织成员更加积极、主动、规范地去完成组织目标。

3. 学习功能。绩效考核也是一个学习过程。通过考核使组织成员更好地认识组织目标，改善自身行为，不断提高组织的整体效益和实力。

4. 导向功能。绩效考核标准是组织对其成员行为的期望，是员工努力的方向，有什么样的考核标准就有什么样的行为方式。

5. 监控功能。员工的工作绩效考核，对组织而言，就是任务在数量、质量及效益等方面的完成情况；对员工个人来说，是上级对下属工作状况的评价。通过对其员工工作绩效的考核，获得反馈信息，便可据此制定相应的人事决策与措施，调整和改进其效能。

（二）绩效考核的作用

绩效考核是企业经营管理工作中的一项重要任务，是保障并促进企业内部管理机制有序运转、实现企业各项经营管理目标所必需的一种管理行为。如图2-3 所示，绩效考核具有如下作用：

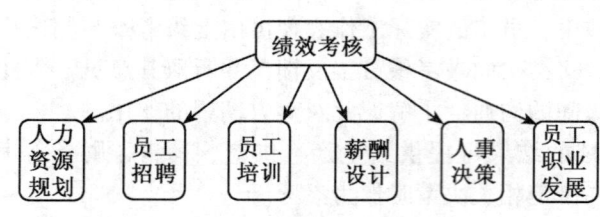

图 2-3　绩效考核的作用

1. 绩效考核是制订人力资源规划的依据。通过绩效考核，我们可以得到员工工作绩效的信息，而这些信息正是企业进行人力资源规划的重要信息来源。通过绩效考核我们可以发现企业人力资源管理系统中存在或潜在的一些问题，这有利于我们进一步完善下一阶段人力资源规划，使我们的人力资源规划更加科学，更加切合实际。

2. 绩效考核是企业员工招聘与安置的依据。通过绩效考核，一方面我们可以更加深刻地发现不同岗位对员工素质的要求，以及员工具备的不同素质对工作绩效的影响，从而为我们招聘到适当的人，并让适当的人做适当的事提供依据。

3. 绩效考核是员工培训的依据。员工的培训开发是人力资源投资的重要方式，它可以使人力资源增值，是企业发展的一项战略性任务。绩效考核可以为企业对员工的全面教育培训提供科学依据，知道哪些员工需要培训，需要培训哪些内容，使培训开发做到有的放矢，从而收到事半功倍的效果。绩效考核在此方面的作用是：一方面能发现员工的长处与不足，对他们的长处给予发扬；另一方面也可以查出员工在知识、技能、思想和心理品质等方面的不足，使培训开发工作有针对性的进行。通过持续的绩效管理，促进培训开发工作的深入。

4. 绩效考核是确定薪酬和奖惩的依据。现代管理要求薪酬分配遵守公平与效率两大原则，这就必然要对每一个员工的劳动成果进行评定和计量，按劳付酬。绩效考核为薪酬分配提供依据，进行薪资分配和薪资调整时，应当根据员工的绩效表现进行，运用考核结果，建立考核结果与薪酬奖励挂钩制度，使不同的绩效获取不同的待遇。合理的薪酬不仅是对员工劳动成果的公正认可，而且可以产生激励作用，形成进取的组织氛围。考核结果不与薪酬、奖励、提职、培训等挂钩，就等于一句空话，不仅起不到激励效果，反而会挫伤员工的工作积极性，影响工作业绩和效率。

5. 绩效考核侧重于对员工的工作成果及工作过程进行考察。通过绩效考核，可以提供员工的工作信息，如工作能力（知识和技能水平及其运用的程度、经验等）、工作态度、工作成就、知识和技能的运用程度等。根据这些信息，可以进行人员的晋升、轮换、降职、调动等人力资源管理工作。这对个人来说是扬长避短，对组织来说则是实现人力资源的优化配置。例如：当一个员工绩效优秀而且大有潜力时，可以给予晋升，既发挥其才能，又增强组织的竞争力；一个员工业绩不良，可能是因为他的素质和能力同现在的职务不匹配，这就应当进行工作调动和重新安排，以发挥其长处，帮助其创造佳绩。

6. 绩效考核有利于形成高效的工作氛围，使个人目标与组织目标相一致，并促进员工的发展。经常对员工的工作表现和业绩进行考核，并及时反馈，要求上下级对考核标准和考核结果进行充分而有效的沟通。因此，考核有助于组织成员之间信息的传递和感情的融合，同时有利于形成高效率的工作氛围。通过这样的沟通，可以增进员工相互之间的了解和协作，使员工的个人目标同组织目标达到一致，建立共同愿景，增强组织的凝聚力和竞争力。绩效考核还可以促进员工的潜在能力的发挥，通过绩效考核，员工对自己的工作目标确定了效价，他就很可能会努力提高自己的期望值，比如学习新知识、新技能，以提高自己胜任工作的能力，取得理想的绩效，个人也就得到了进步。所以，绩效考核是促进员工发展的人力资本投资。

五、绩效考核的基本原则

我们在进行绩效考核时，为做到公平和准确，保证考核的信度和效度，应遵循一些基本原则。

（一）客观原则

绩效考核必须严格遵守客观公正这一基本原则。客观即实事求是，公正即不偏不倚，按照考核标准，一视同仁地进行考核。绩效考核应当根据明确规定的绩效考核标准，针对客观考核资料进行评价，做到"用事实说话"，尽量避免掺入主观成分和感情色彩。此外，在考核结果的讨论和分析上也要做到与实际考核立有的结果一致，不能肆意歪曲考核的结果，也不能任意夸大或贬低考核的实际意义。

（二）注重实绩的原则

实绩即指员工通过主观努力，为组织做出并得到组织承认的劳动成果、完成工作的数量、质量和效益。在考核过程中，坚持注重实绩原则即要求在对员工工作做出考核结论和决定升降奖惩时，以其工作实绩为根本依据。

（三）差别原则

绩效考核的等级之间通常应当有鲜明的差别界限，考核结果在工资、晋升、使用等方面应体现明显差别，使绩效考核带有激励性，激励员工的上进心。当然，对绩效考核承担者进行充分培训，使其尽量排除主观因素，并能够对考核标准有准确的、统一的理解，也是非常重要的。

（四）明确化、公开化原则

企业的绩效考核标准、考核程序和考核责任都应当有明确的规定，而且在考核过程中应当遵守这些规定。同时，绩效考核标准、考核程序和考核责任者的规定在企业内部应当对全体员工公开。这样才能使员工对绩效考核工作产生信任感，才能使员工容易理解、接受绩效考核的结果。

（五）多方位考核原则

为了使绩效考核尽量做到客观、公正、全面，减少人为因素的影响，应扩大考核者的范围，尤其是与被考核者工作直接相关的人，如直接下属、同级相关部门的同事、客户及服务对象、人力资源部门的专家等。现在许多企业采用的"360度"考核法，就是这一思路。

（六）科学、简便的原则

科学、简便即要求考核从考核标准的确定到考核结果的运用的整个过程都要符合客观规律，正确运用现代化科技手段，准确地评价员工的行为表现。同时，考核的具体操作要简便，以尽可能少的投入，达到尽可能好的考核效果。

（七）及时反馈原则

绩效考核的结果一定要及时反馈给被考核者本人，否则就起不到考核的引导、教育作用。在反馈考核结果的同时，应当向被考核者就考核结果进行说明解释，肯定成绩和进步，说明不足之处，提供今后努力方向的参考意见等。

（八）阶段性和连续性相结合的原则

考核的阶段性是对职员平时考核的各项考核指标数据的积累。考核的连续性要求对历次积累的数据进行综合分析，以求得出全面和准确的结论。对于员工的考查不能看其一时一事，应全面地、历史地来看。

（九）保证信度与效度的原则

绩效考核的信度是指考核结果的前后一致性程度，即考核结果的可信程度。绩效考核的效度是指考核结果的准确程度。信度和效度是反映考核结果最重要的指标，企业在考核员工时，要尽量提高信度和效度，从而更好地发挥绩效考核的功效。

第二节　绩效考核系统

绩效考核是人力资源管理的核心工作之一，但绩效考核又是一项十分复杂和艰难的工作。其关键就在于要制订出合理的考核指标和标准，使考核尽量公平、公正，真正起到绩效考核应有的作用。绩效考核的方法多种多样，科学的分类方法之一为目标考核和过程考核。但不管是目标考核还是过程考核，归结到一点，就是要能订出合理的绩效指标。

一、绩效考核标准

（一）绩效考核标准的定义

绩效考核标准是对员工绩效的数量和质量进行监测的准则。绩效考核的标准由三个要素组成：标准的强度和频率、标号、标度。标准的强度和频率是指考核标准的内容，也就是各种规范行为或对象的程度或相对次数。标号是指不同强度和频率的标记符号，通常用字母（如 A、B、C 等）、汉字（如甲、乙、丙等）或数字来表示。标度是指测量的单位标准。

（二）绩效考核标准的分类

考核标准从不同的角度可以有不同的分类。通常的分类方法有三种：按考核手段分类，按标准的属性分类，按标准的形态分类。

第一，按考核的手段分类，可将考核标准分为定量标准和定性标准。

第二，按标准的属性分类，可将考核标准分为主观标准和客观标准，相对标准与绝对标准。

第三，按标准的形态分类，可分为静态标准与动态标准。

二、构建合理的绩效考核指标体系

（一）制定绩效考核指标的基本原则

绩效考核是一项比较严谨的工作，需要符合一定的原则。科学合理的指标体系要遵循 SMART 原则，如图 2-4 所示。

1. 明确具体的（S）。绩效指标要切中目标，适度细化，考核指标要规范化，同时要简单明了，不可晦涩难懂甚至产生歧义，以便员工能清晰地理解绩效考核的具体内容。

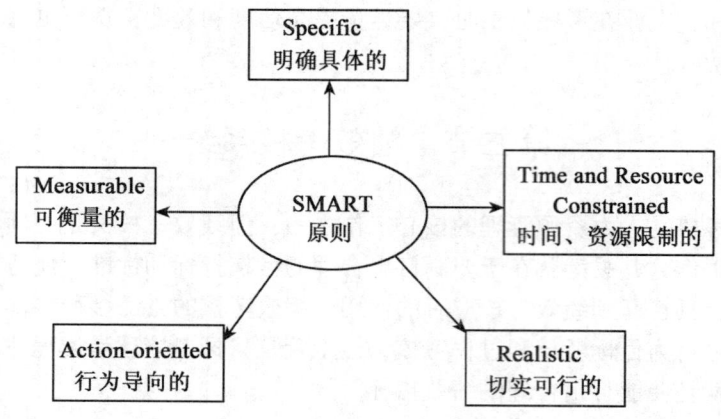

图 2-4 制定绩效考核指标的基本原则①

2. 可衡量的（M）。要尽可能采用可以客观量化的指标，使员工的实际绩效与绩效标准之间更具有可比性。

3. 行为导向的（A）。绩效考核的指标应该起到行为导向作用，应该可以引导员工的行为，使员工知道应该做什么，不该做什么。

4. 切实可行的（R）。绩效考核的指标是要员工在付出努力的情况下可以达到的，既要有一定的挑战性，又不能定得过高，从而既不会使员工失去信心，又可以很好地激励员工。

5. 时间和资源限制的（T）。绩效考核的指标要考虑时效性，并且要关注效率。

（二）建立绩效考核指标体系的步骤

建立绩效考核指标体系可以按以下四个步骤进行：

1. 工作分析。根据考核的目的，对被考核对象所在岗位的工作内容、工作性质、完成这些工作所应履行的岗位职责和应具备的能力素质，以及工作条件等进行研究和分析，从而了解被考核者在其岗位上工作所应达到的目标、采取的工作方式等，初步确定出绩效考核指标。

2. 理论验证。根据绩效考核的基本原则，对所设计的绩效考核指标要素进行理论论证，使其具有一定的科学依据，并能有效可靠的反映对绩效特征和考核的目的要求。

3. 进行指标分析，确定指标体系。根据工作岗位分析初步确定的指标，

---

① 于桂兰，魏海燕. 人力资源管理. 北京：清华大学出版社，2004：261.

运用绩效考核指标体系设计方法进行指标分析,最后确定绩效考核指标体系。在进行指标分析和指标体系的确定时,往往将几种方法结合起来使用,使指标体系更加准确、完善、可靠。

4. 修订指标。修订通常分为两种:一是考核前修订。通过专家咨询法,将所确定的指标提交领导、学术权威或专家进行审议,征求意见,修改、补充、完善绩效考核指标体系。二是考核后修订。根据考核结果应用之后的效果等情况进行修订,使考核指标内容更加理想和完善。

(三) 绩效考核指标的内容和权重设计

员工绩效考核的内容多种多样,但一般来说,对员工的绩效考核的内容大致可以分为德、能、勤、绩四个方面。

1. 德

德是对员工的政治思想素质、职业道德、全局观念、团结协作、事业心和责任心、遵纪守法情况等进行考核。德对一个人的行为具有重要的引导作用,也是一个最基本的素质。企业在进行绩效考核时,不能放松对德的要求,而要将德放在突出的位置。

2. 能

能是对员工工作能力的考核。一般主要是对其领导能力、办事效率、创新能力、办作能力以及相关的工作业务能力进行考核。能力是员工绩效的保证,同时也是由各种具体技能组合而成的综合能力。对能力进行考核要注意选择与绩效相关的关键能力进行考核,并根据各种不同能力的重要性赋予相应的权重。

3. 勤

勤是对员工的出勤情况以及工作积极性、努力程度等进行考核。勤是一种工作态度,更具有主观性,更容易反映思想问题,它反映了员工的责任心、进取心、纪律性、勤奋敬业精神以及团队意识。对勤的考核既要有量的衡量,又要有质的估量。

4. 绩

绩是对员工的工作任务完成的结果进行评估,对做得如何进行考查。一般主要是对其工作量、工作质量、工作难度、工作效率以及工作效果进行衡量。对绩的考核是员工绩效评估的核心。

当然,各个考核内容的重要性是不同的,这时我们就可以通过设计权重来解决。对各个不同考核内容根据其重要性在整个考核中设置相应的比重,使得各个考核要素的重要性得到量化,使我们的考核也更加科学。

三、绩效考核方法的概述及选择

（一）绩效考核方法概述

目前，基于激励理论和现代企业薪酬管理办法，应用最为广泛的企业绩效考核方法主要有三大类型：特性取向型，行为取向型，结果取向型。

特性取向型，主要是考核员工的个性和个人能力、特征等；行为取向型，重点评价员工在工作中的行为表现，即工作是如何完成的；结果取向型，着眼于"干出了什么"，而不是"干了什么"，其考核的重点在于产出和贡献，并不关心行为和过程。

在以上三种类型下，又衍生出许多具体绩效考核方法，以下介绍的是几种当前应用比较广泛的几种方法：

1. 交替排序法（Alternation Ranking Method）。这是运用得最为普遍的绩效考核方法之一。它是根据绩效考核标准将员工进行排序，排出从绩效最好到绩效最差的人。

2. 等级鉴定法（Rating Scale）。这也是一种较为广泛采用的员工绩效考核方法。企业管理者首先确定绩效考核的项目和标准，然后对每个考核项目列出几种行为程度供被考核者选择，企业管理者根据其选择的结果做出考核结论。

3. 行为对照法（Paired Comparison Method）。这是将员工的状况与行为描述表一一对照，并选择合适描述语言的方法。在应用这一方法时，人力资源管理部门要给考核者提供一份描述员工规范的工作行为表格，目前这种方法是被企业应用最为广泛的绩效考核方法之一。

4. 关键事件法（Critical Incident Method）。通过被考核者在工作中极为成功或极为失败的事件来分析和评价被考核者的工作绩效。

5. 强制分布法（Forced Distribution Method）。按照预先确定的比例，将员工强制分布到相应的等级中，即在考核、分布中可强制规定优秀人员人数和不合格员工人数。比如，优秀者比例占 20%，普通员工占 70%，不合格者占 10%。

6. 行为锚定评分法（Behaviorally Anchored Rating Scale，BARS）。这种方法主要是应用量表评分法对每一考核项目进行定义，并设计出一定的评分标准，同时使用关键事件法对不同水平的工作要求进行描述，并使之与量表上的一定刻度相对应和联系。

7. 目标管理法（Management By Objectives，MBO）。这种方法要求管理人员与员工共同制定一套便于衡量的工作目标，员工的绩效水平就根据届时这一目标的实现程度来评定。

以上这几种仅仅是单一考核方法，而现代企业会根据不同的战略目标将不同的绩效考核办法融合到一起形成一套完整的指标考核体系，使得绩效考核更加科学合理。当前，被大型企业集团广泛采用的主要有四大考核体系：关键绩效指标体系（KPI）、目标管理体系（MBO）、360度绩效考核体系、平衡计分卡体系（BSC）。这四大考核体系综合了众多绩效考核的优点，在人力资源管理中起到了重要的作用，同时也成为薪酬管理体系中的重要组成部分。

（二）选择合适的绩效考核方法

有效的考核与正确的选择考核方法是密不可分的。绩效考核有很多种方法，每一种方法都有自己的优缺点，每一种方法都可能是有效的。企业应根据具体岗位的类型和企业的需求来选定考核方法，不一定都要统一为一种考核方式。而且，各种考核方法结合使用，更能得到意想不到的效果。

四、考核者的选择及培训

（一）考核者

考核者是指对员工进行考核的人。可供选择的考核人员有员工的上级主管、员工的同事、员工的下属、外聘专家以及顾客和供应商等。究竟由谁来考核要根据考核的目的和考核的标准来定。

1. 上级主管

上级主管是员工考核的重要人选。员工的上级主管对员工情况了解较多，而且上级主管对员工进行考核容易实施，容易被员工接受，但在考核中，上级主管也容易掺入个人感情因素。

2. 员工的同事

员工的同事与员工在日常工作中交流频繁，对彼此间的工作态度、工作能力、工作成绩都比较了解，因而考核的结果比较客观。但是，"人缘"因素对考核会带来不利影响。此外，如果同事之间存在竞争或者矛盾，也会给考核结果带来偏差。因此，同级考核要慎用，所得的结果只能供参考，需要配合其他方式使用才能较为有效。

3. 员工本人

员工通常会认为自己对自己的工作情况最为了解，自己最具有发言权。通过自我考核，有利于员工深刻检查自身的绩效，推动员工工作的改进。但是，员工的性格、动机、评判标准会对考核结果产生重大影响，员工自我考核容易出现偏差和导致不公平，因而通常只将员工的自评当作一种补充的办法来采用。

4. 员工的下属

下属对主管人员的工作作风和领导能力比较有发言权。下属对主管进行考核是一种自下而上的绩效反馈，可以使上级主管增加工作压力，注意工作方式，促进与下级的沟通。但是，下属通常不敢得罪自己的上级而使考核缺乏客观，因而下属对上级的考核最好采用匿名的方式。

5. 外聘专家

外聘专家具备良好的考核技能和方法，具有丰富的经验，而且他们的考核更加客观，更具有说服力。外聘专家看问题比较全面，往往容易发现内部人员发现不了的问题，从而为绩效改进提出宝贵建议。但是，外聘专家考核通常涉及成本太高、对企业了解不够深入等问题。

6. 顾客和供应商

通过顾客和供应商对员工进行考核，可以了解到他们感知到的绩效情况，有利于促进员工改善与供应商的关系，更好地为顾客提供服务。但是，通过顾客和供应商进行考核容易出现以偏概全等问题。

（二）360 度绩效考核

现在企业越来越提倡采用 360 度绩效考核。360 度绩效考核是指将与被考核者有工作关系，对被考核者有一定接触了解的所有人员都纳入考核主体，全面参与对员工的评估。常见的 360 度绩效考核模式如图 2-5 所示。

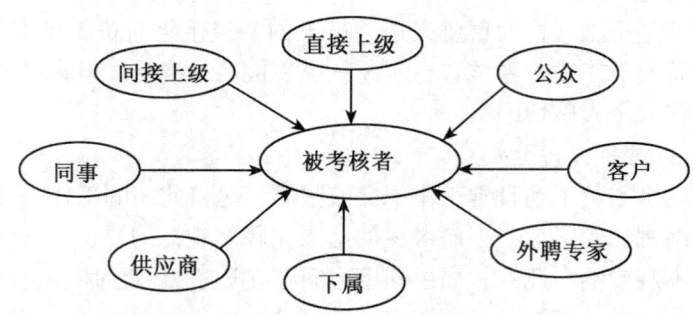

图 2-5　360 度绩效考核模式①

（三）考核者培训

在进行考核之前，要对考核者进行培训。首先，要让考核者明确考核的重要意义，让考核者明确自己承担的责任，增强考核者的积极性和责任心。其次，要对考核的基本情况作相应的介绍，让考核者明确考核的内容、程度、具

---

① 于桂兰，魏海燕. 人力资源管理. 北京：清华大学出版社，2004：216.

体的操作方法与技巧。最后,要考核者明确在考核过程中容易出现的成见效应、晕轮效应、近因效应、平均倾向、竞严倾向等问题,并对如何避免出现这些问题进行培训。

第三节 绩效考核的组织与实施

一、绩效考核的组织与实施

绩效考核一般包括四个阶段:准备阶段,实施阶段,考核结果分析、评定阶段,考核结果的运用阶段。准备阶段主要建立绩效考核计划,确定考核的目标、内容,制定考核标准,设计考核所用的表格。实施阶段负责对员工实际行为进行考核。考核结果分析、评定阶段是员工与其直接主管面谈,将考核结果反馈给员工。考核结果的运用阶段是将考核结果运用于人力资源管理中,促进员工和企业的发展。

(一)绩效考核准备

一个有效的绩效考核系统应该能够提供三个方面的信息:第一,提供组织成员在晋升、调动、加薪等方面的供决策的信息;第二,提供关于员工行为、优点、绩效、缺点等方面的信息,为绩效反馈提供依据;第三,提供组织期望等方面的信息,引导员工的行为,同时使员工对如何获得更好的评价有更清晰的认识。

为保证绩效考核顺利进行,必须在明确考核目的的前提下,事先制定计划,有目的的选择考核的对象、内容、时间。

为达到上述要求,在组织和实施绩效考核工作时,我们首先就要做好关于绩效考核目的、内容和执行办法的计划。在计划中,应着重注意以下问题:考核的目的;考核的对象;考核的内容;由谁来进行考核;考核的标准;如何进行考核;考核的时间安排等。

(二)绩效考核实施

实施绩效考核就是对员工的工作绩效进行考核、测定和记录。具体可分为:

1. 把绩效考核的目的、内容和考核的办法告诉被考核者。

2. 对绩效考核的工作人员进行集中培训,统一考核的标准和尺度,使考核工作人员尽量减少主观考核误差。

3. 统计、收集考核所需的资料。

4. 在充分了解和掌握各种信息之后,绩效考核者对照考核内容、标准、程序的要求，对被考核者的工作绩效进行考核。

5. 在对被考核者进行初步考核后，考核工作人员要对考核结果进行分析、统计和审定，并初步确定考核结果。

6. 最终，考核工作人员将考核结果报上级主管或人力资源部门进行审批。

（三）考核结果的分析、评定

在绩效考核结果确定后，人力资源部门、被考核者及其主管等都应对考核结果进行深入分析，发扬优点，克服缺点，使被考核者进一步了解组织对自己工作的看法与评价。同时，还需针对绩效考核中发现的问题，采取纠正措施。

每一位主管要就考核情况，与自己的直接下属进行一次坦诚的面谈。面谈内容可以围绕以下几个方面进行：

1. 按考核指标逐项对一年来的工作业绩进行分析评价，了解制约目标实现的主要因素。

2. 主管可向下属提出以下问题：在工作中是否尽了全部的能力；能否扩展工作职责范围；能否承担别的工作；有无能力成为上一级管理人员。下属在回答此类问题的同时，可与主管一起进行分析、讨论，达成一致的意见，从而分析下属的潜能。

3. 根据在考核中所认识到的下属的优点和不足，商定下属参加培训或转换工作岗位的计划，提出下属个人发展的计划。

（四）考核结果的运用

1. 考核结果将作为人力资源管理其他环节的依据

考核工作完成后，人力资源管理部门将考核表、考核报告等收集、整理、归档，并根据考核结果，落实被考核者的晋升、薪酬、奖惩、培训、工作调整等事项。

以雀巢公司为例，它十分重视通过绩效考核选拔公司的高级管理人才。公司根据考核结果，在表现出色、潜能较高的管理人员中，确定以下几方面的人选：一是马上能接任高级管理职务的；二是在一两年内能接任的；三是在三至五年内可以接任的。然后，有目地对这些人选进行经常性的观察、分析和培养，包括调整到不同地区、不同岗位进行锻炼，使公司保持了一定数量的高级管理人员后备队伍。通过考核结果的合理运用，形成凭绩效用人的良好的导向和机制，激励更多的人干好工作。

2. 绩效考核作为促进员工发展和改进的管理手段

考核双方在沟通的基础上为被考核者设定了绩效目标，对被考核者具有相当程度的引导和激励作用。考核为被考核者找出了优势、弱项，有利于其有针对性地采取培训或转岗等行动，并合理地进行职业生涯设计，促进其个人发展。持续的沟通也使管理者易于发现制约绩效目标实现的因素，为改善管理提供了导向。

二、绩效考核过程中需注意的问题

（一）绩效考核需注意的问题

绩效考核对企业的作用，目前已得到了大多数企业的认可，与此同时情况也走向了另一个极端，即把绩效考核作为医治企业任何问题的良药，对其本身可能带来的问题认识不足。其实绩效考核不管是从技术方法上，还是从实施的各个环节上讲，都可能产生很多不利的影响。从一般意义上讲，绩效考核容易出现的问题主要体现在以下几个方面：

1. 晕轮效应（Halo Effect）。晕轮效应是指考核者让被评价者某一方面的显著特征影响了自己对被评价者每一个单独内容的判断。通常表现为以偏概全，一好百好，或者一无是处。

2. 居中趋势（Central Tendency，又称平均倾向）。居中趋势是指在确定绩效考核等级时，大多数考核者会将考核结果定在中间的那一个等级上。这就意味着几乎所有的员工都有被简单的评定为"中"的可能，使绩效考核不能真正反映员工的绩效差别。

3. 评价标准掌握过宽或过严（Strictness/Leniency，又称宽严倾向）。过宽倾向是指有些考核者对员工的工作绩效倾向于做出过高的评价，倾向于打高分；而过严倾向则是指有的考核者对员工的工作绩效倾向于做出过低的评价，倾向于打低分。

4. 成见效应（Bias）。成见效应是考核者以固定思维对被考核者作出刻板化的评价，以及考核者凭个人好恶而导致的不公平的评价，即通常所说的偏见。

5. 近因效应（Recency）与首因效应。近因效应是指对员工的绩效考核仅依据考核期末一小段时间内的工作情况，以"近"代"全"。首因效应是指考核者凭第一印象判断问题，如果第一印象好，则对被考核者各方面的评价都偏高，如果第一印象不好，则对其各方面的评价都偏低。

6. 对照误差。对照误差是指考核者把被考核者与其前面的被考核者进行对照，从而做出与被考核者实际情况有偏差的结论。

7. 自我对比误差。自我对比误差是指考核者把被考核者与自己对比，并根据自己的价值判断而做出有偏差的结论。

8. 压力误差。压力误差是指考核者担心自己对被考核者的评价会对被考核者的奖金、晋升等产生重要影响，以及担心受到被考核者的责难等，而倾向于给被考核者偏高的评价。

9. 绩效考核指标理解误差。绩效考核指标理解误差是指不同考核者对同一考核标准的理解不同,从而导致考核的标准宽严不一,进而给考核带来偏差。

此外,在进行绩效考核时,我们还要注意到绩效的影响因素不易消除。影响员工或企业绩效的因素是众多的,不同的外部环境下同样的努力可能换来的结果是不一样的,如何剔除这些影响因素,客观的衡量员工的业绩本身就是困难的。并且,我们还要注意到考核的公平是相对的。尽管我们在实施绩效考核时会尽量做到公平,但按照认知理论,人总是觉得自己比别人要干得好,因为他对别人究竟做了什么不是非常清楚。这就会造成总有员工会觉得考核不公平,公平只可能是相对的。

(二) 减少绩效考核偏差的对策

绩效考核的偏差会对考核的效度与信度产生不利影响,甚至会影响到整个绩效考核作用的发挥。因而,我们要尽力采取相应的措施来减少绩效考核的偏差。具体而言,我们可以采取以下措施。

1. 制定明晰、客观的考核标准

第一,绩效考核的标准要尽量明晰。一是要清楚明了,不可晦涩难懂甚至产生歧义,要使考核者能够理解和接受考核的内容和要求。二是要简洁精练。考核的指标不能过多过杂,指标之间要有良好的区分度,不可啰嗦重复,要使考核者能够抓住关键点。

第二,考核的标准要尽量客观。要避免采用主观性太强的标准,而要采用尽可能客观的标准。对能够量化的标准要尽量量化,对不能量化的标准也要采用一定的技术处理,使之更加科学合理。

2. 运用正确的绩效考核方法

绩效考核有多种方法,如比较排序法,关键事件法(KPI),目标管理法,360度考评法,平衡计分卡(BSC)法等。每一种考核方法都有自身的优缺点,每一种考核方法都可能是有效的,关键是要正确地运用。例如比较排序法有助于克服居中趋势,平衡计分卡(BSC)法有助于引导员工注重可持续发展。

3. 选择合适的考核人员和考核时间

考核人员会对绩效考核结果造成一定的影响。因此,要挑选责任心强、客观公正、能秉公办事、对被考核者的工作情况有一定接触了解的人担当考核者,而且在人数上要保证一定的数量,在结构上要合理。这样有助于减少考核的成见效应、首因效应、居中趋势、压力误差、自我对比误差等导致的绩效考

核偏差。

此外，绩效考核要选择合适的考核时间。考核的时间间隔不能太长或太短，要适度。一个好的办法就是坚持日常考核与年终考核相结合。日常考核有助于及时、客观、全面的反映被考核者的工作质量，有助于考核资料的及时收集和留存。年终考核有助于衡量被考核者全年的工作绩效。将日常考核与年终考核相结合，有助于减少晕轮效应、近因效应带来的偏差，从而有助于全面客观的评价被考核者。

4. 培训考核者和被考核者

对考核者进行培训是减少考核偏差的关键。一是要通过培训，让考核者明确考核的内容、方法和考核的重要性，增强考核者的责任心，从而更加客观的进行考核。二是要针对考核中容易出现的偏差进行专门的培训，从而有效地避免出现这些偏差。例如，可以通过播放影像资料来生动地介绍考核过程中容易出现的偏差，以及如何避免出现这些偏差。然后让考核者进行一次模拟考核，之后再对模拟考核过程中出现的偏差进行讨论，从而让考核者明确并切身体验考核过程中容易出现的偏差，并让考核者学会如何避免出现这些偏差。

此外，对被考核者也要进行相应的培训。要让被考核者明确考核的目的、意义，积极参与并主动配合考核工作。

5. 公开考核过程、规则和结果，并设置申诉程序

绩效考核也要坚持"公开、公正、公平"。对考核的过程、考核的规则和考核的结果都要公开，同时要允许员工申诉，并为之提供便利。这样，一方面使得考核更加民主、透明，可以令被考核者更加乐于接受考核的结果，也可以使考核者更加认真负责，在考核时更加客观公正。另一方面，有助于考核者及时发现考核过程中存在的问题，并予以及时解决，从而减少考核的偏差。

6. 做好反馈和总结工作

通过绩效考核反馈和总结，我们不仅可以帮助员工了解自身的业绩状况，疏导员工可能存在的不满，引导员工改进不足，还可以发现考核体系存在的问题，以及考核过程中我们出现了哪些偏差。总结出现这些偏差的原因，并找出相应的解决对策，从而减少下一次考核的偏差，可以使我们的考核进入一个良性循环，使考核的偏差不断减少。

总之，绩效考核是企业的一项重要工作。考核者在进行绩效考核时通常容易出现晕轮效应等多种偏差。但是，只要我们采取适当的措施，我们还是能够尽量减少这些偏差，从而使我们的绩效考核具有更高的信度和效度，真正发挥出绩效考核的功效，为企业发展做出贡献。

关 键 词

绩效　绩效考核　绩效考核指标　考核原则　绩效考核体系　信度　效度　360度绩效考核　SMART原则　考核偏差

小 结

1. 绩效考核又称绩效考评、绩效评价或绩效评估，是按照一定的标准，采用科学的方法，考查和审核企业员工对职务所规定的职责的履行程度，以确立其工作绩效的一种有效的系统管理方法；也是衡量、评价、影响员工的工作表现的正式系统。它是一种行为导向，一种控制方法，也是一种激励措施。绩效考核在人力资源管理中处于核心地位，人力资源管理的其他方面几乎都和绩效考核有关。

2. 绩效的三个主要特征：多因性、多维性与动态性。

3. 绩效考核的内容多种多样，一般来说，员工的绩效考核指标大致可以分为业绩考核类指标、技能类指标、态度类指标三个方面。

4. 绩效考核标准是对员工绩效的数量和质量进行监测的准则。绩效考核的标准由三个要素组成：标准的强度和频率、标号、标度。

5. 绩效考核的基本原则主要包括：客观原则，明确化、公开化原则，科学、简便的原则，注重实绩的原则，差别原则，多方位考核原则，及时反馈原则，阶段性和连续性相结合的原则，保证信度与效度的原则。

6. 绩效考核是一项比较严谨的工作，需要符合一定的原则。建立科学合理的指标体系要遵循SMART原则。

7. 绩效考核的组织与实施一般包括四个阶段：准备阶段，建立绩效考核计划，确定考核的目标、内容，制定考核标准，设计考核所用的表格；实施阶段，即对员工实际行为进行考核；考核结果分析、评定阶段，即员工与其直接主管的面谈，将考核结果反馈给员工；考核结果的运用阶段。

8. 为了将考核工作搞好，我们要注意选择合适的考核方法和考核者，并对考核者进行培训。

9. 在进行绩效考核时，我们要注意：晕轮效应，平均倾向，宽严倾向，近因效应，首因效应，成见效应，对照误差，自我对比误差，压力误差，绩效考核指标理解误差。绩效的影响因素难以消除，考核的公平是相对的。

10. 为了减少绩效考核中的偏差，提高绩效考核过程和结果的正确性，我们可以采取的应对措施有：制定明晰、客观的考核标准；运用正确的考核方法；选择合适的考核人员和考核时间；培训考核者和被考核者；公开考核过程、规则和考核结果，并设置考核申诉程序；做好反馈和总结工作。

复习思考题

1. 什么是绩效？什么是绩效考核？
2. 在组织中为什么要进行绩效考核？目的是什么？
3. 在进行绩效考核时，要坚持哪些原则？
4. 什么是有效的绩效考核指标体系？如何构建有效的绩效考核指标体系？
5. 绩效考核有哪些基本方法？如何选择绩效考核方法？
6. 如何组织实施绩效考核？有哪些步骤？
7. 哪些因素容易引起绩效考核出现误差？
8. 在实施绩效考核时，需要注意哪些问题？如何解决这些问题？

第三章 绩效管理

学习目的
学习本章后，你应当掌握如下内容：
1. 绩效管理的含义、目的、功能
2. 绩效管理的关键要素及其普遍存在的问题
3. 绩效管理系统的流程
4. 绩效管理所面临的变革环境
5. 自我管理法
6. 360度绩效考评法

【索尼的绩效管理思考】① 2006年索尼公司迎来了创业60年。过去它像钻石一样晶莹璀璨，而今却变得满身污垢、暗淡无光。因笔记本电脑锂电池着火事故，世界上使用索尼产锂电池的约960万台笔记本电脑被召回，估计更换电池的费用将达510亿日元。

多数人觉察到索尼不正常恐怕是在2003年春天。

"激情集团"消失了

所谓"激情集团"，是指那些不知疲倦、全身心投入开发的集体。在创业初期，这样的"激情集团"接连开发出了具有独创性的产品。索尼当初之所以能做到这一点，是因为有井深大的领导。他能点燃技术开发人员心中之火，让他们变成为技术献身的"狂人"。在刚刚进入公司时，我曾和井深大进行激烈争论。井深大对新人并不是采取高压态度，他尊重他们的意见。

从事技术开发的团体进入开发的忘我状态时，就成了"激情集团"。要进入这种状态，其中最重要的条件就是"基于自发的动机"的行动。

与此相反就是"外部的动机"，比如想赚钱、升职或出名，即想得到来自外部回报的心理状态。如果没有发自内心的热情，而是出于"想赚钱或升职"的世俗动机，那是无法成为"开发狂人"的。

---

① 天外伺郎. 绩效主义毁了索尼. 文艺春秋，2007（1）.

"挑战精神"消失了

从1995年左右开始,索尼公司逐渐实行绩效主义,成立了专门机构,制定了非常详细的评价标准,并根据对每个人的评价确定报酬。

但是,井深大的想法与绩效主义恰恰相反,他有一句口头禅:"工作的报酬是工作。"如果你干了件受到好评的工作,下次你还可以再干更好的工作。在井深大的时代,许多人为追求工作的乐趣而埋头苦干。

但是,因实行绩效主义,职工逐渐失去工作热情,业务成果和金钱报酬直接挂钩,职工是为了拿到更多报酬而努力工作。在这种情况下是无法产生"激情集团"的。为衡量业绩,首先必须把各种工作要素量化。但是,工作是无法简单量化的。公司为统计业绩,花费了大量的精力和时间,而在真正的工作上却敷衍了事,出现了本末倒置的倾向。因为要考核业绩,几乎所有人都提出容易实现的低目标,可以说索尼精神的核心即"挑战精神"消失了。索尼公司不仅对每个人进行考核,还对每个业务部门进行经济考核,由比决定整个业务部门的报酬。最后导致的结果是,业务部门相互拆台,都想方设法从公司的整体利益中为本部门多捞取好处。

团队精神消失了

"建立公司的目的:建设理想的工厂,在这个工厂里,应该有自由、豁达、愉快的气氛,让每个认真工作的技术人员最大限度地发挥技能。"这正是索尼公司的创立宗旨。

索尼的绩效考核最大弊端是搞坏了公司内的气氛。上司不把部下当有感情的人看待,而是一切都看指标,用"评价的目光"审视部下。于是大家都极力逃避责任。这样一来就不可能有团队精神。

创新先锋沦为落伍者

投入巨额费用和很多时间进行的技术开发取得成功后,为了制造产品,还需要有更大规模的设备投资,亦需要招募新员工。但是,从长期角度看,索尼公司积累了技术,培养了技术人员。此外,人们都认为"索尼是追求独特技术的公司",大大提升了索尼的品牌形象。

更重要的是,这种独自开发能给索尼员工带来荣誉感,他们都为自己是"最尖端企业的一员"而感到骄傲。

如今,索尼采取了极为"合理的"经营方针。不是自己开发新技术,而是同三星公司合作,今天的索尼为避免危机采取了临时抱佛脚的做法。

高层主管是关键

今天的索尼已经没有了向新目标挑战的"体力",同时也失去了把新技术拿出来让社会检验的胆识。在导致索尼受挫的几个因素中,公司最高领导人的态度是其中最根本的原因。

在索尼充满活力、蓬勃发展的时期,公司内流行这样的说法:"如果你真的有了新点子,来。"也就是说那就背着上司把它搞出,与其口头上说说,不如拿出真东西来更直接。但是如果上司总是以冷漠的、"评价的眼光"来看自己,恐怕没有人愿意背着上司干事情,那是自找麻烦。如果人们没有自己受到信任的意识,也就不会向新的更高的目标发起挑战了。在过去,有些索尼员工根本不畏惧上司的权威,上司也欣赏和信任这样的部下。

过去人们都把索尼称为"21世纪型企业"。具有讽刺意味的是,进入21世纪后,索尼反而退化成了"20世纪型企业"。我殷切希望索尼能重现往日辉煌。

究竟绩效管理是否如同案例作者所说的是导致索尼衰败的"罪魁祸首"?对于一个企业来说,提高绩效是主要目标,但是如何在管理实践中进行出色的绩效管理?到底什么因素影响着绩效管理,或者我们可以从哪些视角去思考绩效管理的问题?

对企业绩效的整个运行过程,是需要谨慎对待和重视的。本章将不局限于绩效管理,将从组织的整个管理过程角度,来探讨关于提高绩效的管理方法。

第一节 绩效管理概述

一、绩效管理的含义

20世纪30年代,贝尔实验室的舒哈特提出了品质持续改进循环圈,即P-D-C-A,从而产生了绩效管理的思想。在绩效管理过程中,就是基于企业总体战略建立进取性强且可衡量的目标,上下级间进行透明而有效的绩效沟通,将结果与目标相比较(绩效评估)并反馈结果,同时强调绩效考核结果的应用。绩效管理可视为一个系统过程。本章所研究的绩效管理定位于企业内部对员工的绩效管理。

绩效管理是指为实现组织发展战略和目标,采用科学的方法,通过对员工个人或群体的行为表现、劳动态度和工作业绩以及综合素质的全面监测、考核、分析和评价,充分调动员工的积极性、主动性和创造性,不断改善员工和组织的行为,提高员工和组织的素质,挖掘其潜力的活动过程。绩效管理是以绩效考核制度为基础的人力资源管理的子系统,是一个有序的复杂的管理活动过程,着眼于员工个体绩效的提高,同时注重员工绩效和组织绩效的有机结合,最终实现企业总体效率和效能的提升。

二、绩效管理的目的

进行绩效管理,是为了提高组织的绩效。一个完善、科学的绩效管理系统应该能为组织完成诸多任务,并实现组织和员工的双赢。

1. 使人力资源管理与企业的战略目标相联系。绩效管理的前提是确定企业的经营战略,企业战略目标的达成情况与每个员工的具体表现息息相关,绩效管理通过为员工设定个人目标从而与组织的整体目标和战略相联系。通过绩效管理的过程可以培养企业所需要的高质量人力资源,鼓励并驱动企业发展所需要的工作行为,保证企业各种目标的圆满实现。

2. 促进组织内部信息流通和企业文化建设。绩效管理非常重视员工的"参与"。从绩效目标的制定、绩效计划的形成、实行计划中的反馈和指导到绩效考评、考评结果的运用以及提出新的绩效目标等都需要员工的参与,需要管理者与员工双方的相互沟通。这种"参与式"管理方式满足了员工受尊重的需要和自我实现的需要。企业管理者的行为是企业文化的一部分,因而绩效管理对于创建一个民主的参与性的企业文化是非常重要的。

3. 使人力资源管理成为一个完整的系统。绩效管理在企业的人力资源管理系统中处于核心位置,它把人力资源管理的各项功能整合为一个内在联系的整体。绩效管理为员工行政管理和下一年的工作目标设定提供依据,为人员招聘和选拔提供参考。根据绩效考评的结果进行提升和工作调换的用人制度比传统的用人制度更加合理和科学。一个合理完善的绩效管理系统有助于实现组织和员工个人甚至社会的最大效益。

三、绩效管理的功能

(一)激励功能

绩效管理充分肯定员工的工作业绩,使员工体验到成功与自豪,鼓励先进,鞭策落后,带动中间,从而对每个员工的劳动行为进行有效的激励。绩效管理的基本目标是非常明确的,即:不断改善组织氛围,促进员工与企业共同发展,以提高整体效率和经济效益。为实现这个基本目标,促使各级主管在管理过程中采用科学的方法从不同需求出发,激励诱导下属朝着一个共同目标努力学习和积极工作。绩效管理总是与企业薪酬奖励、晋升调配等制度密切相关、相伴相随的。绩效优秀的员工不仅会受到奖励,还可能获得晋级,为全体员工树立工作"模范",同时那些落后的、工作绩效不佳的员工,也可能受到一定的批评或处罚。无论是受奖还是受罚,对员工都会产生某种触动和鞭策,其结果是优秀的人希望更优秀,落后的人不甘于落后,在组织中形成你追我赶的局面，有助于组织的发展和目标的实现，从而使企业和员工同时受益匪浅。

（二）控制功能

通过绩效管理，对组织中每个成员的活动进行追踪，及时沟通和分析，反馈绩效管理信息，及时发现组织中存在的问题，找出症结所在，指出哪些部位、流程、程序、授权和协作关系需要改进和调整，从而为组织变革和组织发展提供依据；绩效管理可以把员工工作的数量和质量控制在合理的范围内，还可以控制工作进度和协作关系，从而使员工明确自己的工作职责，按照既有制度和规定做事，提高工作的自觉性和纪律性；通过有效的绩效管理体系的运行，可以显示出组织中各级管理人员、一线人员，从硬件到软件等方方面面的实际运行情况，在这个过程中，对人力、物力和财力等资源的配置及其实际运行情况进行及时的监督、测定和考评，达到有效的组织、协调和控制，从而实现预定的绩效目标。

（三）沟通功能

绩效反馈阶段，管理者针对考核结果与员工沟通，听取员工的申诉和看法，并探讨解决问题的方法。这样就为上下级提供了一个良好的沟通平台，使上级和下级之间相互了解，并增进相互间的理解。

（四）规范功能

绩效考核标准为人力资源管理提供了一个客观而有效的标准和行为规范，并依据考核的结果进行晋升、奖惩、调配等，通过不断考核，按照标准进行奖惩与晋升，使企业的人力资源管理标准化。

（五）发展功能

绩效管理考评的结果能够发现员工的不足及待开发的潜能，为员工的培训开发指明了方向：一方面组织可根据考核结果制定正确的培训计划，达到提高全体员工素质的目标；另一方面可以发展员工的特点，根据特点决定培养方向和使用方法，充分发挥个人长处，将个人与组织的发展目标有效的结合起来。

四、绩效管理的关键要素和普遍存在的问题

（一）绩效管理的关键要素

绩效管理重心是管理、思考一切管理因素，比如如何与企业战略、企业文化、企业目标协调一致。绩效管理必须与组织的战略、目标以及文化保持一致性，将考核标准与组织目标联系起来。组织的战略形势发生变化时，绩效管理也要做出相应的调整。

开放的沟通必须贯穿于绩效管理全过程。绩效管理系统的设计以及执行都需要员工及其直接主管的参与，从绩效目标的设立、绩效考核标准的确定、绩效考核方法的选择、绩效结果的反馈直至绩效考核结果的应用，再到新一轮的绩效管理系统设计，员工与直接主管以及高层主管必须达成目标上的一致，这种一致性需要沟通来完成。

（二）绩效管理普遍存在的问题

1. 绩效管理与组织战略脱节。现实中很多企业的各个绩效管理目标不是从企业的战略逐级分解得到，而是根据各自的工作内容得出，不能引导所有员工的行为趋向组织的目标，导致与组织战略目标相背离的行为出现。

2. 缺乏一个畅通的沟通渠道。在中国传统文化影响下的企业等级分明，管理者习惯强制性的向员工下达任务，并以考核与奖惩为手段迫使员工就范，这样员工容易产生抵触情绪，拒绝接受，最后必将使绩效管理系统失效。绩效管理是一个管理者与员工之间持续双向沟通的过程，绩效管理的成功关键在于员工在绩效计划、绩效辅导以及绩效考核和反馈全过程中的全程参与。

3. 将绩效考核等同于绩效管理。绩效管理是一个由绩效目标的确定、绩效辅导、绩效考核以及绩效评价与反馈机制四个环节有机结合的一个系统，绩效考核是指一套正式的结构化的制度，用来衡量、评价并影响与员工工作有关的特性、行为与结果，绩效管理是以这种绩效考核制度为基础的人力资源管理的子系统。绩效管理并不是给员工布置完工作任务后进行绩效考核就行了，绩效考核只是绩效管理系统中一个至关重要的环节。二者有着明显的区别，同时又存在十分密切的联系。

4. 绩效管理目标单一化。很多企业仅仅把绩效管理当作奖惩的依据。绩效管理的核心作用在于提升其员工的绩效，它不单单作为薪酬制度的依据，同时也是员工培训计划以及岗位调升的依据，价值的分配只是绩效考核结果应用的一个方面。绩效管理应更注重对员工能力的开发。

5. 绩效管理只是人力资源部门的工作。现实中各职能部门的管理者并没在绩效管理中承担相应的责任，甚至认为绩效管理工作影响和干扰了本部门的工作，将其视作一种负担。事实上，绩效管理是在管理者与员工之间就目标制定和如何实现目标而达成共识的过程，以及促使员工成功接受目标的管理方法。其实施的真正主角只能是管理者和被管理者双方，人力资源部门作为服务性的职能部门，在绩效管理中只能起到组织、支持、服务和指导的作用，而不是绩效管理的主体。

第二节　绩效管理系统

绩效管理的过程是企业使其绩效与企业的战略及目标相一致的过程，以通过持续改善绩效实现企业及个体的效率。在这一过程中,管理者关心的不仅是工作的完成情况,还要研究完成的方法与途径,但最为重要的是发现问题。绩效管理的对象是整个企业,我们在这里强调整个企业,因为这一管理实施的对象是企业中所有的人员,包括普通员工以及各级管理层人员。在现代企业之中,任何一个环节的不利都可能会导致企业的全面失败,成功的企业在于所有环节的有效运行以及各环节之间的倾力合作。这也要求我们的绩效管理体系要实现合力与活力的统一,整合企业价值理念,形成企业内部的共识。企业所确立的价值观是否被员工认同,绩效管理是一个重要指标。在这一过程中,我们应使上层管理者与中下层员工及科研人员等方方面面都明白我们的绩效管理体系的目的是给所有人员一个动力,推动其实现人力资本增值,促使其珍惜自己的职业荣誉。

一、绩效管理系统模型

绩效管理是现代企业人力资源管理的一个核心内容,绩效目标的确定、绩效辅导、绩效考核以及绩效评价与反馈机制是绩效管理系统的四个组成部分。首先是绩效目标的设定阶段,其目的在于将公司战略与每个员工的行动结合起来,确保员工的工作目标与企业的战略目标一致。其次是绩效辅导。绩效辅导是绩效管理中最重要的环节,绩效管理就是沟通、沟通、再沟通。辅导的目的在于改善和增强管理者与下属之间的关系,创造融洽、和谐的工作氛围,同时通过绩效辅导,指出被辅导者工作上的不足和长处,上下级一起想办法改进不足,提高工作绩效,从而能够更加出色地完成工作。再次是绩效考核阶段,以工作分析为基础建立绩效标准体系,对员工的绩效进行衡量。最后是绩效的反馈阶段,将绩效考核的结果反馈给员工,使员工对自己的工作行为、方式和方法进行改进,提升绩效,同时也为组织岗位晋升、薪酬调整以及培训计划提供依据。参见图3-1。

二、绩效管理系统设计的基础环境

(一)关键行为人

1. 雇员及其管理者。要使工作顺利进行,就必须找到适当的人选。对于任何类型的设计活动,其根本原则都在于必须让将要使用该系统的有关人员参与这个系统的设计。那么,哪些人将会使用组织绩效管理系统呢?当然是组织中作为绩效管理接受方的部门经理和雇员,这些人的参与有助于发现某些现实问题并解决有可能产生的冲突。

2. 高层管理者。绩效管理系统设计过程要考虑组织的高级管理人员和人

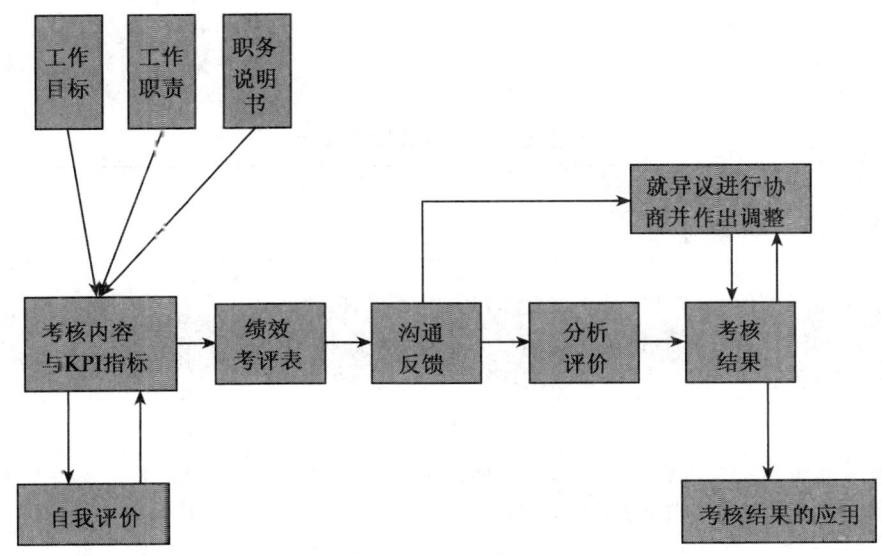

图 3-1 绩效管理系统模型

事及人力资源管理部门的职能。在有高层管理人员参与，即目标管理的实施过程得到更高层次支持的条件下，目标管理会发挥更明显的积极作用。同时，随着新系统的开始运行，他们也需要不断的参与并给予支持。

3. 人力资源管理者。人力资源管理者是绩效考核系统所形成的信息的使用者，但除此以外，人力资源专家在开发过程中也可以起到促进支持作用。为了有效、公正地建立相关政策并使之发挥作用，这种促进与支持作用是至关重要的。

（二）绩效诊断

绩效管理系统的使用程度取决于组织希望在多大范围内对现有条件进行分析。例如，斯旺森（1994）设计出了可以在组织、程序和个体三个层次上提出的问题（详见表 3-1）。这些框架表明系统设计需要对许多因素加以分析，比如：

组织的使命；

组织的目标是什么，这一目标是否为组织的全体成员所知道，组织成员对绩效的总体认识是什么；

组织文化；

组织架构，包括决策程序和工作设计过程；

绩效管理活动同其他人事或人力资源政策以及措施是否符合；
沟通系统；
奖励系统。

表 3-1　　　　　　　　　绩效诊断：可以提出的问题

绩效变量	绩效层次		
	组织层次	过程层次	个人层次
使命/目标	组织的使命与目标是否适应经济、政治和文化现实？	过程目标能否保证组织或个人使命和目标的实现？	个人的专长和个人目标是否与组织的目标一致？
系统设计	组织系统是否提供支持预期绩效的结构和政策？	按这种方法设计的过程能否以系统的方式运行？	个人设计是否支持个人的绩效？
能力	组织是否有实现其使命和目标的领导、资本和基础设施？	过程是否有取得预期绩效的能力（包括质量、数量和时间）？	个人是否在心理、体力和情感上具有取得预期绩效的能力？
动机	政策、文化和奖励系统是否支持预期的绩效？	过程是否提供了维护自身需要的信息和人力因素？	个人是否愿意完成组织要求的一切工作？
专长	组织是否建立并维护人事选拔和培训的政策以及相关的资源？	发展专长的过程能否满足动态过程所提出的不断变化的需求？	个人是否有实现预期绩效的技能和经验？

资料来源：Swanson（1994）

三、绩效考核计划制定

为保证绩效考核有效进行，应制定好计划，明确考核目的，选择考核的对象、内容和时间。

（一）明确绩效考核的目的

绩效考核的目的可以多种多样。

1. 订立绩效目标的依据。考核使目标管理中的目标确定有据可依，帮助员工开展个人规划。

2. 评估过往，改善现时。对过去的绩效进行总结和评估，了解员工的知识、技能、个人素质等，反馈评估结果，帮助考核对象提高。

3. 为员工任用、调配、升降提供依据。考核帮助企业了解员工，了解员工的工作状态、工作态度、人际关系能力等，使员工得到合理的调配。

4. 评估培训需要，检验培训效果。通过考核了解员工的长处与不足，以此作为员工培训和发展计划的依据，同时可检验企业培训方法和程序的有效性。

5. 确定薪酬的依据。

（二）选择绩效考核的对象

考核对象应依据现实需要而定，可以是员工个人、小组、团队、职能部门甚至整个企业。

（三）确定考核的内容

考核内容一般包括员工的工作业绩和态度，通常以工作说明书作为衡量员工绩效的标准。一般包括德、能、勤、绩四个方面的内容。

所谓德，就是员工的工作态度和职业道德。对德方面的考核，主要是考核员工的敬业精神和责任心，以及社会主义觉悟和相应的法律道德意识。德的标准不是抽象的而是随着不同时代、不同行业、不同层次而变化的。

所谓能，主要是员工从事工作的能力，具体包括体能、学识、智能和专业技能等内容。能力不能抽象的、孤立的存在。员工能力考评是重点和难点。

所谓绩，就是指员工的工作效率及效果，又称之为绩效，包括员工完成工作的数量、质量、成本费用以及为组织作出的其他贡献，包括岗位上和岗位之外取得的绩效。评价绩效时，对不同职位，考评的侧重点应有所不同，但效益应该处于中心地位。

所谓勤，就是员工的积极性和工作中的敬业精神，主要指员工的工作积极性、创造性、主动性、纪律性和出勤率。勤是联系德能绩的纽带。

（四）明确绩效考核的时间

决定绩效考核的时间需要考虑两方面的问题：

1. 考评时机，即什么时候考评，这取决于实际的工作需要和员工的工作种类。一般安排在每一个任务周期完成之时，如年末或季末，或一个特定的任务或项目完工后进行。以调整工资为目的，就在调整工资前考绩。

2. 考评频率，即多长时间考评一次。考评频率不应过密或过疏，可依据具体情况而定。一般而言，一线工人考绩比较频繁，技术工人和高级管理人员可降低考核频率。

四、绩效考核

（一）编制考核标准

绩效考核标准是对员工绩效的数量和质量进行监测的准则，由三个要素组成：标准的强度和频率、标号、标度。标准要针对不同的岗位及承担该岗位员工的特点而制定。

标准强度和频率指评价标准的内容，也就是各种规范行为或对象的程度或相对次数。考核内容要反映企业的科学技术水平、管理水平，不至于使员工的每项指标都达到满分，又不能太严，使员工的考核分数都较低，可以用一定数量的员工都能达到的水平为考核的及格分。

标号没有独立的意思，只有赋予它某种意义时，才具有意义。

标度就是测量的单位标准，可以是定量的，也可以是定性的，它同评价的计量单位与计量体系有密切的关系。

编制绩效考核标准要注意：（1）定量要准确。（2）内容要先进合理。（3）必须经过民主协商，一致认同。（4）相关主管人员及其他员工都能够清楚、准确的理解和正确把握。（5）标准层次定级。

（二）设计考核方法

常用的绩效考核方法有比较法、特性法、行为法、结果法和质量法等五种，后面章节会详细介绍。各种方法各有其优点和不足，各自的适应性也是有差异的，事实上并不存在一种占绝对优势的考评方法。关键在于选择一种最符合实际需要的方法，这必须考虑以下几个因素：

1. 绩效考核的目标。绩效考核的目标非常重要，它是绩效考核方法选择的决定性因素。根据考核目标是侧重于管理还是侧重于员工的个人发展，选择适当的评估方法可以达到事半功倍的效果。例如关键事件法、行为尺度评价法、行为观察评价法对提供反馈信息以改进员工绩效比较有效，而配对比较法、排序法等更强调员工之间的比较。

2. 绩效考核的成本。成本和费用是必须考虑的。当企业财力有限，或仅对普通岗位的员工进行绩效评价时，不宜选择过复杂的方法，因为需要耗费大量的人力、物力、财力，例如行为尺度评价法、行为观察评价法等。

3. 企业员工的受教育程度。受教育程度对员工的需求有很大影响。知识型员工比从事物质生产的员工更注重自我价值的体现，更加关注个人的贡献与报酬之间的关联性，在参与企业的各项管理工作中，有更高的积极性。在绩效考核中，知识型员工的工作过程相对来说也更难以直接监控，工作成果也难以直接衡量。行为观察量表法在具体的实施过程中，对员工参与的积极性较其他方法要求更高，评价的结果也更为客观、公正。

4. 被评价的对象。绩效考核方法应与其考核对象的类别相适应，不同的方法对不同类别的员工有不同的效果。关键事件法比较适合管理人员的绩效评价，而配对比较法则更多的应用于非管理人员的绩效评价。

5. 工作性质。评分表格应根据被评价的工作性质来选择，行为尺度评定量表和行为观察量表要求评估者评定雇员的工作行为，而对于某些工作来说，员工的工作行为无法准确的得到评定，评价者就只能间接地获取信息。

企业必须根据管理需要选择有效的绩效考核方法，把员工的个人目标和企业的经营目标完美统一起来，真正实现多角度、准确、客观的评估，保证绩效管理系统的有效性。

（三）培训考核者与被考核者

为保证绩效考核的合理有效进行，必须对考核者和被考核者进行严格的培训。通过培训，考核者能够公平合理的进行考评，并具备强有力的监督管理能力；被考核者接受绩效管理评价系统，了解考核者的作用或意义、企业实施考核的基本工作流程、员工在考评中的作用或职责以及实施考核的时间计划等，并积极配合工作。

对考核者的选择要注意以下几点：

1. 考核者应该有足够长的时间和足够多的机会来观察员工的工作情况；

2. 考核者有能力将观察结果转化为有用的评价信息，并且能够最小化绩效评估系统可能出现的偏差；

3. 考核者有动力提供真实的员工绩效评估结果。

对考核者的考核培训要点如下：一是认真讲解考核内容及考核标准。二是提高考核者的考察力和判断力，避免常见的考核误差，如首因效应误差、晕轮效应误差等。三是考核工作需要的技术准备，如确立良好的绩效与处理表现不佳员工的方法、分析员工的个别特型方法、界定职位职责的方法等。四是加强对考评者有关考评重要性的培训，使他们重视考评工作。

（四）绩效考核的执行与实施

实施绩效考核是指对员工的工作绩效进行考核、测定和记录。绩效考核实施是联系绩效计划和绩效评价的中间关键环节，是绩效管理过程中耗时最长的一个阶段，这个环节直接影响到绩效管理的成败，离开了这个环节，绩效管理的目标就无法实现。在这个阶段，考评者实事求是、全面准确地收集反映员工工作绩效的有关资料，了解被考评者的工作行为和工作结果的实际情况。

绩效考核实施阶段，需要管理者与员工的持续沟通。通过上下沟通，管理者可以及时发现下属工作过程中存在的问题，帮助下属不断改变工作方法与技能，随时纠正下属偏离工作目标的行为，并根据实际情况的变化及时对工作目标进行修正与调整。

绩效考核实施阶段的另一项工作就是要不断收集并记录员工工作情况的信息，这种信息是下一阶段对员工进行绩效评价的重要依据。如果忽视了对员工工作情况的记录，管理者仅凭自己的主观印象进行评价，就会造成较大的主观偏差，特别是当绩效管理周期较长时，评价结果很容易受近因效应、晕轮效应等主观偏差的影响，从而使绩效评价缺乏客观性，同时在对员工的绩效评价结果进行反馈时，也容易使员工对评价结果产生异议。

（五）绩效考核结果的处理

绩效考核结果的处理就是通过对考核实施过程所获得的数据进行汇总、分类，利用数据统计方法进行加工、整理，以及考核结果的处理过程。

1. 考评数据的汇总、分类。将收集上来的不同考评者对同一被考评者的考核结果进行汇总，然后根据被考评者的特点，对考评结果汇总、分类。

2. 确定权重。权重即加权系数，即用数字表示的特征值。所谓加权就是强调某一考核指标在整体考核指标中所处的地位和重要程度，或者某一考核者在所有考核者中的地位和可信度，而赋予这一考核指标某一特征的过程。加权能够通过确定大小不同的权重，显示各类人员绩效的实际情况，提高考评的信度和效度。

加权形式一般有两种：一是反映考核指标间彼此重要程度的加权系数。不同的人员其绩效的指标也不相同。如管理人员的绩效主要反映在工作过程中，工作的行为及行为方式最能反映其绩效，而销售人员等一线生产员工，其绩效主要反映在工作成果中，不同的权重才能真实反映员工的绩效。二是反映不同考核者之间考核信度的加权系数，如同级考核的结果要比领导考核的结果可信度大，领导考核的结果比下级考核的结果可信度大。

3. 考评结果的表示方法。获得大量考核数据之后，可利用数理统计的方法计算考核结果，一般采用求和、算术平均等较为简单的数理统计方法。

考评结果还需要用一定方式表示出来，一般有三种：

数字表示法，即直接用考评结果的分值对被考评者的绩效情况进行描述的方式。它具有可比性、规格统一、数据量大的特点，并为运用计算机管理创造了条件，但数字描述不够直观，需与文字结合。

文字表述法，即用文字描述的形式反映考评结果的方法，它建立在数字描述的基础之上，有较强的直观性，重点突出，内容集中，具有适当的分析，充分体现了定性与定量相结合的特点。

图线表示，即通过建立直角坐标系，利用已知数据，描述出图线来表示考核结果的方式。具有简便、直观、形象、对比性强的特点，适用于人与人之间、个人与群体之间、群体与群体之间、个人或群体与评定标准之间的对比关系。

五、绩效面谈及考核结果运用

绩效考核结果出来以后，一方面应将结果反馈给员工，使其能更清楚地了解自己的工作情况，另一方面也需要根据评估的目的将结果运用到人力资源管理活动中去，以使人力资源管理活动有据可考，更具有科学性和严肃性，同时对绩效考核制度检讨，对不符合实际情况的评估内容和标准进行修改，以便进行下一轮的考核。

（一）面谈中要掌握的技巧

所谓绩效面谈，是指经理人与下属之间共同针对绩效考核结果所做出的检视与讨论，作为现代绩效管理区别于传统绩效考核的主要特征，绩效面谈是各级管理人员阐明管理意志，调查员工思想，增进上下级感情的有效工具。正确的绩效面谈应该是主管、员工双方打开心胸，彼此以坦诚的态度，齐心协力地解决问题，以达到绩效面谈双赢的目的。

作为绩效面谈的实施者，各级主管在绩效面谈中应掌握以下原则：

1. 应快速及时，切勿等到问题恶化，或者事情过去很久之后再进行。

2. 对事不对人，仅仅针对所发生的具体事例提出批评，切忌从不当工作行为中引申出个人素质方面的攻击指责。

3. 明确具体，有关评估应有具体的说明，并言之有据，以客观、如实描述员工工作情况的资料为依据，陈述具体行为和事实，避免内容空泛、无针对性。

4. 听并鼓励下属说话，多给员工一点说话时间。当员工对所提出的绩效评估意见不满意，应允许员工提出反对意见，根据实际需要或对有关评价做出调整修正，或进一步向员工做出说明以让员工信服。

5. 提出对员工的支持帮助计划。绩效评估反馈的目的并非是要对一个人做盖棺定论，而是为了能够更好地改进人的工作。绩效面谈时，应该与员工共同研究造成工作失误的原因，通过责任分揽、一如既往地信任态度等做法减轻员工的心理压力，以真诚的态度商议提出改进工作的意见与建议；并在工作活动各个方面为员工提供支持与帮助。

6. 聚焦于工作表现,强调未来发展,不能将业绩评估与工资、晋升直接混为一谈。

绩效面谈就是将绩效考核结果反馈给被考核对象,并对被考核对象的行为产生影响。绩效反馈后员工工作行为主要有以下几种反应:

1. 积极主动地工作。当绩效反馈与员工自我绩效评估基本一致,双方绩效评估均属良好时,组织通过情感的、奖励的、地位的等多方面的激励方式反馈给员工,而员工则以积极主动的工作态度回报组织对其绩效的认同。

2. 保持原来的工作态度。绩效评估基本一致,员工认为其绩效与其需求相当,且没满足更高需求的可能时,常常保持原来的工作态度;当绩效评估不一致时,员工认为领导低估了其绩效,但又不愿消极、被动的工作,也会采取这种态度。

3. 消极被动的工作。绩效反馈情况与员工自我绩效评估不一致,或基本一致且绩效良好,但员工对绩效反馈的形式不满,员工就会消极怠工。

4. 抵制工作。导致这种情况出现的原因除了绩效反馈情况与员工自我绩效评估不一致外,还有绩效反馈双方在情感交流方面发生了冲突。

(二) 绩效评价误差因素分析

绩效考核工作是一项复杂的工作,实际操作中会出现许多误差,考评误差是指考评者判断过程中产生的结果与不受偏见或其他主管、不相关因素影响的、客观准确的评价之间的差值。

1. 系统设计的偏差

第一,考评标准缺乏客观性。在绩效考核中,通常使用的因素如态度、忠诚和品格等都是难以衡量的,同时这些因素可能与员工的工作业绩没关系。

第二,信息不对称带来误差。一方面考评者并不一定深入了解员工工作的特点、绩效的表现、努力的难点等方面的内容,这样考评者可能会在考评中给被考评者不合适的评价。另一方面,员工有时可能并未全面了解企业对自己的要求,因此在工作中弄错努力方向,或者不知如何提高绩效。

2. 考评过程中的心理偏差

第一,晕圈错误。考评者仅把一个因素看作是最重要的因素,并根据这一因素对员工作出一个好坏的全面评价,便产生了晕圈错误。例如一个只在工作的某一方面(如存货控制)表现出色的人可能被不正确的评价为在工作的所有领域(如信用管理、客户关系、社区关系)都很出色。

第二,近期行为偏见。对于考评者来说,最近行为的记忆要比遥远的过去行为更为清晰,在绩效考核中,如果考评的周期较长,考评者又没做好平时的信息收集,仅凭印象为员工进行绩效评价时,很容易受员工在临近考评前一段时间的表现的影响而对其在整个考评期内的绩效作出评价。

第三，居中趋势。居中趋势是当不正确地将员工评价为接近平均或中等水平时所发生的一种常见错误，其原因是对考核工作缺乏自信，缺乏有关的事实依据。这种局限性导致了评估价值的扭曲，其结果对提升、工资的确定或其他目的的实现都毫无意义。

第四，过宽或过严误差。管理者在考评员工时过严或过松会带来过低或过高的评价结果。绩效考评中过宽可能会增加员工对加薪、晋升等的期望，而这些期望可能无法实现；过严导致员工屡屡碰壁产生挫折感，两种情况产生相同的结果，即员工不再努力工作。

第五，个人好恶倾向。考评者可能在他们员工的个人特征，如宗教、种族、性别、年龄等方面存在偏见，或者在自己擅长的方面考核尺度严，在不擅长的方面考核尺度宽，不能做到实事求是。这无论对晋级、提升还是发展而言，都造成了人为的不公平障碍。

六、对绩效管理系统的监督

绩效管理系统是否有效，关键在于在管理活动中的实践，这就需要有效的监控。绩效管理在实际工作中可以进行多个层次的监督。

对于最基础的层次，可以在程序方面对绩效管理进行监督。例如监督员工填好的表格是否及时返回到人力资源部门，如果没有，很明显存在一些问题，比如绩效管理系统没有被员工接受等。

对于更为复杂的评价，要求对表格所提供的书面资料进行分析。例如，应该对于培训和开发相关的建议进行分析，并对建议的变动情况进行跟踪调查，以确保能针对这些建议采取必要的措施，这样可以调高系统的可信度。如果绩效管理系统是用于对工资进行管理，就应该对不同性别和种族群体所获得的工资奖励进行监督，以确保不存在歧视。

对完成的表格还可以进行内容方面的分析，以证实工作目标与"优良"的目标一致，如果存在分歧，就说明有必要进行适当的培训，或者说，在系统的运行过程中还存在着更严重的缺陷。

第三节　绩效管理面临的挑战

一、变革之中的绩效管理环境

如同其他人力资源管理政策与实践一样，绩效管理也不能脱离企业经营管理的大环境而单独起作用,绩效管理系统只有与社会经济变革以及组织变革保持一致时才能真正发挥其应有的作用。无论是西方发达国家的企业还是面临加入 WTO 之后更加激烈的国际竞争的中国企业都是如此,下面我们谈谈企业所处的社会经济环境以及与之相伴随的企业管理实践正在发生何种变化。

(一) 社会经济环境的变化

1. 全球化竞争越来越激烈。自 20 世纪 90 年代以来,全球化已成为必然趋势,其结果导致全球经济出现了全面重组,企业并购、裁员、重组成为一个重要主题,企业流程再造、全面质量管理等新的思想和概念扑面而来。面对剧烈变革,企业必须提高生产率以应对挑战,如何激励自己的员工,如何满足客户需要,如何改善产品和服务质量,如何提高企业的生产率和利润水平等系列问题需要解决。这一系列变革无一例外的会对企业的绩效管理提出新的变革要求,传统的一维、静态的绩效评价已经越来越不适应新的市场环境。

2. 技术变革与服务经济势不可挡。当前,计算机已经从一种提高个人生产率的工具发展成为便于群体沟通和组织学习以及知识分享的工具,同时,网络与移动电话、传真、卫星技术等在商业上的应用还导致工作的性质、工作的组织及其完成方式逐渐发生变化。一方面,技术进步导致大批工作消失,而新的工作形式如网络管理员等相应产生;另一方面技术进步导致人们的工作方式发生变化,弹性工作日、工作分享、远程工作、家庭办公等新的更为人性化的工作方式变得越来越普遍。

不仅如此,随着市场自由化和国际经济一体化进程的加快,在政府管制逐渐解除以及竞争日益加剧的情况下,服务业的生产率和竞争压力也逐渐增加。

3. 生产以及产品或服务提供的周期越来越短。摩尔定律指出,计算机技术将会在每 18 个月更新一次,而其成本则会降低一半。事实上,这种变革速度的压力对于其他行业中的企业来说显然也同样存在。技术的进步和网络的发展使得人们对于产品或服务提供的速度要求越来越高,企业必须以最快的速度完成自己的产品或服务的更新,同时以一种更为简单的对客户更为友好的方式来提供产品或者服务。

4. 对员工的要求越来越高。迅猛的技术变革和服务部门的成长导致工作的要求以及完成工作所需要的人的类型发生变化,信息的供给和使用活动在工作中越来越占主导地位导致劳动力需求向某些特定类型的劳动力转移,传统行业中的许多人如果不改善技能就无法胜任新的工作;另外,市场对于技术、质量和服务的强调也促使劳动力队伍从机械型向智能型转变,企业不再希望自己的员工像机器人一样去工作,而是希望他们能够自己做出明智的决策,作出良好的判断,为公司的绩效承担更多的责任。然而,员工的价值观随着社会发展和生活水平的提高发生了很大变化，很多员工不再单纯关注稳定的工作、优厚的收入、舒适安全的工作条件，而是更为强调职业生涯发展、工作的自由度和挑战性，认为个人比角色更重要，这种变化无疑会影响员工对企业的忠诚度和归属感；大规模的裁员和精简行动也导致了人们对雇用关系的看法发生改变，员工的忠诚度普遍下降。这样，雇用实际上已经由过去的终身承诺转变为一种需要不断更新的绩效契约。在这种情况下，企业要想获得竞争优势，就必须推动企业的文化、组织结构、绩效管理和薪酬制度从强化等级结构和既得权利往强调团队、责任以及个人成长这一方向转变，从而鼓励员工获得更新的技能，承担更大的责任以及达成更为优秀的绩效。

(二) 企业管理实践的转变

企业所处的社会经济背景发生了如此重大变化，经营管理实践也必然会相应的随之有所改变。

1. 通过流程再造、组织结构与工作设计由以前按照职能分工来设置的相对稳定的结构向以市场为导向的组织结构靠拢。这种结构根据企业所服务的客户对象来进行设计，强调各个职能部门的员工应该像一个团队一样向客户提供产品和服务。它要求员工掌握更多的技能，具有更大的灵活性，同时在团队合作方面的能力很强。

2. 为了保证最需要信息的部门能够及时、准确地得到信息，信息在组织中就必须能上行、下行，也能横行，因此组织内部的沟通方式由单一的垂直沟通的方式开始越来越多地向纵向转移。

3. 企业经营环境的风险上升，企业不得不允许员工在合理的范围内犯错误，甚至鼓励员工主动承担一定的合理风险。企业鼓励员工在可能的信息基础上作出合理的决策，在有疑问的时候不是明哲保身，而是谨慎的承担起可能会带来机会的经营和财务风险。

4. 企业日益重视开拓外部市场机会，强调当机会出现时抓住机会，同时还要积极的寻找可能存在的任何机会，转变对经济波动做出被动反应的状态。

二、绩效管理的发展

(一) 自我管理法

自我管理法是解决员工工作表现不符合要求的一个相对较新的方法，它要求员工对自己的工作行为进行自我监控。员工可以进行自我观察，或者从了解自己日常工作的同事那里获得具体的指导和反馈，然后主动随时回顾自己的绩效，比较工作成果与工作目标之间存在的差距，在正式的绩效回顾之前，先对自己的绩效进行判断，并根据结果调整自己的计划，改善工作绩效。

自我管理法的实施包括以下三个步骤：

1. 员工自己寻找各自存在的和绩效有关的问题，并制定有针对性的、与结局问题有关的特定目标。

2. 一旦目标设定后，员工们就要讨论促使或阻碍目标达到的因素。

3. 制定战略，扫除影响绩效的障碍。

企业的扁平化和分散化鼓励员工在绩效管理中进行自我管理，员工应该能够管理自己的绩效，实现自己的目标，而不过多地依赖上级管理者。自我管理法的功效已开始被一些企业接受。由于此方法对于人的自觉性有很高的要求，且对于工作表现的衡量必须是员工可以自己简单地进行监控，因此到目前为止，它运用的范围还有待扩展。

（二）360度绩效考评法

360度绩效考评也称为全视角考评或多个考评者考评，就是由被考评者上级、同事、下级和（或）客户（包括内部客户、外部客户）以及被考评者本人担任考评者，从多个角度对被考评者进行360度的全方位考评，再通过反馈程序达到改变行为、提高绩效等目的。

早在19世纪40年代，人们就开始利用360度的评价方法对企业的效绩、发展变化等进行评价。到了20世纪80年代，360度绩效考评日趋完善，成为跨国公司人力资源评价与效绩考核的首选工具，示意图见图3-2。

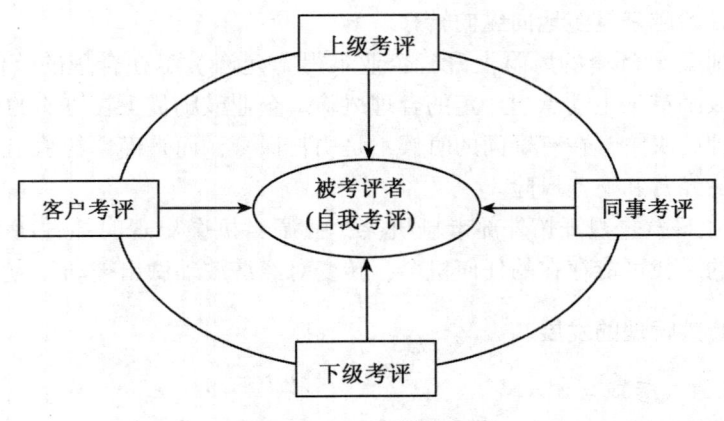

图3-2　360度绩效考评

1. 上级考评。上级是被考评者的直接上级，通常也是传统绩效考评制度的核心。上级考评的优势在于有机会与下级进行更好的沟通，了解下级的需求和想法，发现下级的潜力；上级考评的劣势在于上级掌握着奖惩权，考评时下级心理负担较重，导致上级的考评常常沦为说教，造成单向沟通、挫伤下级的积极性。

2. 同事考评。同事是观察被考评者最深入、了解最透彻的人。如果同事是同一项目小组的，则同事对被考评者的工作贡献大小了解得最清楚。因此，若同事考评能采取实事求是的态度，则同事反映的情况最为可信。但是，同事考评的弊端是其优势的伴生物。优势在于同事间的合理比较、公平竞争可以提高整体绩效，同时考评对揭露问题、鞭策落后起着积极作用；劣势在于有时出现通过"轮流坐庄"获得奖励或避免惩罚的不负责任的行为，或者因为"朋友关系"和私人恩怨使考评结果脱离实际情况。因此，当绩效考评的结果是被用做管理决策的依据时，有时会使大家都不太舒服。相对而言，当同事考评只用在开发的目的上，员工的反应则比较积极。

3. 下级考评。下级考评上级在开放的西方企业中也是最近十年来的新生事物，但它对企业民主作风的培养、企业员工之间凝聚力的提高等方面起着重要作用。它的优势在于能够帮助上级发展其管理才能，同时达到权力制衡的目的，使上级在工作中也受到有效监控；劣势在于赋予了下级员工以超过他们的上级的权利，会导致管理者更重视员工的满意程度而不是工作效率。而员工在考评时往往侧重于个别方面或不敢实事求是地表达意见，易产生片面看法。所以，由下级对上级的工作表现进行考评，通常采用匿名的方式。

4. 自我考评。被考评者本人对自己的工作表现进行反省和评价，其内容一般包括工作总结、经验教训和自我评价等。自我考评最好用在绩效考评阶段的前期，以帮助员工思考一下他们自己的绩效，从而将反馈面谈集中在上级和下级之间存在分歧的地方。它的优势在于能使员工在考评过程中有一种参与感，明确自己的长处和短处，加强自我开发；劣势在于把自己的绩效估计过高，与上级或同事做出的评价差距很大。自我考评的内容可以包含被考评者的各个方面，其中开放式的问题是自我考评中常常采用的方式。

5. 客户考评。由于服务具有的独一无二的性质，即产品的生产和消费常常是在某一时点上发生的，所以，客户是唯一经常能够在现场观察员工绩效的人，此时客户就成了绩效考评最好的信息来源。客户包括公司外部的（如供应商、消费者等），也有公司内部的（如企业中其他相关部门、团队的人员）。客户考评的优势在于客户不受企业内部利益机制左右，因此考评会具有真实性和公正性，并使每个被考评者都强化了要以客户满意度为导向的观念；它的弊端在于客户考评缺乏统一标准，而且比较费时费力，成本较高，而且并不是所有的情况都适用此考评方法。在两种情况下最适合采用客户考评。第一种情况是，员工所从事的工作需要他直接为客户提供服务，或者需要他为客户联系公司内部所需要的其他服务。第二种情况是，当公司希望通过搜集信息来了解客户希望得到什么样的产品或服务时，利用客户考评的方式也是很合适的，这时客户考评在这里成为了将公司的市场营销战略与人力资源活动及政策联系在一起达到战略目标的服务工具。从这种目的出发让客户进行的考评不仅有助于考评员工的绩效，而且有助于确定企业是否应当为改善客户服务质量而在其他人力资源活动方面（例如培训、薪酬体系等）也做出调整。

360度绩效考评的应用与研究成为人力资源管理的一大热点，正是因为在现代人力资源管理中，绩效考评已经不仅仅是用于对员工的工作成果进行评估并与薪酬挂钩，它还应用于员工的个人发展，尤其为各个级别的管理者提供客观有效的评价，帮助他们正确认识自我、设置职业生涯规划，以适应现代飞速发展的科技和经济中管理者职权范围的扩大、企业结构扁平化、参与式管理、团队协作和矩阵式管理等新情况的出现。

（三）基于互联网的绩效管理系统

计算机在各个领域的应用越来越广泛，在过去的几年中应用计算机计算绩效考评结果的方法快速普及。前面所提到的考评的形式和图表变得全部计算机化了，它使得人力资源管理活动变得更加容易了。以360度绩效考评为例，许多服务提供商已开发出基于互联网平台的360度绩效考评系统。这种系统只需公司管理层或人力资源工作人员对网络环境进行维护，与服务提供商通过电话或在线的沟通协调即可顺利进行。对已建立360度绩效考评网络环境的企业，基于互联网的360度绩效考评的过程如下：

第一阶段，服务提供商用电子邮件向员工发送考评时间与考评指导的信息。员工收到这些信息后，通过服务器登录服务提供商提供的网站，键入个人身份与密码，建立对自己进行评分的考评者的名单。必选的考评者在员工的考评者列表中已存在，其余的考评者名单员工只需在系统的数据库中进行选择即可。通常，员工的上级或协调人员会浏览员工对考评者的选择情况，以确保员工所选择的考评小组的可行性。

第二阶段，员工向考评者发送电子邮件，请求他们上网完成对自己的考评。在考评窗口，员工填好调查问卷，考评者根据调查问卷进行评分，并对该考评循环中其他员工的反馈结果进行相互比较，从而拟订反馈报告。为指导整个考评过程的顺利进行，网络环境中存在一些对考评的具体运行程序的解释性说明，包括时间期限的说明、考评工具的内容、进行电子邮件交流的措辞、考评者的身份验证以及反馈报告的操作路线等。

第三阶段，协调人员对考评者的评分结果进行整合。协调人员（如人力资源部经理）登录网站，根据员工填写的调查问卷，对考评者的评分结果进行审核。在此阶段，协调人员能够获取来自各个领域更为完整的员工业绩信息。必要时协调人员可对评分结果做出适当的修改，以平衡考评者在评分过程中过松或过严的评分结果，以提高反馈结果的准确性与公平性。

最后一阶段，协调人员向员工提供反馈结果。在整合过程结束后，协调人员负责做出考评结果的反馈报告，通过电子邮件的方式送达员工本人、他们的直接上级以及财务部门。员工从反馈报告中，认真分析自己的优势与不足，在上级的帮助下，制定出切实可行的绩效改进计划和职业生涯规划。

绩效管理是现代企业人力资源管理的一个核心内容，绩效评价指标体系的建立、绩效目标的制定、绩效监督以及绩效评价与反馈机制是任何一家现代企业得以达成目标以及持续发展的重要动力。可以说，在竞争激烈的今天，企业比过去任何时候都更需要绩效管理，尤其是对我国的大多数企业而言。

关　键　词

绩效管理　绩效管理系统模型　绩效考核标准　绩效面谈　考评过程中的心理偏差　自我管理法　360 度绩效考评法

小　结

1. 绩效管理可视为一个系统过程，是指为实现组织发展战略和目标，采用科学的方法，通过对员工个人或群体的行为表现、劳动态度和工作业绩以及综合素质的全面监测、考核、分析和评价，充分调动员工的积极性、主动性和创造性，不断改善员工和组织的行为，提高员工和组织的素质，挖掘其潜力的活动过程。具有激励功能、控制功能、沟通功能、规范功能和发展功能。

2. 绩效管理必须与组织的战略、目标以及文化保持一致，考核标准与组织目标联系起来，开放的沟通必须贯穿绩效管理全过程。但现实中的很多企业绩效管理普遍存在与组织战略脱节、缺乏畅通的沟通渠道、等同于绩效考核、目标单一化、只是人力资源管理部门的工作等问题。

3. 绩效目标的确定、绩效辅导、绩效考核以及绩效评价与反馈机制是绩效管理系统的四个组成部分。建立绩效管理系统的关键行为人是雇员及其管理者、高层管理者、人力资源管理者。

4. 绩效管理系统只有与社会经济变革以及组织变革保持一致时才能真正发挥其应有的作用。自我管理法和 360 度绩效考评法是根据变革产生的绩效管理方法。计算机在各个领域的应用越来越广泛，使得人力资源管理活动变得更加容易了。

复习思考题

1. 什么是绩效管理？其目的是什么？有何功能？
2. 中国企业的绩效管理系统普遍存在哪些问题？
3. 绩效管理系统分为哪几个步骤？涉及的关键行为人有哪些？如何对组织进行有效的绩效诊断？
4. 如何订立绩效考核计划和考核标准？
5. 什么是绩效考核面谈？各级主管在面谈中应掌握哪些原则？
6. 绩效考核结果反馈后，员工会有哪几种反应？
7. 绩效管理面临什么样的挑战？
8. 什么是自我管理法？其实施步骤是什么？
9. 什么是360度绩效考评方法？
10. 管理者应该如何建立基于战略的绩效管理系统？

第四章 绩效考核技术方法

学习目的

学习本章后，你应当掌握如下内容：
1. 绩效考评个体评估和多人评估的各种技术及其运用
2. 目标管理技术的运用
3. 平衡计分卡的运用
4. 学会绩效考核方法的运用与选择

【**X公司形式化考核失去了什么？**】 X公司，成立于20世纪50年代初，经过近50年的努力，在业内已具有较高的知名度并获得了较大的发展。绩效考核工作是公司基础管理重点投入的一项工作。公司的高层领导非常重视，人事部在原有的考核制度基础上制定了《中层干部考核方法》。在每年年底正式进行考核之前，人事部又出台当年的具体考核方案，使考核达到可操作化程度。X公司的做法通常是由公司的高层领导与相关的职能部门人员组成考核小组。考核的方式和程序通常包括被考核者填写述职报告，在自己单位内召开全体职工大会进行述职，民意测评（范围涵盖全体职工），向科级干部甚至全体职工征求意见（访谈），考核小组进行汇总写出评价意见并征求主管副总的意见后报公司总经理。

考核的内容主要包含三个方面：被考核单位的经营管理情况，包括该单位的财务情况，经营情况，管理目标的实现等方面；被考核者的德、能、勤、绩及管理工作情况；下一步工作打算，重点努力的方向。具体的考核细目侧重于经营指标的完成、政治思想品德，对于能力的定义则比较抽象。各业务部门（子公司）都在年初与总公司对于自己部门的任务指标都进行了讨价还价的过程。

对中层干部的考核完成后，公司领导在年终总结会上进行说明，并将具体情况反馈给个人。尽管考核的方案中明确说明考核与人事的升迁、工资的升降等挂钩，但最后的结果总是不了了之，没有任何下文。

对于一般的员工的考核则由各部门的领导掌握。子公司的领导对于下属业务人员的考核通常是从经营指标的完成情况（该公司中所有子公司的业务人员均有经营指标任务）来进行的；对于非业务人员的考核，无论是总公司还是子公司的均由各部门的领导自由进行。通常的做法，都是到了年度要分奖金了，部门领导才会对自己的下属做一个笼统的排序。

这种考核方法，使得员工的卷入程度较高，颇有点儿声势浩大、轰轰烈烈的感觉。公司在第一年进行操作时，获得了比较大的成功。由于被征求了意见，一般员工觉得受到了重视，感到非常满意。但是，被考核者认为自己的部门与其他部门相比，历史条件和现实条件不同，年初所定的指标不同，因而觉得相互之间无法平衡，心里还是不服。考核者尽管需访谈300人次左右，忙得团团转，但由于大权在握，体会到考核者的权威，还是乐此不疲。

进行到第二年时，大家已经丧失了第一次时的热情。第三年、第四年进行考核时，员工考虑到前两年考核的结果出来后，业绩差或好的领导并没有任何区别，自己还得在他手下干活，领导来找他谈话，他也只敷衍了事。被考核者认为年年都是那套方式，没有新意，失去积极性，只不过是领导布置的事情，不得不应付。

案例中的问题为什么会出现？绩效考核方法如何才能有效？到底有哪些考核方法？使用这些方法时应该注意什么问题？希望读完本章你会有一个答案。

第一节　个体评估方法

绩效考核评价方法是绩效考评的具体方法与手段。在明确绩效考评指标和绩效考评标准后，还需要采用一定的考核评价方法来进行实际运用，以取得公正的考评结果。一套好的绩效考评方法，可以更有效地提供更多的信息，为决定调资、升职、调动、培训等提供更好的信息来源，是企业开展绩效考评的具体手段。

绩效评估的方法有不同的分类。可以分为定性方法和定量方法。还可以根据评估对象的特性分为综合型、品质基础型、行为基础型和结果基础型。评估方法也可分为系统考核方法与非系统考核方法。系统考核方法有目标管理、关键绩效指标等，非系统考核方法见表4-1，主要分两类。第一大类包括对员工进行个体评估的方法，换句话说，主管对每个员工的评估没有与其他员工进行比较，另外，绩效标准的定义也没有参考其他员工的状况。第二大类取决于多人评估。多人评估要求主管直接地和有目的性地将一个员工的绩效与其他员工进行比较。系统方法主要包括目标管理法、平衡计分卡、关键绩效指标法。

表 4-1　　　　　　　　　　　非系统考核方法

以业绩报告为基础	以员工比较为基础	关注员工行为及特征	以个人绩效合约为基础	以特殊事件为基础	全方位考核	其他绩效考核方法
自我报告法业绩评定法	简单排序强制排序配对排序	因素考核法图解式考核法行为锚定法	绩效合约法	关键事件法不良事故考核法	360度绩效考评法	工作标准法自我考核法面谈法

在这里并不对每一种方法进行描述，而是有选择的介绍一些主要的方法。

一、图解式评价法

图解式评价法又叫图尺度评价法，是业绩评价中使用最为广泛的考评方法。通常来说，图解式评价法多以描述或数字等级作为评价尺度，是最简单和运用最普遍的工作绩效评价技术之一。

我们在表 4-2 中给出一种典型的评价尺度表。它包含了一些绩效构成要素（例如"质量"和"数量"），还包含了许多跨越范围很宽的工作绩效等级（从"令人不满意"到"非常优异"）。在进行工作绩效评价时，首先针对每一位员工从每一项评价要素中找出最能符合其绩效状况的分数。然后将每一位员工所得到的所有分值进行加总，得到其最终的工作绩效评价结果。

表 4-2　　　　　　　　　　　工作绩效评价尺度表

姓名_____　　　　　职位_____
部门_____　　　　　员工工号_____
绩效评价原则：□年度例行评价　　□晋升　　□绩效不佳
　　　　　　　□工资　　　　　　□试用期结束　□其他
员工到现职时间
最后一次评价时间　　　正式评价时间

说明：请根据员工所从事工作的现有要求仔细对员工的工作绩效加以评价。请核查各代表员工绩效等级的小方框。如果绩效等级不合适，请以 N/A 字样表明。请按照尺度表中所表明的等级来核定员工的工作绩效分数，并将其填写于相应的用于填写分数的方框内。最终的工作绩效结果通过将所有分数进行加总平均而得出。

评价等级说明

O：杰出。在所有各方面的绩效都十分突出，并且明显地比其他人的绩效高得多。

V：很好。工作绩效大多数方面明显超出职位的要求。工作绩效是高质量的并且在评价期间一贯如此。

续表

G：好。是一种称职的和可信赖的工作绩效水平，达到了工作绩效标准的要求。

I：需要改进。在绩效的某一方面存在缺陷，需要进行改进。

U：不令人满意。工作绩效水平总的来说无法让人接受，必须立即改进。绩效评价等级在这一水平上的员工不能增加工资。

N：不作评价。在绩效等级表中没有可以利用的标准或因时间太短而无法得出结论。

一般性工作绩效评价要素	评价等级	评价尺度	评价事实依据或评语
1. 质量：所完成工作的精确度，彻底性和可接受性	O □ V □ G □ I □ U □	100~90 90~80 80~70 70~60 60 以下	分　　数 _____ _____ _____ _____ _____ _____ _____ _____
2. 生产率：在某一特定的时间段中所产生的产品数量和效率	O □ V □ G □ I □ U □	100~90 90~80 80~70 70~60 60 以下	分　　数 _____ _____ _____ _____ _____ _____ _____ _____
3. 工作知识：实践经验和技术能力以及在工作中所运用的信息	O □ V □ G □ I □ U □	100~90 90~80 80~70 70~60 60 以下	分　　数 _____ _____ _____ _____ _____ _____ _____ _____

续表

一般性工作绩效评价要素	评价等级		评价尺度	评价事实依据或评语
4. 可信度：某一员工在完成任务和听从指挥方面的可信任程度	O V G I U	□ □ □ □ □	100~90 90~80 80~70 70~60 60 以下	分　　数 _____ _____ _____ _____ _____
5. 勤勉性：员工上下班的准时程度，遵守规定的工作休息/用餐时间的情况以及总体的出勤率	O V G I U	□ □ □ □ □	100~90 90~80 80~70 70~60 60 以下	分　　数 _____ _____ _____ _____ _____
6. 独立性：完成工作不需要监督和只需要很少监督的程度	O V G I U	□ □ □ □ □	100~90 90~80 80~70 70~60 60 以下	分　　数 _____ _____ _____ _____ _____

二、强迫选择量表（简称 FCS）

强迫选择量表是第二次世界大战后由美国国防部开发研制的一种考评工具。它最独特的地方是要求考评者从以四个行为选择项为一组的众多选择组群中选择出最能反映与最不能反映被考评者的两个行为选择项。考评者不知道什么样的选择项能得到高分。换句话说，考评者并不知道各选择项的分值。因此在考评过程中，客观性得到保证而主观性受到控制。下面是考评一位教授的强迫选择考评量表的实例：

1. 每年在专业杂志上发表的研究成果；
2. 受到许多资深教师的好评；
3. 拒绝与系主任谈话；
4. 拒绝为大学委员会服务。

其中两个选项描述的是良好行为，而其余两个选项描述的是不良行为，考评者需要对照每个选项，并从中选出与被考评者平时表现最相似与最不相似的两个选项。

一个比较有效与有代表性的强迫选择量表一般包括15组至50组选择项，组数多少取决于被考评者所从事工作的水平差异与复杂程度。其具体做法是：评价者将工作小组中的员工的工作绩效分级，一般分为3~7级，再根据事先确定的比例将每个被评价的员工归到每个工作等级上去。这种方法通常与其他评价方法结合起来使用。例如表4-3的例子反映了某公司如何将部门绩效和员工个人绩效结合起来的做法，提出将员工分别放入每一个不同绩效类别之中去的建议。在绩效最差的部门中（无法让人接受），只能有1%的员工能够得到最高一级的绩效评价（TF=绩效最佳的前5%），而在绩效最好的部门中（卓越），则可以有8%的员工获得最高等级的评价。表4-3是绩效评价等级目标分布的建议性指南。

表 4-3　　　　　　　根据部门确定目标员工的绩效等级分布

员工绩效评价等级	等级类型	部门绩效等级				
		卓越（%）	优秀（%）	高标准（%）	符合标准（%）	无法接受（%）
TF：前5%	相对	8	6	5	2	1
TQ：前20%	相对	20	17	15	12	10
OQ：突出	绝对	71	75	75	78	79
VG：很好	绝对					
GD：好	绝对	1	2	5	8	10
LF：最差5%	相对					
NA：无法接受	绝对					
PR：正在进步		不适用				

三、关键事件法

关键事件法是美国学者弗莱诺格和伯恩斯在 1954 年共同创立的。关键事件法利用一些从一线管理者或员工那里收集到的工作表现的特别事例进行考核。通常，在这种方法中，几个员工和一线管理者汇集了一系列与特别好的或差的员工表现有关的实际工作经验，而平常的或一般的工作表现均不予考虑。特别好或差的工作表现可以把最好的员工从一般员工中挑选出来。因此，这种方法强调的是代表最好或最差表现的关键事例所代表的活动。关键事件法包含了三个重点：观察；书面记录员工所做事情；有关工作成败的关键事实。一旦考核的关键事件选定了，所应用的特别方法也就确定下来了。关键事件法一般有如下几种：

（一）年度报告法

年度报告法的一种形式是一线监督者保持考核期内员工关键事件的连续记载。监督者每年报告决定员工表现的每一个员工记录，其中特别好的或特别差的事例就代表了员工在考核期内的绩效。在考核期中没有或很少记录的员工所做的工作是令人满意的，他们的绩效既不高于也不低于预期的绩效水平（标准或平均绩效水平）。年度报告法的优点是它特别针对工作、其工作联系性强。而且，由于考核是在特定日期就特定事件进行的，考核者一般很少或不受偏见的影响。

年度报告法的主要缺陷是很难保证员工表现的精确记载。由于监督者更优先地考虑其他事情，因此常常不会给记录员工表现分配充足的时间。这种不完善可能是由于监督者的偏见或由于缺乏时间和努力。如果管理当局对监督者进行必要的训练，使他们能客观、全面地记载员工的关键事件，这种考核方法也可以用于开发性目标。年度报告法的另一缺陷是缺乏关于员工的比较数据，很难用关键事件的记录来比较不同员工的绩效。

（二）关键事件清单法

运用关键事件法也可以开发一个与员工绩效相联系的关键行为的清单来进行绩效考核。这种考核方法对每一工作要给出 20 或 30 个关键项目。考核者只简单地检查员工在某一项目上是否表现出众。出色的员工将得到很多检查记号，这表明他们在考核期表现很好。一般员工将只得到很少的检查记号，因为他们仅在某些情况下表现出众。

关键事件清单法常常给不同的项目不同的权重，表示某些项目比其他项目重要，通常权重不让被考核者得知。在将员工关键事件清单上的检查记号汇总以后，就可以得到这些员工的数量型的评价结果。由于这种方法产生的结果是员工绩效的数字型总分，因此必须为组织内每一不同岗位制定一个考核清单，这种方法很费时间而且费用也很高。

（三）行为定位评级量表

行为定位评级量表把行为考核与评级量表结合在一起，用量表对绩效做出评级，并把关键行为事件根据量表值做出定位。这种方法用起来方便。这种量表用于评价性目标，它可以很容易获得与绩效增长和提升可能性相联系的数字型评价结果。这种方法也能用于开发性目标，因为它是与工作紧密相联系的，而且是用代表好的工作成绩的关键事项作为评价事项。

四、行为尺度评定量表（Behaviorally Anchored Rating Scales, BARS）

行为尺度评定量表是由史密斯和肯德尔（Smith & Kendallt, 1963）提出的。史密斯和肯德尔主张用具体行为特征的描述来表示每种行为标准的程度差异。在这里对每一种具体行为特征的说明，被称为"尺度"。因此，行为尺度评定量表可以解释为给考评者直接提供了具体行为等级与考评标准的量表，例如优秀、满意、较差与不可接受等。

这种方法根据关键事件法中记录的关键行为设计考核量表，它实际上是将量表评价法与关键事件法结合起来，使其兼具两者之长。它为所要考核的对象设计一个行为评分量表，并使一些与绩效密切相关的关键行为与量表上的评分标准一一对应。考核时，考核者结合评分量表给员工打分。

行为尺度评定量表除了水平式的图示量表外，还可以采用垂直图示的形式来表示它的各种尺度位置，例如7、5、3等。史密斯与肯德尔认为这种量表形式直接把考评者对关键行为的观察与考评者乐于接受的图示考评量表适当地结合在一起。表4-4即为一个行为尺度评定量表的实例。

表4-4　　　　　　　　　　工作习惯行为频率量表实例

7　可以看到他工作5整天
6
5　当缺勤或迟到时可以看到他向主管请假
4
3　每个月可以看到他缺勤2天到3天
2
1　可以看到他的工作时间毫无规律
在采用此考评之前应该分析考评者考评期间的所有观察笔记

设计行为尺度评定量表的步骤是：

第一，主管人员确定工作所包含的活动类别或者绩效指标。例如，假设考评所选择的主要指标为"吸收和解释政策的能力"。

第二，主管人员为各种绩效指标撰写一组关键事件。如，最积极的结果可能是"可以期望该员工成为组织中其他人新政策和政策变化的信息来源"；这个因素中最消极的结果是"即使对员工重复解释后，该人也不可能学会什么新东西"。在最消极和最积极的层次之间可能存在几种层次。

第三，由一组处于中间立场的管理人员为每一个考评指标选择关键事件，并确定每一个绩效等级与关键事件的对应关系。

第四，将每个考评指标中包含的关键事件从好到坏进行排列，建立行为尺度评定法考核体系。表 4-5 是为一个学生宿舍的舍监老师建立的行为尺度评定法中"关心学生"指标的考评标准实例。

表 4-5　　　　　　　　行为尺度评定量表的范例

考评指标：关心学生
指标定义：积极结识住宿的学生，发现他们的需要并真诚地对他们的需要作出反应
考评等级

最好 1	较好 2	好 3	较差 4	最差 5
当学生面有难色时上前询问对方是否有问题并一起讨论	为住宿学生提供一些关于所修课程的学习方法的建议	发现住宿学生时上前打招呼	友好地对待住宿学生，并与他们讨论困难，但事后不跟踪解决困难	无视住宿学生不能自己解决的困难

五、行为观察量表（Behavioral Observation Scales，BOS）

行为观察考评法与行为尺度评定法有一些相似，但它在工作绩效考评的角度方面能比后者提供更加明确的标准。

在使用这种考评方法时，需要首先确定衡量业绩水平的角度，如工作的质量、人际沟通技能、工作的可靠性等。每个角度都细分为若干个具体的标准，并设计一个考评表。考评者将员工的工作行为同考评标准进行比照，每个衡量角度的所有具体科目的得分构成员工在这一方面的得分，将员工在所有考评方面的得分加总，就可以得到员工的考评总分。

在开发设计行为观察量表时我们可以采用如下步骤:
1. 运用关键事件技术进行工作分析;
2. 通过工作分析识别出工作行为;
3. 将每种行为所出现的次数划分为五级标度,并进行因素分析;
4. 将每个要素内的每项得分相加所得的总分与每个员工的小时工作量进行相关性分析。

表4-6是一个行为观察量表的示例。

表4-6　　　　　　　　　管理人员绩效考评BOS指标示例

改革中阻力的能力
（1）向下属说明改革的细节
从不　1　2　3　4　5　总是
（2）解释改革的必要性
（3）与员工讨论改革会对他们产生什么影响
（4）倾听员工所关心的问题
（5）在推进改革的过程中寻求下属的帮助
（6）如果需要,指定下一次会议的日期以便对员工所关心的问题做出答复
总分＝_____

不足	尚可	良好	优秀	杰出
6～10	11～15	16～20	21～25	26～30

开发研制BOS的步骤如下:

1. 将内容相似或一致的关键事件归为一组形成一个行为指标。例如,一个主管对工作做得好的员工进行表扬或奖励,我们可以用两个或两个以上的事件写出这一行为指标:"对下属做得好的具体事情给予表扬和奖励"。

2. 由在职员工或分析人员将相似的行为指标归为一组,形成BOS中的一个考评标准。例如,上面的行为指标与相似的行为指标（如对员工的个人问题提出建议）可以归为一组形成考评标准:"与下属之间的相互关系"。

3. 评估考评者内部要一致,以判断另外一个人或另外一组人是否会根据工作分析中得出的关键事件开发设计出相同的行为考评标准。

内部一致性比率按下面这种方式计算:数出两组人员一致同意归入一个给定考评标准的关键事件的个数,除以两组人员归入该考评标准的关键事件的并集中事件的个数。由此,便得到这一要素的内部一致性比率。因此,如果第一

组人员将 4、7、8、9、17 这五个关键事件归类到同一考评标准下，而第二组人员将 7、8、9 这三个关键事件归类到这一考评标准下，考评者内部一致就是 0.6，即：

$$\frac{(7, 8, 9)}{(4, 7, 8, 9, 17)} = 3/5 = 0.6$$

通常，一个考评标准的考评者内部一致性比率必须大于或等于 0.8 时，这一考评标准才可以接受。如果这一比率低于 0.8，那么就要对这一考评标准下的行为项重新检查，以进行可能的重新分类，或改写这一考评标准，以增强考评标准的特征。

4. 检验 BOS 各考评标准（如与同事的关系、安全、技术能力）的关系，或内容效度。相关性或内容效度是由那些非常熟悉被考评工作的人员对考评工具进行系统评价，以判断考评工具是否包括所关心的行为指标的代表性样本。

5. 将考评工具中的每个行为指标划分为五级利克特标度。每个行为指标划分为五级的原因是：当超过五级以后，所增加的标度带来的效用就很小了。

6. BOS 中的许多行为指标虽然在考评非常有效或非常无效的工作表现时很关键，但是由于这些行为指标所反映的行为在实际中出现得过于频繁或过于罕见而无法运用它们去区分表现好与表现差的员工。因此，这种行为指标应该通过项目分析排除掉。

7. 如果被考评的人数是行为指标的 3 倍到 5 倍，就可以进行因素分析了。因素分析是根据行为指标之间的相关程度将行为指标分组，形成不同的考评标准（如与同事的关系，对组织的忠诚度）。这种分组方法不需要通过两组人员进行人为判断及将关键事件归类，这也是使用因素分析而不通过人为判断将行为指标归类的一个原因。

第二节 多人评估体系

一、简单排序法

在使用简单排序法进行绩效考核时，评价者只要简单地把一组中的所有员工按照总业绩的顺序排列起来即可。例如，部门中业绩最好的员工被排列在最前面，最差的被排在最后面。这种方法的主要问题是，当个人的业绩水平相近时难以进行准确排序。

作为简单排序法的一种演变，平均比较法将每个员工的工作业绩与其他员工的工作业绩进行简单比较，获得有利的对比结果最多的员工，就在绩效评估中排列在最高的位置上。有些人力资源管理者对这样一种评估方法持有异议，他们的观点是员工所要达到的是他们的任务目标，而不是他们取得的结果要比工作小组中的其他人更好。这种考核方法的使用，事实上已超出了个人绩效领域，因此应在一个更广泛的基础上进行考虑。

通常来说，根据某些工作绩效评价要素将员工们从绩效最好的到绩效最差的进行排序，要比绝对地对他们的绩效进行评价容易得多，因此，交替排序法也是一种运用得非常普遍的工作绩效评价方法。其操作方法是：

1. 将需要进行评价的所有下属人员名单列举出来，然后将不是很熟悉因而无法对其进行评价的人的名字画去；

2. 用表4-7所示的表格来显示在被评价的某一特点上，哪位员工的表现是最好的，哪位员工的表现又是最差的；

3. 再在剩下的员工中挑出最好的和最差的。依次类推，直到所有必须被评价的员工都被排列到表格中为止。

很显然，运用简单排序法进行绩效考核的最大优点就是简单实用，其考核结果也一目了然。但这种方法容易对员工造成心理压力，在感情上也不易接受。

表4-7　　　　　　　　运用交替排序法对员工绩效进行评估

评价所依据的要素：＿＿＿＿＿＿＿＿＿＿

针对你所要评价的每一种要素，将所有员工的姓名都列举出来。将工作绩效评价最高的员工姓名列在第1的位置上，将评价最低的员工姓名列在第20的位置上。然后将次最好的员工姓名列在第2的位置上，将次最差的员工姓名列在第19的位置上。将这一交替排序继续下去，直到所有的员工都被排列出来。

1＿＿＿＿＿＿＿	11＿＿＿＿＿＿＿
2＿＿＿＿＿＿＿	12＿＿＿＿＿＿＿
3＿＿＿＿＿＿＿	13＿＿＿＿＿＿＿
4＿＿＿＿＿＿＿	14＿＿＿＿＿＿＿
5＿＿＿＿＿＿＿	15＿＿＿＿＿＿＿
6＿＿＿＿＿＿＿	16＿＿＿＿＿＿＿
7＿＿＿＿＿＿＿	17＿＿＿＿＿＿＿
8＿＿＿＿＿＿＿	18＿＿＿＿＿＿＿
9＿＿＿＿＿＿＿	19＿＿＿＿＿＿＿
10＿＿＿＿＿＿＿	20＿＿＿＿＿＿＿

二、配对比较法

配对比较法使得排序型的工作绩效法变得更为有效。其基本做法是，将每一位员工按照所有的评价要素（工作数量，工作质量等）与所有其他员工进行比较，根据配对比较的结果，排列出他们的绩效名次，而不是把各被评估者笼统地排队。假定需要对 5 位员工进行工作绩效评价。那么在运用配对比较法时，你首先应当列出一张像表 4-8 所示的那样的表格来，其中要标明所有需要被评价的员工的姓名以及需要评价的所有工作要素。然后，将所有员工根据某一类要素进行配对比较，然后用"+"（好）和"-"（差）标明谁好一些，谁差一些。最后将每一位员工得到的"好"的次数相加。在表 4-8 中，员工钱二的工作质量是最高的，而赵一的创造性却是最强的。

表 4-8　　　　　　　　　配对比较法对员工绩效评价表

就"工作质量"要素所做的评价 被评价员工姓名：						就"创造性"要素所做的评价 被评价员工姓名：					
比较对象	A 赵一	B 钱二	C 孙三	D 李四	E 王五	比较对象	A 赵一	B 钱二	C 孙三	D 李四	E 王五
A 赵一		+	+	-	-	A 赵一		-	-	-	-
B 钱二	-		-	-	-	B 钱二	+		-	+	+
C 孙三	-	-		+	+	C 孙三	+	+		-	+
D 李四	+	+	-		+	D 李四	+	-	+		-
E 王五	+	+	+	-		E 王五	+	-	-	-	
	2+	4+	2+	1+	1+		4+	1+	1+	2+	2+

配对比较法的缺点是，一旦下级的人数过多（大于 5 人），手续就比较麻烦，因为配比的次数将是按 $[N(N-1)]/2$（其中 N 为人数）的公式增长

的。5 个下级的配比需要 10 次，10 个下级就要配比 45 次，如有 50 个下级就要配比 1 225 次。而且，只能评比出下级人员的名次，不能反映出他们之间的差距有多大，也不能反映出他们工作能力和品质的特点。

第三节 目标管理法

目标是在一定时期内对组织、部门及个体活动成果的期望，是组织使命在一定时期内的具体化，是衡量组织、部门及个体活动有效性的标准。由于组织活动是各个部门及个体活动的有机叠加，因此，只有当各个部门及员工的工作对组织活动做出期望的贡献时，组织目标才可能实现。所以，如何使全体员工、各个部门积极主动，想方设法地为组织的总目标努力工作就成了决定管理活动有效性的关键。目标管理正是解决这一问题的具体方法。

"目标管理"的概念是管理专家德鲁克 1954 年在其名著《管理实践》中最先提出的，其后他又提出"目标管理和自我控制"的主张。德鲁克认为，并不是有了工作才有目标，而是相反，有了目标才能确定每个人的工作。所以"企业的使命和任务，必须转化为目标"，如果一个领域没有目标，这个领域的工作必然被忽视。因此，管理者应该通过目标对下级进行管理。当组织最高层管理者确定了组织目标后，必须对其进行有效分解，转变成各个部门以及各个人的分目标，管理者根据分目标的完成情况对下级考核、评价和奖惩。目标管理提出以后，便在美国迅速流传。时值第二次世界大战后西方经济由恢复转向迅速发展的时期，企业急需采用新的方法调动员工积极性以提高竞争能力，目标管理的出现可谓应运而生，遂被广泛应用，并很快为日本、西欧国家的企业所仿效，在世界管理界大行其道。目标管理的具体形式多种多样，但其基本内容是一样的。所谓目标管理乃是一种程序或过程，它使组织中的上级和下级一起协商，根据组织的使命确定一定时期内组织的总目标，由此决定上、下级的责任和分目标，并把这些目标作为组织绩效评估和评价每个部门和个人绩效产出对组织贡献的标准。

一、目标管理法的推行步骤

目标管理法是众多国内外企业进行绩效考核的最常见的方法之一。它之所以能得以推广，原因在于这种做法是与人们的价值观和处事方法一致。例如，人们都认为"依每个人所做的贡献而给予一定的回报、奖励"是毫无疑义的。目标管理法得以推广的另外一个原因还在于它能更好地把个人目标和组织目标有机结合起来，达到一致，而减少下述这种可能性，即员工们每天在忙忙碌碌，但所做的事却与组织目标毫不相干。至于目标管理法的具体操作，可以分为以下四个步骤。

（一）绩效目标的设定

绩效目标的设定，是目标管理程序的第一步，实际上是上下级共同确定各个层级所要达到的绩效目标。在实施目标管理的组织中，通常是上级评估者与被评估者一起来共同制定目标。目标主要指所期望达到的结果，以及为达到这一结果所应采取的方式、方法。

根据德鲁克的观点，管理组织应遵循的一个原则是："每一项工作必须为达到总目标而展开。"因此，衡量一个员工是否称职，就要看他对总目标的贡献如何。反过来说，称职的员工也应该明确地知道期待达到的目标是什么。否则，就会搞错方向，浪费资源，使组织遭受损失。在目标管理法中，绩效目标的设定开始于组织的最高层，他们提出组织使命声明和战略目标，然后通过部门层次往下传递至具体的各个员工。个人的绩效目标如果完成，那么它就应代表最有助于该组织战略目标实现的绩效产出。在大多数情况下，个人目标是由员工及其上级主管协商一致制定的，而且在目标设定的同时，他们也需要就特定的绩效标准以及如何测量目标的完成达成共识。

一旦确定以目标管理为基础进行绩效评估，那就必须为每个员工设立绩效目标。目标管理系统是否成功，主要取决于这些绩效目标陈述的贴切性和清晰性。设定绩效目标通常是员工及其上级、部门及其上级部门之间努力合作的结果。各级绩效目标是否能够清晰合理地设置，直接决定着绩效评估的有效性。为了确保各级绩效目标得以恰当设定，绩效目标的设定除了可以参考其他绩效评估中所使用的绩效指标设计的原则外，还必须特别注意以下几点：

1. 目标必须与更高的组织层次上所设定的目标一致。正如早先所提出的，目标设定的进程从组织性层次开始。按等级制往下的连续水平上设定的目标，应当同更高组织层次上所设定的那些目标一致。个人的目标应当指出这个人必须完成什么，这样便能最好地帮助他或她的工作单位实现它的目标。

2. 目标必须是具体的和富有挑战性的。具体的和富有挑战性的目标是创造高绩效的保证。一个富有挑战性的目标是那种只有当员工作出他们最大的努力才能实现的目标。经理们所犯的一个常见的错误，是允许目标被设定或太容易实现的目标。

3. 目标必须是现实的和可实现的。尽管目标应该是富有挑战性的，它们还必须是现实的和可以实现的。一个目标的实现应当在雇员的控制之内。你必须保证雇员们具有为完成目标所必需的资源和职权。如果一个目标随后被证明是不可达到的或是不贴切的，那么它就应该被抛弃。

4. 目标必须是可以测量的。目标陈述应该具体规定绩效标准和对这些标准的测量方法。绩效标准应从结果的质量和数量方面来具体规定对绩效的期望水平，还应该指出所期望的结果产生的时间框架。

5. 目标要有相容性。一方面，个人目标要相容于流程目标，流程目标相容于整个组织目标；另一方面，流程之间、个人之间的目标要衔接。

（二）制定被评估者达到目标的时间框架

这是实施目标的第二步，即当他们为这一目标努力时，可以合理安排时间，了解自己目前在做什么，已经做了什么和下一步还要做什么。目标管理强调"自我控制"，"自我突破"，但绝不是要放弃管理控制，只不过是用双向沟通代替了专制管理。通过确定绩效目标达到时间的有效约束，可以更有效地保证组织目标的实现。

在第一步和第二步的过程中，难免会有些员工认为目标管理作为绩效考核的工具就是一个监督工具。这样一来，他们在填写目标时，就会把容易完成的工作定为主要目标，并在确定绩效目标的时间框架上将自身利益凌驾于组织利益之上。更为有害的是，员工或部门可能为了体现业绩，用短期见效的目标取代意义重大但长期见效的目标。因此，作为管理者在推进以目标管理为基础的绩效评估时，在设计绩效评估指标时一定要把好绩效目标的"权重关"，把工作按照重要性和迫切性划分成四个象限，即重要又迫切，重要但不迫切，迫切但不重要，既不重要又不迫切的四类绩效指标，通过各方面的彼此协调，减少资源浪费，尤其是时间资源。

（三）将实际达到的绩效水平与预先设定的绩效目标相比较

这是实施目标管理的第三步。这样评估者就能够明确为什么未能达到既定的绩效目标，或为何实际达到的绩效水平远远超出了预先的绩效目标。这一步骤不仅能有助于决定对于培训的需求，还能有助于确定下一绩效评估周期的各级绩效指标。同时，也能提醒上级评估者注意到组织环境对下属工作表现可能产生的影响，而这些客观环境是被评估者本人无法控制的。目标管理的评估不是评估行为或其他，而是评估绩效。如果目标的确立是具体的、可验证的，那么评估过程就简单。管理者与员工讨论他们是否完成了目标，并研究为什么能完成或不能完成，组织将这些检查评估工作情况记录下来成为正式的绩效评估。

（四）制定新的绩效目标以及为达到新的绩效目标可能采取的新战略

这是实施目标管理的第四步。凡是已成功实现其绩效目标的被评估者都可以被允许参与下一考核周期新的绩效目标的设置过程。对那些没有达到既定的绩效目标的被评估者，在与其直接上级进行沟通，判明困难的出现是否属偶然现象，找出妨碍目标达成的原因并制定相应的解决办法和行动矫正方案后，才可以参与新一轮考核周期绩效目标的设置。

尽管在对员工进行绩效评估的过程中，目标的使用对于激发他们的工作表现、工作热情等方面是很有效的，但有时却很难确定有关产出方面的工作衡量标准。比如，工作的过程、工作行为可能与工作结果同样重要。如果说一个员工通过一种不道德的或非法手段达到了他（她）的目标，这对组织来说是非常有害的。仅仅以目标管理所确定的目标作为绩效评估的依据，在一定程度上会忽视员工的技术、知识和态度等其他方面，而员工的绩效水平却是这些方面的综合作用。下面这个例子在一定程度上验证了这一点。

在一个利用目标管理的案例中，一家大的快餐连锁店总部决定要以目标管理法为基础对每个分店进行绩效评估，这样对各分店经理都制定了一个目标，要比上一年销售额增加某个固定的值。尽管每个分店经理同意了这个固定的目标，可是到了年底，依据这一方案进行绩效评估时却引起了许多分店经理的强烈不满，并导致了工作积极性的下降。

原因在于这些经理们抱怨单一的衡量指标（增加销售额）并不是他们能直接凭努力就能达到的。会有很多外在的客观因素影响目标的达成，比如附近其他餐馆的状况、肉的价格、市场情况以及总部的广告水平等。这就导致了这样一种后果：有一些经理费了很大的力气，却未达到目标，相反有些经理未付出很大努力，却轻易地实现了这一目标。为了解决这一问题，一位管理顾问建议应把销售额同其他与个人技术、知识、能力相关的指标结合起来作为评估标准（其他的指标如人事管理方面、快餐店的卫生环境、员工满意度等）。这一案例说明了目标管理法尽管在理论上听起来很合情理，但在实施过程中会面临很多具体的操作问题。

为了避免在使用目标管理法的过程中建立绩效目标并以此为评估依据时可能会遇到的难题，一些组织已经实施了多元评估的政策。例如，一些组织如今在对雇员进行评估时，目标的实施情况只占绩效评估的50%，而另外50%是考查这个人基本任务的完成状况，换句话说，就是要考查员工的整体工作表现。

二、对目标管理法的评价

目标管理具有许多管理上的优势，总结如下：

1. 目标管理在全世界被广泛应用，作为一种绩效评估工具，目标管理的有效性得到了广泛的认可。目标管理使各级部门及员工知道他们需要完成的目标是什么，从而可以把时间和精力投入到能最大程度实现这些目标的行为中去。

2. 目标管理对组织内易于度量和分解的目标会带来良好的绩效。对于那些在技术上具有可分性的工作，由于责任、任务明确，目标管理常常会起到立竿见影的效果。

3. 目标管理有助于改进组织结构的职责分工。由于组织目标的成果和责任力图划归一个职位或部门，容易发现授权不足与职责不清等缺陷。

4. 目标管理启发了员工的自觉性，调动了员工的主动性、积极性和创造性。目标管理由于强调自我控制、自我调节，将个人利益和组织利益紧密联系起来，因而提高了员工的士气。

5. 从公平的角度来看，目标管理较为公平。因为绩效标准是按相对客观的条件来设定的，因而对它们进行评估就会减少偏见的产生。

6. 目标管理相当实用且费用不高。目标的开发不需要像开发行为锚定法评定量表或行为观察量表那么费力气。必要的信息通常由雇员填写，由主管批准或进行修订就可以了。

7. 目标管理促进了雇员及主管之间的意见交流和相互了解，改善了组织内部的人际关系。

当然，世界上并没有一个十全十美的考核方法，目标管理也存在一定的缺陷和不足，例如：

1. 目标难以确定。组织内的许多目标难以定量化、具体化；许多团队工作在技术上不可解；组织环境的可变因素越来越多，变化越来越快，组织的内部活动日益复杂，使组织活动的不确定性越来越大。这些都使得对组织的许多活动制订数量化目标是很困难的。

2. 目标商定可能会带来管理成本的增加。目标商定需要上下沟通，统一思想，这是很费时间的；而且在具体目标确定的时候，每个单位、个人都关注自身目标的完成，很可能忽略了相互协作和组织目标的实现，滋长本位主义、临时观点和急功近利倾向。

3. 目标管理倾向于 Y 理论，对于员工的动机作了过分乐观的假设。在实际运用中往往是"机会主义本性"的，尤其在监督不力的情况下，这种矛盾更为突出。因此许多情况下，目标管理所要求的承诺、自觉、自治气氛难以形成。

4. 缺乏必要的"行为指导"。尽管目标管理使员工的注意力集中在目标上，但它没有具体指出达到目标所要求的行为。这对一些雇员尤其是需要更多指导的新雇员来说，是一个问题，需要给他们提供"行为指导"，具体指出他们需要做什么才能成功地达到目标。

5. 目标管理也倾向聚焦于短期目标，即能在每年年底加以测量的目标。结果，工人们可能会试图达到短期目标而牺牲长期目标。例如，一个职业球队的经理，由于要达到在今年赢得奖牌的目标，可能用现在就能赢的老队员换下该队中有前途的年轻选手，这种行动可能损害球队的未来胜利（即长期目标的完成）。

6. 目标管理经常不能被使用者接纳。各级经理可能会不喜欢它所要求的大量书面工作，也可能会担心与员工共同讨论目标的设定会削弱他们的职权，他们这样想，就不会很好地遵循目标管理程序。而且，员工会因为设立具体目标所带来的绩效压力和由此产生的紧张感而产生抵触的情绪。

7. 无法权变。在执行目标管理过程中，改变目标是不允许的，因为这样会造成组织的混乱，而目标一旦确定就不许改变，必然导致组织运作缺乏弹性，无法通过权变来适应变化多端的外部环境。

8. 绩效标准因员工不同而不同，因此，目标管理法没有为员工之间的相互比较提供共同的基础。例如，为一个"中等"员工设置的目标可能比为那些"高等"员工所设置目标的挑战性要小，那如何比较两者呢？由于这个问题目标管理法作为决策工具的有用性受到了限制。

第四节　平衡计分卡

20世纪90年代初，欧美很多学者和大公司发现，传统的以财务为单一衡量指标评价企业经营绩效的方法是妨碍企业进步的主要原因之一。一方面，由于受多种因素的影响，传统的单一财务评价体系只提供了关于企业的有限财务信息，而且越来越多地得出一些歪曲企业实际经营能力和管理能力的评价报告，从而影响企业股东和投资者的决策。例如，各公司经营管理者为了达到预算利润或投资报酬率指标，有意减少研究发展经费、设备更新费、机器维护费、员工训练费等必要支出。另一方面，传统的单一财务评价体系偏重有形资产的评估和管理，对无形资产和智力资产的评估与管理显得无力，这导致传统的单一财务评价体系已难以适应信息时代下快速变化、不确定性和风险性日益增加的竞争环境。

正是因为这样一些原因，西方很多学者以及实务界兴起对平衡财务与非财务指标的综合绩效评估方法的研究，其中较有代表性的是由卡普兰（Robert S. Kaplan）和诺顿（David P. Norton）共同开发的名为"平衡计分卡"的绩效评估方法。他们通过对绩效测评方面处于领先地位的12家公司进行了为期一年的研究之后，推出了一套综合平衡财务指标和非财务指标的评价体系——BSC（Balanced Scorecard），一般译为"平衡计分卡"。

自平衡计分卡提出以后，在美国和欧洲管理学界引起了巨大反响，《哈佛商业评论》将其评为75年来最具影响力的管理工具之一。该体系在企业界迅速得以推广。1998年的一项调查估计，《幸福》杂志所评选的1 000家企业中约有60%的企业运用平衡计分卡来设计企业经营绩效的评估体系（Silk，1998）。

一、平衡计分卡的结构和功能

我们可以将平衡计分卡看作是飞机座舱中的标度盘和指示器。为了操纵和驾驶飞机，驾驶员需要掌握关于飞机的众多方面的详细信息，诸如燃料、飞行速度、高度、方向、目的地以及其他能说明当前和未来环境的指标。如果只依赖一种仪器，可能是致命的。同样的道理，在今天，由于管理一个组织的复杂性，要求组织能同时从几个方面来考核绩效。

顺应这一要求，平衡计分卡的出现克服了传统绩效评估方法单纯利用财务指标来进行绩效评估的局限。就财务指标而言，它传达的是已经呈现的结果、滞后于现实的指标，但是并没有向公司管理层传达未来业绩的推动要素是什么，以及如何通过对客户、供应商、员工、技术革新等方面的投资来创造新的价值。

（一）平衡计分卡的衡量标准

平衡计分卡在传统的财务评价指标的基础上，兼顾了其他三个重要方面的绩效，即客户角度、内部流程角度、学习与发展角度。它使企业中的各层经理们能从四个重要方面来观察企业，并为四个基本问题提供了答案。如图4-1。

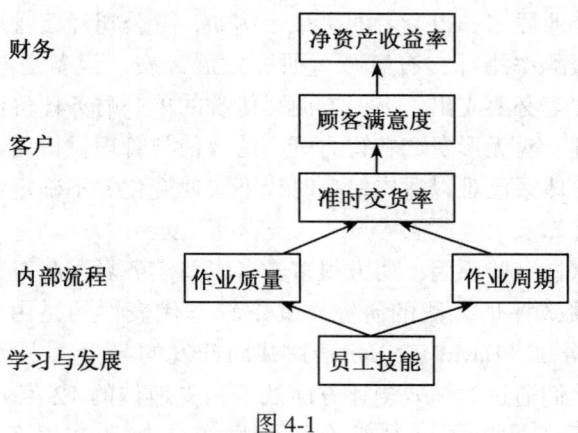

图 4-1

1. 顾客角度。顾客如何看我们？企业为了获得长远的财务业绩，就必须创造出顾客满意的产品和服务。平衡计分卡给出了两个层次的绩效评估指标，一是企业在顾客服务方面期望达到绩效而必须完成的各项目标，主要包括市场份额、顾客保有率、顾客获得率、顾客满意度等；二是针对第一层次各项目标进行逐层细分，选定具体的评价指标，形成具体的绩效评估量表。

2. 内部流程角度。我们必须擅长什么？这是平衡计分法突破传统绩效评价的显著特征之一。传统绩效评价虽然加入了生产提前期、产品质量回报率等评价，但是往往停留在单一部门绩效上，仅靠改造这些指标，只能有助于组织生存，而不能形成组织独特的竞争优势。平衡计分卡从满足投资者和客户需要的角度出发，从价值链上针对内部的业务流程进行分析，提出了四种绩效属性：质量导向的评价、基于时间的评价、柔性导向评价和成本指标评价。

3. 学习与发展角度。我们能否继续提高并创造价值？企业的学习和成长主要来自三个方面的资源：人员、信息系统和企业的程序。顾客和内部流程目标，通常显示出在现有的人员、系统和程序的能力与实现突破性业绩目标所要求的能力之间的差距。为了弥补这些差距，企业就要投资于培训员工，提高信息系统技术，组织好企业程序。其中提高员工能力、激发员工士气尤为重要。反映员工方面的指标主要有：员工培训支出、员工满意程度、员工的稳定性、员工的生产率等。

4. 财务角度。我们怎样满足企业的所有者？公司财务性业绩指标，能够综合地反映公司业绩，可以直接体现股东的利益。因此它一直被广泛地用来对公司的业绩进行控制和评价，并在平衡计分卡中予以保留。常用的财务性业绩指标主要有利润和投资回报率。此外，还可以采用营业收入、销售成本和经济附加值（剩余收益）等。

（二）平衡计分卡的功能

平衡计分卡是一种基于企业战略的业绩评价系统，对于企业的运营与发展，平衡计分卡可实现如下功能：

（1）借助 BSC 企业可以有效地进行战略思考，实现资源优化配置，把企业战略和使命转化为具体的目标和评估标准。

（2）BSC 可对组织变革发挥积极作用，有助于企业在变革中平衡组织内外各种变量，保证企业在变革中的均衡性。

（3）BSC 克服了传统绩效评价体系的片面性、主观性，强化了目标制定、行为引导、绩效改进等流程管理，使企业绩效管理具有完整性。

（4）BSC 把财务和非财务指标联系起来，把企业长期目标和短期目标、组织目标和个人目标实现了对接，因而平衡计分卡保证了组织管理的系统性。

（三）平衡计分卡为什么是这四个方面

平衡计分卡是罗伯特·卡普兰等针对一般企业的战略需要设计的。财务指标是企业最终的追求和目标，也是企业存在的根本物质保证。要提高企业的利润水平，必须以客户为中心，满足客户需求，提高客户满意度。要满足客户，必须加强自身建设，提高企业内部的运营效率。提高企业内部运营效率的前提是企业及员工的学习与创新。也就是说这四个方面构成了一个循环。当某一个循环结束后，企业又会面临新的战略目标，开始新的循环。可以说利润策略、顾客策略、内部行为策略、学习策略基本囊括了一般企业在发展中的几个关键因素，所以平衡计分卡要由这四方面构成。

（四）平衡计分卡只能是这四个方面吗？

其实罗伯特·卡普兰等在创建平衡计分卡的时候，所针对的是一般企业，提出的四个方面也是一般的解决思路。所以在实际应用中，管理者必须结合企业自身的情况，适当的加以变通。例如烟草业除了以上四个方面外，还要加强品牌建设；类似地，金融企业要加强风险监控，石油行业要加入"应对外部局势变化"等。

二、平衡计分卡的指标体系

从平衡计分卡的四个角度出发，常见的一些绩效评估指标在此列举如下：

（一）财务衡量指标体系

1. 财务效益状况指标

净资产收益率＝净利润/净资产

总资产报酬率＝净利润/总资产

销售（营业）利润率＝销售利润/销售净收入

成本费用利润率＝利润总额/成本费用总额

（注：成本费用＝销售成本＋销售费用＋管理费用＋财务费用）

2. 资产运营状态的指标

总资产周转率＝销售收入/总资产

流动资产周转率＝销售收入/（流动资产平均余额×12）/累计月数

存货周转率＝销售成本/存货平均值

应收账款周转率＝赊销净销售额/应收账款平均值

3. 偿还债务的指标

资产负债率＝总负债/总资产

流动比率＝流动资产总值/流动负债总值

速动比率＝速动资产/流动负债

现金流动负债率＝现金存款/流动负债
长期资产适合率＝（固定资产/固定负债）×自有资本

4. 发展能力的指标

销售（营业）增长率＝本年度销售额/上年度销售额
人均销售增长率＝（本年度销售额/本年度员工数）/（上年度销售额/上年度员工数）
人均利润增长率＝（本年度利润/本年度员工数）/（上年度利润/上年度员工数）
总资产增长率＝本年度总资产/上年度总资产

5. 常用其他财务指标

投资回报率＝资本周转率/销售利润率
资本保值增值率＝期末净资产/期初净资产
社会贡献率＝工资+利息+福利保险+税收+净利润
总资产贡献率＝（利润+税金+利息）/（平均资产总额×12）/累计月数
全员劳动生产率＝工业增加值/（员工数×12）/累计月数
产品销售率＝销售产值/总产值
附加价值率＝附加价值/总产值

（二）客户导向型指标体系

1. 市场占有率（市场份额）

特定产品在目标市场中，相对于主要竞争对手的占有率或整体市场占有率
第一级顾客占该特定产品业务量的百分比（这部分顾客愿意付出合理的价格但会要求个性化、差异化的服务）

2. 客户维持率（老顾客续约率）

老顾客的人数增减情况（了解顾客的忠诚度，即衡量既有顾客的业务成长率）
新顾客开发率（新顾客成长率）
转变率＝新顾客人数/潜在顾客人数
招徕成本/新顾客人数（衡量招徕一个新顾客的平均成本）
新顾客营收/推销活动次数
新顾客营收/招徕成本
顾客满意度
旧顾客续约率
新顾客成长率

服务水平与态度指标，如对顾客要求的反应速度与品质，顾客称赞次数，

顾客满意等

顾客获利率

3. 产品服务的属性

时间

迅速和正确地回应以争取新顾客并留住旧顾客

缩短新产品或服务上市的前置时间，以满足目标顾客的期望（即从掌握顾客新需求至开发新产品或服务递交到顾客手中的时间愈短愈好）

品质

每百万个产品的不良率（PPM）

服务保证

产品被退回的次数及比率

价格

形象和商誉

（三）内部流程指标体系

新产品推出能力，如新产品占总销售额比例，新产品推出速度，五年来总营业净利对研究发展费用的比例

设计能力，如设计水准，工程水准，一年内设计修改次数

技术水准

制造效率，如产品及原材料损耗率，订单交货速度，准时交货次数，单位成本，品质标准，生产力

安全性，如意外发生次数，受伤次数

售后服务指标，如顾客满意程度，成本，品质，速度

（四）学习、创新与成长指标

员工能力，如员工满意度，员工流动性，员工生产力，劳动效率，员工培训次数，奖励与员工士气

信息系统状况，如信息覆盖率，信息系统的灵敏度（包括反应时间、周期、成本），信息系统的更新程度

员工改善建议次数，因员工所提建议而节省成本的金额，对员工授权和侵权程度

新产品数量，新产品推出速度，新产品销售额占总销售额的比例

生产改善情况，废料降低情况

尽管有这样一些常见的指标可供参考，但不同的企业在具体各类目标及测评指标的选择上，需要考虑其所处行业、企业竞争的内外部环境以及企业发展战略的特殊性。不同的企业有不同的特性，因而有不同的战略；不同的战略又

有不同的目标,因而需要有不同的指标体系。所以说,每个公司的平衡计分卡都应该是量身定做、独一无二的。

我们经常可以看到,对于其他经常使用的一些评估方法,只要有员工或顾客提出有价值的建议,公司就会增加新的测评指标,这样做的结果就是每个绩效评估指标都有道理,但却会层次不清、重点不明。平衡计分卡则从四个不同角度向高级经理提供信息的同时,限制了使用的测评指标的数目(每个角度仅使用5个左右的评估指标),从而使信息过载最小化。因此,平衡计分卡迫使经理们关注最关键的几个测评指标。

三、引入平衡计分卡的基本程序

引入平衡计分卡是个非常慎重的工作,绝不是一朝一夕就可以解决的。根据设计者的实践,他们认为引入平衡计分卡的时间周期在两年以上,才能发挥它的作用。

使用平衡计分卡的企业,不再只将财务指标视为公司绩效的唯一指标。以平衡计分卡为基础建立企业的绩效考核体系,一般需要经由以下四个基本程序。这四个程序既可独立,也可共同把长期的战略目标与短期的行动联系起来发挥作用。如图4-2所示。

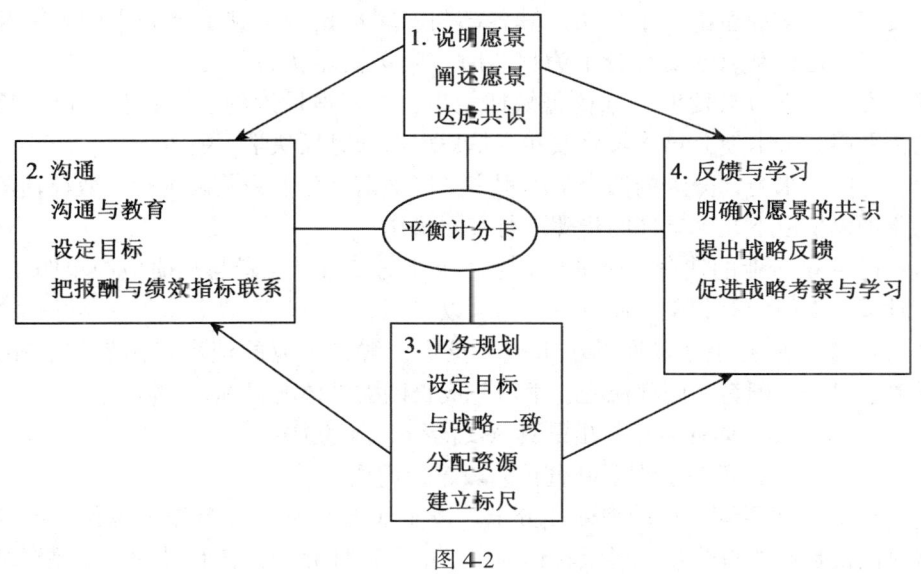

图 4-2

第一个程序是说明愿景,它有助于经理们就组织的使命和战略达成共识。虽然最高管理层的本意很好,但"成为出类拔萃者"、"成为头号供货商"或"成为强大组织"之类的豪言壮语很难转化成有用的行动指南。对负责斟酌愿景和战略表述用语的人来说,这些术语应当成为一套完整的目标和测评指标,得到所有高级经理的认可,并能描述推动成功的长期因素。

第二个程序是沟通,它使各级经理能在组织中就战略要求进行上下沟通,并把它与各部门及个人的目标联系起来。在传统上,部门是根据各自的财务绩效进行测评的,个人激励因素也是与短期财务目标相联系的。平衡计分卡使经理能够确保组织中的各个层次都能理解长期战略,而且使部门及个人目标与之保持一致。

第三个程序是业务规划,它使公司能实现业务计划与财务计划的一体化。今天,几乎所有的公司都在实施种种改革方案,每个方案都有自己的领袖、拥护者及顾问,都在竞相争取高级经理的时间、精力和资源支持。经理们发现,很难将这些不同的新举措组织在一起,从而实现战略目标。这种状况常常导致对各个方案实施结果的失望。但是,当经理们将利用平衡计分卡所制定的雄心勃勃的目标作为分配资源和确定优先顺序的依据时,他们就会只采取那些能推动自己实现长期战略目标的新措施,并注意加以协调。

第四个程序是反馈与学习,它赋予公司一项称为战略性学习的能力。现有的反馈和考察程序都注重公司及其各部门、职员是否达到了预算中的财务目标。当管理体系以平衡计分卡为核心时,公司就能从另外三角度(顾客、内部流程以及学习与发展)来监督短期结果,并根据最近的业绩评价战略。因此,平衡计分卡使公司能够修改和调整战略以随时反映学习所得。

对应于平衡计分卡的四个基本程序,以平衡计分卡为基础进行绩效评估的企业可以依以下几个具体的步骤进行实际操作。

1. 明确企业的使命、愿景与战略。企业的使命、愿景与战略应简单明了,并对每一部门均有意义,使每一部门可以采用。

2. 成立平衡计分卡推进小组或委员会,解释企业的使命、愿景与战略,并建立财务、顾客、内部流程、学习与成长四类具体的目标。

3. 对四类具体的目标找出最具意义的绩效衡量指标。

4. 在企业内部各层次展开宣传、教育、沟通。

5. 开发各经营单位的平衡计分卡。以企业的平衡计分卡作为范例,各经营单位把自己的战略目标逐级转化为自己的平衡计分卡。在此过程中要注意结合各经营单位自身的特点,在各自的平衡计分卡中应有自己的独特的、不同于其他部门的目标与指标。

6. 制定每年、每季、每月的绩效衡量指标的具体数字或标准，并与公司的计划和预算相结合。这一步骤应注意各类指标间的关联性。

7. 将每年的报酬奖励制度与经营绩效平衡表相结合。

8. 实施平衡计分卡，并对实施的情况，进行月度、季度、年度监测和反馈。

9. 经常采用员工意见修正平衡计分卡的绩效评估指标，并改进公司策略。这一步骤在具体的实施进程中会通过不断的重复循环而使平衡计分卡作为一个整体评价体系更加完善，同时适应不断出现的新问题和新情况。

在实际运用平衡计分卡过程中，如何设计平衡计分卡的绩效评价指标体系，也就是如何根据企业的发展战略具体确定各个方面各个层次的评价指标，是运用平衡计分卡进行绩效评估的重点和难点。如何将企业战略转化成平衡计分卡的评价指标，以下给出的是一个基本的绩效目标制定、分解和确定评估指标的程序：

1. 根据企业发展战略，确定企业整体年度（或更长一段时间）的绩效目标；
2. 各部门或管理团队基于公司整体年度目标分解和承担相应的目标；
3. 各单元基于部门或管理团队年度承担的目标进行目标、评估指标的确定；
4. 各级团队/个人所承担的目标分解到季度和月度以及确定评估指标；
5. 根据各项计划和预算，确定各项评估指标的具体标准。

企业在从战略到平衡计分卡的评价指标的过渡分解时，应当遵循以下三项原则：

1. 建立因果关系。企业的一整套战略实际上是把有关企业长期健康发展的各方面因素，用因果链条形成一个运动的评估与管理网络。比如说要扩大市场份额，就必须留住老顾客争取新顾客，又要看顾客的满意程度，而顾客的满意程度又取决于企业提供的产品和服务；企业提供产品和服务的质量高低又在很大程度上取决于雇员对工作的满意程度。因此，平衡计分卡的评估系统将追本溯源，通过类似的一系列因果关系来展示公司的战略，明确各个方面的因果关系，从而管理这些因果关系。每种评价指标体系都是一系列的因果关系链中的一环，并且把本部门的战略同企业的总体战略联系在一起。

2. 确定业绩的驱动因素。在企业整个战略关系中，建立了因果关系后，平衡计分卡便以业绩为核心目标，评价公司战略的实施结果。具体指标有：利润率，市场份额，顾客的满意程度，保留顾客以及雇员的技能等，不同的业务单位有不同的指数来反映其不同的特点。在评价这些业绩时，也评价原因，即这些业绩是如何取得的，从而真正考核公司战略是否实现。总之，平衡计分卡要求企业的业绩同推动工作表现的因素相结合，如把产量和工作态度相结合考虑。

3. 同财务指标挂钩。企业经营的最终目标是最大限度地获取利润，使股东价值最大化。所以，企业进行的各式各样的改革，如提高产品和服务质量、让顾客满意、改革机构给雇员授权等，都不要忘记这些改革的最终目标是为了改善企业经营业绩，增加企业利润，而不是为了革新而革新。平衡计分卡必须强调经营成果，特别应同财务目标联系在一起，如资本回报率和产品增值情况等。因此，每一项改革措施，如总体质量控制、缩短生产周期和提高雇员的满意程度、改善工作表现的计划等，都要同改善顾客结构和最终改善公司财务状况相关。

另一需要注意的是，运用平衡计分卡的过程不是一个单向的过程，它是一个不断循环和提高的过程。通过对四个操作流程以及各个具体操作步骤的循环往复，企业在优化自身的同时不断超越既定的目标，根据自身成长的实际调整组织的战略与目标，保证组织的可持续发展。

四、平衡计分卡与传统考核方法的比较

与传统考核相比，平衡计分卡的优势在于：

1. 平衡计分卡打破了传统绩效评估方法中财务指标一统天下的局面，从顾客角度、内部流程角度、学习与发展角度以及财务角度来设计绩效评估体系，消除了单一评价指标的局限性。

2. 平衡计分卡使得为增强竞争力的应办事项中看似迥异的事项同时出现在一份管理报告中：以顾客为导向，缩短反应时间，提高质量，重视团队合作，缩短新产品投放市场的时间，以及面向长远而进行管理等。

3. 平衡计分卡是一个基于战略的绩效评估系统，它表明了源于战略的一系列因果关系，发展和强化了战略管理系统。具体体现在：利用平衡计分卡阐明战略并在整个组织中传播以达成共识；利用平衡计分卡把部门目标、个人目标与企业的战略发展目标相联系；利用平衡计分卡对战略计划加以确认和联系，进行定期的和有条不紊的战略总结；利用平衡计分卡将战略目标与长期具体目标和年度预算相衔接，还可以为了调整和改进战略而及时获得有效反馈。

4. 平衡计分卡是评估系统与控制系统的完美结合。平衡计分卡不仅克服了传统考核体系的片面性、主观性，而且实现了评估体系与控制体系的协调统一。

5. 平衡计分卡防止了次优化行为。平衡计分卡迫使高级经理将所有的重要绩效测评指标放在一起综合考虑，从而使其能注意到，某一方面的改进是否以牺牲另一方面为代价，提高了公司发展的整体协调性。例如，产出量和一次通过量可能上升，但这种上升也许是出于产品结构发生了改变——标准化的、容易生产的但毛利较低的产品的产量增加了。

五、平衡计分卡实施中所要注意的问题

虽然对于企业的战略发展，平衡计分卡是一项非常有用的管理工具，但并不意味着所有企业都适用 BSC，BSC 是一个非常复杂的系统，在实施中常会有如下困难：

(1) 某些维度指标难以创建和量化。
(2) 不易明确企业组织业绩成果与驱动因素间的关系。
(3) 实施平衡计分卡的高额成本让某些企业得不偿失。

总结一些企业实施 BSC 的成功与失败经验，一般而言，BSC 对如下企业组织帮助是较大的：

(1) 高层管理者有短期行为，或换了几任管理者依然业绩不良。
(2) 缺乏有效的员工绩效管理系统。
(3) 对分公司业绩管理存在诸多问题，如虚假盈利、短期行为等。
(4) 希望实现突破性业绩。
(5) 需要转型或变革的国有企业。
(6) 希望实现长期发展，打造百年品牌。
(7) 规范化管理，提高整体管理水平。
(8) 提高组织战略管理能力。
(9) 二次创业的民营企业。
(10) 希望对市场有更快的反应速度。

第五节 关键绩效指标法（KPI）

关键绩效指标法同目标管理、平衡计分卡一样都是系统绩效考核方法。

运用关键绩效指标法首先要弄清几个问题：企业为什么会成功？取得成功的关键是什么？在过去成功的关键因素中，哪些是企业持续成功的因素？哪些已成为企业成功的障碍？面向未来，企业面临何种挑战与机遇？若要持续发展其关键因素是什么？

一、关键绩效指标法的几个问题

（一）对关键绩效指标的理解

关键绩效指标是基于企业经营管理绩效的系统考核体系，我们如何理解关

键绩效指标？

关键绩效指标是用于考核或管理被考核者绩效的可量化或可行为化的标准体系；关键绩效指标是对企业战略目标有增值作用的指标；通过在关键绩效指标上达成的承诺，员工与管理者可以就工作期望、工作表现、未来发展进行良好的沟通。关键绩效指标与传统绩效考核的区别见表4-9。

表4-9　　　　　　　　　关键绩效指标与传统绩效考核的区别

	KPI 考核体系	传统考核体系
假设前提	人会采取一切行动达成目标	不会主动采取行动
考核目的	以战略为中心，为战略服务	以控制为中心，一切来源于控制意图
指标产生	自上而下，层层分解	自下而上，根据以往绩效或目标设定
指标来源	组织战略与竞争要求的增值性工作产出	来源特定的程序，或是对以往绩效的修正
指标构成、作用	财务与非财务指标结合、短期与长期结合；指标传达结果，也传达过程	以财务指标为主、非财务指标为辅，注重对过去绩效的考核，而且指导绩效改进的出发点是过去绩效的问题，绩效改进行动与战略脱钩

（二）关键绩效指标与绩效管理的关系

关键是企业绩效管理要立足于关键绩效指标，关键绩效指标为企业绩效管理提供基础性数据，通过这些数据，绩效管理可以达到两个目的：一是绩效的改进；二是绩效的价值评价。

（三）建立关键绩效指标体系的意义

便于建立责任成果导向的企业管理体系，落实企业战略目标与管理重点，强化企业整体与核心竞争力；通过关键绩效指标的引导，让个人、部门、组织的目标一致，保证长远发展；可以传送市场压力，工作聚焦，责任到位，成果明确；通过关键绩效指标让不同领域的员工合作；建立激励与约束结合的管理系统，为企业价值评价与价值分配建立依据。

（四）规则

体现企业发展战略与关键要点；强调市场标准与最终成果责任，对于使用关键绩效指标体系的人来说，要有意义而且可以进行测量与控制；在责任明确的基础上，强调各部门的连带责任，促进各部门的协调。

二、关键绩效指标法的运用程序

关键绩效指标如何产生？

一般会由专家、管理者和员工集体讨论优化产生，一般由分公司 KPI、部门 KPI 和员工绩效标准构成。

其设计要程序化。要求：能清晰描述绩效考核对象的增值工作产出；针对每项工作产出提出绩效指标与标准；划分各项增值产出的相对等级权重；能跟踪对象的绩效水平便于对照比较以加强控制。程序图如图 4-3 所示。

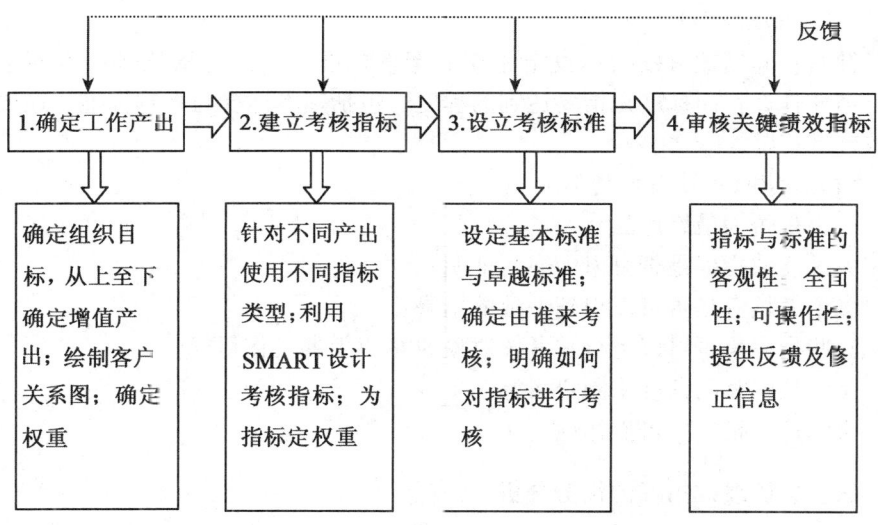

图 4-3

（一）确定工作产出

1. 确定工作产出的几个原则

增值产出原则：即在组织的价值链上能直接或间接增值的工作产出。

顾客导向原则：凡是被考核者的工作输出对象，无论组织内外都构成顾客。如人力资源部门为其他部门做的人员选择。

结果优先原则：凡能考核结果的就一定要考核结果并量化，不能考核结果的考核关键行为。

设定权重原则：要根据目标指标的重要性而不是根据时间花费的多少设定权重。

2. 绘制客户关系图，确定工作产出

（二）建立考核指标

1. 关键绩效指标的类型。主要有四类：数量、质量、成本、时限

在考核时我们通常最关心的工作产出是什么？

我们如何来衡量这些产出指标？

是否存在可以跟踪的数量或百分比？如果有就列出来。如果没有，就寻找关键行为因素。

2. 关键绩效指标的建立原则

人们注重 SMART 原则，即具体明确的，可衡量的，切实可行的，行为导向的，时间、资源有限制的。

（三）设立考核标准

针对不同绩效考核指标设定相应的考核标准。指标是指从哪些方面来衡量，考核什么？而标准是指要达到的程度，包括基本标准与卓越标准，还要对绩效标准追踪。

（四）审核关键绩效指标

产出是否为最终产品？

关键绩效指标是否可以观察与证明？

多个考核者是否可以得到一致的结果？

这些指标是否可以考核被考核对象 80% 以上的工作目标？

是否从顾客的角度来制定指标？

跟踪这些指标的可操作性。

三、关键绩效指标的优势分析

（1）KPI 的考核指标少。

（2）KPI 的考核指标目标值递进。

（3）KPI 考核指标是动态的。

（4）KPI 考核指标是关键性的。

（5）KPI 考核指标具有可控性与可管理性。

另外，KPI 绩效考核还具有目标明确，有利于公司战略目标的实现，提出了客户价值理念，有利于组织利益与个人利益达成一致等优势。

关 键 词

图解式评价法　　强迫选择量表　　关键事件法　　行为尺度评定量表（BARS）　　行为观察量表（BOS）　　简单排序法　　配对比较法　　目标管理法

平衡计分卡　关键绩效指标法（KPI）

<h1 style="text-align:center">小　　结</h1>

1. 绩效评估方法可以被划分为两大类，第一大类包括对员工进行个体评估的方法，换句话说，主管对每个员工的评估没有与其他员工进行比较；第二大类取决于多人评估。多人评估要求主管直接地和有目的性地将一个员工的绩效与其他员工进行比较。

2. 个体评估方法主要包括图解式评价法、强迫选择量表、关键事件法、行为尺度评定量表（BARS）和行为观察量表（BOS）。

3. 多人评估方法主要是简单排序法和配对比较法。

4. 目标管理法是众多国内外企业进行绩效考核的最常见的方法之一。所谓目标管理乃是一种程序或过程，它使组织中的上级和下级一起协商，根据组织的使命确定一定时期内组织的总目标，由此决定上下级的责任和分目标，并把这些目标作为组织绩效评估和评价每个部门和个人绩效产出对组织贡献的标准。

5. 平衡计分卡是基于平衡财务与非财务指标的综合绩效评估方法，其中较有代表性的是由卡普兰（Robert S. Kaplan）和诺顿（David P. Norton）共同开发的。平衡计分卡的角度包括顾客角度、内部流程角度、学习与发展角度和财务角度，以及与四角度相对应的指标及指标体系。

<h1 style="text-align:center">复习思考题</h1>

1. 如何选择绩效评估的方法？
2. 如何实施目标管理法？其基本步骤有哪些？
3. 平衡计分卡与传统评估方法有什么区别？
4. 关键绩效指标法运用中要注意的问题有哪些？

第五章 薪酬管理

学习目的

学习本章后，你应当掌握如下内容：
1. 了解薪酬的内涵与基本构成
2. 认识薪酬的功能
3. 掌握薪酬管理的含义、内容及过程
4. 思考薪酬管理所面临的挑战和薪酬管理的发展动态

【朗讯的薪酬管理】[①]　　在开始本章的正式学习之前，先了解一下朗讯在薪酬管理方面的一些做法。

薪酬的结构

朗讯公司（简称朗讯）的薪酬结构由两部分构成：一部分是保障性薪酬，跟员工的业绩关系不大，只跟其岗位有关；另一部分薪酬跟业绩紧密挂钩。在朗讯，非常特别的一点是，朗讯中国所有员工的薪酬都与朗讯全球的业绩有关，这是朗讯在全球执行 GROWS 行为文化的一种体现。朗讯专门有一项奖——LUCENT AWARD，也称全球业绩奖。朗讯的销售人员的待遇中有一部分专门属于销售业绩的奖金，业务部门根据个人的销售业绩，每一季度发放一次。在同行业中，朗讯薪酬中浮动部分比较大，朗讯这样做是为了将公司每个员工的薪酬与公司的业绩挂钩。

两项考虑

朗讯公司在执行薪酬制度时，不仅看公司内部的情况，而且将薪酬放到一个系统中考虑。朗讯的薪酬政策有两个考虑：一个考虑是保持自己的薪酬在市场上有很大的竞争力。为此，朗讯每年委托一个专业的薪酬调查公司进行市场调查，以此来了解人才市场的宏观情形。这是大公司在制定薪酬标准时的通常做法。另一个考虑是人力成本因素。综合这些考虑之后，人力资源部会根据市场情况给公司提出一个薪酬的原则性建议，指导所有的劳资工作。

---

① 李云峰. 朗讯的薪酬结构. 经济导报，2002-05-13.

朗讯在加薪时做到对员工尽可能透明，让每个人知道他加薪的原因。加薪时员工的主管会找员工谈，告诉员工根据他当年的业绩，他可以加多少薪。每年的 12 月 1 日是加薪日，加薪的最主要目的是：保证朗讯在人才市场增加一些竞争力。

学历淡出

朗讯在招聘人才时比较重视学历。贝尔实验室 1999 年招了 200 人，大部分是研究生以上学历，"对于从大学刚刚毕业的学生，学历是我们的基本要求。"对其他的市场销售工作，基本的学历是要的，但是经验就更重要了。被聘人员到了公司之后，学历在比较短的时间就淡化了，无论做市场还是做研发，待遇、晋升和学历的关系慢慢消失。在薪酬方面，朗讯是 MERIT PAY——根据工作表现决定薪酬。进了朗讯以后薪酬和职业发展跟学历、工龄的关系越来越淡化，基本上跟员工的职位和业绩挂钩。

薪酬的悖论

一方面，高薪能够在一定程度上留住人才；另一方面，薪酬不能任意上涨，必须和人才市场的情况挂钩，如果有人因为薪酬问题提出辞职，很多情况下是让他走或者用别的办法留人，所以薪酬留人本身是一个悖论。这里面有些讲究，要处理好薪酬的悖论需要做细致的工作。朗讯的薪酬结构中浮动的部分根据不同岗位会不一样，浮动部分的考核绝大部分和一些硬指标联系在一起。朗讯每年在业绩评估完成后给员工加薪一次，中途加薪的情况很少，除非有特殊贡献或升职。

对于因薪酬达不到期望值而辞职的员工，朗讯一定会找他谈话，他的主管经理和人事部会参与进去。朗讯非常希望离职的员工能够真实地谈出自己的想法，给管理层提出一个建议。朗讯注重随时随地的评估，对于能力不强的员工，给他一个业绩提高的计划，改进他的工作，如果达不到要求，朗讯会认为这个工作他做没有效率，只好另请人来做。

案例显示，薪酬管理是一个复杂而又敏感的问题，一个企业到底要如何进行科学的薪酬管理？从对薪酬本质的理解，到对管理理念创新和科学的管理过程，都是要重视的。对此，读完本章你会有更清晰的认识。

第一节 薪酬的内涵、构成及功能

一、报酬与薪酬的关系

毋庸置疑，市场经济是一种交换经济。在这种条件下，劳动者为组织付出劳动与时间，以及他们的学识、技能、经验与创造力，一个最根本的目的就是从组织获得相应的回报。我们把这种回报称为报酬。很显然，这种报酬带有部分主观的成分，并且，这一部分很大程度上取决于员工个人的认知。

按照报酬的表现形式，我们可以将其分为经济报酬和非经济报酬，而按照报酬本身对员工的激励作用的方向性来看，它主要分为内在报酬与外在报酬。其实，这两种划分方法并非彼此孤立，而是有着一定的"兼容度"（如表5-1所示）。需要指出的是，我们所讨论的薪酬管理是基于可以用货币衡量的经济性报酬。

表 5-1　　　　　　　　　　　　　报酬的分类①

	非经济报酬	经济报酬
内在报酬	工作保障 更富挑战性的工作 对突出工作成绩的承认 培训与晋升机会 弹性工作时间	无
外在报酬	优越的办公条件 身份标志	直接报酬：基本工资、加班工资、津贴、奖金、利润分享、股票认购 间接报酬：保险/保健计划、住房资助、员工服务及特权、带薪休假及其他福利

二、薪酬的内涵及构成

（一）薪酬的基本含义

所谓薪酬，就是在存在雇用关系的前提下，员工从雇主那里所获得的各种形式的经济收入及有形的服务和福利。从基本层面来讲，薪酬直接体现了岗位的价值也即员工的工作价值，它是员工让渡其劳务或劳务使用权后所获得的报偿。

（二）薪酬的构成

薪酬＝基本薪酬+可变薪酬+间接薪酬

1. 基本薪酬。基本薪酬是企业基于员工所承担或完成的工作任务，或根据员工所具有的完成工作的技巧和能力而向其支付的一种稳定性报酬。一般情

---

① 刘昕．薪酬管理．北京：中国人民大学出版社，2002：2.

况下，基本薪酬的确定有职位薪资制和技能薪资制两种方式。职位薪资制是企业根据员工所承担的工作本身的重要性、难度及其对企业价值带来的增加来决定的。技能薪资制则是把员工拥有的完成工作的技能或能力的高低作为确定基本薪酬的基础。

由于基本薪酬是员工从企业获得的较为稳定的经济报酬，它为员工提供最基本的生活保障和稳定的收入来源，因而这部分收入对员工来说举足轻重。并且，基本薪酬往往与可变薪酬挂钩，因而其重要性相当突出。

从某种程度来说，基本薪酬是刚性的，但并非一成不变。基本薪酬的变动主要取决于以下四个方面的因素：第一，总体生活费用的变化或通货膨胀的程度，在经济学上可以分别用恩格尔系数和通货膨胀率来衡量。第二，同行业中其他雇主支付给同类劳动者的基本薪酬的变化，主要取决于市场上劳动力的供求状况。第三，员工本人所拥有的知识、经验、技能的变化以及由此而带来的员工绩效的变化。第四，员工所处地区的经济发展水平及企业所在产品市场的竞争力等。

在以上四个因素中，对员工基本薪酬影响最大的是与员工绩效相关的变化。这种由于员工实际工作绩效提升而带来的相应的基本薪酬的增长，我们称为绩效加薪。绩效制度往往与企业的绩效管理制度密切相关。这将在后面的章节具体阐释。

2. 可变薪酬。与绩效加薪一样，可变薪酬也与绩效直接挂钩。由于在绩效和薪酬之间建立起了这种直接的联系，因而可变薪酬对于员工具有很强的激励性——它能激发员工节约成本、提高产量、改善质量并增加收益，从而实现企业的绩效目标。

一般情况下，可变薪酬可以按时期分为长期和短期两种形式。短期一般都建立在非常具体的绩效目标的基础上，而长期的目的则在于鼓励员工实现跨年度或多年度的绩效目标。与短期相比，长期奖励更能将员工薪酬与企业的长远目标的实现联系在一起，并使企业的组织文化更加凝固。

需要强调的是，尽管绩效加薪与可变加薪都与员工绩效紧密相连，但二者有着两个最重要的区别。第一，绩效加薪是基于员工过去的绩效和优秀表现的一种奖励和肯定。这种加薪以基本薪酬为基础，加薪的百分比由企业当年的经营业绩和对员工个人的绩效评价等级来确定，因而它无法确定。可变薪酬及奖金的计算公式、收益分享比率以及股权授予的日期等都是可以事先商定的。这种薪酬方式往往是以影响员工的未来行为或绩效为目的的。第二，绩效加薪具有累加性，也即，绩效加薪一旦确定，就会永久性地增加到基本薪酬上。可变薪酬往往只适用于员工和企业约定的某一绩效周期，周期一过，契约无效。为此只有经过双方续约，员工才有可能获得新的奖励。

3. 间接薪酬，也称员工福利与服务。福利与服务不以员工向企业付出的工作时间为单位来计算员工薪酬，因而它一般包括带薪非工作时间、员工个人及其家庭服务、健康以及医疗保健、人寿保险以及养老金等。一般情况下这种费用由雇主支付，但有时也需要员工承担一部分，如失业保险等。

这种以非现金形式支付给员工的薪酬，有着以下三种独特的价值：

第一，减少现金支付，既不减少企业员工的获利，又能适当避税，从而为企业降低成本。

第二，福利和服务为员工将来的退休生活和一些可能发生的不测事件提供保障，从而降低风险，为员工安心工作提供必要的安全感。

第三，福利和服务通过提高员工购买力来改善其生活条件和生活水准。

三、薪酬的功能

薪酬不但是组织提供给员工的经济收益，也是企业自身成本的支出。这种收益与支出的实质，就是员工和企业之间的一种利益交换关系，它保证了员工和企业双方的生存和发展。在这一交换过程中，社会的总体效益也有所增加。

（一）对员工而言

对员工而言，薪酬的作用主要体现在经济保障功能、心理激励功能以及标识功能三个方面。

1. 经济保障功能。从经济学角度看，薪酬的功能就在于将劳动力要素特别是具有一定知识、经验和技能的稀缺的人力资源配置到各种不同的岗位上。员工通过为企业工作来创造市场价值，并获得经济上的回报，因而薪酬的最终表现就是企业和员工之间的一种供求契约。在市场经济条件下，薪酬是绝大多数劳动者的主要收入来源，它具有不可替代性。薪酬不仅是员工满足基本生活必需的保证，也是满足娱乐、教育、自我开发等发展需要的基础，其作用不可小视。

2. 心理激励功能。薪酬不但是一种有形的供求契约，而且是个人和组织之间的一种心理契约。员工通过这种契约形式获得心理收入。员工的心理收入是指员工个人对企业及其工作本身在心理上的一种感受，它属于非经济性报酬的范围。员工通过自己的努力工作得到的非经济性的奖励就属于员工的心理收入，这种奖励可分为职业性奖励和社会性奖励。职业性奖励又可以细分为：职业安全、自我发展、和谐工作环境和人际关系、晋升机会等；而社会性奖励由地位象征、表扬肯定、荣誉、成就感等因素构成。

诚然，企业对员工的物质报酬在某种程度上、在一定的范围内对员工起到了很好的激励作用。人们为了维持生存和更好的物质生活,的确在为金钱而工作,但是他们更为生命的价值而工作。马斯洛的需求层次理论认为,人的需求有不同的层次。人们的主导追求必然是实现自尊和自我价值,其次才是物质利益。只有当物质利益得不到起码的满足时,他们才会放弃高层次的追求退而求其次。

3. 标识功能。随着我国社会主义市场经济的不断发展、体制改革的日渐深化和现代交通通讯技术的不断进步,人们自主择业的意识增强,流动的硬约束软化,人才资源流动愈来愈频繁——智力资源及其作用完全可以通过符号化、信号化、数字化实现间接流动,尤其是作为智力资源的直接派生或衍生资源,如技术、科研成果、新知识等,更可以离开人体而独立流动。① 在这种条件下,员工的薪酬收入便取代年龄、家庭背景等成为流动社会中一种最明显的身份标识。并且,人们可以根据这种标识来判断特定员工的朋友、职业、受教育程度、生活状况乃至宗教信仰和政治趋向等。因而,薪酬在某种意义上决定了社会对个人存在价值的认可度。从这个角度来看,薪酬的作用自然不言而喻。

(二) 对企业而言

1. 控制经营成本。在现代企业中,人才是企业的核心竞争力,而企业的产品或服务则是这种竞争力的物质载体。企业支付的薪酬水平的高低不仅影响其在劳动力市场上的竞争力,而且,作为企业生产成本的重要组成部分,薪酬还在相当程度上影响着企业在产品和服务市场上的竞争力。因而,一方面,企业为了获取和保留经营过程中不可或缺的人力资源而不得不选择付出一定的代价;另一方面,企业出于产品或服务市场上的竞争压力又不能不注意控制薪酬成本。

通常情况下,企业的薪酬总额在其总生产成本中约占40%~90%。比如,制造业薪酬成本占总成本的比重很少会低于20%,而在服务业中往往高达80%~90%。通过合理控制薪酬成本,企业可以将总成本降低40%~60%。可见,薪酬成本的可控程度和可操作性都相当高,这对企业来说是至关重要的。②

2. 改善经营绩效。薪酬不仅决定了企业对员工的吸引力,决定了企业中的人力资源存量,同时还决定了现有员工所受激励的状况,这主要体现在员工个体的工作行为、工作态度和工作业绩以及由此对企业生产能力和生产效率的

---

① 李建国. 人才流动的新特点及其规律性探析. 光明日报, 2005-06-15.
② 刘昕. 薪酬管理. 北京:中国人民大学出版社, 2002:8-9.

影响上。薪酬水平的变动,可以将企业的组织目标、发展战略以及管理者的意图等及时有效地传递给员工。比如,工资的提升意味着公司对员工业绩的肯定;采用绩效工资制度,或提高绩效工资(或称奖金)的比重意味着公司鼓励员工之间或部门之间的竞争;采用年功工资制度意味着公司希望员工长期在本企业效劳,希望减少员工的流动,等等。薪酬管理可以作为一个辅助的手段,通过多方位向员工传递各种信息,从而促使员工改善其工作绩效。

3. 塑造并强化企业文化。如前所述,薪酬对员工的工作行为和工作态度具有很强的引导作用。我们把这种工作行为和工作态度抽象出来,就得到企业的文化氛围。薪酬制度是把"双刃剑"。一方面,成功的薪酬制度有助于塑造良好的企业文化,或者对现有文化起到正强化作用;另一方面,如果薪酬政策与企业文化或价值观之间存在冲突,则会产生消极影响甚至导致原有企业文化的瓦解。事实上,企业的文化变革往往与薪酬制度和薪酬政策的变革同步发生,甚至以后者的变革为先导,这也从一个侧面反映了薪酬对于企业文化的重要影响。

4. 支持企业变革。在当今的知识经济时代,企业所面临的环境正发生着激烈的变化。这种变化主要体现在企业的外部环境上,同时,外部环境的变化又通过企业的内部因素起作用来迫使决策者必须因时而动,因势而变,这样才能适应并实现企业的长远发展。为此,企业一方面要重新设计战略,再造流程,重构组织结构;另一方面还要变革文化,建设团队以更好的满足顾客的要求,从而使企业对市场和顾客的需求做出更迅速的反应。这一切都离不开薪酬的巨大作用。

薪酬作为一种强有力的激励工具和沟通手段,它可以通过作用于员工个人、工作团队和企业整体来创造出与变革相适应的内外氛围,强化员工对于变革的接受性和认可程度,培养员工的忠诚度和责任感,从而有效推动企业变革。从这个层面来说,薪酬更多的是对现在和未来的一种投资,而不仅仅是一种成本。

(三) 对社会而言

薪酬不但对员工和企业有着重大意义,它对于整个社会也具有独特的作用。事实上,在各国的 GNP 中,大约有 60% 的部分以薪酬的形式体现出来。薪酬的高低不仅直接影响国民经济的正常运行,而且一国劳动者的总体薪酬水平也是该国总体社会和经济发展水平的重要指标。合理的薪酬可以满足人们生存与发展等多种需要,不断提高人民的生活质量;同时,假如薪酬分配不合理,其所提供的最基本的保障功能得不到保证,就有可能引发社会动荡,带来诸多社会不稳定,影响经济建设。这就需要政府加强宏观调控职能,而不能任由市场机制起作用。

第二节 薪酬管理的含义、内容及过程

一、薪酬管理的含义

所谓薪酬管理,是指组织以员工为之所提供的服务为基础,来确定他们的报酬水平、结构及形式的过程。薪酬管理的目的和作用在于降低员工的流动率特别是防止高级人才的流失;它能将短期激励和长期激励相结合,实现对高级人才的吸引;同时,由于薪酬涉及每位员工的切身利益,很容易引起员工的不满,因而运用好薪酬管理这把尺子,还能减少组织的内部矛盾。

在人力资源管理中,薪酬管理是最困难的管理任务:第一,员工对薪酬极大关注和挑剔;第二,薪酬管理依据实际情况不同而异,没有统一的模式。为此,企业的薪酬管理系统往往要兼顾公平、有效、合法三大原则。所谓公平,是指员工对于企业薪酬管理系统以及管理过程的公平性、公正性的认知,而这种认知往往以企业外部劳动力市场薪酬状况、企业内部不同职位或类似职位薪酬水平为参照系。有效的标准是薪酬管理系统能在多大程度上有利于实现组织的目标。这种目标不仅包括利润率、销售额、股票价格等财务指标,还包括顾客服务水平、产品或服务质量、团队建设以及组织和员工的创新和学习能力等方面无法量化的指标。合法则指企业的薪酬管理系统与实施过程是否和国家的相关法律规定相匹配。①

然而,这三大目标之间往往存在着一些矛盾,即使在各个目标的内部,也常常使企业的管理者处于两难境地。一般来说,在其他条件一定的情况下,企业的薪酬水平越高,员工的公平感就会越强,但这又会对企业构成成本压力,影响有效性。相反,只要企业极力减少对员工的支出,便可降低成本,增加收益,但这种低工资又会违背相关法律。可见,企业薪酬管理的实质就是在这三者之间寻找平衡的过程。

二、薪酬管理的内容及过程

(一) 薪酬管理的内容

薪酬管理的内容涉及薪酬的现状调查、确定薪酬目标、确定影响本企业薪

---

① 从国际通行的情况来看,与薪酬管理相关的法律有最低工资立法、同工同酬立法和反歧视立法等。

酬管理因素、选择薪酬政策、制定薪酬计划和调整薪酬结构六个方面。

1. 薪酬的现状调查。通过对市场中同行业以及相关行业同期薪酬水平的调查，应该首先了解薪酬的外部公平性或外部竞争性，薪酬的内部公平性或内部一致性以及绩效报酬的公平性，确定薪资指导线，作为制定适合本企业薪酬水平的依据。在进行市场调查时必须以同行业同职位的薪资水平为基准，要以高于市场的价位吸引、保留对企业具有关键作用的人才。内部薪酬满意度的调查同样是十分重要的，它为调整薪酬结构比例提供依据，可以分析是否因为薪酬水平原因而导致企业人才流动率的波动。因为在很多人才流动较高的企业中，薪酬体系的不合理是导致人才流失的一个重要原因。设计合理、规范灵活的薪酬体系不仅仅体现出其本身的科学性及公平性，更为企业留住了宝贵的人才。

2. 确定薪酬目标。薪酬目标有长期和短期之分，一般来讲主要包括：建立稳定的员工队伍，吸引高素质的员工；激发员工的工作热情，构建学习型组织，创造高绩效；努力实现组织目标和个人发展计划的协调一致。

3. 确定影响本企业薪酬管理因素。影响薪酬水平变动的外部因素主要是：劳动力市场的供求状况，相关行业竞争状况，政府的宏观调控，地区与行业间的薪酬水平变动，当地的物价变动，经济发展水平与劳动生产率变动，国家法规法令，乃至于国际政治时局的变化和其他不可抗力因素；而内部因素主要是：企业的行业性质，企业的经营状况，财力，企业文化，企业的劳动生产率，企业雇员的配置，企业人力资源管理的水平，劳动者所处的岗位等级，劳动者个体素质和能力差别，薪酬分配的形式，福利待遇的差别等因素。其中的任意元素发生变化都可能影响到薪酬的实施，在薪酬制定的最初阶段，就要根据经验制定出外界情况变动时的薪酬调整方案以备不时之需；还要对某些对薪酬的实施可能产生重大影响的因素进行详细的考察，未雨绸缪，做出周密的安排，留出决定的余地。①

4. 选择薪酬政策。所谓薪酬政策，是指对企业薪酬管理运行的目标、任务和手段的选择和组合，是企业在员工薪酬上采取的方针策略。它主要包括三个方面的内容：企业薪酬成本投入决策，根据企业的自身状况选择合适的工资制度，确定企业的工资结构和工资水平。

5. 制定薪酬计划。薪酬计划是薪酬政策的具体化，它是企业预计要实施的员工薪酬支付水平、支付结构以及薪酬管理重点等。企业在制定薪酬计划时要把握两大原则：第一，与企业管理目标相协调的原则；第二，增强企业竞争

---

① 李双新．薪酬管理中的六双行动鞋．人口与经济．2004（10）．

力的原则。事实上，薪酬计划并非固定的，它需要在实施过程中依据实际情况作适时调整。

6. 调整薪酬结构。薪酬结构是指企业员工之间的各种薪酬比例及其构成。调整薪酬结构是企业薪酬管理过程的重要一环，是对薪酬政策实施后的一种反馈。它主要包括员工工资成本在不同员工之间的分配，职务和岗位工资率的确定，员工基本工资、辅助工资和浮动工资的调整等。

（二）薪酬管理过程中的重要决策

薪酬管理过程中的重要决策主要包括薪酬体系、薪酬水平以及薪酬结构三大核心决策和薪酬形式、特殊群体薪酬及薪酬管理政策三大支持性决策。

1. 薪酬体系。薪酬体系决策的主要任务在于确定企业基本薪酬的基础。目前国际通行的薪酬体系有三种，分别为职位或岗位薪酬体系、技能薪酬体系及能力薪酬体系，其中尤以职位薪酬体系的运用最为广泛。它们分别代表着企业在确定员工基本薪酬水平时的不同依据，即员工所从事的工作自身的价值、员工所掌握的技能水平以及员工所具备的能力或任职资格。并且，职位薪酬体系以工作为导向，后两者则以人为基础。

2. 薪酬水平。薪酬水平是企业中各职位、部门以及整个企业的平均薪酬水平，它决定了企业薪酬的外部竞争性。市场竞争的加剧使企业越来越强调自身产品和服务的差异化。这种差异化战略反映在内部薪酬上的作用，就是企业越来越多地关注职位和职位之间或是不同企业中同类工作之间的薪酬水平对比，而不是笼统的企业平均水平的对比。

3. 薪酬结构。薪酬结构涉及的是薪酬的内部一致性问题。企业内部的薪酬结构实际上反映了企业对于职位重要性及职位价值的看法。如果说企业的薪酬水平对员工的吸引和保留产生重大影响，那么薪酬结构的合理与否则往往会对员工的流动率和工作积极性产生重大影响。在实践中，企业一般通过正式或非正式的工作评价来确保薪酬结构的公平性和合理性。

4. 薪酬形式。薪酬形式是就员工个体的整体薪酬而言的。我们通常按照货币形式与非货币形式将薪酬分为直接薪酬和间接薪酬。一般来讲，货币形式的薪酬往往与员工所提供的工作时间有关，而非货币形式则往往和员工的工作时间没有直接关系，它包括福利、有形服务等一些具有经济价值的报酬。

5. 特殊群体薪酬。特殊群体是指那些在工作目标、工作内容、工作方式以及工作行为等方面不同于一般员工的工作群体。这种特殊性往往是由工作本身的性质决定的。通常情况下，销售人员、专业技术人员、管理人员尤其是企业高级管理人员都被视为特殊员工群体。由于这些特殊群体所承担的责任或风险更为重大，因而有必要对薪酬做适当的区别对待。

6. 薪酬管理政策。薪酬管理政策主要涉及企业的薪酬成本与预算控制方式、企业的薪酬制度、薪酬规定和员工的薪酬水平是否保密等问题。薪酬管理政策的制定必须在公平性、成本控制性、交换性、平衡性、刺激性、适度性、认可性和安全性这些众多的标准中寻找平衡，制定出符合本企业的个性化薪酬方案。

总之，企业的薪酬管理应立足于企业的经营战略和人力资源战略，以劳动力市场为依据，在充分考虑员工所从事的工作本身的价值及其所要求的资格条件的基础上，再加上团队对于个人的绩效考核与评价，最终形成企业的薪酬管理系统。并且，这种系统必须达到外部竞争性、内部一致性、成本有效性以及对员工贡献的合理认可，遵守相关法律规定等标准。

三、薪酬管理与人力资源管理其他职能之间的关系

如前所述，作为企业人力资源管理重要组成部分的薪酬管理，必须与人力资源管理的其他职能紧密结合才能发挥出更大的效用。为此，我们来一一分析薪酬管理与工作分析、人力资源规划、员工的招录、绩效管理、员工的培训与开发以及与员工关系管理之间的联系。

（一）薪酬管理与工作分析

工作分析是基本薪酬实现内部公平性的重要基础。在目前主流的岗位工资体系下，工作分析所形成的工作说明书是进行工作评价、确定薪酬等级的依据——工作评价的信息大多来自工作说明书的内容。即使在新的技能工资体系中，工作分析仍然具有重要的意义。因为评价员工具备的技能仍应以其所从事的工作为基础。

（二）薪酬管理与人力资源规划

薪酬管理与人力资源规划之间的关系主要体现在人力资源供需的平衡上。薪酬政策的变动是改变内部人力资源供给的重要手段。例如，提高加班工资的额度，可以促使员工增加加班时间从而增加人力资源的供给量。

（三）薪酬管理与员工的招录

薪酬是员工选择工作时考虑的重要因素之一。一般来讲，较高的薪酬有利于吸引量更多、质更高的应聘者，从而给企业更多的选择机会，因而它对员工招录有着重要影响。同时，招聘录用也会对薪酬管理产生反向作用力——录用人员的数量和结构往往是决定企业薪酬总额增加与否的主要因素。

（四）薪酬管理与绩效管理

薪酬管理和绩效管理存在着一种互动关系。一方面，绩效管理是薪酬管理的基础之一，激励的实施需要对员工的绩效做出准确的评价；另一方面，针对

员工的绩效表现及时给以不同的激励薪酬，也会有助于增强激励效果并确保绩效管理的约束性。

（五）薪酬管理与员工的培训与开发

由于员工的培训、开发以及职业生涯设计已经成为企业核心竞争力的重要源泉，当前企业普遍在朝着学习型组织的方向发展，为此必须设计出与之相适应的薪酬制度和薪酬系统，并对员工的学习行为尤其是学习后工作绩效的提高给予激励。只有这种及时的反馈才能有助于推动员工与企业所倡导的这种新型文化保持一致。

总之，薪酬的合理设计有助于引导员工主动接受培训、努力进行自我技能开发、不断巩固和提升自身的业务素质，从而增强员工适应工作的能力，帮助组织获得更大的灵活性。

（六）薪酬管理与员工关系管理

在企业的劳动关系中，薪酬是最主要的问题之一。消极方面，劳动争议往往由薪酬问题而起。积极方面，有效的薪酬管理能够减少劳动纠纷，建立和谐的劳动关系，同时还有助于塑造良好的企业文化。

第三节 薪酬管理面临的挑战

一、薪酬管理环境变革所带来的挑战

从前面对影响企业薪酬决策因素的分析中我们可以得出，薪酬管理不能脱离经营管理的大环境而单独起作用。知识经济所带来的是一个不断变革的时代——大到宏观的社会经济变革，小到微观的企业组织变革。这些变革也给企业的薪酬管理实践带来了挑战。薪酬只有与这些变革的步伐保持一致，才能真正发挥其应有的作用。

1. 社会经济背景的变化。从企业经营的经济环境及其变革的角度，可以将整个国际企业界面临的重大变革归结为以下六个方面：全球化竞争愈演愈烈；技术变革与服务经济势不可挡；对个人及组织整体能力的要求日益增长；顾客的期望与预期不断上涨；生产及产品或服务提供的周期愈来愈短；对员工的要求越来越高。[1]

2. 企业管理实践的转变。企业管理实践的转变是企业所处社会经济背景变化的必然结果。主要有以下具体表现：

---

[1] 刘昕. 薪酬管理. 北京：中国人民大学出版社，2002：14-17.

在组织结构与工作设计上，企业由职能型结构向以市场为导向的组织结构靠拢。这种转变是通过企业业务的流程再造实现的。

在沟通方式上，组织内部的沟通由垂直沟通方式向横向沟通转移。这是因为企业为了在市场竞争中表现得更为灵活，要对市场和顾客的需求做出快速反应，必须给员工更大的授权。这就要求企业的内部决策及相应的责任必须能做好纵横两个方向的交叉划分。

在职业保障上，由于经营环境的不确定性和市场变化速度的加快，企业已经难以向员工做出终身雇用哪怕是长期雇用的承诺。企业更多的是鼓励员工为组织的成功做出更多的贡献来获得工作保障，而不再仅仅强调员工对组织的忠诚。

在经营策略上，经营环境的变化促使企业一方面尽力规避风险，另一方面又不得不允许员工在合理范围内犯错误。这样，企业才能不断突破传统经营思维和理念的束缚，不断创新以获得新的持续的竞争动力。同时，企业也不再仅仅把降低成本和费用作为组织有效性的唯一来源，而是把质量作为组织有效性的新来源。

从应对经济波动等的变革来看，企业不再单纯强调外部市场的负面效应，而是更加灵活地把握、寻找和开拓外部市场机会。比如，20世纪90年代以前企业把注意力放在如何激发顾客的兴趣以销售他们想要推销的产品或服务。90年代以后，企业不得不更为重视如何为客户带来价值的增值。也就是说，企业不仅关注推销自己已有的东西，而且更为重视对顾客现实和潜在需求的满足和挖掘。

总之，薪酬管理作为人力资源管理的一个重要环节，它必须与企业人力资源管理的导向及企业的经营战略、组织结构设计、决策与信息沟通方式、企业与员工之间关系的性质等一系列因素相匹配。因而，只有理解和把握了薪酬管理环境的变革，才能灵活运用薪酬策略来应付挑战。

二、我国企业薪酬管理所面临的困境

（一）从历史角度看中国企业传统的薪酬管理

对于中国企业而言，由于受国家历史文化、政治经济因素及企业自身的外部市场环境、内部条件、员工个人具体情况等因素的影响，传统薪酬管理具有以下特征：

1. 员工雇用关系建立在"终身制"基础之上。国有企业不会轻易辞退员工，员工也不用担心失业风险。

2. 企业严格坚持内部均衡。企业上下工资水平差距较小。即便业绩水平

存在差异，员工仍会期待获得同等待遇。

3. 政府对企业薪酬制度制定施加重大影响。传统工资制度实行结构性改革之前，企业工资制度还没有与国家机关和事业单位脱钩，企业内部工资分配制度由国家制定并在国家监督下执行。即使此后实行"工效挂钩"，政府仍对其进行了一定程度的控制。

4. "家长式"的设计方案，旨在满足所有员工的需求。企业在薪酬方案设计上，没有将员工知识技能、工作责任、劳动强度和工作环境等因素考虑在内，只是在形式上满足大家的生存需求。

5. 提供同等的奖金和奖励。奖金和奖励的提供与企业的效益、个人的业绩脱钩，使得它们只流于形式，起不到实质激励作用。虽然"工效挂钩"以及此后的浮动工资、等级工资、股份工资等工资形式相继出现，但在实际的操作中，企业的奖励机制仍不完善。

市场经济体制建立以来，我国企业薪酬管理在内容、管理模式、管理方法等方面都获得了很大的改进，但受传统薪酬管理的影响，企业在薪酬管理上仍遇到大量问题。下面我们具体研究我国企业在薪酬管理上存在的一系列问题。

(二) 我国企业在薪酬管理上存在的一系列问题

1. 薪酬制度与企业经营战略脱钩或错位。企业经营战略不同，薪酬策略也应不同，但目前我国企业大多实行统一的薪酬策略，很大程度上与企业经营战略脱钩。如对于处在成熟阶段的企业，其经营战略与成长阶段不同，因而薪酬制度也应有相应变动，但管理者并没有将员工薪资予以适当调整。又如一些企业声明将股东的长期利益作为它的策略目标，但企业却着重于奖励短期经营业绩，导致了薪酬制度与经营战略的错位。

2. 薪酬设计有不科学之处。薪酬调查范围狭窄，调查数据缺乏真实可靠性。目前很多企业在薪酬调查上只能粗线条地观察市场总体行情，收集的资料缺乏真实可靠性，使得薪资水平的确定缺乏科学性。另外，没有科学的职位评价体系。企业通过职位评价确定职位和工资等级。在实际操作中，管理者主观设定职级职位等。例如由于"长官意志"的影响，有些岗位，管理者认为很重要，职级定得很高，事实却并非如此；有的岗位职级定得较低，但以该职级的薪酬在市场上根本无法录用到合适人才。此外一些企业只是运用简单的排序法排出等级，将同等级同类别的职位归类归档。这些都是不科学的职位评价，体现不了员工薪酬的内在公平性。

3. 薪酬支付缺乏公开性、透明性。有些企业常采取发"红包"式的秘密付酬方式，进而衍生成目前已有一定普遍性的"模糊薪酬制"。秘密薪酬支付只会引起员工的好奇心而四处打探，导致员工之间的互相猜测和怀疑，因为他们常常高估他人的薪酬而认为自己的薪酬过低,从而产生不满情绪,再若得知同事的薪酬水平高于自己,但又觉得对方不如自己工作干得好,自然而然滋生不满情绪,甚至于消极怠工。管理者对这种情况的原因却一无所知。

4. 奖金奖励和福利保险计划缺乏柔性,起不到激励作用。目前我国大部分企业奖金和奖励在相当程度上已经失去了奖励的意义,变成了固定的附加工资。这种定期的、一成不变的奖金和奖励缺乏竞争性和公平性,对员工起不到激励作用,严重时会引起员工的不满情绪,甚至人员流失,在福利保险管理上,企业承袭传统的福利保险计划,提供统一的福利保险。对于员工而言,这种大一统式的福利保险计划看似"公平",但它忽略了他们自我需求的满足。因为一些计划并不合他们的胃口,只是企业提供了这些免费的计划。对此,企业往往陷入两难境地,福利保险计划要提供,但提供后又起不到明显的激励作用。最终,这些计划只能流于形式,还增加了企业的实施成本。

5. 企业已有的薪酬结构很难整合。有些老企业早已"一个萝卜一个坑,各人自有一本账",忽然间要"科学管理",众人便难以接受。当然,假如薪酬标准是往上抬,肯定没问题;如果往下调,则必定招致大家的反对,新方案极有可能不了了之;对于奖金,员工或许会认为自己应该得到奖金,但却又不想承担浮动薪酬所蕴含的风险;对于业绩目标,员工和经理或许会抵制长期的、更具策略性的业绩目标;即便业绩水平存在差异,员工或许仍会期待获得同等待遇。

(三) 问题解决的对策及建议

1. 企业薪酬制度要与企业发展战略紧密联系。一个良好的并具有导向性的薪酬制度应当是与企业发展战略相适应,并且支持企业战略的实现,因为薪酬制度能有力地传达这样的信息:在组织中什么东西是最重要的。薪酬制度越是支持公司战略的关键成功因素,员工们就越能够更好地理解和评价公司的战略。薪酬制度与战略之间的统一程度通常决定了战略是否能够有效实施。与组织战略相一致的薪酬制度将和企业战略、核心技术、重组资源一样,成为企业的核心竞争力所在,为企业创造一种持续的竞争优势。

2. 薪酬设计要科学化。第一,薪酬调查对象要明确,用科学的方法收集并统计数据资料,以确保数据的真实可靠,薪酬调查重在解决薪酬的对外竞争力问题。企业需明确调查对象,选择与自己有竞争关系的企业或同行业的类似企业,薪酬调查的数据要有上年度的薪资增长情况、不同薪酬结构比、不同职位和不同级别的职位薪酬数据、奖金和福利状况、长期激励措施以及未来薪酬走势分析等。还应根据本企业的行业性质、产品、规模、人员结构、支付能力、平衡水平、地理位置等因素加以综合考虑,运用科学方法统计分析采集的样本数据,以确保数据的真实可靠。第二,要建立科学的职位评价系统。职位评价重在解决薪酬的对内公平性问题。科学的职位评价需要考虑职位所需的知识技能、工作强度、工作责任和工作环境等方面的因素,通过综合评价这些因素确定工资级别,而不是简单地与职务挂钩。比如,高级研发工程师并不一定比技术研发部经理的等级低。前者注重于技术难度与创新能力,后者注重于管理难度与综合能力,二者各有所长。

3. 实行公开化的薪酬支付。秘密的薪酬支付方式只会导致员工的互相猜测,引起员工的不满情绪。公开化、透明化的薪酬支付才能让员工体会公平。因为薪酬管理强调的是薪酬制度必须公平,而员工对薪酬制度感到公平是有赖于管理人员将正确的薪酬信息传达给员工。管理者将正确的薪酬信息传达给员工,并向员工解释清楚,可以减少员工做出错误的猜测,并且对企业的薪酬有正确的认识,从而直接影响员工的工作态度。至于薪酬资料开放到哪一种程度并没有硬性规定。一般的做法是公开薪级制度和可以晋升的职级、每一个薪级的起薪点、最高的顶薪点以及每个职点的薪酬。各个员工目前的薪酬数字,可以不公开。

4. 建立灵活的奖励和福利保险制度。灵活的奖励制度的优点在于废除了奖金多寡与职位高低联系的旧做法,使奖金的发放与职位高低脱离,给人们更多不需提高职位而增加报酬的机会,让奖金真正起到激励先进的作用,也防止高层领导放松工作、不劳而获的官僚作风;同时根据员工表现的变化随时调整奖金数额,让员工有成就感,更有危机感。在福利保险方面,员工所享有的福利应该和工作业绩密切相连,员工定期的绩效评估结果决定福利的档次差距,其目的在于激励广大员工力争上游,从体制上杜绝福利平均的弊端。在形式上,企业可以提供自助式福利保险体系,由员工自由选择各自所需的福利和保险计划。这样员工就在某种程度上拥有对自己福利和保险形式的发言权,工作满意度和对公司的忠诚度都会得到提升,同时也提高了公司用于福利开支的资金的使用效率。

5. 对企业已有薪酬结构的整合,主要在于管理者和员工传统薪酬理念的转变(最本质的转变是以雇主为中心转变为以雇员为中心,雇员从一个薪水的接受者转变为薪水的顾客)以及对传统薪酬结构的改革,建立一套新的薪酬体制。这种新体制不仅仅指经营盈利分享,工资以技能为基础和雇员的参与,而且是通过薪酬和福利(现金和非现金手段),帮助建立一种公司与雇员之间的伙伴关系,将公司的经济效益与各位员工的工作绩效直接挂钩。至于已有薪酬结构整合的成功与否,关键还在于企业内部存在的一系列薪酬管理问题的解决。问题的解决需要管理者树立新的薪酬理念,考虑薪酬管理的多方影响因素，建构一套有效的绩效薪酬制度。①

第四节 现代薪酬管理的新发展

一、现代薪酬管理思想

现代薪酬管理思想包括：薪酬管理最根本的是对生产率的管理；重视精神激励和员工的内在激励；薪酬管理应与绩效考核挂钩；薪酬结构应随企业、行业的变化及时调整；薪酬管理应与企业文化、企业形象建设相得益彰。

二、现代薪酬管理制度②

（一）宽带薪酬制度

这种薪酬体系将原来报酬各不相同的多个职位进行大致归类，每类的报酬相同，使同一水平工资的人员类别增加，一些下属甚至可以享受与主管一样的工资待遇，薪酬浮动幅度加大，激励作用加强。一些学者认为，这种薪酬模式突破行政职务与薪酬的联系，有利于职业生涯管理的改善，建立一种集体凝聚力，适应组织扁平化造成晋升机会减少的客观现实。当然，由于操作性问题，这种薪酬体系还在继续接受实践的检验。

（二）以技能与业绩为基础的薪酬体系

20世纪90年代以来，西方企业的技能工资体系和收益分享体系发展迅速。正如美国学者莱芭·尼尔斯1998年在一篇论文中指出的那样，面对技术人才的独立性，美国各公司的对策就是制定有竞争力的薪酬计划来同其他公司竞争，吸引更多人才。为了适应新的环境，一些企业开始改变传统以职务或工作价值确定报酬的做法，采用以"投入"（包括知识、技能和能力）为衡量依据的薪酬制度，鼓励员工自觉掌握新的工作技能和知识。这种做法适应了知识经济的本质与特征。同时，为了更好地激励员工，大量的企业也采用了以业绩为基础的收益分享薪酬体系。据调查，美国有70%的大型企业采用了这种制度（Milkovich和Newman，1993），英国的不少企业也正在改善和尝试与业绩挂钩的薪酬制度，为高级主管提供奖金和股票期权（Mickna和Bichy，1995）。这种政策的出发点不仅是为了降低成本，而更多的是为了强化员工的归属感和团队意识。

---

① 姜农娟，邓冬．中国企业薪酬管理问题研究．经济问题探索，2003（2）．
② 何燕珍．企业薪酬管理发展脉络考察．外国经济与管理，2002（11）．

(三) 泛化的薪酬政策

John E Tropman（1990）提出定制性和多样性整体薪酬计划。他提出应该把基本工资、附加工资、福利工资、工作用品补贴、额外津贴、晋升机会、发展机会、心理收入、生活质量和个人因素等统一起来，作为整体薪酬体系来考虑。而且，这种方法必须把"以业绩为主"的薪酬理念作为基础，在投资和奖励之间实现合理平衡，以满足员工对非现金薪酬成分的要求。这种非常规的薪酬模式刚提出时，没有企业敢进行尝试，后来为"美国薪酬协会"所接受，并逐步得到推广。这说明，非货币薪酬的作用越来越受到西方企业的重视。

三、薪酬管理的发展趋势

随着专门知识价值的被确认，智力资本作为独特的生产要素正在取代人力资本并排在产业资本、金融资本之首。这直接促使企业的薪酬管理必须进行根本性的变革。

(一) 薪酬制度个性化，内在薪酬将越来越受重视

员工队伍的多元化决定企业采用灵活的个性化薪酬制度。在薪酬设计方面，弹性设计和多轨制的运用将更加普遍，其中蕴涵的规则将更加复杂，"分化"现象将继续加剧。在薪酬管理中，人性化设计的色彩将会更加浓厚，心理学也会扮演越来越重要的角色。因此越来越多的企业将在内在薪酬上着力。鼓励员工参与管理，给予员工更多的发展机会，使员工接受更多的培训，通过积极交流加深和员工之间的感情等将会被更多的认同和采用。

(二) 薪酬设计弹性化，薪酬分配形式由货币主导型向非货币主导型过渡

在主要基于脑力劳动的知识经济时代，薪酬已不再是纯粹的计算问题，而更主要的是人的心理问题。薪酬的含义无疑将会更加注重人的价值而不光是工作的经济价值。并且，随着传统的工作价值论向市场价值论的逐渐过渡，依靠工作分析计算工作价值的传统方法将向更高层次发展，薪酬将更多地反映知识市场化的要求。与之对应的薪酬管理将形成动态的分析机制以适应市场变化的需求。因而，薪酬制定的依据也将会更多反映市场而非工作本身的价值。另外，以股票期权为主要形式的资本分配在员工未来薪酬中的比重会不断扩大，并成为主导性分配方式。

(三) 薪酬等级宽频化，企业人力资本逐步上升

宽频化的薪酬将多个薪酬等级及同一等级的薪酬幅度进行重组——将多层次、多等级、窄幅度的薪酬结构压缩成层次和等级相对较少，但同一等级薪酬变动幅度相对较大的薪酬结构。它打破了等级森严的官僚层次型组织结构和束缚员工发挥主观能动性和潜能的管理体制，适应了现代企业组织结构扁平化、

团队合作、薪酬分配技能导向和绩效导向的新型管理战略。

在经济全球化、知识经济时代迅猛发展的当今时代，人力资源已经成为组织取得和保持竞争优势的核心因素。人才的激烈竞争必然引发薪酬的剧烈震荡，从而导致人力资源价格的节节攀升。当然，只要正确运用薪酬管理的技能和工具，与之对应的企业的绩效也会相应大幅提高。

关 键 词

薪酬　薪酬管理　挑战　发展

小 结

1. 薪酬就是在存在雇用关系的前提下，员工从雇主那里所获得的各种形式的经济收入及有形的服务和福利。薪酬由基本薪酬、可变薪酬、间接薪酬三大部分构成。

2. 薪酬保证了员工和企业双方的生存和发展，也往往带来社会总体效益的增加。对员工而言，薪酬的作用主要体现在经济保障功能、心理激励功能以及标识功能三个方面。对企业而言，则可以控制经营成本，改善经营绩效，塑造并强化企业文化以及支持企业变革。

3. 薪酬管理是指组织以员工为之所提供的服务为基础，来确定他们的报酬水平、结构及形式的过程。企业的薪酬管理系统往往要兼顾公平、有效、合法等三大原则。企业薪酬管理的实质就是在这三者之间寻找平衡的过程。

4. 薪酬管理的内容涉及薪酬的现状调查、确定薪酬目标、确定影响本企业薪酬管理因素、选择薪酬政策、制定薪酬计划和调整薪酬结构六个方面。薪酬管理过程中的重要决策主要包括薪酬体系、薪酬水平以及薪酬结构三大核心决策和薪酬形式、特殊群体薪酬及薪酬管理政策三大支持性决策。

5. 作为企业人力资源管理重要组成部分的薪酬管理，必须与人力资源管理的其他职能紧密结合才能发挥出更大的效用。为此必须处理好薪酬管理与工作分析、人力资源规划、员工的招录、绩效管理、员工的培训与开发以及与员工关系管理之间的联系。

6. 社会经济背景的变化和企业管理实践的转变给薪酬管理带来了新的挑战，我国企业薪酬管理面临着困境。现代薪酬管理思想和管理制度给薪酬管理的发展趋势指明了方向。

复习思考题

1. 企业的薪酬系统通常由哪三大部分构成？它们各自有什么作用？
2. 薪酬有哪些功能？
3. 在薪酬管理中主要有哪些重要的决策？
4. 当前企业薪酬管理环境出现了怎样的变革？如何应对这些变革？
5. 薪酬管理有哪些新的发展趋势？

第六章 薪酬战略

学习目的
学习本章后，你应当掌握如下内容：
1. 薪酬战略的内涵
2. 薪酬战略的内容
3. 全面了解薪酬战略的重要性
4. 全面薪酬战略及其构建
5. 影响薪酬战略的环境、文化和企业战略因素
6. 薪酬战略的选择与整合

【美菱驱动薪酬战略】 现在，员工的工作动力更大程度上取决于他们所获得的回报，对公司来说，薪酬不再被看作一种不可避免的成本支出，而是被看成一种完成组织目标的强有力的工具。合肥美菱股份有限公司（下称美菱）发现了这一价值。美菱董事长张巨声说，近几年来自各个方面的竞争都在加剧。为了对此做出回应，多数企业都在致力于千方百计的寻找企业的优势与核心价值观，但这些努力并不包括对员工的激励。其实忽略了员工这一生产力要素中最为活跃的部分，员工就会与企业渐渐疏远，并对自己的前途感到没有信心。因此，一种新型的企业文化，应该比以往更看重员工的价值。张巨声说，美菱找到的方法就是实施全面薪酬战略。这项改革的内容是，将工资级别细划为5类12档120级，员工薪酬分解为岗位工资、契约工资、项目收入、绩效工资和激励收入等，然后按工作性质套用。员工的薪酬结构因其工作性质不同而适用的工资制度不同；分配模式也分为公司与各业务单位之间的分配和各核算单位的内部分配两级；同时设计了员工工资的正常升降机制。在与之相配套的几大工资分配方案中，研发人员项目收入分配制度和激励收入制度较为引人注目，前者是为了公正评价和回报技术人员的劳动，激发研发人员实现员工劳动成果共享。参与美菱薪酬制度设计的南京大学国际商学院曹大友博士认为，美菱薪酬战略从四个方面实现了创新。其一，自成体系的复合式工资结构，不同岗位有不同的工资构成，相同岗位也有不同的工资构成；其二，评价法和升

降机制使岗位工资更公正合理；其三，确立了技术项目收入分配原则；其四，内在的激励形式更丰富。实际上，美菱早在实施科技驱动型成本管理时，就一直在摸索一种新型的与之配套的薪酬制度，并且作为有益的尝试。初期，外在的激励是将理论工资摆在一边，然后根据逆推成本的方式确立收入，工序合格率高工资自然高，生产成本降低收入自然高，于是在一线员工嘴里，"要拿钞票，节能降耗"就成了口头禅。美菱今年实施的全面薪酬战略则从内到外整合了岗位设置、收入分配、业绩考评等。既有具体的测算考评体系，又有相当的弹性空间，可以从根本上激发全体员工的积极性，使他们自觉地把职业生涯与企业命运紧紧联系在一起。美菱的薪酬驱动战略解决了公平性和激励性两个问题。作为一个有效的薪酬体系，它不只是给员工发工资，还反映员工们做出的贡献，并且对业绩和贡献作出不同程度的评价，激励那些能力强、有责任心、业绩好的员工。这样的薪酬体系，不但能够帮助企业吸引和留住人才，还能影响员工的责任感和他们为企业付出努力的程度，从而在企业内部形成上下统一的局面。一个关心企业员工的企业经营者，永远不要忘了员工的疑问："在这里，我的利益是什么？"

薪酬有无战略？战略解决什么问题？如果有战略，有哪些战略 如何去制定薪酬战略？这是本章要探讨的问题。

第一节 薪酬战略的内涵和重要性

一、薪酬战略的内涵

（一）为何要提出薪酬战略？

目前，对于想在竞争中保持优势的企业而言，将劳动力置于竞争之外的经营战略已不再可行。在过去 20 年里，世界市场已变得更为开放。全球化浪潮不断升级，竞争也不断加剧，向国外扩展贸易和生产的跨国公司越来越普遍。计算机和信息技术在全球的传播，使生产率的提高越来越依赖于大量的、可靠的、全职的劳动力。新的科技还使提高生产率越来越依赖于公司以灵活的方式分配工作从而控制固定成本的能力。计算机和信息技术在全球的传播还改变了许多企业的贸易关系，以及公司竞争的实质和范围。全球经济还导致了许多跨国产权等产生。比如，所有人为外国人的中国公司在过去的 20 年里大大增加了，随之，受雇于外国雇主的中国工人也持续增加。

面对当前激烈的全球竞争和在任何一个国家内竞争的异质性的情况，将劳动力因素从竞争中剔出的传统战略对很多公司而言已经不再可行。为了将竞争拓展到一定的领域，公司需要一个更灵活、与企业运作于其中的特定市场相适应的薪酬管理方案。

由此可见，在当今这种变革激烈的经营环境中，薪酬管理早已不再只是人力资源管理的一个末端环节或者仅仅充当一种保健因素，它直接关系到了企业的经营战略本身。大家可以发现，几乎任何一本人力资源教科书或咨询报告都在以浓重的笔墨阐述如何用薪酬系统来支持组织战略的问题。越来越多的注意力被放在如何加强薪酬战略与组织战略目标之间的联系上。比如，惠普公司是一家在计算机领域占据优势的高科技企业，它的经营战略和组织文化都在强调员工的创新能力、绩效和对组织的忠诚。以此为基础，为了能持续的吸纳具有创造性和激情的人才，它采用高于竞争对手的薪酬，实行优效加薪和利润分享计划。于是，这一方面吸引了符合组织要求的人才，同时，基于个人绩效的变动工资计划也大大地激励了员工朝着组织战略的目标努力。

另外，从中国企业的发展现状来看，在我国国有企业改革中，薪酬设计与薪酬制度改革一直是被重视的焦点。从 1979 年恢复奖金制度，到后来的承包制和租赁制，再到后来的岗位技能工资制、岗位工资制、谈判工资制，包括前一段时间非常红火的员工持股等，可见薪酬制度的改革一直贯穿在我国国有企业改革的进程之中。但这些改革常常是老的问题没解决，新的问题又产生了，麻烦一大堆，员工的满意度也总上不去。其中一个重要原因，就是我们的薪酬制度改革与设计大多数都不是从企业的总体战略和人力资源管理战略出发的，而是就薪酬论薪酬，把合理、公平的分配薪酬本身而不是如何使之有利于企业战略和人力资源战略的实现当成了一种目的，缺乏战略眼光，从而使它们花费了不少心思进行薪酬管理，但最终的效果却不尽如人意。

于是，一种观念上的革新更迫在眉睫。这就需要薪酬战略这一理念的引入。

(二) 薪酬战略的含义

战略是人们选择用来和外部环境进行互动的方法。薪酬战略是组织根据外部环境存在的机会与威胁及自身的条件所做作出的具有总体性、长期性、关键性的薪酬决策。战略性薪酬决策是指在事后期望与强制的约束下，集中确保薪酬计划的设计、实施和调控直接与组织的绩效目标相关的决策。凡是具有战略性的薪酬决策都属于薪酬战略，但不能简单地认为薪酬战略等于薪酬决策。其一，薪酬战略不仅指薪酬决策，也包含薪酬管理。其二，并非所有的薪酬决策都是薪酬战略，薪酬技术与业务管理方面的决策不属于薪酬战略，只有对组织绩效与发展具有重大影响的战略性薪酬决策才属于薪酬战略。

（三）薪酬战略的特征

1. 薪酬战略是与组织总体发展战略相匹配的薪酬决策。薪酬战略作为组织总体战略系统的一个子战略，它必须与组织总体发展战略有着相一致的方向和目标，是组织发展模式与趋势的体现，贯穿并凝聚组织文化和经营理念，反映和体现组织发展不同阶段的特征。薪酬战略应依据组织总体发展战略来制定，根据组织总体战略来确定薪酬的水平与结构、薪酬的文化理念、薪酬的管理与政策。这样，薪酬战略与组织总体发展战略才能形成一种整体协调、相互促进的互动关系。比如，若企业奉行关注客户的经营战略，则其应相应选择以顾客满意为基础的激励工资制度，以与顾客的交往为依据评价工作和技能，并以此建立相应的绩效工资体系。

2. 薪酬战略是一种具有总体性、长期性的薪酬决策与薪酬管理。总体性指薪酬战略是对整个组织的薪酬从总体上构建一个系统性的决策管理模式，而不是仅对某个部门、某些人员的薪酬决策与管理。长期性是指这种薪酬决策与管理模式的构建不能仅考虑组织目前的状态，还要考虑组织长远发展的趋势，适应组织长期发展的需要。所以，一个组织的薪酬战略要特别重视两个原则：一是系统性原则，把一个组织的薪酬基础、薪酬结构、薪酬水平、薪酬管理及组织内各部门、各种人员的薪酬关系，作为一个系统综合考虑。二是动态发展原则，一个组织的薪酬战略不是静态的，而是一个不断改革、不断完善的过程。

3. 薪酬战略对组织绩效与组织变革具有关键性作用。并非任何薪酬决策都属于薪酬战略，只有那些对组织绩效与组织变革具有重大影响的薪酬决策才属于薪酬战略的内容。如薪酬技术层次的具体计量和薪酬执行层次的日常管理对组织绩效与组织变革虽有影响，但并非重大影响，所以并不属于薪酬战略的内容范围。而诸如薪酬的基础是年资、技能还是绩效，薪酬的设计是倾向内部公平性还是外部竞争性，薪酬管理是集权式还是分权式，对高层管理人员是否实行年薪制、延期支付或股票期权等，这些决策对组织绩效与组织变革具有重大影响，起关键性作用，属于薪酬战略的主要内容。薪酬战略对组织绩效与组织发展的关键作用主要体现为：强化对员工的激励，激发员工的积极性与创造力，增强组织的外部竞争力，强化组织的团队精神与凝聚力，提高薪酬成本的有效性。

（四）薪酬战略的内容

薪酬战略的内容包括两个方面：薪酬战略要素和薪酬政策。最核心的薪酬战略要素有五个方面：薪酬基础、薪酬水平、薪酬结构、薪酬文化及薪酬管理。薪酬政策是组织在进行薪酬决策时所要遵循的基本规则和原则。它具有多样性，对于同一薪酬要素，由于组织特点不一，管理模式不同，领导者风格各异，薪酬政策的选择会有共性，但也会有较大的差异。

在薪酬战略各要素和薪酬政策的相互匹配上，可以从下列角度来思考：

1. 薪酬基础及政策。薪酬基础指确定薪酬的依据与条件，即员工的薪酬由什么来确定。在此，主要须考虑两方面问题：其一，薪酬的确定主要依据哪些要素，是员工的年资还是技能，是员工的职务（岗位）还是绩效？与其相应的薪酬政策，是选择年资薪酬模式还是技能薪酬模式，是职务（岗位）薪酬模式还是绩效薪酬模式？其二，年资、技能、职务（岗位）、绩效等各种要素在整个薪酬构成中的地位与作用程度如何？（它决定着薪酬构成中各要素的报酬率）

2. 薪酬水平及政策。薪酬水平指组织对自身总体薪酬量的定位。这里，主要考虑三个要素：其一，市场薪酬水平与竞争对手的薪酬水平如何？相应的有三种类型的薪酬政策与之匹配：领先型（即高于市场与竞争对手的薪酬水平）、跟随型（与市场和竞争对手的薪酬水平大致相当）和滞后型（低于市场和竞争对手的薪酬水平）。其二，组织自身的绩效与财务状况怎样？其三，组织自身处在一个怎样的发展阶段？不同发展阶段，薪酬水平定位不同。

3. 薪酬结构及政策。薪酬结构主要指薪酬的具体形式及构成。研究薪酬结构及政策最重要的是分析各种薪酬的特征与功能作用，选择能充分体现各类员工的贡献并有利于激励员工和组织发展的薪酬形式。不同的薪酬结构带给员工的感受不同，这可以从各种薪酬具体形式的作用来体现：（1）基本薪酬与可变薪酬。基本薪酬能保障员工的基本需要，但过高会削弱薪酬的激励功能。可变薪酬具有较强的激励作用，但过高一般伴随着基本薪酬的过低，会使员工缺乏安全感及保障。（2）经济性薪酬与非经济性薪酬。前者属于外在性薪酬，主要用来满足员工的物质生活与安全方面的需要；后者属于内在性薪酬，主要用来满足员工心理与精神方面的需要。（3）短期薪酬与长期薪酬。前者主要满足员工的现实需要，而后者的主要功能是长期激励。（4）工资与福利。工资的作用主要在于体现员工的劳动贡献与绩效，而福利更有利于组织的团队精神与凝聚力。但是，过高的福利因其平均主义色彩而可能不利于组织效率的提高。

4. 薪酬文化及政策。薪酬文化指组织的薪酬战略所贯穿的思想理念。薪酬文化与组织文化相辅相成。前者受后者的指导，又促进后者的发展；而前者也是后者在薪酬战略中的一种体现，有它具体的内容与表现形式。薪酬文化及政策所讨论的问题主要包括：把薪酬看成是"人力成本"还是"人力资本"？薪酬模式的设计是以人为基础还是以岗位为基础？薪酬理念是"物质报酬"

还是"全面报酬"？薪酬的目标倾向是成本控制还是重在激励？薪酬决策是侧重公平还是效率，强调外部竞争性还是内部公平性？

5. 薪酬管理及政策。薪酬管理可分为战略性薪酬管理与技术性的业务管理，战略性薪酬管理研究的是整个组织薪酬管理的总体模式、核心制度与主体方式。薪酬管理及政策要讨论三个方面内容：其一，薪酬信息的公开透明程度，是实行保密薪酬制度还是公开薪酬制度？其二，薪酬管理权限的划分，即薪酬的管理是集权式还是分权式？其三，员工参与薪酬决策的状况，即薪酬的决策模式是集权型还是民主型？

二、薪酬战略的重要性

要理解薪酬战略在组织战略中的重要性，先需要回顾组织战略的某些基本方面。

与组织相关的战略有四个层面：社会的、公司的、运营的和职能的。其中，社会层面的战略是由政府决定的，它主要是为了达成一个社会的社会、经济和政治目标，其基本的战略问题是选择最佳的方法以解决威胁社会的特定问题。所以，在组织战略过程中，企业需要做出的一般就是后三个层面的决策。

首先，组织要确定其应该进入何种行业，在多少种行业中展开经营，以及如何确定这些业务的相对重要性，这就是公司层面的战略决策。例如，通用电气公司选择在多个产品市场中经营，包括塑料、照明、电器用品、医药系统、金融服务以及娱乐业。

其次，在组织做出了进入何种产品市场的决定之后，它还要决定如何在一个特定的行业或特定的产品细分市场里进行竞争，这就是经营战略决策。在这个层面，主要有两项战略事务：一是确定组织特有的竞争力，二是评估企业在市场上现实的和潜在的表现。其中，特有的竞争力和人力资源尤其相关，因为现在越来越多的企业认识到，员工的知识、技能、能力是企业赢得竞争优势的工具。

最后，尽管战略形成主要与公司战略和经营战略有关，但一项好的战略计划要想达到其预期的效果，带来增值，还要依赖于它的成功实施或执行。包括那些与薪酬和其他人力资源问题相关的职能性战略就因此成为组织竞争的关键所在。

薪酬战略的重要性凸显在组织战略过程的第三个方面：薪酬战略（及其他人力资源战略）在组织战略实施过程和组织目标达成的过程中所发挥的作用。虽然战略往往被看作是一个宏观领域的概念，但战略的实际执行取决于个人在微观层面上做出的大量决策，以及他们执行这些决策的能力。成功的战略执行取决于组织从高管人员到一线人员的所有层面上的选择和行动。要配合战略的实施，使其成功，薪酬战略必须诱导出每一组织层次上的支持，并通过奖励效应和分选效应确保"合适的"人员参加并留在组织中。同样，在战略形成过程，对高管人员的奖励设计也必须是正确的，以保证他们进而设计出对其他员工适用的奖励制度。

第二节　构建全面薪酬战略

一、全面薪酬战略

（一）传统薪酬战略的局限

首先，传统薪酬战略不能适应当今组织变革的需要。从组织发展趋势来说，基本薪酬加上绩效加薪的战略对于传统的强调稳定性和一致性的职能组织来说是非常适用的，而现在越来越多的组织强调流程和速度，依赖的是要求团队成员共同分享工作角色的跨职能团队，对于这种组织来说，这种将基本薪酬与特定的、单个的职位紧紧的联系在一起的做法就不适用。从组织结构来说，近十几年来，企业的组织结构开始从原来的金字塔型职能结构向扁平型结构转移。在扁平型组织中，员工向上垂直流动或晋升的机会是非常有限的，个人和组织的成功也主要取决于绩效和员工的"横向成长"——新的技能和能力的获得，而传统的薪酬战略的基本薪酬部分所强调的却是保障性和职位的持续晋升，这也显然不适用于新型的扁平型组织。

其次，传统薪酬战略激励员工的目标单一，它往往将目标界定在"吸引、激励和保留"员工方面，所采取的"战略"通常是支付市场化工资这种竞争性目标。不同的企业在目标以及结构方面存在很大的差异，因此仅仅要求薪酬能够"吸引、激励和保留"员工是无法保证其成为企业经营战略、财务战略及人力资源管理战略的一种直接延伸。结果是薪酬系统"自己过自己的日子"，无法在组织中保持目标的一致性，或者使其成为简单拷贝竞争对手的一种结果。

最后，传统薪酬战略激励员工在手段上是匮乏的，效果是不明显的，无法真正调动起员工的创新主动性和工作积极性。传统薪酬是把员工薪酬分为工资、奖金和福利三部分。工资收入是员工为企业工作所获得的大部分报酬，一般按照工资等级进行评定和发放，加薪按照等级和职务逐级进行，虽然作为员工的主要收入来源，但却没有什么激励效果。奖金是作为对员工超出预期绩效的奖励，但由于绩效管理往往难以落实，使奖金变成了一种激励作用不大的

"大锅饭",员工将其视为自己应得的一种权利,而不是对自己工作表现好的奖励。福利是企业对员工工资奖金外的一种额外补助,虽然企业花钱不少,但没有充分考虑福利如何为人力资源管理目标及公司战略目标服务,因此效果并不明显。为改进激励效果,传统薪酬战略往往会采取支付市场化薪酬的方法来吸引、留住员工,却很难奏效,因为别的企业可以支付更高的薪酬来挽留、引进人才,其结果是人力成本不断增加而激励效果却不甚理想。

(二) 全面薪酬战略

1. 含义

由于经营环境的不断变化和企业战略随之而进行的改变,传统的薪酬战略越来越不能适应企业和员工的需要,于是产生了一种新的战略观念——全面薪酬战略。"全面薪酬战略",是根据组织的经营战略和组织文化制定的全方位薪酬战略,着眼于可能影响企业绩效的薪酬的方方面面,最大限度地发挥薪酬对于组织战略的支持功效。它突破了原有的科层体系和官僚结构,以客户满意度为中心,鼓励创新精神和持续的绩效改进,并对娴熟的专业技能提供奖励,试图在员工和企业之间营造一种双赢的工作环境。

如表6-1所示,全面薪酬将公司支付给员工的薪酬分为"外在"的和"内在"的两大类。"外在的薪酬"主要指为员工提供的可量化的货币性价值。"内在的薪酬"则是指那些给员工提供的不能以量化的货币形式表现的各种奖励价值。外在薪酬与内在薪酬具有各自不同的激励功能。它们相互联系,互为补充,构成完整的薪酬体系。关注绩效而不是等级秩序是全面薪酬战略的一个重要特征,它让绩效优异的人得到经济回报,对于绩效不足者,则劝其离开组织。全面薪酬战略极富弹性,要求企业根据不同要求设计不同的薪酬应对方案,以满足组织对灵活性的要求,帮助组织适应不断变化的环境。由此可见,全面薪酬战略突破了传统薪酬战略的种种局限,客观地分析员工的需求,并科学地设计了包括外在薪酬和内在薪酬的各种激励要素,能够最大限度地激发员工潜能。

2. 全面薪酬战略的主要特征

第一,战略视角。全面薪酬管理的关键就在于根据公司和经营两个层面的战略制定全方位薪酬战略,它着眼于可能影响企业绩效的薪酬的方方面面,它运用各种手段——基本薪酬、可变薪酬、间接薪酬——来达到适当的绩效目标,尽最大努力来实现对组织战略的支持。因此,全面薪酬战略集中体现了组织经营战略、财务战略以及组织文化,与它们密不可分。无论是直接还是间接薪酬计划,都要随着企业的特定经营状况和所面临的人力资源挑战(质量、劳动力成本)来进行及时调整。

表 6-1　　　　　　　　　　外在薪酬与内在薪酬的比较

外 在 薪 酬	内 在 薪 酬
基本工资、奖金等短期激励薪酬，股票期权、认股权、购买公司股票、股份奖励等长期激励薪酬； 退休金、医疗保险等货币性福利； 公司支付的其他各种货币性开支，如住房津贴、俱乐部会员卡、公司配车等； 贷款担保	对工作的满意度，负有责任的感觉； 为完成工作而提供的各种便利工具（如现代办公设施）； 培训的机会，提高个人名望的机会（如为著名的大公司工作）； 吸引人的公司文化，良好的人际关系，相互配合的工作环境以及公司对个人的表彰、谢意等

第二，富有弹性。全面薪酬战略下的薪酬系统是富有弹性的。因为尽管有效的全面薪酬战略专注于组织希望达到的目标上，但它必须保持一定的弹性，从而在组织面临新情况，遇到未预见的困难，不得不进行变革或转移战略重点时，能迅速地做出反应。同时，因为复杂和严格的战略可能带来困惑和行动的消极，而相反的更容易鼓励行动，所以，组织的全面薪酬战略应当是简单的、直接的和富有弹性的。研究表明，并不存在适用于各行各业、各种组织的所谓最佳薪酬战略。随着经营环境的变化，企业的种类越来越多样化，且企业都要经历一个由小到大的发展过程，每个阶段都有不同的特点。因此，全面薪酬战略要求企业能够根据不同的要求设计出不同的薪酬方案，以充分满足组织对灵活性的要求。

第三，有效激励。全面薪酬管理旨在通过薪酬传播组织的价值观、绩效期望以及绩效标准，通过奖励效应和分选效应来使员工的行为和结果与组织的目标保持一致。前面也提到，关注绩效而不是等级秩序是全面薪酬战略的一个至关重要的特征。我们可以引用杰伊·舒斯特和帕德里夏·津海曼的一段话："传统薪酬战略虽然也自称奖励业绩，但实际上是以职务、职位和内部均衡为标准的。新的薪酬方法与之形成鲜明对比，它突出员工与公司业绩直接的联系，员工所获得奖励的多少是与他们自己的努力奋斗和公司业绩的节节上升相关的。纵观整体薪酬前景，新的薪酬体制将确保每个元素——基本薪酬、可变薪酬和福利都起作用。"[1]

---

[1] 约翰·特鲁普曼．薪酬方案．刘吉，张国华，译．上海：上海交通大学出版社，2002：26.

第四,有效沟通。越来越多的企业已经认识到员工日益成为它们是否能够保持竞争力的一个主要原因,企业管理也日益注重为员工提高绩效和生产率以及进行创新提供便利的服务,而不是简单的控制。在这种情况下,企业与员工之间能否进行有效的沟通,能否建立起一种积极、双赢的关系,就成为组织成功的关键。在此,薪酬是组织与员工之间的一个关键沟通要素,作为一种理想的全面薪酬战略,就必须能够将组织的价值观、使命、战略、规划和组织的未来前景传递给员工,从而实现企业和员工之间价值观共享和目标认同。此外,企业要重视制定和实施全面薪酬管理战略的过程本身,将其看成是一种沟通的过程。在此过程中如果能有员工的参与,可以加深他们对组织在薪酬领域采取某些特定行动的理解。

第五,富于创新。虽然全面薪酬管理也沿袭了传统薪酬制度中譬如收益分享等一些传统的管理举措,但却在使用方式上进行了创新,使其因时因地得到改进,更好的支持企业的战略和各项管理措施。它尤其强调各种薪酬技术和管理手段的互补性和匹配性。比如它可以将收益分享和弹性福利计划与技能工资以及利润分享等薪酬方案结合起来,反映组织的经营战略,传播组织的目标。全面薪酬战略非常强调薪酬制度的设计必须取决于组织的战略和目标,充分发挥良好的导向作用,而不能是机械地照搬原有的一些做法,或者是其他企业的薪酬计划的简单复制。

二、全面薪酬战略的构建

(一) 战略性薪酬决策

要分析全面薪酬战略的建立,让我们首先从一般的战略性薪酬决策的形成出发。企业要充分发挥薪酬战略作为其赢得竞争优势的有效工具的作用,薪酬战略的有效设计十分重要。图 6-1 描述了获得竞争优势的薪酬战略的设计过程。前面提到过,企业战略选择分为三个层面。在公司层面,根本性的战略选择是:我们的事业应该是什么;在运营层面,战略选择将转变为:我们怎样获得和支持竞争优势,我们怎样在哪些事业中取得胜利;在职能层面,战略选择是:薪酬应该怎样帮助获得和支持竞争优势。作为一项职能性战略,薪酬战略必须匹配前两项战略,支持其实现。

当运用图 6-1 的薪酬模型分析决策者面临的战略性薪酬决策问题时,主要从薪酬目标和四种基本薪酬决策来进行分析思考:(1) 薪酬管理的目标。薪酬战略应该怎样支持企业战略?当整体环境中的文化约束和法规约束变化时,又该如何随之调整?(2) 内部一致性。如何将同一企业内部的工作性质及技能水平之间的差别在薪酬上得到体现?(3) 外部竞争力。面对竞争对手,

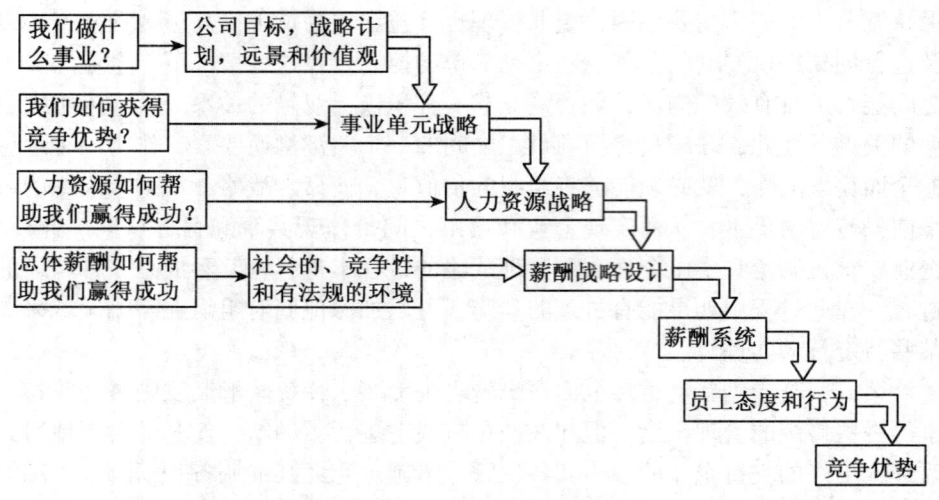

图 6-1

应该制定怎样的薪酬战略来与之相抗衡？（4）员工的奉献。即依据什么作为基本薪酬调整的依据？是个人或团队的绩效？还是员工经验的不断丰富？不断增长的知识？还是不断提高的技能？或是上涨的生活费？个人需求比如住房补贴、交通补贴、医疗保险等的增加？又或者是经营单位的绩效？（5）如何进行薪酬管理。薪酬决策的公开和透明化程度如何？谁负责设计和管理薪酬制度？是否有员工的参与？参与度如何？

（二）建立全面薪酬战略的步骤

一般地说，设计和制定企业薪酬战略的步骤，我们可概括为如图6-2所示。

1. 评价组织所面临的内外部环境及其对薪酬的影响。在这一步骤里要求企业充分了解其所在的行业情况，以及企业计划怎样在此行业中竞争，这也就是企业的战略和经营目标。因为企业的薪酬战略是以企业的总体战略为导向的，公司对待员工的价值观也反映在公司的薪酬战略中。它们都会受到诸多因素的影响。其一，社会、经济和政治环境。其二，全球竞争压力。在开发一个薪酬战略时，评价国际竞争压力正变得日益重要，在国际竞争对手中，现行的各自薪酬体系的差异也影响其竞争对手的薪酬战略。其三，员工的薪酬需求。因为员工的薪酬需要是多种多样的，通常年纪较大的员工对现金的需求较弱，较注重劳保和福利条件，而年纪轻的员工有较强的现金需要，他们要买房子或要支持家庭，较看重高工资收入。应考虑员工不同的薪酬需求，制定灵活的薪酬战略。

2. 制定薪酬战略，使之同企业经营战略和环境相匹配。其核心是通过对企业所处的内外环境和经营战略的分析，设计出支持企业经营战略、提升企业竞争优势的薪酬战略。内容包括薪酬体系、薪酬水平、薪酬结构、薪酬管理过程等诸多方面。

3. 实施薪酬战略。薪酬战略只是企业在做薪酬设计时所坚持的一种基本原则，而需要通过设计薪酬体系来实施薪酬战略，薪酬体系是将薪酬战略转变成薪酬管理实践的具体手段。这一步骤实现了从理论层面到操作层面的跳跃。

4. 评估薪酬系统的匹配性。对薪酬战略和经营战略匹配进行再评价。企业所处的环境是不断变化的，经营战略也相应在不断变化，因而薪酬战略就必须随之而变。为确保这点，定期对薪酬战略和经营战略匹配进行再评价就成为必要。

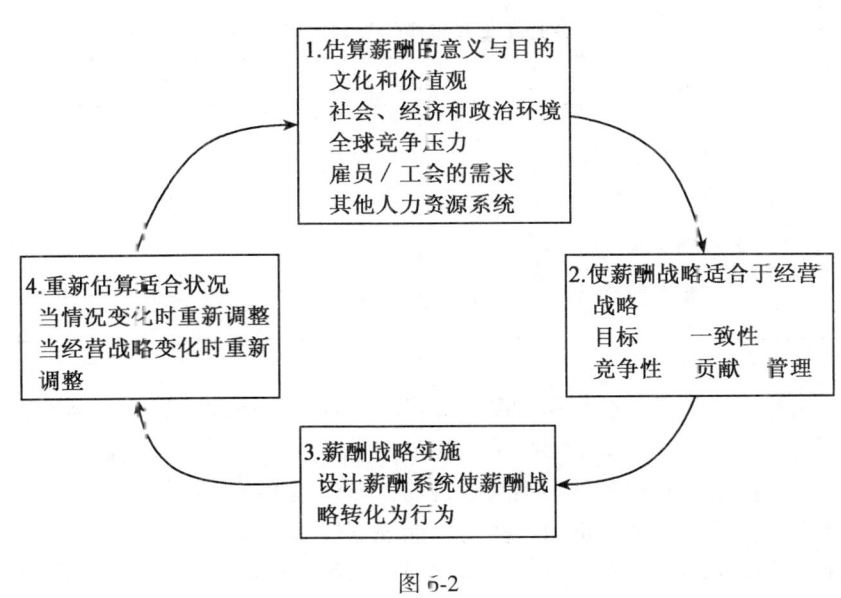

图 6-2

第三节　影响薪酬战略的因素

一、环境分析

薪酬决策的权变方法认识到，薪酬决策是实现经营目标的关键。同时它提醒决策者，组织是在异质环境中发挥其功能的，理解组织运行于其中的环境、环境的级别和环境因素的稳定性和不稳定性，是使组织的业绩目标与薪酬决策相匹配的基础。

（一）环境理论综述

1. 组织环境的类型

F·E. 艾默里和 E·L. 特里斯特总结了组织运行于其中的环境的异质性特征，将组织规划过程与组织环境联系了起来。它们之间的关系如表 6-2 所示。

平稳的随机环境。这种环境最简单，因为与组织有关的环境因素相对保持不变，当发生变化时，其变化也是企业所不能控制的。这类组织相当于处于一个完全竞争或规则化的环境中，由于环境变化是随机的，所以组织无法预见变化，也就不能未雨绸缪，替将来打算，甚至在发生变化时，只能被迫作出反应。这样，组织要保持良好运作的主要办法是企业内部的高效率。

表 6-2　　　　　　　　　　环境类型与相应的规划过程

环 境 类 型	相应的规划过程
平稳的随机环境	无
平稳的集簇环境	长期的
骚动的反应环境	战略性的
动荡的环境	适应性的

平稳的集簇环境。这是相对简单而稳定的环境。但此时组织面临不完全竞争，少数竞争者的行为不是影响公司决策的重要因素。环境特点是环境因素相对稳定，变化少；变化的分布不是随机的，而是丛聚在一起的，从而人们可以观察分析其积极和消极的走向。执行长期规划适用于这种环境。

骚动的反应环境。它的特点是一些同类组织聚集在一起，各自都希望能与竞争者在同一方向上长期发展。组织在有限增长的市场范围内竞争是这种环境的特征。面对这种竞争，企业要实施比在简单环境中更加复杂精妙的规划过程——战略规划，它要求确定不同环境因素的各种可能的变化，据此作出权变规划，以应对可能发生的变化的整个过程。

动荡的环境。这是非常有活力的环境。相关的环境因素出现连续的变化，并且各部门的变化会相互影响。关键在于，诸多变化事前无法预料，甚至变化发生后的短期内都无法预料。这种变化可谓是"意外"。对于"意外"组织无法长期安排或规划，只能迅速地适应它。所以，在此实行与其变化相适应的短期战略是可行的。

2. 环境的不同层面与稳定性

组织理论和战略管理文献把环境分为两类：一般环境和任务环境。一般环境包括间接影响组织的经济、政治和人口统计因素。任务环境是指通过影响组织的运行和目标达成而直接影响组织的那些环境因素。组织在制定各个层面的战略时要综合考虑这两个环境。但相对而言，在设计薪酬战略时，任务环境是关键的环境，因为它直接影响到企业目标的实现，并进而影响到企业的绩效。比如说，较高的失业率是组织的一般环境，这暗示着企业也许可以以较低的工资雇用到高素质的员工。任务环境可能要求员工拥有某种稀缺的技术，这样，失业率对薪酬战略的制定影响就很小。同时，组织雇用和支付工资的目的在于让工人去做某项工作以实现组织的业绩目标，薪酬战略的重点也就在于如何更好的激励他们去达到这一点，而不是其他。所以，与业绩相关的人力资源活动包括薪酬战略决策受其任务环境因素变动的影响远远大于受一般环境因素变动的影响。

有关学者将任务环境沿着两个维度分为两类：（1）组织必须应付的环境因素的同质性和异质性；（2）环境因素的相对可变性。第一个维度反映了组织总体环境的相对复杂性。第二个维度反映了在与任务环境诸因素发生互动时，决策者在制定方案时所面临的种种不确定性或不可预测性。在公司层面，这两者体现为组织决策者能掌握的环境信息的多少，因此，它们会影响组织领导层对环境不确定性的认知。领导层有责任使组织—环境合作，环境因素的不确定性及其重要性就成为企业行政规划、决策制定和战略形成的主要决定条件。组织的薪酬战略也应当随着已经意识到的组织的任务环境的不确定性做出调整。换句话说，适应已知的组织任务环境的不确定性的薪酬战略决策对公司业绩应当有更加积极的贡献。

由上可见，对组织面临的各种环境的分析对薪酬战略的制定和实施都有很大的影响。下面，我们将一般环境和任务环境综合在组织的内部和外部环境中分别分析。

（二）外部环境分析

公司高层、人力资源部门经理和薪酬专业人员在作薪酬战略分析的时候对于外部环境主要检查这5个方面：行业状况、行业远景、竞争、国外需求和劳动力市场。

1. 行业状况。行业状况描述组织所在行业的基本特征，比如销售量和技术进步对商务活动的影响。这些基本行业特征决定了组织需要哪种人才，有什么样的绩效目标。据此，薪酬专业人员利用行业状况信息来决定他们应向高层推进哪种薪酬管理办法。例如,如果组织的销售停滞,公司为了奖励增加销售的员工,可能就会选择激励工资。如果组织要求员工必须学习使用新技术,使用知识工资计划就可能使这一目标实现。

  2. 行业远景。远景代表了公司的未来,是战略计划的背景。公司应分析行业的未来发展会面临何种机遇和挑战,从而使其各种战略适应其行业的远景。比如,在美国,由于政府放宽限制,且许多国外市场也开始对外开放,因为美国的电讯公司有着善于利用新科技降低成本和提高电讯服务质量的良好声誉,其行业的远景一片光明。据此,电讯公司可能放长眼光,采用一种类似于匹配成长战略的薪酬战略。

  3. 竞争。公司在进行市场定位时,往往要调查其竞争对手的商业活动。公司可以以不同的方式把自己和竞争对手区别开来——使用差异化的产品,或最低的成本目标。为了赢得或保持企业的这种竞争优势,决策者就要从支持这些竞争方式的角度出发来设计相应的薪酬战略。

  4. 国外需求。大多数公司都对自己产品或服务的国外需求很感兴趣,因为国外需求意味着潜在的额外销售收入。在设计薪酬政策时,决策者也要考虑国外需求因素。通常认为,高涨的国外需求可以保证较高的基本工资和奖金。但在短期内,国外需求的改变不大可能影响到薪酬战略的决策。

  5. 劳动力市场。对劳动力市场的评估是薪酬战略分析的关键因素。公司在制定薪酬战略之前要全面考察劳动力市场。通过仔细分析评估劳动力市场,公司可以决定是否能够找到合格的员工。比如,劳动力数量在未来的增长,新增劳动力的数量,年纪较大的工人人数等。这些劳动力的发展趋势对薪酬战略的制定来说具有直接的意义。企业与企业之间为了争夺日渐减少的合格雇员的竞争将越演越烈。劳动力市场供不应求的趋势越来越明显,这意味着公司不得不增加工资来吸引最优秀的员工到自己的公司而不是竞争对手的公司。年纪较大的雇员人数的增加将使工资水平上升。同时,公司要进行具体职位考察,记录内部职位组合及这些职位对于保持竞争优势的重要性(通常对于公司来说更具有战略价值的工作的薪酬也更高),并结合每项职位的工作展望和典型收入水平分析,从而确立自己的薪酬政策。

  (三) 内部环境分析

  组织的内部环境主要是指组织的内部能力。与薪酬战略密切相关的,需要决策者从这三个方面进行考察:职能能力,人力资源能力,财务状况。

  1. 职能能力。组织必须决定对于保持竞争优势来说哪种职能能力是最主要的。职能能力包括如下几点:制造,工程,人力资源和市场。一家电讯公司的竞争优势在很大程度上取决于开发和实施当前工艺水平的无线电讯网络,所以研究和开发就成为其关键职能。但相对于百事可乐这样的公司而言，依靠市场创意来保持竞争力十分关键。比如其推出的低热量软饮料，试图通过适应低热量软饮料消费者的需要来增加市场和销售份额。据此，也要求薪酬战略的制定者根据组织的职能能力要求来进行决策。

2. 人力资源能力。先进工艺水平的研究设备、制造系统或高效的市场销售体系如果离开知识丰富和生产效率高的雇员，就不能对公司提供竞争优势。作为人力资源战略一部分的薪酬战略在此就能发挥很关键的作用。比如，绩效工资和知识工资计划可以鼓励知识丰富和生产效率高的雇员，业绩工资可以通过永久增加基础工资巩固雇员以前的优秀的工作业绩，激励工作方案可以用来奖励达到事先设立的业绩标准的雇员。这样，就支持了企业的竞争。

3. 财务状况。良好的财务状况使公司能够达到经营要求和资本要求。财务状况意味着公司的竞争力。它是公司高层管理官员和人力资源专业人员需要考虑的关键问题。其中，经营要求涉及所有人力资源方案。不好的财务状况可能导致雇员的工资增长停滞，进一步可能使高素质的员工跳槽，而且向潜在雇员提供的工作也可能会失去竞争力。资金要求包括自动生产技术、办公室和工厂设备，采取差异化战略的公司要求有当前工艺水平的工具和设备来进行最先进的研究；而采取低成本战略的公司需要高效率的设备来尽量降低其单位成本，相应也产生了对人力资源的不同要求。

上述三方面的组织能力分析都不是孤立的。由于资源的有限性，在进行薪酬战略决策时必须将职能能力、人力资源能力和财务状况加以综合考虑，以达到一种平衡。

二、文化分析

(一) 国家文化

跨国企业在近 20 年里得到了突飞猛进的发展。全球化经营和世界经济的风云变幻给跨国组织带来了越来越多的挑战。许多跨国组织必须适应欧盟和欧元发展带来的持续变化，适应全球行业私有化的趋势，适应突破了许多传统边界的科技革命（如电信和互联网），适应吸引、挽留管理人才和技术人才的未来困境。其中，国家文化现在已经成为战略薪酬的一个越来越重要的考虑因素。

国家文化指在一国国界内本国人所共有的行为规范和思想信仰。它可以作为优秀员工工作的动力，影响着各种形式的薪酬战略的效力。随着组织在全球范围内谋求发展，这一麻烦的问题变得尤为关键。一般而言，跨国公司的外国办事处或工厂倾向于雇用当地的雇员，而这些雇员可能并不了解公司母国的文化。比如，在美国公司进入中国之初，国人并不习惯其公司推行的业绩工资制，因为长期以来，我们使用的是以需要为基础的工资方案。

理解不同国家文化的行为期望，从而制定相应的薪酬政策可以增加竞争优势。这就要求决策者熟悉各个国家文化的区别以及理解这些区别将如何影响各种工资方案的效力。我们可以根据基尔特·霍夫斯泰德对国家文化的分类来讨论它们是如何影响薪酬战略和战术的。

1. 权力距离。权力距离是人们对一个公司的等级制度或权力结构的接受程度。在权力距离大的文化中，雇员和雇主之间地位的差异非常明显。崇尚权力距离的文化有可能采用加强雇员之间权利距离的薪酬战略，可能会使用一些赋予某种权力的无形奖励。在权力距离小的文化中，薪酬战略更倾向于使用平等的薪酬战术和参与性的工资方案。

2. 个人主义和集体主义。个人主义和集体主义是人们对个人独立或集体参与的重视程度。个人主义的文化重视个人目标、个人独立和个人隐私。集体主义的文化重视社会凝聚力和对集体人群如同事和家庭的忠诚。以团队业绩为基础奖励员工，重视个人资历的同时确认雇员集体参与的重要性，这种薪酬战略适合以集体主义为主导价值观的社会。对个人主义倾向的文化采用奖励个人业绩和个人获得的知识技能的薪酬战略更为合适。

3. 不确定性规避。不确定性规避考察的是社会对待风险及成员流动性的态度。高不确定性规避的表现有害怕偶然发生的事件、重视稳定和常规及厌恶风险。在这种文化中，可以使用官僚主义的工资政策，强调固定工资比浮动工资重要，且部门主管对工资的决定作用很小。相反，低不确定性规避的特征是喜欢偶发事件、重视竞争和追求风险。在此情况下，雇主可能更多的使用奖金，并赋予主管大量的决定工资分配的权力。

4. 男性倾向和女性倾向。这两种倾向是指在社会中占主导地位的是男性还是女性的价值观。男性和女性的不同在于前者更重视物质财富，而后者鼓励关心和爱护的行为。在男性文化中，性别不平等的工资政策和对妇女的家长式的福利政策更可能成为薪酬战略的一种选择。女性文化的薪酬战略可能在工作评价的时候就不考虑性别的组成，并且福利的发放也不以性别为基础。

各国的文化都不尽相同，各有千秋。薪酬战略作为一种权变的观点也不得不根据不同国家的文化做出相应的变化。霍夫斯泰德的国家文化模型提供了一个有用的框架。但这只是大体的，国家文化之间的差异远远不止这些。于是，这还需要将薪酬战略在具体实践中加以检验和改进。

（二）组织文化

1. 组织文化的概念及分类

组织文化是指一个组织在长期的生存发展中形成的，为组织多数成员共同遵循的基本信念、价值标准和行为规范。组织文化是处于一定社会经济文化背景下的组织在长期发展的过程中，逐步生成和发展起来的日趋稳定的独特的价值观，以及以此为核心而形成的行为规范、道德准则、群体意识、风俗习惯等。组织中不同背景和地位的人在描述组织文化时基本上用的是某种特定的语言和方式，比如仪式、规章制度、习惯等。一般来说，一个组织的组织文化主要体现在整体意识、协作意识、沟通模式、纷争容忍度、对风险的态度、管理者与员工的关系、目标导向性等方面。

企业的薪酬管理必须与企业的战略、组织文化相吻合，这已是当今薪酬管理发展的趋势。就后两者的关系来看，组织文化和企业战略密不可分。和薪酬战略一样，组织文化要服从企业的战略，特定的组织、特定的企业战略必须要有特定的组织文化作为支持。有效的组织文化要能使员工的行为、工作流程、工作方法和组织要求的理想的产出相一致，保证组织中的人以高效率、低成本来实现组织所期望的结果，从而对企业战略提供关键性的支持。但这种支持只是在组织已选定的战略基础上进行的，所以组织文化一个方面的改进并不足以使得旧的或无效的组织战略重新焕发出生机。如果企业本身战略不清、方向不明、经营理念模糊、管理实践混乱，而指望组织文化能够代替组织战略来帮助企业解决其发展方向等一系列宏观的问题，是一种幻想。所以，我们考虑薪酬战略和组织文化的匹配，一个前提就是这两者都是服务于企业战略的。

美国著名咨询公司海叶集团公司基于组织结构及治理方式将组织文化划分为职能型文化、流程型文化、时间型文化和网络型文化四种组织形式：

（1）职能型文化。该文化的特点是：强调稳定性、可靠性和持续性，经营模式和市场的稳定性是至关重要的；客户处于被动地位，竞争者数目有限而且明确；企业非常重视长期规划等。在这种组织中，工作职位和工作内容往往是依据职能、等级性线条组织起来的，组织的管理层级分明，权力和责任的链条清晰，决策职能和执行职能被严格区分开来。它非常强调专业化，专业技术人员受到非常的重视，他们注重纪律、保障和命令，看重专业、保障性以及秩序，员工的流动性十分有限。目前，这种组织的发展趋势是比以往更强调人和绩效。

（2）流程型文化。该文化关注的重点是顾客和质量。工作的目的是满足客户的需要，并对质量进行持续不断的改进，据此，工作是围绕履行对客户的责任以及持续不断地改善质量所需要的流程来设计。团队的工作方式占主导地位，决策是一个包含供应商、执行流程的团队和客户三方在内的过程。客户的满意度是衡量员工工作绩效的关键因素。看重服务，并有着良好团队合作意识的人是组织需要的人才。

（3）时间型文化。这种组织的战略重点首先是灵活性、活跃性，其次才是技术和客户的需要，最后才是可靠性和质量。所以生产周期和创新的产品和服务是这种组织的头等大事。它限制管理层级的数量，鼓励员工发展跨职能的多方面专业技能和素质，越来越多的利用跨职能方案和项目工作小组这样一些组织形式来完成工作。它们衡量组织绩效的依据更为动态，比如经济附加值以及新产品或服务在市场上的竞争地位等。

（4）网络型文化。实际就是所谓的"虚拟型组织"。它往往是围绕新的产品、市场或者经营领域的开放而设计出来的，而不在于对这些开发出来的市场进行管理。工作主要集中在完成特定的计划或者项目上，因此人们的角色要视具体情况而定，并且只在项目存在期间有效。其重点不在于具体的工作设计或是与组织结构相适应的问题，真正重要的是人们能否有效的共同完成工作。组织十分重视掌握了关键能力的人，因为他（她）将成为项目成功的保证。同时，对个人进行培训或开发的需要和可能性都不大。

最后，组织文化不是单一或静止的，在任何一个组织中，多种类型的文化都有可能同时发挥作用，并且随外界环境变革和本身战略的变化，组织文化也在不断变化着。因此，组织在进行薪酬决策时就要把握这种多变的组织文化，与之相适应。

2. 组织文化与薪酬战略

组织文化对薪酬究竟会有哪些影响呢？我们将在上述分类的基础上说明。

（1）职能型文化中的薪酬管理。基于职能型组织的特点，它的薪酬战略必须能达到以下几个方面的要求：能够吸引和保留员工；长期提供薪酬保障；人口在不同工作和不同责任之间所存在的价值差距。其薪酬的核心元素是基本薪酬，由于强调个人的专业化，在其薪酬方案中通常会包括数量较多并且跨度不大的工资等级。员工要想在这些薪酬等级中不断前进，需要自己的经营水平增长和技能改善。虽然外部竞争性也要被纳入组织薪酬战略决策的过程中，但内部公平性却是职能型组织建立薪酬等级的一个最主要确保项目。可变薪酬或奖金方案一般只针对诸如销售部门的人或组织关键领导岗位上的人，而能够提供长期保障和职业导向的福利对该组织而言是十分重要的。

（2）流程型文化中的薪酬管理。该文化下的内部公平性更多的是着眼于团队之间的比较而不是个人之间的比较。员工的薪酬增长取决于自身的绩效表现和掌握新技术及新能力的情况，而与其他因素无关。同时，由于它并不突出强调个人的专业化，其薪酬范围或薪酬等级要更宽一些。它通常会大面积的用奖金来对绩效进行奖励。

(3) 时间型文化中的薪酬管理。因为它并不强调长期的关系，时间型文化对于内部公平性强调很少，而更关注薪酬外部竞争性。它通常倾向于使用奖金计划，但与流程型文化不同的是，它的奖金支付是基于项目的完成之上的，因而往往是阶段性的。在时间型文化下的基本薪酬通常会被划分为数量较少但范围较宽的薪酬宽带，而不是数量很多的薪酬等级。个人在薪酬宽带中的上行依据是个人获得新技能和新能力以及承担新责任的情况。

(4) 网络型文化中的薪酬管理。与时间型文化一样，它也很少关注内部公平性。更多的注意力被放在竞争性的市场工资率或是根据个人情况分别确定其价格，这样个人的报酬就取决于此人对于某一特定项目带来的贡献。薪酬具有两极分化的趋向，"明星"人才可能得到巨额回报，而其他人则视情况而定。由于组织和员工之间的关系维持时间较短，所以福利是相当有限的。

最后，组织文化不是一成不变的。管理者必须试图从多个维度来把握薪酬管理和组织文化的匹配性。首先要了解组织的文化是如何演进和融合的，其次要了解员工是怎样发生变化的，他们的价值观和行为是否与组织文化相匹配，然后是不同的员工团体在组织内扮演何种角色，最后再来判断，为了支持组织的经营战略、价值观、行为方式以及团队产出，企业所需要的薪酬系统到底是怎样的。

第四节 薪酬战略与组织战略的整合

我们在前面已经反复强调过薪酬战略是在企业公司和经营两个层面战略的基础上制定的，是为了支持前两个战略的职能型战略。于是，就有了薪酬战略和组织战略的匹配问题。在研究这方面问题时，人们往往会区分内部匹配和外部匹配，或者称之为横向整合和纵向整合。横向整合则关注与工资战略和人力资源战略其他方面的关系。纵向整合所关心的是，薪酬战略的有效性是否取决于工资战略与组织战略之间的整合程度。第三种类型的整合涉及到薪酬战略的不同维度之间的关系，如薪酬水平、薪酬结构和薪酬基础，我们称之为内部薪酬整合。

一、纵向整合

前面已经提到过，组织战略包括三个层面：公司的、经营的和职能型的。薪酬战略与组织战略的纵向整合主要发生在前两个层面上。

(一) 公司战略与薪酬战略

企业要根据自身所处的不同的发展阶段以及当期的竞争战略，设计适合企业本阶段发展并能够有效支撑其竞争战略的薪酬体系（参见表6-3）。公司战略的制定依赖于企业的不同发展阶段，所以这里我们就从企业发展阶段的变化角度来探讨公司战略和薪酬战略的整合。

表 6-3　　　　　　　　　　企业不同发展阶段的薪酬体系

企业发展阶段		初创期	快速成长期	成熟稳定期	衰退期	再造期
薪酬竞争性		强	较强	一般	较强	较强
薪酬刚性		小	较大	大	较大	小
薪酬构成	基本工资	低	较高	高	较高	较低
	绩效奖励	较高	高	较高	低	较高
	福　利	低	较高	高	高	低
	长期薪酬	高	较高	高	低	较高

1. 初创期（成长战略）。此阶段的特点是：新成立的企业通常需要投入大量的资金进行产品和服务的生产和销售。在此阶段，产品和服务的质量一般不稳定，生产成本较高，产品的知名度较低，市场占有率低。由于企业初创，资金往往呈现净流出状态，任何不确定的风险因素都会直接或间接地转化为对投资需求的增加。为解决初创期的困难，薪酬设计应满足三大要求。首先，薪酬要有很强的外部竞争性。处在初创期的企业，往往急需大批优秀的生产技术人员和销售人员，但由于受外部人力资源条件的限制，要获取所需的优秀人才，通常只能从劳动力市场上招募。由于企业初创，对人才的竞争力从总体上看还很弱，因而只能靠较高的薪酬水平来吸引优秀的人才。其次，淡化内部公平性。企业初创时期，主要业务流程及组织架构尚不稳定，职位职责尚不明确，常常存在一人多职或职责交叉的现象，主导员工的往往是创业热情，而不是名誉和正式的地位。因此企业薪酬设计的重点应放在薪酬的外部竞争性上，而淡化薪酬的内部公平性。最后，初创期企业流动资金较为紧张，为了减轻企业的财务负担，本阶段的总体薪酬刚性应当小一些，即基本工资和福利所占的比重要小，而绩效奖金所占的比重要大。此外，企业通常向员工做出承诺或达成协议，用股权、未来收益或未来职务等长期激励的形式代替当前的高薪。

2. 快速成长期（快速成长战略）。这一时期的特点是产品和服务的销售量猛增，市场占有率大幅度提高，企业以及企业的产品和服务具有一定的品牌知名度。为适应这一阶段特点,薪酬政策首先要重视内部公平性。由于企业规模的扩大,企业开始重视规章制度的建设,主要业务流程及组织架构也日趋稳定,企业逐渐进入规范化管理阶段。因此建立以职位为基础的薪酬体系在客观上成为可能。其二,强调薪酬的外部竞争性。在此阶段,一方面新的职位不断出现,另一方面企业对高素质人才的依赖性更加明显。企业对优秀人才,特别是对科研、高级管理、市场营销、财务以及金融人才的需求量都大大增加,企业受外部人力资源条件的制约进一步凸现。为了获取优秀人才,特别是高级优秀人才,薪酬的外部竞争性显得格外的重要。其三,由于市场销售形势良好,资金流速加快,企业可能出现净资金流入的现象,现金存量较为宽裕。这时,企业一方面开始适当提高基本工资和增加福利;另一方面,由于企业正处于积极扩张状态,鼓励个人贡献,并按个人绩效计发的绩效奖金占很大的比重。同时,由于在这一时期许多企业的投资也进一步加大,因此,企业的现金存量往往不多。为了吸引高级人才的加盟,企业还应强调长期激励的重要性。

3. 成熟稳定期(稳定或集中战略)。此阶段的特点:企业的规模、产品的销量和利润、市场占有率都达到了最佳状态。企业的营销能力、生产能力以及研发能力也处于鼎盛时期,企业及其产品的社会知名度很高。相应的薪酬体系首先要更加重视薪酬的内部公平性。由于本阶段企业内部管理更加规范,建立以职位为基础的薪酬体系更为容易,并且员工对薪酬的内部公平性也显得更为关注,这一时期的企业必须特别重视薪酬的内部公平性。其次,不再特别强调外部竞争性。在成熟稳定期不再特别强调薪酬的外部竞争性,并不是因为该阶段薪酬的外部竞争性变得不重要,而是因为该阶段的薪酬本身已经具有较强的外部竞争性,并且企业的品牌和影响力也有助于巩固企业对人力资源的竞争能力。更为重要的是,该阶段企业对优秀人才的获取开始从外部劳动力市场转向企业的内部劳动力市场。因为企业发展到成熟稳定阶段时,内部已拥有大量的人力资源,企业要做的是如何去发现和培养人才。最后,处在成熟稳定期的企业,产品的市场占有率和资本收益率较为稳定,现金存量最多,这时企业支付给员工的基本工资很高,福利也最多,绩效奖金则相对较少。另外,因市场的进一步扩大靠员工个人的力量难度加大,需要依靠团队作战,这时候企业必须强调组织效率和团队协作,要特别重视体现团队贡献的团队薪酬。

4. 衰退期(收缩战略或精简战略)。衰退并不完全意味着企业走向灭亡,更多时候是企业发展阶段中的一个低谷。在衰退期,企业通常表现为市场销售额急剧下跌、市场占有率和利润大幅度下降,财务状况开始恶化,负债增加等。与此同时,会出现员工离职率增加、士气低落、组织承诺度下降、员工不公平感提高等现象。此时的企业有两种选择,要么坐以待毙;要么采取收缩战略，控制住成本，剥离亏损业务，有计划地培育新的增长点，使企业有效地蜕变。但是企业的蜕变需要一个过程，在这个过程中的薪酬体系需满足以下特点：其一，强调薪酬的外部竞争性。本阶段，裁员往往是不得已的选择，同时企业也可能为了开拓新的业务领域而招聘适合该领域发展的人才，因此薪酬必须具有较强的市场竞争性。另一方面，企业内部原有的优秀员工的离职意向在本阶段可能显得特别强烈，如果整体薪酬不具有较强的市场竞争性，那么将很难留住优秀员工。其三，在薪酬构成方面，在本阶段，企业通常采取收缩战略，因此强调个人的绩效奖金和长期薪酬意义不大，较高的基本工资和较高的福利将是明智的选择。

（二）经营战略与薪酬战略

薪酬战略必须与企业的经营战略类型具有高度的相容性。一般而言，企业经营战略表现为低成本战略、差异化战略和专一化战略。不同的战略类型需要不同的薪酬制度与之相匹配（见表6-4）。

1. 低成本薪酬战略。低成本战略是企业采用大规模生产方式，通过降低产品的平均生产成本来获得来自经验曲线的利润。推行这一战略必须实现管理费用最低化，并严格控制研发、试验、服务和广告等活动。在低成本战略背景下，企业的薪酬制度应突出以下特点：（1）较低的薪酬—雇员规模替代。在总体薪酬支出水平一定的条件下，企业可雇用较少的高效率雇员或雇用较多的效率较低的雇员来完成既定的生产经营任务。由于企业的雇工成本不仅包括薪酬水平，而且包括雇员福利和社会保险等多个方面，追求成本最低化的企业采用较低的薪酬—雇员替代模式，即以效率工资雇用较少的高效率雇员有利于总雇工成本的节约。（2）建立基于成本的薪酬决定制度。这一制度既可以是在确保产品数量和质量前提下的总成本控制，也可以是在核定基本成本水平基础上的成本降低奖励制；（3）有限的奖金。即除了成本降低奖励外，其他以雇员技能、顾客满意度等因素为基础的奖励制度较少。

2. 差异化薪酬战略。差异化战略是企业通过采用特定的技术和方法，使本企业的产品或服务在质量、设计、服务及其他方面都与众不同。通过提高独特产品的价格，企业可获得较高的单位利润。差异化战略取得成功的关键因素是企业的新产品开发能力和技术创新能力，培育成熟的项目开发团队、产品设计团队和服务团队是实施差异化战略的重要途径。在此背景下，采用团队薪酬制度，完善工作用品补贴和额外津贴制度就成了企业薪酬制度设计的重点。

3. 专一化薪酬战略。专一化战略是指企业生产经营单一产品或服务，或者将产品或服务指向特定的地理区域、特定的顾客群。专一化战略的实施是以专业化技术为前提的，它要求企业在特定的技术领域保持持久的领先地位。为了突出技术力量的重要性，吸引技术人才，企业通常给技术人员支付超过市场出清水平的效率薪酬，以提高技术人员对企业的忠诚度，减少由于人员流失而带来的招聘费用、培训费用的损失。该类企业通常采用基于技术等级的薪酬决定制度并广泛采用股权激励等长期薪酬激励计划。

表6-4

经营战略	商业反馈	人力资源方面的配合	薪酬制度
创新者：提高产品的复杂性，缩短产品寿命周期	·产品的领导地位 ·转向大众化生产和创新 ·周期	·灵敏、有冒险精神、富有创新意识的人	·奖励对产品生产创新过程和生产过程的变革 ·薪酬以市场为基础 ·灵活的工作描述
成本控制者：注重效率	·操作精确 ·寻求节省成本的方法	·少用人，多办事	·重视竞争对手的劳动成本 ·提高可变工资 ·重视生产力 ·重视系统控制和工作分工
顾客中心：提高顾客期望	·密切与顾客的关系 ·售后服务 ·对市场反应迅速	·取悦顾客，超过顾客期望	·以顾客满意为基础的激励工资 ·以与顾客的交往为依据评价工作和技能

以上讨论的都是经营战略对薪酬战略的影响。然而，有证据表明，薪酬战略也会对组织和经营战略产生影响。高管人员薪酬战略的变化会影响其目标选择，从而影响企业其他的战略。不仅如此，还有学者研究发现，范围广泛的战略决策似乎都受到薪酬设计的影响，比如员工安置模式，多样化程度，研究和开发投资，资本投资，以及对兼并收购企图的反应。所以，薪酬战略与组织战略的整合是一个双向互动的过程。

二、横向整合

横向整合是指薪酬战略和人力资源战略其他方面的整合。许多研究表明，仅仅关注单项人力资源管理实践（比如薪酬战略的制定）的结果可能并不如想像中的可靠，因为人们无法将一项实践从一组相关的人力资源实践、员工特性和公司或经营战略的网络中孤立出来，单独的考虑它的有效性，这又是由于各种战略往往是相辅相成的，彼此互为前提和支撑，在效果上也互相影响。关于此，目前学术界有以下三种观点：（1）仅仅研究一种实践可能导致缺损变量的偏差，即待考察的实践的系数与未纳入考察范围的实践所产生的效应相混淆。比如，人们可能发现收益分享薪酬计划与生产率正相关，但实际上这一效应可能部分源于人力资源制度中其他相关的、但未经度量的方面，如员工建议委员会、员工参与度或交叉培训。（2）另外一种观点则从整合效应是否大于单个实践效应的加总出发。具体的说，就是若设计一项互补性的人力资源实践系统可以获得协同效应，那么，此人力资源系统作为一个整体所产生的影响就可能远远大于单项人力资源实践效应的加总。（3）薪酬效应的高低取决于它是否和组织的内部和外部情境实现了匹配。因为薪酬战略是基于权变理论的，那么如果仅判断它是否和组织主导战略匹配（主导效应），而忽略它和其他战略的匹配（交互效应），就会产生误导性的结论。

以上观点各有不同，但都反映了一个共识：应该从人力资源战略的整体视角来考察薪酬计划的总体影响（主导效应和交互效应），是整个系统而非各个部分的总和才是问题的关键所在。这可以从下面的案例中得以体现：美国西南航空公司和联合航空公司的员工都拥有相当大比例的公司股票。但高比例的所有权并没有导致联合航空公司内部积极的员工关系氛围——它于2003年宣布破产。与之相反，在西南航空公司随着时间的推移，组织与员工建立了一种更有生产力的关系，因为它将员工视为一种关键的经营能力的来源——比如在"9·11"之后，大部分航空公司进行了大规模的员工削减，而西南航空公司并未采取这一做法。可见，薪酬战略的效应离不开其他的人力资源实践的影响。

这只是个别研究成果。总体来说，经验性研究并没有直接表明不同的薪酬战略如何与人力资源的其他方面实现整合。所以，这还有待于在实践中进行进一步的探索。下文也只是简要叙述对组织的薪酬战略与其他人力资源战略的整合的一些探讨。

（一）薪酬战略和雇员配置战略

如果不考虑组织所需要的技术人群，薪酬战略就制定不出来。为了在紧缺的劳动力市场上吸引和保持自己的雇员，组织必须围绕业务的、相关的报酬

（比如基本工资、激励工资、弹性工作时间、员工发展项目以及积极的工作氛围等）来设计它们的薪酬体系。组织还必须认识到，总薪酬计划的不同组成部分对具有不同的人口特征的劳动力有着不同的吸引力。

（二）薪酬战略和培训战略

组织现有劳动力的发展越来越重要。更换员工的成本的升高，使组织想方设法保留住现有员工。这种战略会导致员工培训和发展项目的增加。薪酬战略需要考虑培训的成本。薪酬/培训战略还要考虑的有下列事项：培训是否会带来回报，是否应该给脱产培训期间的员工发工资，员工是将培训看作个人的发展机遇还是苦差事，培训成本是否可以通过较低的起薪得到补偿等。

（三）薪酬战略和福利战略

福利战略和前两个战略都不同，实际上它是薪酬战略本身的要素，但它却是很独特的一部分。过去，决策者运用传统的功能型方法，关注计划的规划、设计和实施，而新的战略性福利计划有助于使企业获得最优的投资回报；它能通过短期和长期决策的构架，辅助企业实现其预定目标；它还将员工视为有资格享受优质服务的内部客户。

三、内部整合

薪酬战略的内部整合，是指薪酬战略的各种不同维度之间的匹配。有关学者将分别适用于企业稳定战略和成长战略的薪酬战略特征加以总结，分别得出了规则性薪酬战略和经验性薪酬战略（如表6-5）。它体现了薪酬战略的内部整合。

但它是被简化了的模型。在现实的实践中，这些薪酬战略要素都是以多样化的形式整合的。比如，林肯电器公司中就有规则性薪酬战略的某些要素（如强调个人和公司绩效），同时也有经验性薪酬战略的某些要素（如使用定量的绩效度量指标，强调奖金和外在激励）。

为什么组织没有设计关注点过分单一的薪酬战略呢？这是为了避免因一项因素作用过强而产生的潜在问题。比如，过多的强调个人绩效工资可能危及合作和团队作业。在这种情况下，一种潜在的解决方案是使个人奖励在薪酬战略中发挥主要作用，但为了减少这一做法的潜在负面影响，同时要保证有一部分工资是基于合作和团队作业之上的。

由此可见，薪酬战略的内部整合也没有一个简单的模式可以套用。在表6-5的基础上，是呈现多元化的。

表 6-5 战略性的工资选择

规则性薪酬战略	经验性薪酬战略
薪酬的基础	
工作	技能
成员资格	绩效
个人绩效	总绩效
短期导向	长期导向
风险规避	风险承担
公司绩效	事业部（部门）绩效
内部公平性	外部公平性
层级制	平等主义
定性的绩效度量指标	定量的绩效度量指标
薪酬制度设计方面的问题	
高于市场平均水平的基本薪资和福利	高于市场平均水平的基本薪资和福利
强调基本薪资和福利	强调奖金
偶尔实施奖赏	经常实施奖赏
强调内在激励	强调外在激励
日常管理框架	
集中型	分散型
秘密工资制	公开工资制
管理者制定工资决策	员工参与制定工资决策
官僚式	灵活性

关 键 词

薪酬战略 组织战略 经营战略 企业文化 全面薪酬战略

小 结

1. 给出了薪酬战略的含义、特征、意义、包括的内容等。

2. 分析了传统薪酬战略的局限，在此基础上介绍了全面薪酬战略，包括其含义和主要特征。

3. 介绍了战略性薪酬决策的一般过程，据此给出设计和制定企业全面薪酬战略的具体步骤。

4. 对影响薪酬战略的各种因素加以详细分析，具体包括内外部环境分析、国家和组织文化分析，并列举相应环境下的薪酬战略选择。

5. 重点探讨薪酬战略和各项组织战略的整合，包括与经营战略和经营战略的纵向整合，与人力资源管理战略的横向整合，以及薪酬战略的内部整合三个方面。

复习思考题

1. 什么是薪酬战略？其特点有哪些？
2. 薪酬战略的内容有哪些？如何理解它的重要性？
3. 传统薪酬战略的局限性表现在哪些方面？全面薪酬战略的内涵和特征是什么？试将二者加以比较。
4. 如何构建全面薪酬战略？
5. 影响薪酬战略的内外部环境因素有哪些？表现如何？
6. 从国家文化和组织文化的角度分析薪酬战略的选择和匹配问题。
7. 企业在不同的发展阶段是如何选择其薪酬战略的？薪酬战略与组织经营战略如何匹配？
8. 薪酬战略和人力资源战略如何整合？薪酬战略内部各要素又该如何整合？

第七章 薪酬制度

学习目的
学习本章后，你应当掌握以下内容：
1. 薪酬制度的含义：工资制度、奖励制度及其福利制度等
2. 薪酬制度的分类及其每一类的适用范围和场合
3. 薪酬制度核心方面——薪酬等级制度的特点及其作用
4. 薪酬等级制度的基本构成内容及其形式表现
5. 薪酬等级制度的等级确定方法
6. 宽带薪酬的含义、特点、产生原因、优势及其设计方法
7. 影响薪酬制度设计的外部因素、内部因素以及个人因素
8. 薪酬制度的评价标准

【房产公司工程部经理为何辞职?】 某房地产集团下的一家物业经营管理公司，成立初期，非常注重管理的规范化和充分调动员工积极性，制定了一套较科学完善的薪酬管理制度。公司得到了较快的发展，短短的两年多时间，公司的业务增长了110%。随着公司业务的增加和规模的扩大，员工也增加了很多，人数达到了220多人。

但公司的薪酬管理制度没有随公司业务发展和人才市场的变化而适时调整，还是沿用以前的。公司领导原以为发展已有了一定的规模，经营业绩应超过以前，但事实上，整个公司的经营业绩不断滑坡，顾客的投诉也不断增加，员工的工作失去了往日的热情，出现了部分技术、管理骨干离职，其他人员也出现不稳定的预兆。例如，公司工程部经理在得知自己的收入与后勤部经理的收入相差很少时，感到不公平，他认为工程部经理这一岗位相对于后勤部经理，工作难度大、责任重，应该在薪酬上体现出这种差别，所以，工作起来没有了以前那种干劲，后来辞职而去。员工的流失、员工工作缺乏积极性，致使该公司的经营一度出现困难。

在这种情况下，该公司的领导意识到问题的严重性，经过对公司内部管理的深入了解和诊断，发现问题出在公司的薪酬系统上，而且关键的技术骨干力

量的薪酬水平较市场明显偏低,对外缺乏竞争力;公司的薪酬结构也不尽合理,对内缺乏公平,从而导致技术骨干和部分中层管理人员流失。针对这一具体问题,该公司就薪酬水平进行了市场调查和分析,并对公司原有薪酬制度进行调整,制定了新的与企业战略和组织架构相匹配的薪资方案,激发了员工的积极性和创造性,公司发展又开始恢复良好的势头。

案例所讲的该物业公司工程部经理的辞职,是因为岗位间的薪酬不合理,没有较好地反映企业内部岗位间的相对价值,造成不公平感。工程部经理这一岗位相对于后勤部经理工作难度大、责任重,应该在薪酬上体现出这种差别,事实上没有,所以造成了工程部经理工作起来没有了以前那种干劲,后来辞职而去。

案例显示,企业的薪酬制度科学与否,对企业发展的影响是巨大的,甚至是致命的。怎样建立科学合理的薪酬激励机制?如何发挥薪酬的最佳激励效果,以求企业能吸引和留住人才,造就一支高效、稳定的员工队伍,实现企业可持续发展,是企业人力资源管理的一项非常重要的工作。读完本章你会对此有清晰的了解与把握。

第一节 薪酬制度的内容

一、薪酬制度的含义

(一) 薪酬制度的含义及特征

1. 薪酬制度的含义

制度是大家共同遵守的办事程序或行动准则。薪酬制度是组织薪酬分配依据、分配形式、分配标准等要素形成的为组织、社会所接受的分配过程中分配原则、方式和过程的总和,即分配中的四大命题:以什么标准分配,用什么来分配,分配的数量,分配的过程。

2. 薪酬制度的发展

一项有效的薪酬机制需要具备 4 个特征:对内的公正性、对外的竞争性、对个人的激励性以及易管理性。从本质上讲只有同时具备 4 个特征,才能形成有效的薪酬机制。从 4 个维度特征看,前两个特征总是不能同时具备,往往是牺牲其中一个,要么牺牲内部公正性,要么牺牲外部竞争性,而第三个目标满足又常常是强化员工的个人特性的,从而第 4 个目标实现也有一定的难度。4

个特征有一个平衡的问题。

薪酬工具经历了从最标准化基薪,到标准化基薪加激励性薪酬,再到个别化工资加激励性薪酬的变迁。见表7-1。

表 7-1

	20世纪50~60年代	20世纪70~80年代	20世纪90年代至现在
经济形势	基本不变	逐步发展	飞速发展
评估工具	单一的工作评估体系+有限的人才市场调查	标准化工作评估体系+细致的人才市场调查	丰富多样
目标	以工作性质为基础的对内公正性	以工作性质为基础的对内公正性+以市场价值为基础的对外竞争性	以个人成就为基础的对内公正性+市场价值
薪酬确定的原则	按职位确定报酬	按职位确定报酬+按个人表现确定其他报酬	按个人表现确定工资与其他报酬

3. 薪酬制度的特征

薪酬制度是企业重要制度,它关系到企业持续稳定的成长。制度一般需要具有以下特征:

第一,制度的多元性;

第二,制度的动态性;

第三,制度的标准性;

第四,制度的可接受性;

第五,制度的先进性。

(二) 几种基础薪酬制度

薪酬制度的具体含义包括工资制度、奖励制度、福利制度、股票期权制度、津贴制度等。下面将重点对前三种制度予以说明。

1. 工资制度

工资制度是关于企业定额劳动、标准报酬的制度,它是以员工劳动的熟练程度、复杂程度、责任及劳动强度为基准,按照员工实际完成的劳动定额、工作时间或劳动消耗而计付的劳动薪酬。工资制度是企业内部多种分配的基础,是确定和调整企业内部各类人员工资关系的主要依据，也是企业制定内部工资计划的重要参考。

工资制度是薪酬制度中最基本的制度，关系着员工的切身利益，也是吸引优秀人才的重要方面。

工资就计量的形式而言，可分为计时工资和计件工资两种基本形式，此外还有浮动工资等补充形式。

(1) 计时工资

计时工资是根据员工工资等级规定的相应的工资标准和工作时间来计量支付员工劳动薪酬的一种工资形式。它通过工资等级和劳动时间两个方面来体现按劳分配原则，即：计时工资＝某等级岗位的工资标准×实际有效劳动时间。计时工资可分为小时工资、日工资和月工资三种。我国一般采用月工资形式，日工资和小时工资可以换算求出。计时工资是我国企业广泛采用的一种工资形式。

(2) 计件工资

计件工资是根据员工完成工作成果的数量，以劳动定额为标准，按照预定的计件单价来核算并支付劳动报酬的一种形式。具体的计算公式如下：

计件工资＝生产某种合格产品的数量×该产品计件单价

计件工资实际是计时工资的转化形式，因为它虽然不是直接用劳动时间计量，而是用一定质量的产品数量计量，但产品数量也是一定时间内的劳动成果，所以计件工资相当于间接地用劳动时间度量工作业绩。

由于计时制与计件制常被用来做比较，因此下面也将为两者作个对照，见表7-2。

表 7-2 　　　　　　　　　　计时制与计件制的比较

	适用情况	优 点	缺 点
计时制	1. 产品或服务质量重于产品数量的工作 2. 工作结果不便于计件 3. 生产或作业工作易受阻碍或延迟 4. 工作规模小，便于上级对下级的严密监督	1. 员工工作情绪不紧张 2. 计算方便 3. 易估价人力成本 4. 员工可专心提高产品品质	1. 工作与报酬不能一致 2. 缺乏激励作用 3. 单位产品的人力成本无法了解 4. 要增加监督人员来提高效率 5. 优劣员工同样报酬

续表

	适用情况	优点	缺点
计件制	1. 工作性质重复，便于以件数计算者 2. 分散工作不便监督 3. 需鼓励提高生产速度及数量 4. 资源分散，便于分散在厂外者	1. 按工作绩效及成果计酬方便 2. 易于计算人力成本 3. 产量会增加，员工收入会增多，有效率的工作方法会出现 4. 可减少监督人员，节省人力及管理成本 5. 员工能清楚的知道自己该做什么 6. 设定的标准较客观 7. 绩效与报酬间有直接关联 8. 符合成本效益	1. 因工作速度增加，产品品质易粗劣 2. 易造成员工压力，进而使生产力减退 3. 绩效与任务间易产生连结的问题 4. 因管理或技术的改进而提高效率时，不易改变已给付员工的计件金额或降价

（3）浮动工资

浮动工资是把员工的基本工资中的一部分或全部与奖金等结合在一起，视为工资内容，按照企业经营成果的好坏和员工的个人劳动成果的大小，上下浮动地支付工资薪酬的一种辅助工资形式。按照员工基本工资部分参与浮动的份额大小，可分为小浮动、中浮动、全浮动等形式。小浮动是指员工基本工资中大部分固定，小部分用来与奖金一起浮动；中浮动是指员工基本工资中一半与奖金一起浮动；员工基本工资全部与奖金一起浮动称为全浮动。

浮动工资这种形式能把企业经营成果、个人经济责任、劳动成果与员工的经济收益挂起钩来，从而调动各方面的积极性来提高企业经济效益，激励作用比较明显。

2. 奖励制度

奖励性薪酬是一种补充性劳动报酬形式，一般是指对员工超额劳动或工作高绩效的一种货币形式的劳动报酬。企业以货币形式给予的补偿就是奖金。奖金具有很强的目的性和针对性，能比较准确、及时地反映员工付出实际劳动的差别和变化，弥补标准工资的不足，适时地强化员工的劳动积极性。在实践中，许多企业都根据自身的需要设立了奖金制度，以期比较全面地贯彻按劳分配原则，促进员工努力工作，创造更多的超额劳动，为实现企业的目标多做贡献。

奖励制度一般是由奖励的种类、奖励指标、奖励条件、奖励范围、奖励周期、奖励提取与分配等内容构成。奖金的种类分为超时奖、绩效奖、职务奖、建议奖、特殊贡献奖、节约奖以及超利奖等。奖励制度体系包含个人奖励制度、团体奖励制度、组织奖励制度和管理人员的奖励制度等。与基本工资制度相比,奖励制度具有以下作用:较强针对性和灵活性;弥补工资制度的不足;关注绩效,有效激励员工;将员工个人发展与企业目标结合,促进企业长期稳定发展。

3. 福利制度

福利是企业人力资源管理的一环,是企业对员工劳动贡献的间接补偿,构成了企业分配工作的重要方面。福利是企业为了实现组织的目标,在改善直接的劳动条件之外,从生活的诸多侧面以确保和提高员工及其家属生活而开展的活动和措施的总称。

福利与工资在分配原则、享受的对象、分配特性等方面都有着明显的区别。关于福利及其制度,在此后将会有更加详细的说明。

二、薪酬制度分类

企业在决定制定或实行科学合理的薪酬制度时,必须考虑自身的生产经营状况与内外部环境。一般来说,企业还应该考虑企业的文化、企业的岗位与人员结构、企业的经营目标等几个因素。薪酬制度可以按照不同的标准分为以下几类(见图7-1):

工作薪酬:职务薪酬制,岗位薪酬制
能力薪酬:技术等级薪酬制,能力资格薪酬制,职能等级薪酬制
结构薪酬:基础薪酬,岗位(职务)薪酬,奖励薪酬,年功薪酬
岗位技能薪酬:由岗位薪酬和技能薪酬两个单元组成
特殊群体薪酬制度:管理人员薪酬制度,经营者年薪制,团队薪酬制度
在此主要对前四种制度进行详细说明。

(一)工作薪酬

工作薪酬的主要特点是:员工的标准薪酬是由所担任的工作(职务、岗位)对职务人员在文化、技术、业务、智力、体力等方面的要求,以及劳动环境对员工的影响所决定的,即根据劳动复杂程度、繁重程度、责任大小、精确程度以及劳动条件等因素确定各工作之间的相对顺序,并规定相应的薪酬标准。员工干什么工作就领什么工作的薪酬,不考虑其他所具有的超出本职工作要求的工作能力。这是它与能力薪酬最显著的区别。

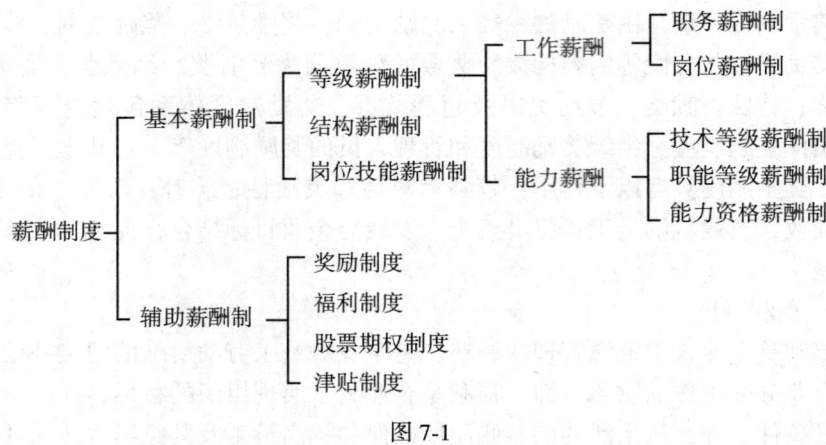

图 7-1

实行工作薪酬必须先对各种工作进行评价和划分等级。在评价工作时，按照"只对工作不对人"的原则；在确定员工的薪酬等级和薪酬标准时，既要根据他所担任的工作又要考虑他的任职能力。

1. 职务薪酬制

职务薪酬制是按照职务规定薪酬标准的一种薪酬等级制度。不同的职务有不同的薪酬标准。在同一职务内又划分为若干等级，每个职员在本人职务所规定的薪酬等级范围内评定薪酬。职务薪酬制可以实行单一型的薪酬标准，也可以实行重合可变型薪酬标准。职务薪酬制适用于企业中担任管理职务和专业技术职务的人员。

职务薪酬制的特点就是"一职数薪"，每个职务内再划分若干等级，规定不同的薪酬标准，从而反映同一职务内各个职务劳动熟练程度的差异。同时，员工只能在职务薪酬规定的范围内升级，调任新职务即领取新的职务薪酬，不考虑员工本人原有的薪酬水平和资历。

实行职务薪酬制必须满足三个条件：一是要有健全的、合理的编制定员标准；二是要做到职务范围清晰、责任分明、工作规范、便于评价；三是要建立科学合理的员工调配、考核、晋升制度。

2. 岗位薪酬制

岗位薪酬制是根据员工所在的工作岗位的不同，以及同一岗位内技术复杂程度、劳动责任、劳动强度的不同所划分的等级，确定员工薪酬的制度。它适用于专业化程度较高、分工较细、工作技术比较单一、工作物比较固定的产业和工种。岗位薪酬制的特点如下：

（1）体现岗位之间的差别，解决了薪酬处于同一起点、同步升级、技术复杂岗位与简单辅助岗位的员工薪酬拉平，甚至出现倒置的问题。

（2）体现了员工劳动成果的差异，解决了在集体操作的流水线上，劳动者之间技术素质高低，应变能力大小和劳动成果高低在薪酬上的差别问题。

（3）有利于解决专业工龄短、劳动成果小或从事有害有毒工种的员工，得不到相应的薪酬的矛盾。

实施岗位薪酬制，应包括以下内容：

（1）对岗位进行分析、分类。根据工作分析的原理和方法，依据定员、定额标准，从组织实际出发，制定岗位分类的结构、要素和标准。

（2）以经营责任制为中心，制定岗位等级考核标准。考核内容有岗位责任、操作能力、劳动能力、劳动定额、技术要求、质量指标、专业工龄、文化程度等。各项指标尽量做到定量化和数据科学化。

（3）根据各岗位不同的点数值和按劳取酬的原则，确定各类岗位的薪酬标准。通过岗位分类测评，使岗位都有明确的量化指标，使技术难易、责任轻重、劳动强度大小和条件好坏与薪酬等级相符，使最佳年龄、最佳贡献能得到最佳薪酬。

（4）采取要素测评点数计算方法划分岗位类别。

（5）制定相应的配套管理制度，如岗位升级管理办法，岗位、退岗薪酬管理办法等。

如今，岗位薪酬制演变出许多形式，如岗位等级薪酬制、岗位薪点薪酬制、岗位效益薪酬制等。

①岗位等级薪酬制。它是指将岗位按照重要程度划分为类别和级别，再进行排序，最终确定薪酬等级的薪酬制度。其具体形式如下：

● 一岗一薪制。一个岗位只有一个薪酬标准，岗内不升级，同岗同薪。新工人上岗采取"试用期"的办法，试用期满后即可执行岗位薪酬标准。其优点在于简便易行，缺点是岗内难以体现差别，缺乏激励。它适用于专业化、自动化程度高、流水作业或工作技术单一、工作物比较固定的工种。

● 一岗数薪制。一个岗位内设置数个薪酬标准，以反映岗位内不同员工之间的劳动差别。岗位级别是根据不同工作的技术复杂程度、劳动强度、责任大小等因素来确定的。实行一岗数薪制，员工可以在本岗位内小步考核升级，直到达到本岗位的薪酬标准。优点在于员工的薪酬增长渠道和机会增多，不晋升、不变换工作岗位也可以增加薪酬。它适用于岗位划分较粗、岗位内部技术有些差异，同时岗位晋升和提薪机会都比较少的工种或岗位。

②岗位薪点薪酬制。它是岗位薪酬制的另一种形式，是一种通过比较科学

合理的"薪点因素"分析法，按员工岗位的岗位因素测定出每个岗位的薪点数，按员工绩效确定薪点值，员工按岗位获取薪酬的薪酬制度。岗位薪点薪酬制比较适合于岗位比较固定、岗位劳动以重复性劳动为主的岗位。

（二）能力薪酬

能力薪酬是以劳动者自身条件（技术、业务水平及体质、智力）为主来反映劳动者质量差别的一种薪酬等级制度的形式。其主要特点是：根据员工本人所具有的综合能力，确定员工的薪酬等级和标准薪酬。先要通过考核，对员工的能力大小及提高程度进行评价审定，然后再确定薪酬等级和薪酬标准或增资幅度。能力薪酬的适应范围是：工作技能要求和对员工的劳动熟练程度要求比较高、工作内容不固定的单位或产品复杂、员工人数不多、工作内容变动频繁的中小型单位，如机器修理厂、专业分工不细的制造厂。能力薪酬主要有以下三种形式。

1. 技术等级薪酬制

技术等级薪酬制是按照技术复杂程度及劳动熟练程度划分等级和规定相应的薪酬标准，再以员工所达到的技术水平、评定的技术等级资格确定薪酬的一种薪酬等级制度。它由薪酬等级表、薪酬标准和技术等级标准组成，适用于技术复杂程度高、员工等级熟练程度差别大、分工粗和工作物不固定的工种。

技术等级薪酬制的制定可以分为三个步骤：一是根据劳动的复杂程度、繁重程度、精确程度等因素确定和划分等级。二是对工作物进行分析比较，纳入相应的等级。三是规定技术等级标准和安排各等级的薪酬关系。

2. 能力资格薪酬制

能力资格薪酬制是以员工自身的体质、智力、技术和文化程度等因素为主来反映员工劳动质量差别的一种薪酬等级制度，即通过对员工综合能力的评价来确定员工的薪酬等级和薪酬标准。

能力薪酬制主要是由能力资格制度、能力薪酬的成绩评价系数表和薪酬标准表等组成。在能力资格制度中，等级反映了员工个人工作能力的差距。所以，能力薪酬以能力资格制度中的等级为标准而设定。能力资格级别越高，级与级之间的能力差距就越大，能力薪酬的级差也就随级别升高而加大。

每个员工的能力水平，归根到底要以工作效率或工作成绩的形式反映出来才有实际意义。所以，在执行能力薪酬时，员工的能力薪酬应随着工作效率或工作成绩的高低而浮动。在此种制度下，初级工由于获得了高级工的资格证书，因而可以获得企业所给予的高级工的待遇。从表面上看，员工从事的岗位或工作都没有变，支付的薪酬总量却增加了，企业似乎得不偿失；但事实上，从产权来看，企业实质是在进行一种人力资本投资，使员工的整体素质提高，企业的劳动生产率和产品质量也会随之得到提高,企业用较小的人工成本即获得了较大的收益。因此,能力薪酬制特别适于生产设备技术含量高、对员工基本素质要求较高的高新技术企业。

3. 职能等级薪酬制

职能等级薪酬制是按照员工所具备的与完成某种职位等级工作所要求的相应工作能力确定薪酬的一种薪酬制度,即员工的职务决定薪酬。员工的能力只限于所从事的业务需要的能力,以这种能力的价值进行判断,并确定相应的薪酬。

企业将组织内部的工作分成管理职务、事务职务、技术职务等职务群,按每个职务群设定幅度相当大的薪酬标准,然后根据人事考核结果决定每个人的薪酬。每个职务群分若干级,每级可再设若干等级,形成能力系列,以便使具有不同工作能力的员工在薪酬上保持合理的差距。这一般是通过职务分类、划分职务等级、职能分析、进行职能评价、制定职能等级和薪酬标准五步完成的。

(三) 结构薪酬

结构薪酬制的设计吸收了能力薪酬和职务(岗位)薪酬的优点,以充分发挥薪酬的三大职能。它把员工的薪酬分成若干组成部分,构成动态性的薪酬结构模式,用薪酬分解的方式,确定和发挥各种薪酬各自不同的功能,克服原来等级薪酬制将劳动者工作年限长短、技术水平高低、劳动态度的优劣、贡献大小等因素混杂在一起,用混合式方法确定薪酬等级带来的某些弊病。

结构薪酬既适用于管理人员,也适用于工人;既适用于专业化程度高、分工细的行业,也适用于技术要求高、分工粗的行业。但是,各部门、各行业、各单位在具体运用时侧重点应有所不同。由于结构薪酬制集能力薪酬、工作薪酬、年功薪酬的长处,摒弃其短处,因此它具有较灵活的调节作用,有利于协调组织员工构成中各类员工的薪酬关系,能调动各方面员工的积极性,充分发挥薪酬的积极职能作用。它一般有以下几个组成部分:

1. 基础薪酬

它是员工薪酬收入中的基本部分,是维持劳动力简单再生产,保障员工基本生活条件的薪酬收入,其标准应根据与员工基本生活需要的消费品的价格决定。但不同层次、不同地区的劳动力,其再生产的费用不一样,因此,原则上这部分薪酬可不划一,而是根据需要有所区别。

2. 岗位(职务)薪酬

岗位(职务)薪酬是按照各个岗位(职务)的工作繁简、劳动轻重、责任大小和劳动条件等因素决定的薪酬。它是结构薪酬制的主要组成部分,是体现劳动差别、体现按劳分配为主体原则的关键部分。其职能主要是促进员工的工作责任心和上进心，激励员工努力学习和提高业务技术水平。为充分发挥这一职能的作用，应将其与工作绩效相结合，根据绩效增减薪酬，并且应建立单位内部劳动力流动制度。

3. 技能薪酬

技能薪酬是根据员工的技术业务水平，通过技术考核评定而确定的薪酬。由于实际中员工的实际技能同所从事的工作并不相符，因此只有将技能薪酬与岗位（职务）薪酬区分开来，单独设置，才能更准确地对员工的劳动量进行考核和激励。

4. 奖励薪酬

以基本薪酬和岗位（职务）薪酬为基础，使员工的收入和组织的生产发展、经济效益及本人贡献相结合。

5. 年功薪酬

年功薪酬起源于第一次世界大战期间，于20世纪50年代初形成，是一种按照员工工龄的长短和每一工龄应计的薪酬额来确定薪酬的工资制度。它对员工工作经验和劳动贡献的积累所给予的回报，随工龄的增长而逐年增长，即员工工龄越长，熟练程度越高，贡献也越大，所获的薪酬也就越多。工资标准不是按照行业或产业决定，而是按企业决定。

（四）岗位技能薪酬

岗位技能薪酬是以劳动技能、劳动责任、劳动强度和劳动条件等基本劳动要素为评价基础，以岗位薪酬、技能薪酬为主要内容的基本薪酬制度。从本质上说，它也是结构薪酬中更为规范的一种具体形式。与其他结构薪酬形式不同，岗位技能薪酬是建立在岗位评价的基础之上，并且充分突出了薪酬中岗位与技能这两个结构单元的特点，更有利于贯彻按劳分配的主体原则和调动员工提高技术业务水平的积极性。

岗位技能薪酬制由岗位薪酬和技能薪酬两个单元组成。

岗位薪酬是根据员工所在岗位，所担任职务的责任轻重、劳动强度大小、劳动条件好坏等因素确定的。一般来说，员工的岗位薪酬标准可通过岗位评价的方法，根据岗位劳动责任、劳动强度及劳动条件三项内容的总积分，将各岗位以此划分为几个不同档次，然后按档次来分别确定。凡是岗位等级相同的岗位即采取同一岗位薪酬标准。正因为如此，岗位相同但岗级不同，其薪酬标准就不一样；而岗位不同，但由于劳动责任、劳动条件及劳动强度相似因而岗级相同，其薪酬标准必然一致。

在实行岗位技能薪酬时，技能薪酬就是根据员工的劳动技能水平所确定的，它反映了员工的潜在劳动形态。一般说来，在确定技能薪酬时，组织的员工可以分为技术工人、非技术工人以及管理与专业技术人员三类，其等级和档次设置可以采取纵横结合形式，即工人按初级工、中级工、高级工加以区别；管理与专业技术人员可以分为初级、中级、高级管理（专业技术）人员三大类。它弥补了岗位（职务）薪酬的不足，鼓励员工提高技能，也是对员工智力投资的回报。它通常由薪酬标准、薪酬等级表和技术等级标准构成，适用于技术复杂程度比较高、工人劳动差别较大、分工较粗及工作物不固定的工种。岗位技能薪酬制具有以下特点：

1. 全面反映了员工的劳动差别。它比较全面地反映了劳动者潜在、流动、凝结三种形态劳动差别的统一，较等级薪酬制更能体现按劳分配的要求。

2. 从动态上反映劳动差别和薪酬差别。员工的劳动处于动态之中，岗位技能薪酬制的特点是随岗位、技能变化而变化，实行"易岗易薪，技变薪变"的原则，它使劳、酬始终处于动态均衡之中。

3. 薪酬与效益挂钩。岗位薪酬制较好反映了按劳分配在市场经济条件下的实现特点，使劳动差别经过市场鉴定，通过经济效益反映出来，使收入不仅与劳动差别相适应，而且还要与经济效益相适应。

4. 为严格考核提供科学依据。这是岗位技能薪酬制优于传统薪酬制的重要方面。通过岗位测评达到劳动测评，使不同质的劳动量化，成为可比劳动。这种劳动判别的科学测评，使按劳分配进入规范化新阶段，同时这种规范化的标准也为严格考核提供了科学依据，从而减少了组织内部分配的矛盾。

5. 有利于组织基础管理工作的加强。岗位技能薪酬制的关键是岗位测评，要做到对员工劳动量的科学评估，就必须有扎实的基础工作。同时，劳动量的评估必然要求整个基础管理和考试、考核制度的健全和完善。

在实行岗位技能薪酬时，要科学地确定岗位薪酬单元与技能薪酬单元的比例。一般来说，技术要求高的行业和组织，其技能薪酬单位的比重可能大一些；而劳动强度大、劳动条件差的行业和组织，其岗位薪酬单元比重应该较大。各组织还可以量力而行，根据实际需要，设置一些辅助薪酬单元，如保障员工基本生活需要的基础薪酬单元或者工龄薪酬单元等。

第二节　薪酬等级制度

薪酬等级制度是薪酬制度的核心，它是根据员工任职资格、劳动条件、劳动复杂程度以及工作责任程度等因素，将各类劳动（工作）划分为不同的等级，按等级规定薪酬标准的一种薪酬制度。

一、薪酬等级制度的特点与职能

（一）薪酬等级制度的特点

薪酬等级制度是薪酬制度中的核心，其特点体现在以下五个方面：

1. 它主要从劳动质量上区分和反映各个等级之间（而不是等级内部）的劳动差别。它通过对各种劳动或工作划分等级，并为每一等级规定相应的薪酬标准，反映各等级之间的质量差别。

2. 其薪酬标准是根据一定时期的经济发展水平和技术设备水平以及员工素质水平而确定的，所以在一定时期内具有相对稳定性。

3. 其合理与否，主要表现在是否在薪酬标准上对复杂劳动与简单劳动、熟练劳动与非熟练劳动、繁重劳动与轻便劳动规定了明显的差别。

4. 它反映的是各等级劳动或工作之间的平均劳动质量差别，即某一等级与其他等级劳动者的平均劳动能力差别。

5. 它是以劳动者的潜在能力作为评定薪酬等级、确定薪酬标准的依据，反映了劳动的潜在形态。

（二）薪酬等级制度的职能

薪酬等级制度是整个薪酬制度的核心和基础，计时或计件薪酬都要按其规定的标准计算，员工薪酬的定级和升级也要靠其进行。其职能主要体现在以下四个方面：

1. 它为按劳分配的实施提供了制度保证。由于薪酬等级制度的设计遵循按贡献分配原则，体现了公平性，所以它也就从制度上保证了员工"同工同酬"，有利于贯彻按劳分配原则。

2. 它为政府进行员工薪酬关系调整提供了重要参考。作为企业的一项重要制度，薪酬等级制度与员工切身利益密切相关，其变动反映出员工与企业之间薪酬关系的变化与调整，反映出市场上就业状况的变化，从而为政府宏观决策提供了参考。

3. 它为企业的员工培训和员工的自我发展提供了重要保证。薪酬等级制度中各职务的要求以及技术标准，使企业有目的地培养员工，而员工也可以根据薪酬等级制度中岗位设计、技能等要求选择合适自己的岗位，或依相关要求进一步发展自己，使自己符合相关的职务要求。

4. 它为员工福利基金的收付提供了基准。员工社会保险基金的提缴和待遇的给付，都与其薪酬有直接关系，此外，员工的福利分配也与薪酬等级制度的薪酬标准有一定的比例关系。

二、薪酬等级制度的基本构成

薪酬等级制度主要是由薪酬等级表、薪酬标准、技术业务等级标准及职务名称表组成。

(一) 薪酬等级表

薪酬等级表是反映各等级之间薪酬差级的一览表，表示的是不同质量的劳动或工作之间薪酬标准的比例关系，是确定各等级薪酬标准数额的依据。它一般是由薪酬等级数目、薪酬等级线和薪酬级差组成。

1. 薪酬等级。指薪酬标准划分为多少等级，反映职务的技术复杂程度和从业人员所需的劳动熟练程度。通常，薪酬等级数目越多，表明这一职务的技术越复杂，对从业人员的技术要求越高。

2. 薪酬等级线。它指在薪酬等级所规定的等级数目内，各职务薪酬的起点和终点。薪酬起点高的一般是技术复杂、熟练程度要求较高、责任重大的职务。对于那些条件艰苦、工作繁重，但技术要求不高的职务，薪酬起点可以稍高。

3. 薪酬级差。它是相邻两个等级的薪酬数额相差的幅度，表示不同等级的劳动薪酬的区别。一般来说，劳动差别大的职务，薪酬级差较大，较高等级的劳动者，其再往上晋升的难度较大，因此，薪酬等级在薪酬等级表中呈逐渐递增形态。

薪酬级差既可以用相邻两个等级的薪酬标准绝对额之差来表示，也可以用级差百分比和等级系数等相对数来表示。

(二) 薪酬标准

薪酬标准是指时间单位（时、日、周、月）的薪酬数额，它表明了某一工作的薪酬水平，是员工薪酬收入的计算基础，其主要部分是基本薪酬，即依据员工在法定劳动时间内完成的劳动定额（工作量、工作任务）或工作时间，按规定标准计付薪酬。

薪酬标准可分为固定薪酬标准和浮动薪酬标准两种。前者不受经济效益大小的影响，一经规定便具有相对稳定性，后者随一定的劳动成果和支付能力上下浮动。

薪酬标准的结构有三种，一是单一型的薪酬标准，二是可变型的薪酬标准，三是涵盖型的薪酬标准。

确定薪酬标准，除了要遵守国家有关薪酬政策，符合国家宏观调控要求外，一般应该考虑：经济支付能力、已达到的薪酬水平、居民生活费用状况等因素。从方法上看，通常是首先确定最低等级的薪酬标准，然后根据最低等级的薪酬标准和选定的各等级的薪酬等级系数，推算出其他等级的薪酬标准。

（三）技术等级标准

技术等级标准是按照技术工人所在的各种生产岗位或工种，分别对其应具备的劳动能力做出的统一规定。技术等级标准是划分工作等级、评定员工任职能力与薪酬等级的重要依据，包括"应知"、"应会"、"责任"、"工作实例"、"任职资格"等内容。

（四）业务等级标准

业务等级标准是按照行政管理和专业技术人员所任的各种职务，分别对其应具备的业务能力所做出的统一规定。业务等级标准是划分职务等级，评定员工任职能力与薪酬等级的重要依据，包括"应知"、"业务要求"、"职责规范"三项内容。

（五）职务名称表

职务名称表是在职务分工的基础上，由有关部门制定的全国统一的职务名称系列一览表。职务名称表的主要作用是在全国或行业范围内，对执行同一职务的员工按照相同的工作标准进行考核评价，并确定相应的薪酬标准。

三、薪酬等级制度的确定

薪酬等级制度中薪酬等级的划分是根据劳动差别确定的，具体方法有以下几种：

（一）比较分级法

比较分级法一般有以下四个步骤：

1. 人力资源管理部门对企业内部的所有工作进行分析、评价、归类，列出岗位、工种、序列以及名称表，并将所有工作分别归入不同的岗位和工种。

2. 在每一岗位内，按劳动复杂程度选出高、中、低三个标准工作，再将其他工作与标准工作比较，依次排列。

3. 在薪酬等级表规定的等级数目内，确定各岗位和工种的等级数目、起点等级和最高等级。

4. 将各岗位、工种内的各项工作划归相应的薪酬等级。

（二）计分分级法

计分分级法有自然分级与标准分级两种具体方式。

1. 自然分级法

自然分级法有以下五个步骤：

（1）人力资源管理部门将确定劳动差别的五个因素，即复杂程度、精确程度、责任大小、繁重程度和劳动条件，分别确定一个最高得分，确定计分标准。

（2）将各项工作分解为五个因素，在最高得分范围内，按计分标准分别计分，求出五个因素实得分数之和。

（3）求出等级平均得分，即用五个因素规定的最高得分之和，除以薪酬等级数目。

（4）求出每项工作的薪酬等级并加以适当的修正，即用各项工作的实际得分除以等级平均得分，对结果取近似整数值。

（5）人力资源管理部按各项工作所在的薪酬等级从高到低自然排序。

2. 标准等级法

标准等级法有以下五个步骤：

（1）人力资源主管在薪酬等级制度规定的等级数目范围内，为最高等级规定一个最高标准分。

（2）人力资源主管为劳动复杂程度、精确程度、责任大小、繁重程度和劳动条件五个因素分别规定评分范围，并使其上限之和等于最高标准分。

（3）为各薪酬等级规定得分标准，即每一个薪酬等级对应于一个分数段。

（4）按上述五个因素分别评价工作打分，并求出实得总分数。

（5）将各项工作实得总分数，与各薪酬等级的得分标准对照，确定该项工作对应的薪酬等级。

第三节　宽带薪酬

随着国内越来越多的公司导入和应用宽带薪酬管理模式，宽带薪酬作为一种薪酬管理模式，得到了日益广泛的讨论和关注。宽带薪酬是薪酬制度中重要的内容，它促进了薪酬制度的革新。

一、宽带薪酬的概念和含义

宽带薪酬也称海氏薪酬制，是薪酬设计的要素比较法中常用的一种方法。海氏薪酬制又叫"指导图—形状构成法"，它是由美国薪酬设计专家区德·海于1951年研究开发出来的。海氏评分法着眼于确定不同工作对实现组织目标的相对重要性。根据海氏薪酬制，可以很客观和科学的给每一职务一个评价点数。宽带薪酬体系特别适用于管理人员的薪酬设定。宽带薪酬认为所有职务所包含的最主要的付酬因素有三种：

1. 智能水平
2. 解决问题的能力

3. 职务所承担的责任

所谓宽带薪酬或者薪酬宽带（Broad Banding）实际上是一种新型的薪酬结构设计方式，它是对传统上那种带有大量等级层次的垂直型薪酬结构的一种改进或替代。"宽带薪酬设计"就是企业将原来相对比较多的薪酬级别，合并压缩为几个级别，同时拉大每一个薪酬级别内部薪酬浮动的范围。简单的说就是，薪酬级别少了，级别内部的差异大了。与传统的薪酬设计方法相比，这种新型的设计体系，使得员工有可能在很长一段时间内，处于同一个职位，但在同一个级别内部，因为个人能力的提高，或者个人业绩的提升等原因，收入得到显著的提高。员工不再单纯的因为岗位的改变、岗位级别的提升而导致收入的提高。

从宽带薪酬的概念和含义，不难理解，宽带薪酬的应用与企业其他几个方面的管理制度和特征是相对应的。比较少的薪酬等级对应了企业比较少的行政和职位级别，反映了企业比较扁平的组织结构特征。与传统的薪酬体系强调岗位，以岗位不同确定工资相比，宽带薪酬是对个人能力和业绩的尊重和重视。这就对应了企业尊重个人贡献、强调个人差异、激励个人努力的文化特征。

宽带薪酬的设计理念就是假设出色的专业技术人员可能比业绩平庸的高层管理人员对企业的价值更高，认为高技能的工人技师对企业的贡献可能高于车间主任。这样调整的范围就宽了，因为原来每个职级薪酬的变动幅度一般都是在 40%~50%，而在宽带薪酬体系中，职级薪酬变动幅度可能超过 100%。

二、宽带薪酬兴起的原因

企业所面临的市场竞争环境的变化以及企业自身的发展和战略、管理制度的变化是导致宽带薪酬兴起的重要的和直接的原因。

首先，随着市场竞争的日益激烈，企业所面临的外部环境日益复杂，企业的战略需要不断调整，要求企业以及企业的许多员工有更强的应变能力，因此对于企业的员工，尤其是核心员工来说，工作内容不再是稳定的，面临着经常的或者比较大的变化，这就使得传统的单纯以岗位职责定薪的薪酬制度不能够完全反映员工所承担的责任。薪酬的级别越多，岗位的区分越细，岗位职责的描述和限定越清楚，越是难以适应工作内容复杂化和不断变化的情况。如果企业面临这样的情况，导入宽带薪酬，在同一级别内拉大员工之间的差异，弥补岗位描述和评估相对固定的缺陷，就能够更好的适应变化和复杂的竞争环境，通过薪酬水平对员工的工作内容进行更好、更公平的体现。

其次，等级森严的行政职位级别往往会导致企业比较僵化和低效的管理，所以许多企业倾向于采用更扁平化的组织结构，尤其是那些强调公平、协作、沟通的文化的公司。在这种情况下，行政职位级别的减少，带来了员工晋升机会的减少，而在传统的薪酬设计体系下，只有职位级别的提升才会带来薪酬水平的提高。这样就会打击许多员工的积极性，而宽带薪酬则正好解决了这个问题。员工在同一级别内部差距的拉大，使得员工虽然级别没有提升，但薪酬水平也有足够的提升空间，确保了对员工的有效激励。

最后，对于许多企业，尤其是生产销售型的企业来讲，一些职位对于企业的生存是非常重要的，例如销售人员，他们的业绩直接影响了企业的整体业绩。销售人员虽然工作内容相差不大，职位级别基本相同，但不同的销售人员之间的业绩水平很可能会有非常大的差异。如何从薪酬水平方面去承认这种差异，对业绩突出的销售人员进行有力的激励，宽带薪酬是一个很好的方式。

总体来讲，市场竞争环境的变化，公司战略的变化，员工工作内容的复杂化，扁平化组织结构的出现，以及相同职位员工业绩的显著差异等，都是宽带薪酬之所以受到关注的重要原因，也是企业在考虑应用宽带薪酬时，必须考虑的问题。

三、宽带薪酬的特点和优势

宽带薪酬结构的最大特点是打破了传统薪酬结构所维护和强化的那种严格的等级制，将员工的注意力引导到公司着重强调的那些有价值的事情上去，将薪酬与员工的能力和绩效表现紧密联系起来。与企业传统的薪酬体系相比，宽带薪酬体系具有以下几方面的特点和优势：

1. 在传统薪酬结构中，员工的薪酬水平是与其所担任的职务严格挂钩的，因此，从理论上讲，职位变动必然导致员工薪酬的变动。由于宽带薪酬体系减少了薪酬等级数量，将过去处于不同薪酬等级之中的大量职位纳入到现在的同一薪酬等级当中，甚至上级监督者和他们下属也常常会被放到同一个薪酬宽带当中，这样就提高了企业进行员工岗位轮换的弹性，员工从一个岗位调到另一个岗位就容易多了。不仅如此，如果企业的薪酬提升是与员工在不同职位上的工作能力联系在一起的话，员工对横向职位流动不仅不会拒绝，反而会积极地争取这样的机会。因此，宽带型的薪酬结构使企业在岗位轮换中掌握更大的可行空间。

2. 在传统薪酬结构下，员工的薪酬增长往往取决于职位而非能力的提高，而在宽带薪酬结构下，员工不需要为了薪酬的增长而计较职位晋升等问题，只注意企业所需要的那些技术和能力就可以了。因此，尽管相对于传统薪酬结构而言，宽带薪酬体系为员工提供的升级机会减少了，但却更有利于企业引导员工将注意力从职位晋升转移到个人发展和能力提高方面，将员工的注意力引导到公司着重强调的那些有价值的事情上去。

3. 在传统的薪酬结构中，由于弹性很小，基本上是机械式的套级别工资，其他职能部门经理没有参与工资决策的机会。在宽带薪酬结构中，即使是同一级别，由于最高点和最低点的差距至少有100%，如何界定工资，空间很大。在宽带薪酬的原则下，部门经理对下属的工资界定有更多的发言权，充分地体现内部公平性，让部门经理拥有更多的权力和责任，与人力资源部共同做好薪酬管理工作，更有效地利用工资这一杠杆为企业服务。

4. 宽带薪酬结构是以市场为导向的，一是使企业的员工成本效益更为有效；二是使员工从注重内部公平转向更为注重个人发展以及自身在外部劳动力市场上的价值等内外均衡等方面。在宽带型的薪酬结构中，薪酬水平是以市场调查的数据以及企业的薪酬定位为基础的。因此，工资水平的定期核对与调整将使企业更能把握其在市场中的竞争力；同时也能帮助企业有效地控制成本。当然，最为重要的是某些职位的薪酬因为市场原因出现突然大幅度提高时，企业可以在不打破原有薪酬体系并在原有框架范围内适应这种变化。

5. 在传统组织结构以及与之相配合的薪酬结构下，企业会有过多的级别，久而久之，员工会产生严格的等级观念。企业内部很容易出现拖拖拉拉、相互推卸责任的官僚作风。宽带薪酬结构的最大特点就是打破了传统薪酬结构所维护和强化的那种严格的等级制，是配合扁平的组织结构而产生的。在企业里，为了提高效率，创造参与型和学习型的企业文化，从责任的层面分析，最基层的员工到总经理一般只有四个层级：普通员工、主管、部门经理、总经理，而每个级别的工资幅度都非常宽，可以包括所有的职位，另外，宽带型薪酬结构对于企业保持自身组织结构的灵活性以及迎接外部竞争都有积极的意义。

6. 宽带薪酬体系将薪酬与员工的能力和绩效表现紧密结合起来，更为灵活地对员工进行激励。在宽带薪酬体系中，上级对有稳定突出业绩表现的下级员工可以拥有较大的加薪影响力，而不像在传统的薪酬体系下，直线管理人员即使知道哪些员工的能力强、业绩好，也无法向这些员工提供薪酬方面的倾斜。

基于上述分析，我们将传统薪酬结构与宽带薪酬结构之间的差异作一个综合性比较，如表7-3所示。

此外，宽带薪酬结构不仅通过弱化头衔等级、过于具体的职位描述以及单一的向上流动方式向员工传递一种个人绩效文化，而且还通过弱化员工之间的晋升竞争而更多地强调依靠员工之间的合作、知识共享、共同进步来帮助企业培育积极的团队绩效文化，这对于企业整体业绩的提升无疑是非常重要的一种力量。

表 7-3

比较内容	传统薪酬结构	宽带薪酬结构
薪酬战略与企业发展战略	难配套	易配套
与劳动力市场的关系	市场是第二位	以市场为导向
直线经理的参与	几乎没有参与	更多的参与
薪酬调整的方向	纵向	横向及纵向
组织结构的特点	层级多	扁平
与员工的工作表现	松散	紧密
薪酬等级	多	少
级差	大	小
薪酬变动范围	窄	宽

资料来源：冯宪．薪酬管理．杭州：浙江大学出版社，2005．

四、宽带薪酬设计

在进行薪酬体系设计时，薪酬策略的选择、薪酬计划的制定、薪酬方案的设计、薪酬的发放及沟通，均应体现企业战略、核心竞争优势和价值导向对人力资源尤其是对激励机制的要求，否则企业的战略目标和核心价值观将得不到贯彻。在宽带薪酬管理设计中首先考虑的两个最基本的要素是"市场竞争性"和"内部公平性"。

市场竞争性是指设计薪酬管理时一定要考虑行业市场、总体劳动力市场和国家经济发展状况，通常的方法是参加市场薪酬调查并了解本企业在市场上薪酬支付水平状况。内部公平性是指设计薪酬管理时一定要考虑公司内部级别系统是否合理和公平，通常的方法是通过进行岗位分析和岗位评价，设计合理可行的级别体系。现在比较流行的岗位评估方法有三因素法和四因素法，通过岗位评估，算出各岗位的点数，通过点数比较各岗位之间的大小。

根据岗位评估结果形成的自然级别作为设计企业级别的基础。企业级别的形成有可能是自然级别合并的结果，多级自然级别合并就形成宽带薪酬级别。不同的薪酬管理方法在评估后形成自然级别的方法也不完全相同，到底哪些级别和哪些级别合并，这也和不同的企业有关系，是由企业的类型、岗位特点、岗位分布状况和数量等因素决定的，没有一家企业是完全一样的。一般来说，在设计宽带薪酬时要考虑以下因素：

1. 选择适合于运用宽带技术的职务或层级系列。

在传统的金字塔型组织结构、强调个人贡献的文化氛围中，往往采用等级制的薪酬模式，但随着组织的等级逐渐趋于平坦，强调团队协作而不是个人贡献，在组织中就要用较少的工资范围跨度、很大的工资类别来代替以前较多的工资级别。在这种情况下，宽带薪酬模式应运而生，以此减少了工作之间的等级差别。

工作的性质对薪酬模式的选择具有重大影响。例如，与工作较独立、环境较为轻松的工作相比，如果工作技术要求和工作的性质需要较强的协作和团队精神，平等型的宽带薪酬模式更有利于提高员工的满意度和绩效。

2. 运用宽带技术建立并完善企业的薪酬体系。

第一，确定宽带的数量。首先企业要确定使用多少个工资带，在这些工资带之间通常有一个分界点。每一个工资带对人员的技能、能力的要求都是不同的。

第二，根据不同工作性质的特点及不同层级的员工需求的多样性建立不同的薪酬结构，以有效地激励不同层次员工的积极性和主动性。

第三，确定宽带内的薪酬浮动范围。根据薪酬调查的数据及职位评价结果来确定每一个宽带的浮动范围以及级差，同时在每一个工资带中每个职能部门根据市场薪酬情况和职位评价结果确定不同的薪酬等级和水平。

第四，宽带内横向职位轮换。同一个工资带中薪酬的增加与不同等级薪酬增加相似，在同一个工资带中，鼓励不同职能部门的员工跨部门流动以增强组织的适应性，提高多角度思考问题的能力。因此，职业的变化更可能的是跨职能部门，而从低宽带向高宽带的流动则会很少。

第五，做好任职资格及工资评级工作。宽带薪酬虽然有很多的优点，但由于经理在决定员工工资时有更大的自由，人力成本有可能大幅度上升。美国联邦政府的有限的经验表明，在宽带结构下，薪酬成本上升的速度比传统工资结构快。为了有效地控制人力成本，抑制宽带薪酬模式的缺点，在建立宽带薪酬体系的同时，还必须构建相应的任职资格体系，明确工资评级标准及办法，营造一个以绩效和能力为导向的企业文化氛围。

根据以上论述，我们可以得出，在企业设计薪酬制度时必须体现企业个性化特征，必须以企业整体战略和核心价值观为基础，并根据组织结构以及不同层次人员需求的多样化来设计符合企业特点的薪酬方案，而不能简单地用宽带或窄带作为企业的薪酬制度。同时，还应在整体薪酬分配结构中考虑各项分配制度的独特作用和相互关系，再从技术层面上来有效设计各项分配制度及配套措施，使制度能够有效运用。

另外，企业在考虑是否应用宽带薪酬设计体系时，必须进行慎重的考虑。与传统的薪酬设计方法相比，宽带薪酬注重考虑员工个人的差异，是对个人能力的充分尊重。但值得一提的是，强调员工个人能力的宽带薪酬设计方法与强调岗位、以岗定薪的传统的薪酬设计方法并不是相互矛盾的。两种方法从不同的方面反映和强调了薪酬设计中的公平性，从这一点来讲，两种方法是互补的。

第四节 影响企业薪酬制度的因素

所谓企业薪酬制度，就是管理者对薪酬管理运行的目标、任务、途径和手段的选择，也称薪酬组合方案。它是企业对员工劳动报酬所采取的方针或策略。企业薪酬制度的制定必须考虑到企业外部与内部的各种影响因素。影响员工的薪酬制度的因素可分为企业外部因素、企业内部因素和个人因素三大类。

一、企业外部因素

影响员工薪酬制度的外部因素主要有七个方面。

（一）劳动力因素

从劳动力角度来讲，劳动力的市场供求和价格水平均会影响到企业的薪酬制度设计。

劳动力市场上的供求状况的变化，决定企业对员工成本的投入，从而影响企业员工薪酬水平的变化。劳动力如果供大于求，众多劳动力"待价而沽"，劳动力价格下降，企业雇用劳动力的成本也会下降，那么企业对员工的选择权就大于员工对企业的选择权，企业选择新人的机会增多，于是企业就会适时对薪酬制度做出调整，降低新入员工的工资甚至降低现有员工的薪酬水平。劳动力如果供不应求，劳动力缺少，"千金易得，一将难求"，企业间的人才争夺战开始，致使企业对薪酬制度做出调整。如提高新入员工的工资和福利来使本企业的薪酬看起来更有吸引力和竞争力，以吸引到更多的人才。

（二）政府的制度调节

因为企业的薪酬制度涉及员工的切身利益，影响员工的日常生活水平，直接影响社会保障制度的建立，所以它也受到国家相关法律法规的制约。在市场经济条件下，政府对企业薪酬水平的干预，主要表现为以培育、发展和完善劳动力市场为中心，用宏观经济制度调节劳动力供求关系，引导市场。政府对企业员工的薪酬水平的干预包括直接调节和间接调节。直接调节就是政府通过立法来规范企业的分配行为，从而直接调节企业的薪酬水平。例如美国的最低工资保障、工资支付保障、一般工作条件立法等和我国1994年由全国人民代表大会常务委员会通过，并从1995年1月1日开始实施的《中华人民共和国劳动法》。间接调节是指政府不是专门调节薪酬变动，而是通过调节其他经济行为和社会行为，从而对企业薪酬水平产生影响，如财政制度、价格制度等。

（三）现行工资率因素

薪酬制度设计中的一个基本制度设计便是工资结构设计，它受到工资率的影响。现行工资率的变化促使工资结构设计依据市场做出相应的调整，以减少工资率过高所带来的高成本，同时，薪酬制度设计的变化也可以解决因工资率的降低而带来的企业资金闲置的问题。

（四）地区行业因素

薪酬制度设计不仅仅因企业自身而异，也因地区和行业而异。不同地区的不同行业有不同的薪酬制度。某一企业的薪酬制度设计一般只能参考本地区本行业其他企业的薪酬制度状况。在本地区本行业有竞争力的薪酬制度，在其他地区和行业可能就毫无竞争力，所以薪酬制度的设计因地区和行业而异。

（五）物价因素

由于薪酬系统与员工的生活息息相关，物价变动，会直接影响雇员的薪酬水平。当某一地区的物价水平较高时，这一地区的员工从企业所获得的实际薪酬水平降低，这个时候企业需要增加员工工资，使工资的增幅超过物价的增幅，也可以给予员工一定的补偿，当然这种补偿也可以是一定量的补贴或者是增发奖金等，这样可以稳定员工的情绪，培养员工的忠诚。

（六）经济状况和劳动生产率

经济发展水平和劳动生产率是企业薪酬水平的重要影响因素。一般来说，当地经济发展水平处在一个较高水平，其劳动生产率高时，企业员工的薪酬会较高；反之，企业员工的薪酬水平会较低。在我国，目前的经济发达的地区与经济不发达的地区之间的薪酬水平存在差距。如我国的沿海地区经济发展水平较高，大城市的经济发展水平较高，因此，这些地区的企业员工薪酬较高。

（七）地区的生活水平

企业所在地区的生活水平从两个层面影响企业的薪酬制度：一方面，生活水平高了，员工对个人生活的期望也高，对企业薪酬水平的压力就大；另一方面，生活水平高也可能意味着物价指数持续上升，为了保持员工生活水平不降低或购买力不下降，企业会给员工增加薪酬。

二、企业内部因素

（一）企业的支付能力

在企业中，员工薪酬水平受制于公司的利润与其他财务资源，而企业的支付能力取决于员工的生产率，企业经济效益的好坏直接决定了员工个人收入水平。薪酬是劳动价格和价值的表现形式，它和其他劳动要素成本的价格一样，随着企业效益而变动，企业薪酬中的非货币薪酬部分与企业效益的联系更为密切。企业经营状况好，经济效益高，盈利能力强，利润增多，是员工所获薪酬水平提高的基础。相反，经营状况不好，利润减少，企业就会对薪酬制度做出调整，如减少津贴、降低福利待遇等。

（二）企业的发展阶段

企业的发展阶段不同，其经营战略不同，企业的赢利能力也不同，因此，企业的薪酬战略也不同。表7-4解释了如何将薪酬战略与企业不同经营战略相匹配。

表 7-4 薪酬战略与发展阶段的关系①

组织特征	企业发展战略			
	初创阶段	增长阶段	成熟阶段	衰退阶段
经营战略	以投资促发展	以投资促发展	保持利润与保护市场	收获利润并开展新领域投资
风险水平	高	中	低	中—高
薪酬战略	个人激励	个人—集体激励	个人—集体激励	奖励成本控制
短期激励	股票奖励	现金奖励	利润分享、现金奖励	
长期激励	股票期权（全面参与）	股票购买（有限参与）	股票购买	
基本工资	低于市场水平	等于市场水平	大于或等于市场水平	低于或等于市场水平
福利	低于市场水平	低于市场水平	大于或等于市场水平	低于或等于市场水平

---

① 李燕萍．人力资源管理．武汉：武汉大学出版社，2002：291-292．

在一些处于迅速成长阶段的企业中，经营战略是以投资促进公司成长。为了与经营战略保持一致，薪酬战略应该刺激形成一个创业型的管理群体。因此，企业应该着重使高额薪酬与高中等程度的刺激和鼓励相结合（风险越大，薪酬越高）。在处于成熟阶段的企业中，经营战略基本上以保持利润和保护市场为目标，所以，薪酬策略应是奖励市场为主。要做到这一点，则应使平均薪酬水平与中等程度的刺激和鼓励以及标准福利水平相结合。在处于衰退阶段的企业中，最恰当的战略是获得利润并向别处投资。要实现这样一种战略目标，就必须使标准福利与低于中等水平工资相结合，并让适当刺激和奖励直接与成本控制联系在一起。

（三）经营层领导的态度

薪酬管理制度的选择与设计在很大程度上是由企业领导的态度决定的，在公司制企业中一般要经过董事会审定，在工厂制企业中要经过厂级领导的审定和认可。因此，高层领导对整个形势的判断和理解、对于薪酬问题的理解和重视程度对保持和提高士气、吸引高质量的员工、降低离职率、改善员工的生产水平有着重要的影响。例如，有的企业推崇个人主义，因此薪酬差别很大；有的企业提倡集体合作主义，因此薪酬差别就小。

（四）企业人才价值观的影响

薪酬制度的对象面向企业员工，所以企业的人才价值观对薪酬制度也有影响。重视人才，企业就会增加对关键人才、有突出贡献人才的奖励，薪酬制度也会对其重点关注，这样也可以对其他人起到更好的激励作用。

（五）分配形式的影响

当组织薪酬的分配形式改变时，薪酬水平会随着变化。从计时改为计件，会在一定时期内导致薪酬水平上升；从无限计件改为有限计件，则又会导致薪酬水平的下降。

同时，企业文化、企业愿景、企业的负担能力也会对薪酬制度产生影响。

三、个人因素

（一）个人工作绩效的影响

个人工作绩效高，对企业的贡献就大，意味着为企业创造的价值就多，所获薪酬水平理所当然的要高。反之，薪酬水平就低。

（二）个人资历水平

个人资历水平越高，意味着经验越丰富，单位时间的效率就越高，薪酬水平应适当增加；资历水平低，薪酬水平相应地就低一些。

(三) 受教育的影响

受教育程度是员工潜在劳动能力的识别标志之一。受教育程度高的人,智力投资相对多,工作潜力相对大,薪酬相应地高些是合理的,因为这样既能补偿其智力的投资,又有利于鼓励员工学习科学文化知识,提高素质,促进组织发展。

(四) 岗位及其职务的影响

工作任务多而繁重、责任重大、危险性大、条件艰苦的岗位及职务,薪酬水平理应高些;反之,比较简单或者条件不那么艰苦的,薪酬水平低一些。

(五) 工作技能的影响

技能好的员工应该获得好的薪酬,以此来更好地激励员工努力发展自己,增强自身工作技能。薪酬设计过程中,技能也是重要的影响因素之一,它直接反映了企业想要员工以岗位晋升为工作的中心,还是以增强个人技能为中心。

总之,决定企业间和企业内部劳动者之间薪酬水平以及变动的因素很多,但起决定性作用的还是企业的内部因素。

第五节 薪酬制度评价

薪酬制度评价就是指对有关薪酬制度设计或薪酬制度实施的效用评价。这种效用评价要涉及两个方面:一方面是对员工而言,是否有效,是否能起到调动员工积极性和创造性的作用;另一方面是从企业或组织角度来看,薪酬制度的绩效标准就是要以最小薪酬成本达到企业最大目标或企业的最大效益。这涉及企业在设计薪酬时的技术方法的选择、薪酬政策的确定、薪酬策略的运用等多方面的因素。

一、薪酬制度的评价标准

评价薪酬制度首先得确定评价标准,这主要包括以下几方面的内容:

(一) 企业目标的实现

薪酬制度必须有利于企业经营目标和经营战略的实现,有利于企业竞争优势的形成。具体可以从两个方面来评价。

第一,企业经营目标评价法。薪酬制度评价要与企业的目标联系。有效的薪酬制度要保证能最大限度的激励人们去行动,并朝组织目标行动。

第二,成本效益法。成本与收益是企业管理中一个不变的法则,企业的生存、发展源泉在于此,如果薪酬所形成的成本不能最终带来大于成本的效益,那么薪酬制度的有效性就值得怀疑。

(二) 薪酬的合法性

薪酬制度必须合法，即符合国家的法律、法规、政策，工资形式、水平和增长等要符合国家政策。比如国家对企业的工资增长的宏观调控主要是采用两个"低于"：企业工资总额的增长幅度应低于该企业的经济效益的增长幅度；职工实际平均工资增长幅度应低于该企业的劳动生产率的增长幅度。

(三) 员工的满意度

薪酬制度是否有效要看员工的满意程度。员工的满意程度就是员工对自己所获得的薪酬进行评估后的一种主观心理感受，这种满意感是组织实现目标的重要因素，也是组织在管理工作中的目标。员工满意，就可能激发人的主观能动性、创造性，激励员工行为，提高组织效率。

二、薪酬制度的有效性

薪酬是要计入产品或服务的成本的，它是构成产品或服务成本的重要组成部分，过高的劳动报酬，必然会提高产品的市场价格，从而会降低企业产品在市场上的竞争力，威胁企业的生存。过低的劳动报酬会影响员工的士气，无法吸引和留住优秀的员工。

薪酬制度的设计必须重视其实施的效果。薪酬制度的有效性是一种度的问题，制度要适度，充分兼顾不同因素的影响。一是达到企业或组织的效益，合理的薪酬制度应成为一种有效的激励机制，给组织带来财富。二是薪酬制度要能有效地形成竞争优势，包括内部竞争优势和外部竞争优势。调查表明，当薪酬制度不具有外部竞争优势时，人们倾向于辞掉工作；当无内部竞争优势时，产生不公平，人们倾向于留下来工作，但往往会减少他们的收入。

关 键 词

薪酬制度　奖励制度　福利制度　职务薪酬制　岗位薪酬制　能力薪酬　管理人员薪酬制度　经营者年薪制　团队薪酬制度

小　结

1. 薪酬等级制度是薪酬制度的核心，它是根据员工任职资格、劳动条件、劳动复杂程度以及工作责任程度等因素，将各类劳动（工作）划分为不同的等级，按等级规定薪酬标准的一种薪酬制度。薪酬等级制度为按劳分配的实施提供了制度保证，为政府进行员工薪酬关系调整提供了重要参考，它为企业的员工培训和员工的自我发展提供了重要保证，为员工福利基金的收付提供了基准。

2. 薪酬等级制度主要是由薪酬等级表、薪酬标准、技术业务等级标准及职务名称表组成。

3. 薪酬等级制度的形式，归纳起来主要有四种类型，即：工作薪酬、能力薪酬、结构薪酬和岗位技能薪酬。

4. 薪酬等级制度的确定具体方法有比较分级法和计分分级法。

5. 宽带薪酬（Broad Banding）实际上是一种新型的薪酬结构设计方式，是对传统上那种带有大量等级层次的垂直型薪酬结构的一种改进或替代。"宽带薪酬设计"就是企业将原来相对比较多的薪酬级别，合并压缩为几个级别，同时拉大每一个薪酬级别内部薪酬浮动的范围。

6. 宽带薪酬的产生有诸多原因，与传统薪酬相比，具有一定的优势，其设计也要遵循一定程序进行。

7. 企业薪酬制度，就是管理者对薪酬管理运行的目标、任务、途径和手段的选择，也称薪酬组合方案。它是企业对员工劳动报酬所采取的方针或策略。企业薪酬制度的制定必须考虑到企业外部与内部的各种影响因素。影响员工的薪酬制度的因素可分为企业外部因素、企业内部因素和个人因素三大类。

8. 薪酬制度评价就是指对有关薪酬制度设计或是薪酬制度实施的效用评价。这种效用评价要涉及两个方面：一方面是对员工而言，是否有效，是否能起到调动员工积极性和创造性的作用；另一方面是从企业或组织角度来看，薪酬制度的绩效标准就是要以最小薪酬成本达到企业最大目标或企业的最大效益。

复习思考题

1. 薪酬制度的定义和分类是怎样的？
2. 何谓薪酬等级制度？它的特点和作用是什么？
3. 薪酬等级制度主要由什么组成？其形式有哪些？
4. 如何较好地区分工作薪酬、能力薪酬、结构薪酬和岗位技能薪酬？它们各自的使用范围有哪些？
5. 薪酬等级制度的确立有哪些方法？各种方法是如何操作的？
6. 何谓宽带薪酬？它出现的原因是什么？它具有什么样的特点和优势？
7. 如何较好地设计宽带薪酬？其中要注意什么问题？
8. 什么是企业的薪酬政策？它受到影响的因素有哪些？
9. 薪酬制度的评价是如何开展的？这种效用评价要涉及哪两个方面？

第八章　薪酬的外部竞争力

学习目的

学习本章后，你应当掌握如下内容：
1. 薪酬水平及外部竞争力的含义和外部竞争力的体现
2. 劳动力市场对薪酬水平决策的影响
3. 产品市场和其他相关因素对薪酬水平决策的影响
4. 几种常见的薪酬策略
5. 市场薪酬调查的概念、目的和实施步骤

【"我们的管理人员的薪酬要具有竞争力"】　汽车业巨头福特汽车公司（简称福特）有自己的薪酬委员会，每年薪酬委员会都会参考一份来自外部咨询公司提供的、关于福特汽车公司管理人员薪酬计划的报告。该咨询公司通过调查收集了几家由咨询公司和福特共同挑选的处于领先地位公司的部分薪酬数据，并且由于管理人员的劳动力市场不只限于汽车行业，因此，参照公司还包括其他行业的18家公司。薪酬委员会仔细审查这些公司的规模、成功经验以及其高级管理层的结构设置。有一段时期，福特薪酬计划的目标之一就是在对公司规模和业绩进行调整之后，估计被调查公司的平均薪酬水平，然后根据这个平均水平来设置福特自己的薪酬结构和水平。通常在几个关键性职务的薪酬设置上，福特的目标是要比其他公司的高，这对于公司的成功是至关重要的。薪酬委员会希望，无论是在美国的汽车行业内，还是在全球汽车行业内，福特的管理人员薪酬都要具有竞争力。

什么是薪酬的竞争力呢？企业做出的决策怎样影响企业薪酬的竞争力？读过本章后，你就可以回答这些问题了。

第一节　薪酬水平及外部竞争力

一、薪酬水平及外部竞争力的含义

薪酬水平是指企业支付给不同职位的平均薪酬。薪酬水平高低会直接影响

企业在劳动力市场上的竞争力。因此，我们将企业薪酬水平的高低以及由此产生的企业在劳动力市场中竞争能力的大小定义为薪酬的外部竞争力。

薪酬水平运用于企业之间的横向比较，过去我们关注企业间的整体薪酬水平比较，即将一家企业各个职位的薪酬的平均数与同行业企业进行比较，以辨别该企业薪酬水平是高或低。但在市场竞争日益激烈的今天，薪酬水平越来越多地注重于岗位和岗位之间或者不同企业中同类或类似工作之间的对比。因为企业整体薪酬水平高并不意味着薪酬的外部竞争力大，而整体薪酬水平低也不代表薪酬的外部竞争力小，竞争力大小需由劳动力市场来检验。例如 A 企业的整体薪酬水平比 B 企业高，但 A 企业的内部薪酬差距很小，平均主义严重，关键岗位与一般岗位的薪酬差距不大。相反，B 企业对关键岗位支付的薪酬远高于 A 企业，对于低技能岗位支付的薪酬水平则低于 A 企业。那么在劳动力市场上，谁的薪酬更有外部竞争力呢？很显然，知识经济时代的劳动力市场对低技能劳动力的需求远小于劳动力供给，而对高级人才的需求却恰恰相反。因此，B 企业不会因为对低技能岗位支付的薪酬水平更低而招不到足够的人员，它对关键岗位的慷慨薪酬却比 A 企业更能吸引和招募到高级人才。总体来看，B 企业的整体薪酬水平虽然比 A 企业低，却在劳动力市场上更有效率和竞争力。所以，谈薪酬的外部竞争力应当落实到职位或职位族上，而不能笼统地停留在企业整体水平比较上。

就我国现状而言，上面谈到的 A 企业目前在我国国有企业中还很普遍。在最近的"薪酬与激励国际研讨会"上，劳动和社会保障部副部长王东进就说：与跨国公司相比，目前中国大部分企业的薪酬制度和水平尚不具备竞争力。原因之一是企业内部工资水平未能普遍与劳动力市场价位接轨，平均主义分配思想未彻底打破，收入分配的约束激励机制尚未健全，对技术骨干、高级管理人才激励不足。所以，正确的理解企业的薪酬水平和外部竞争力有助于认清我国国企薪酬改革方向，在日趋激烈的"人才争夺战"中赢得优势。

另外，企业薪酬设计要满足外部竞争性、内部公平性和合法性。其中内部公平性，也称内部一致性，是指决定企业内某岗位薪酬水平的高低应以该工作的内容，或者以工作所需要的技能的复杂程度为基础，根据各种工作对企业目标实现的相对贡献大小来支付报酬。薪酬的外部竞争性指根据外部劳动力市场价位来确定不同岗位的薪酬水平，是一种"市场推动"。因此，企业建立薪酬制度时"对内相对公平，对外有竞争力"的要求在现实操作中经常产生矛盾。例如，根据公司内部的职位评价，公司财务经理和客户经理的重要性和价值大小是类似的，因而两个职位的薪酬水平应当大体相同，但若此时的外部劳动力市场上由于客户经理人员短缺，客户经理职位的劳动力市场价位超过了财务经理的市场价位，在这种情况下，企业就必须作出决策，到底是主要根据企业的内部职位评价来定薪酬，还是主要根据外部劳动力市场来定薪酬。在实践中，过去往往是更多地照顾薪酬的内部公平性，而在当前，薪酬的外部竞争性要求似乎更占上风一些。当然，企业薪酬的外部竞争力很强但内部不公平会导致企业付出很多效益却不好，只有兼顾两个方面才算合理的薪酬设计。

二、薪酬水平的外部竞争力的体现

不同的企业因其行业特征、市场环境、薪酬战略、支付能力等因素制约有高低不等的薪酬水平，也在劳动力市场和产品或服务市场上有大小不同的竞争力。那么，薪酬水平的外部竞争力是怎样体现的呢？我们归纳出主要有以下四点：

（一）吸引、保留和激励员工

马斯洛在他的需求理论中提出人首先要满足生存、安全等较低层次的需求，而对于大多数劳动者而言薪酬是保证其日常生活正常进行的经济基础。有关部门的调查数据显示：绝大多数人在择业时首先看重的是薪酬水平的高低。而且，大多数人在择业时由于对企业状况缺乏了解，无法正确预测企业的发展前景，所以通常根据薪酬水平的高低来判断企业的优劣。所以，薪酬水平高的企业更能吸引求职者尤其是优秀人才，而薪酬水平太低将导致优秀员工大量流失，致使企业生产经营、科技开发和市场拓展战略搁浅，企业核心竞争力下降。高薪酬一方面有利于吸引优秀人才，另一方面有利于增强现有员工满意度和忠诚度，降低员工流动频率。此外，高水平的薪酬还能控制员工的机会主义行为（怠工），从而降低了各种相关费用。因为一旦员工工作消极或做出危害企业的行为，就会被企业解雇，那么被解雇的员工将会很难在劳动力市场上找到能够提供相同薪酬的类似岗位，从而能够有效的控制员工的机会主义行为，使员工严格遵守企业的规章制度。

（二）控制劳动力成本

劳动力成本＝雇员人数×平均工资（基本工资＋工资增长＋福利＋津贴＋补贴）

企业总是在进行追求利润最大化的理性行为，而控制总成本是实现利润最大化的有效途径。薪酬水平的高低和企业的总成本支出密切相关，尤其是在一些劳动密集型的行业和以低成本作为竞争手段的企业中。在其他条件一定的情况下，薪酬水平越高，提供相同或类似产品、服务的相对成本也越高。较高的产品成本会导致较高的产品定价，在产品差异不大的情况下，理性的消费者会选择较为便宜的产品。

(三) 增强企业的实力

通过高水平的薪酬，企业更可能吸引到高质量的人员。如果对这些优秀的人才加以合理的利用，给予他们充分施展自己才华的空间，这些人才就会发挥自身的聪明才智，形成一个强大的团队，为企业的发展做出贡献，提高企业在研发、市场等方面的竞争力，不断的自我超越，使企业在同行中处于优势地位。

(四) 塑造企业形象

企业薪酬水平高低受其支付能力的制约，所以支付较高薪酬的企业总能给予人们其运营良好的感觉，增加消费者对企业以及企业所提供产品或服务的信心和忠诚度，有利于公司在产品市场上的竞争。而且，高薪酬还表明了企业对待人力资源的态度，有利于树立企业在公众中的良好形象。此外，在大多数市场经济国家中，政府在最低薪酬水平等方面都有明文规定。为了确保自身经营的规范性和合法性，企业在确定薪酬水平的时候对这些规定也绝对不可以忽视。一旦在这些方面出现对企业形象不利的问题，则对企业在劳动力市场和产品市场上的影响都将会是极为恶劣的。

第二节 薪酬水平及其外部竞争力的主要影响因素

影响薪酬水平，进而影响外部竞争力的因素可以归纳为劳动力市场因素，如在劳动力市场上寻求具有技能和能力的员工的压力；产品市场因素，如产品市场或服务市场的竞争影响组织的财务状况；其他相关因素。我们重点介绍三个方面。

一、劳动力市场因素

劳动力市场是指配置劳动力并且协调就业以及雇用决策的市场。劳动力市场运行的主要结果表现为雇用条件（薪酬水平、工作条件等）和雇用水平（雇用人数）。在劳动力市场上，供给方和需求方之间的相互作用是薪酬水平及雇用数量的最重要决定因素。当劳动力市场中某种人才的供给大于需求时，其薪酬就会相应的降低，因为企业不用担心由于薪酬问题而雇用不到这类人才；而当某类人才的需求大于供给时，企业在薪酬决策方面就要慎重，以免不能吸引和招募到所需要的人员。我们接下来就对劳动力供给和劳动力需求的基本原理进行简单介绍。

(一) 劳动力需求

劳动力需求是一种"派生需求"。换句话说，雇主之所以需要雇用工人，是为了生产和销售产品以获得收益，因而劳动力需求是关于劳动力价格和质量的一个函数。在短期劳动力需求决定中，最重要的两个概念是边际成本和边际收益（或边际收益产品）。劳动力的边际收益是指在其他情况保持不变的情况下，增加一个单位的人力资源投入所产生的收益增量。在产品市场和劳动力市场完全竞争的情况下，劳动力的边际收益等于边际劳动力所带来的产出增量乘以产品的价格，而劳动力的边际成本则等于劳动力的市场工资率。于是，利润最大化的劳动力需求水平就存在于企业所雇用的最后一个劳动力的边际收益等于为雇用这名劳动力所支付的薪酬水平这一点上。当雇用一名员工的边际收益大于边际成本时，企业就应该继续增加员工的雇用；而当再雇用一名员工的边际成本高于雇用这位员工所能够产生的边际收益时，企业就不应该再继续增加雇用了。换言之，企业劳动力的需求原则是：雇用的边际成本等于边际收益。

然而在实践中，管理者不大可能了解到每个员工的边际收益和边际产品，因为其一，许多产品和服务是具有各种不同能力的劳动者经过共同努力生产出来的，在劳动力不同质的情况下要想确定单个员工在其中所创造的价值很困难。其二，除劳动力在生产过程中创造价值外还有资本和其他生产要素，因此要想分离这一过程中共同创造了价值的其他生产要素所产生的价值也非常困难。

既然直接衡量边际产品和边际收益有困难，管理者通常使用其他一些要素来反映员工给企业带来的边际收益。如报酬要素、职位评价、技能以及能力评价等内容反映了企业对于某种工作或技能、能力所能够给企业带来的价值进行评价的努力，这种评价实际上是对员工的边际收益进行评价的一种近似替代。只不过利用报酬要素或者是技能、能力水平来进行评价，实际上是从投入的角度来确定边际价值，而不是从产出的角度来确定边际价值。此外，限定某等级职位的最高薪酬水平以及采取绩效加薪等做法，实际上也是企业力图对员工给企业带来的边际收益所进行的另外一个方面的评价的尝试。

最后，劳动力需求存在长期劳动力需求和短期劳动力需求。在通常情况下，市场工资率的变化对于长期劳动力需求的变化所产生的影响往往比对短期劳动力需求所产生的影响更大，因为在短期中，企业只能通过调整劳动力这一种生产要素的数量来实现利润最大化，而在长期中，企业可以通过同时调整劳动力和资本的使用量来达到自己追求利润的目的。

（二）劳动力供给

劳动力市场上的劳动力供给，是指特定的人口群体所能够承担的工作总量。一般来说，整个经济或社会中的劳动力供给受四个方面因素的影响。

1. 劳动力参与率。劳动力参与率是衡量那些愿意在家庭之外工作的人口规模的一个重要而明确的统计指标。它可以用下面的等式来表示：

　　劳动力参与率＝（有工作的人数＋目前正在寻找工作的人数）÷劳动力人口总数×100%

　　具体到微观层面，劳动力参与率的大小主要取决于单个家庭作出的劳动供给决策。其影响因素主要包括：家庭经济状况、年龄、性别、受教育程度等。以受教育程度为例，研究表明，在其他条件相同的情况下，特定劳动力群体的受教育程度越高，他们的劳动力参与率一般也会相应提高。

　　2. 人们愿意提供的工作时数。尽管工作时间的安排通常都是由企业来制定的，但是由于市场上存在越来越多的工时制度安排，同时许多企业还实行了弹性工作制，因此，劳动者实际上可以通过选择企业或职业来表达出自己对于工作时间的偏好。劳动经济学理论认为，工作决策实际上是一种时间利用方式的选择。简单的说，劳动者就工作时间作出的决策可以看成是其在工作和闲暇之间进行选择的结果。显然，闲暇所产生的效用和有酬工作所带来的薪酬对于劳动者都是有价值的，而市场工资率的变化同时会对劳动者的闲暇成本和工作的报酬产生影响。在这种情况下，工资率的变化会对劳动者带来两种效应，即替代效应（如果收入不变，工资率增加，闲暇的价格提高，劳动者的闲暇需求减少，从而提高工作动机）和收入效应（如果收入增加，工资不变，劳动者愿意工作的时间将减少）。工资率上升或下降对劳动者的劳动力供给小时数所产生的最终影响，取决于到底是哪一种效应更大。在通常情况下，当工资率的绝对水平比较低时，工资率上升的替代效应大于收入效应，但是当工资率水平已经达到比较高的程度时，收入效应大于替代效应的可能性就会增加。

　　3. 员工受过的教育训练及其技能水平。上面两个因素决定了一国经济中的劳动力供给数量，而目前越来越为各国重视的是劳动力供给的质量。决定一国劳动力质量的最重要因素是劳动力队伍所受过的教育以及接受过的训练，即劳动力队伍的人力资本投资状况。劳动经济学中的人力资本投资理论分析了人力资本投资的种种形式（包括积累经验、接受正规教育、在职培训、健康投资、居住地迁移等）对劳动力队伍的质量产生的影响，同时也较为深入细致地分析了劳动者及其家庭的教育投资决策以及企业的培训投资决策。例如，研究结果表明，希望毕生都呆在劳动力队伍里的劳动者在进行教育投资时会有相对较强的动机；接受过在职培训的员工通常能工作更长的时间；在人力资本方面进行过大额投资之后，员工的退休时间一般也会相应滞后。

　　显然，在其他条件类似的情况下，员工的受教育程度越高，所接受的训练越多，积累的经验越多，则他的收益能力就会越强，所得到的报酬水平就会越高。对于国家或企业而言，劳动力队伍的素质越高，则劳动者所能够产生的生产率就会越高，国家或者企业的竞争力就越强。但是，正如任何投资一样，投资都是成本与收益风险并存的，不过，在劳动力市场和产品市场运营正常的情况下，人力资本投资的风险相对于其他许多投资来说还是要低很多。只不过，在企业对员工进行人力资本投资时，需要有良好的制度设计，不然，其中一方有可能会承担较大的投资风险，比如接受企业培训的员工离职等。

4. 员工在工作过程中付出的努力水平。劳动力的数量和质量都是一种静态的存量，这种存量如何转化为流量，即劳动者在实际工作过程中是否能够将其具备的知识和技能充分发挥出来，转化为生产率，则还要取决于企业的总体制度安排。其中包括员工与工作之间的匹配性，绩效管理制度是否完善，以及薪酬水平和薪酬制度是否合理等，这实际上正是企业人力资源管理工作的核心问题。

（三）对劳动力市场理论的补充与修正

1. 效率工资理论。传统经济模型的基本假设是企业只能够被动地接受市场决定的薪酬。效率工资理论不赞成这个基本假设。所谓效率工资，是指一家企业所支付的薪酬高于市场通行工资率时的薪酬水平。效率工资理论认为有时企业支付的薪酬高于市场薪酬水平，这不仅不会增加劳动成本，反而会降低劳动成本。因为通过以下方法，高薪酬可以提高企业效率：

- 吸纳高素质求职者
- 减少跳槽人数
- 员工出于对企业"感激"之心，会更努力地工作
- 因为被解雇的代价增加，工人会尽量避免"怠工"
- 减少管理人员

但从另一方面看，高于市场水平的薪酬会给企业带来成本压力，所以，只有当企业所支付的高于市场水平的薪酬可以换取同样高于市场水平的收益时，效率工资才能够持续性地执行下去。这就要求企业的员工甄选和配置系统必须有助于企业挑选出最好的员工；企业的工作结构安排和绩效管理系统也必须能够充分挖掘到员工的潜在生产率优势。

2. 信号工资理论。信号工资理论指出，企业可有意地将薪酬决策纳入组织战略，如果有这样两种薪酬决策：第一种基本工资低于市场工资率，但奖金丰厚，培训机会多；第二种基本工资与市场工资率相当，但它没有与业绩挂钩的奖金。那么它们将向求职者发出不同的信息，吸纳不同的求职者，如基本工资低而奖金高的公司希望员工勇于承担风险。

同样，信号工资理论也适合劳动力模式，因为劳动力供给者也会对潜在的雇主传递信号。有学生工作经验、成绩优秀，或有相关工作经验的求职者给潜

在的雇主传递"他们将是更优秀的工作者"这样的信号。因此,人力资本投资如学历、学分、工作经验,薪酬水平的类型和薪酬混合体如高奖金、福利选择等都可作为某种信号来帮助员工与组织进行信息交流。

3. 保留工资理论。保留工资是从劳动力供给方的决策中延伸出的一个概念。它认为处于劳动力队伍之外的人对其边际闲暇小时价值有一个自我判断,如果市场工资率不能达到自我判断的最低薪酬要求,那么这些人就不会接受这份工作,即"保留"自己的劳动力。保留工资也可理解为一种边际概念,即一旦市场提供的工资率超过了劳动者的保留工资数额,那么劳动者就会考虑从事工作而不是享受闲暇。

不同的人对于闲暇和收入的偏好不同,其技能高低、受教育程度、过去的收入水平、现在的家庭生活状况等因素都会影响其保留工资的高低,因此可以说保留工资是一种心理概念,哪怕客观条件相同的人也会因主观原因导致保留工资有高低之分。另外,个人的保留工资也会变动,比如经济萧条或失业率上升的时候,许多人的保留工资会下降,反之,经济增长速度加快时大家的保留工资又很可能会上升。

在现实中,市场工资水平的数据越准确且容易获得,劳动者保留工资与市场通行工资率之间的差异就会越小,劳动力供求双方之间的交易就越容易达成。因此,在发达市场经济国家中,政府、大学、咨询公司或一些行业组织会定期做市场薪酬调查,来为劳动者和企业提供及时、有效地市场薪酬信息。

4. 劳动力成本理论。劳动力成本理论的前提是:通过自我投资如教育、培训、经验来提高工作能力的人将获得更高的薪酬。个人获得技能和能力需要花费时间、金钱或利用各种资源,因此,需要长期高价培训的工作如医生、建筑师,与只需较少投资便可胜任的工作如工人、办事员相比,前者所得到的薪酬比后者高,即前者通过更高的人力资本投资能获得更多的报酬。

二、产品市场因素

大多数企业同时存在于三个市场——劳动力市场、资本市场和产品市场当中。上文已经讨论了劳动力市场对于企业薪酬水平及其外部竞争力的影响,劳动力供求是决定企业薪酬水平的主要因素。然而,任何企业都必须有足够的收入来支付各种费用,包括薪酬。因此,企业的薪酬水平受其产品或劳务在市场上竞争力的影响。可见,产品市场状况在很大程度上决定企业支付能力。一般而言,劳动力市场因素确定了企业所支付的薪酬水平的下限,而产品市场则确定了企业可能支付的薪酬水平的上限。

（一）产品需求

当产品市场对某种产品或服务的需求增加时，企业为了实现利润最大化的目标将会相应提高产量水平，对劳动力的需求也将增大。在企业可以利用的技术、资本和劳动力供给保持不变时，企业需通过提高现有薪酬水平来吸引更多的劳动力。产品需求增加可以有多种情况，当企业通过广告宣传或其他方式来强调本企业产品或服务与竞争对手提供的同类商品有差异时，消费者更易于形成对该企业产品或服务的偏好；另外可能的情况是产品本身属于新型或畅销产品，其市场容量足够大，产品生产者共同做大了市场，造成产品市场对于某企业产品的需求增加。另一方面，当企业提高员工的薪酬水平时，它要么保持产品或服务价格不变，从总收入中拨出更多的份额作为劳动成本；要么提高产品或服务的价格，将薪酬水平的增量转嫁到顾客身上。如果该产品处于买方垄断地位或产品的需求弹性很小，企业常常采用"转嫁"的方式来弥补增加的人工成本。例如在日本汽车公司如丰田、本田等进军美国之前，美国汽车制造商一直用提高汽车价位的方法来转嫁增加的薪酬来摆脱支付能力的困境。

（二）竞争程度

产品市场的竞争程度对薪酬水平也有很大影响。若企业在产品市场上处于垄断地位，企业可以比较自由地为产品定价，通常能够获得超出市场平均利润水平的垄断利润，足以保证企业向员工提供高出市场水平的薪酬。如果企业给产品定价过高，远远超出其成本，其他企业势必受高利润的刺激进入该市场，促使这一产品市场向自由竞争演变，那么原有企业的垄断优势就不复存在了。若企业本来就处于产品竞争激烈的市场中，它的薪酬水平一般与市场平均水平接近。

三、其他相关因素

产品市场和劳动力市场状况确定了薪酬水平的浮动范围（最高和最低薪酬），但其他相关因素对薪酬水平也有很大影响。

（一）行业因素

一般而言，资本密集型行业的薪酬水平要高于劳动密集型行业，例如软件开发、环境科学、电信技术、遗传工程、生物医药等行业的人均薪酬水平比较高，其原因有几方面。一是资本密集的行业对资本投资要求很高，这会对新企业进入市场造成一种限制，从而容易形成卖方垄断的产品市场，左右着产品供给。二是高资本投入的行业对员工的专业技能和素质要求较高，需要高水平知识技能的人来运行资本，保证资本能够产生最大效益。这些高级人才需要高水平薪酬来弥补人力资本投资。三是相对于劳动密集型企业，资本密集型企业的总成本中人工成本所占比例较小，企业有能力支付。

（二）企业规模

大量资料表明，规模大的企业比规模小的企业薪酬水平高。例如，一项对制造业的调查表明，拥有 100~500 名员工的厂家支付的薪酬超出小厂家的 6%；拥有 500 名以上员工的厂家支付的薪酬超出最小厂家的 12%。大企业所支付的薪酬水平较高可以从以下几个方面来考虑：

1. 大企业比中小企业更倾向采用长期雇用的做法。大企业通常采用相互依赖程度高的生产技术，因此如果在大企业中有一项工作的人员短缺就会影响到整个企业的生产过程。而且，一旦熟悉公司运行规则的熟练员工离职，就会给企业带来双重的生产率损失，既有因资深员工流失而造成的当前生产率降低的成本，又有雇用新员工及培训新员工的成本。因此，大企业更愿意向员工支付较高水平的薪酬来降低辞职率及确保空缺职位的迅速填补。

2. 大企业有更大的动力维持与员工之间的长期雇用关系，而大企业员工的稳定性也更强，所以大企业会有更大的动力去培训自己的员工，而员工的人力资本投资增加必然会强化他们的收入能力。

3. 企业规模越大，对员工工作的监督就越费成本。所以，大企业常采用高于市场水平的薪酬来激励员工在没有严密的直接监督下努力工作。这也是效率工资理论的运用。

4. 大企业一般是资本密集型的，因而具有更高的薪酬支付能力。而且，出于公司形象方面的考虑有更高的薪酬支付意愿。

（三）企业经营战略和价值观因素

如果企业选择实施低成本战略，那么它必然尽可能地降低成本，包括薪酬成本。大部分劳动力密集型企业由于边际利润较低，盈利能力和支付能力都较弱，因而它们会采用这种战略。相反，实施创新战略的企业为了吸引有创造力、敢于冒风险的员工就更可能采用高工资战略，它们更为关注薪酬成本带来的收益。

（四）竞争对手的薪酬水平

如果竞争对手提高其薪酬水平，而企业在薪酬方面却没有作出及时回应，那么在吸引和招募人员方面，企业可能因其相对较低的薪酬而导致一流水平的人才首选竞争对手企业，而招募不到足够数量的优秀员工，在人才竞争中处于不利地位；在留用员工方面，核心员工因本企业的薪酬低于竞争对手而产生不公平感，降低忠诚度和归属感，也容易造成企业人才流失和生存危机。

（五）国家有关法律法规

很多国家都制定了与薪酬有关的法律法规，如美国的公平劳动标准法

(*Fair Labour Standard Act*，FLSA），FLSA 对最低工资、加班工资以及童工的内容都有严格的规定。虽然我国目前有关各专业员工权益保护的正式法律不算多，但对禁止使用童工和保护妇女、残疾人等方面已有若干规定。相信随着法制的日趋完备，这类法律必然日益增多。所以，企业的薪酬政策必须遵守有关的法律法规。

（六）工会的力量

工会作为代表入会劳动工人的一个合法性组织，其宗旨就是为其成员的生活提供保障，改善成员的边缘薪酬，最大限度地维护工人的权益。这些无疑会对组织的薪酬决策产生影响。一般而言，工会势力越强，其对组织的薪酬决策的影响也就越大。

第三节　选择具有竞争力的薪酬策略

企业在确定薪酬水平的时候既会受到来自外部劳动力市场和产品市场的双重压力，又会受到组织自身特点及组织所面临的特定竞争环境的影响。到底是将薪酬水平定在高于市场平均薪酬水平之上，还是将其定在与市场平均薪酬恰好相等或稍低一些的水平上呢？我们来看看下面几种常见的薪酬策略。

一、领先型薪酬策略

领先型薪酬策略就是将薪酬定位于市场水平之上，在市场中居于领袖地位。实施这种策略的企业一般有这样一些特征：处于垄断的行业、投资回报率较高、薪酬成本在企业经营总成本中所占的比率较低。首先，处于垄断的行业意味着在该行业内的竞争对手较少，产品的需求弹性很小甚至是无弹性的，企业可以通过提高产品的价格来弥补较高的薪酬成本，将高成本转嫁给消费者。其次，投资回报率较高的企业能够获取高额利润，从而有充足的资金运转，不会因员工的薪酬水平过高而导致资金周转不灵影响正常生产。最后，当薪酬成本在企业经营总成本中所占的比率很低时，薪酬支出在企业成本总支出中不再处于敏感的地位，相反企业还可能通过较高的薪酬水平来减少各种劳资问题的产生，缓和劳资双方的矛盾，使得企业的管理者把更多的时间和精力放到那些影响企业生存和发展的重大问题上，保证企业正常生产活动有序进行。

另外，实行高薪有利于招募到大量高素质的人才，完善企业的组织结构，提高组织的工作效率。

在我国，已经有很多企业向这方面发展，其中深圳华为是最早采用领先型薪酬策略的企业之一。这家以生产程控交换机及相关产品的研发、生产以及销售的民营企业，在企业发展初期以及之后的相当长的一段时间内，明确提出让企业员工拿到与外资企业甚至在国外工作的同类员工的同等薪酬，从而为企业在产品市场上与同类企业抗衡起到了重要作用。

当然，充当市场薪酬水平领头羊的企业并非是为了逞一时之快而头脑发热，它们都希望从自己的高投入获得对等的投资效益。较高的薪酬水平对企业的利益可能包括：

1. 较高的薪酬水平能够吸引大量的、可供选择的员工，能够招聘到那些掌握关键产品技术的人员，从而减少企业在发展道路中的产品探索等过程。总之，高水平的薪酬能够使企业选择员工的余地变大，从中寻找企业真正需要的人员或者是能充分适合企业的人员，从而完善企业的人员结构。另外，还能够使企业在较短的时间内获得急需的人才。

2. 有利于减少企业在员工甄选方面的费用。这是因为求职者都清楚高水平的薪酬意味着对员工有更高的要求，要承担更重的责任。那些不具备任职资格的人员会避免选择这种支付高薪的企业。这样，企业在甄选方面所需投入的人力、物力、财力也就相应的减少。

3. 高水平的薪酬减少员工的离职率，激励员工努力提高工作绩效，高效的完成工作任务以及防止被解雇，从而减少企业对员工进行监督的各种费用。

4. 高水平的薪酬有利于减少因为薪酬问题而引发的劳资纠纷，避免企业在劳资问题上花费过多的时间和精力，损害企业的公众形象，更有助于与政府建立良好的公共关系。

5. 高薪酬不仅能够增加员工的忠诚度、归属感，而且还能抵消工作本身的种种不利因素，如工作环境差、工作枯燥单一等，有利于员工平衡心理的形成。

诚然，实行领先型薪酬策略给企业带来许多的益处，但是这类企业也承受着巨大的管理压力。因为高薪固然为企业吸引和招募到一流的员工，但是如果企业不能通过良好的组织结构设计来实现对优秀员工的合理配置，充分调动他们的主动性、积极性、创造性，进而促进企业效益的提高，创造更多的利润，那么高薪就转变成企业的负担，企业的处境就堪忧了。

二、跟随型薪酬策略

跟随型薪酬策略也可称为市场匹配策略，是竞争者最通常采用的方式，实际上就是根据市场平均水平来确定本企业的薪酬定位的一种常用做法。一般企业采取这种薪酬策略有三点理由：薪酬水平低于竞争对手会引起员工不满；薪酬水平低会限制组织的招聘能力；支付市场薪酬水平薪酬是企业的责任。跟随型的薪酬力图使本组织的薪酬成本接近产品竞争对手的薪酬成本；同时使本组织吸纳员工的能力接近产品竞争对手吸纳员工的能力。这种策略能使企业避免在产品定价或保留高素质员工队伍方面处于劣势，但它并不能使企业在劳动力市场上处于优势。

三、滞后型薪酬策略

采用滞后型薪酬策略的多为一些中小型企业，因为这有利于它们最低成本战略的实现。由于处在竞争性的产品市场，规模较小和边际利润率低，以及成本承受能力有限，它们很难负担高额薪酬成本的压力，这是企业实施滞后型薪酬策略的主要原因之一。采用这种策略虽然可以因为工资低于市场平均水平而在短期内节约成本，但这种短期的节余会被长期发展的成本所抵消，因为采用这种薪酬水平策略的企业可能很难招募和留住高素质员工。就是一些员工出于某些特殊原因暂时接受职务，一旦他们的困难得到缓解，他们很容易另谋高就。他们仅仅把企业当作一个学习知识和积累经验的场所，当作一个"跳板"。过于频繁的人员流失会降低企业有效经营和及时向市场提供产品和服务的能力，给企业带来生产率的损失。但是，如果采用滞后型薪酬策略的企业能保证员工将来可以得到更高的收入，那么员工的责任感会提高，团队精神也会增强，从而企业的劳动生产率也会提高。如有些处于高科技行业的公司，它们提供给员工的初始薪酬比竞争对手低，但同时保证，2~4年内业绩突出的员工的收入将超过竞争对手员工的收入。这种将滞后型的基本薪酬和未来较高的收入结合在一起的薪酬组合不但不会影响企业的员工招募和保留能力，反而有助于增强员工的工作积极性和责任感。

四、混合型薪酬策略

所谓混合型薪酬策略是指企业混合使用几种薪酬策略。企业根据岗位和员工的重要程度分别制定不同的薪酬水平。例如，企业可以对核心或关键的岗位采取领先型薪酬策略，以便充分调动核心员工的工作积极性，使企业全体员工体会到企业对人才的尊重和爱护，激励所有员工自我学习，不断增加自身的知识和技能，进而促进企业绩效的增加。对于普通员工可以实施跟随型薪酬策略，保证企业正常运行。目前企业实践中多采用上高下低或下高上低的混合策略。

上高下低策略指高层人员的薪酬略高于市场的平均水平，基层人员的薪酬略低于市场平均水平，这样既有利于吸引优秀人才进入企业高层，提高经营效率，加速企业扩张，又有利于适度控制薪酬成本的增长。

下高上低策略主要用于经营环境相对稳定、已取得明确市场地位、产品处于成熟期的企业。这些企业更关心是否能以最低的成本按时、按质、按量地完成生产和交货任务，提高基层人员的工作效率是提升企业竞争力的关键。混合型薪酬策略最大的优点在于灵活性和针对性，企业可以按自身特点来调整。

第四节　市场薪酬调查

一、市场薪酬调查的概念

市场薪酬调查是实现企业薪酬水平外部竞争性的重要途径。通过市场薪酬调查，企业可以明确组织内的各种薪酬标准与市场水平的关系，有利于提高企业薪酬水平的外部竞争力。通过市场薪酬调查可以清查两方面问题：一是了解竞争对手给其员工的报酬是多少；二是针对竞争对手的报酬水平来设计本企业的薪酬标准，确保企业在劳动力市场上的竞争优势。

市场薪酬调查就是应用各种合法的手段来获取相关企业各岗位的薪酬水平及相关信息，并对所搜集到的信息进行统计和分析，进而在此基础上结合企业自身的战略目标和经营绩效确定企业薪酬水平的市场定位。在美国等西方发达国家，企业都是通过薪酬调查来了解其他企业对各种具体工作的报酬标准。据统计，美国93%的雇主利用薪酬调查来确定薪酬水平，50%以上的企业主认为薪酬调查非常重要。

二、市场薪酬调查的类型及其优缺点

在发达国家，每年举办的各种薪酬调查不计其数，而主持进行薪酬调查的主体又很多，例如政府、行业和专业协会、咨询公司、企业家联合体以及企业自己等。我们按参与市场薪酬调查的主体，将市场薪酬调查大致分为三类。

（一）政府薪酬调查

这种方法是由有关政府部门组织实施的，对全国范围内各行各业的薪酬水平作出总体的评估，了解各行业的薪酬现状，从而为社会提供薪酬成本指数和有关薪酬的其他数据，发挥行业宏观指导功能，促进人员的合理流动。例如，美国劳工局每年都要进行全国范围内的薪酬调查，以便为企业薪酬政策提供参考，有利于企业间的公平竞争。

这种调查的优点首先在于企业可以无偿使用调查数据和信息，节省企业亲自调查的成本。其次，由于这些数据是由国家调查得来，故具有很高的权威性、准确性，可以使企业实行的最低薪酬有法律依据，避免违反国家关于最低薪酬方面的有关规定，免于企业陷入不必要的劳动纠纷。最后，由于调查是全

国性的，各行各业员工的工资收入以及其他与工资直接相关的报酬项目，甚至员工的工作时间也在调查之列，这样就为企业的薪酬体系的制定提供了丰富的参考信息，使得企业可以全方位、多层次地设计自身有竞争力的薪酬结构。

这种调查方法也有缺点：一是由于此类调查是全国范围内的，其范围之广，难度之大，均使调查特别耗时，具有时间的滞后性，所提供的薪酬信息往往不是最新的，在信息的及时性和有效性上大打折扣；二是由于覆盖面广而使得不可能对行业内的每一种职位都进行详细的薪酬调查，而只能选取行业中最具代表性的基准工作即那些高度标准化的职位，从而不能满足企业对个性化信息的需求，对企业整体薪酬政策的参考价值不大。

（二）企业作为主体的市场薪酬调查

市场薪酬调查就是应用各种合法的手段，来获取相关企业各职位的薪酬水平及相关信息，再对所收集到的信息进行统计和分析，进而在此基础之上，结合企业自身的战略目标和经营绩效，确定企业薪酬水平的市场定位。在美国等西方发达国家，公司都是通过薪酬调查来了解其他企业对各种具体工作的报酬标准。

通过进行市场薪酬调查，可以了解同行和相关行业劳动力市场的流行薪酬标准，在此基础上可以直接或间接的用同行的薪酬标准作为给付标准，或者通过调查确定某些基准工作的给付标准，然后按照相对价值为其他工作确定薪酬标准。而且，通过市场薪酬调查可以增强企业对其竞争对手的了解，建立有竞争力的薪酬体系。即企业根据自身的实际需要，针对性地组织人员对其所在行业内的竞争对手进行全面而细致的调查，为制定自身的薪酬体系提供保障，增强企业在劳动力市场、产品市场上的竞争力。

此类调查的针对性很强，有利于满足企业的个性化需要，能够得到最新的薪酬动态和加强对竞争对手的认识程度。但在实际中，企业会因为以下原因而不选择自己实施调查：

1. 薪酬调查是一项非常繁琐的工作，需要花费大量的人力。大多数企业都没有合格的员工从事这项工作。即使有，他们也没有空余的时间从事此类调查。而且，开发和设计有效的调查需要精通问卷设计、采样方法和统计方法等方面的专业知识，企业在这些方面也缺乏必要的人员。

2. 被调查企业不愿把自己的总体薪酬信息透露给竞争对手。即使是勉强同意，所提供的信息也可能不完全或不具有代表性。这一点是可以理解的，毕竟薪酬体系是企业获得竞争优势的重要保障，属于商业机密。所有这些因素均会使得亲自调查的风险很大。

3. 亲自调查的成本会很高。由于企业不是专门的薪酬调查机构，所以缺乏调查所需的相关资料，这就要求企业必须设计一套完整的调查方案，因而必然要投入大量的人力、物力、财力使得企业的成本增加，这些成本包括调查人员的工资和福利、各种调查的费用。更为严重的是，还有可能造成参与调查员工精力的分散，进而影响到组织的正常运作。

出于上述原因的考虑，企业自己进行薪酬调查的方法应用得很少。另外，近几年来，企业与企业之间的相互调查悄然兴起。它是通过企业之间或是协会等机构进行联合调查的方式，了解行业组织的薪酬标准，确保企业在劳动力市场上的竞争优势。但是，由于薪酬管理政策和薪酬数据属于商业机密，再加上我国现行的市场机制还不完善等原因，企业间尤其是主要竞争对手间交换薪酬水平信息的可能性微乎其微。随着我国市场机制的不断成熟，此种方法必然会在薪酬调查中占有重要的地位。

（三）专业性薪酬调查

市场上存在大量的专门从事薪酬调查的咨询公司。它们向企业提供专门的薪酬调查服务，并收取一定的佣金。咨询公司最大的优点在于能为企业作"量身定做"式的薪酬调查。咨询公司在市场薪酬调查方面积累了大量的经验和数据，能准确的按照企业的要求进行相关的岗位薪酬调查，并对企业薪酬结构的设计提供合理化的建议。再者，作为咨询机构，由于和其他企业不存在利害关系，比较而言，咨询公司更容易从其他公司取得相关的薪酬信息，因而薪酬调查结果也就更具有真实性，更有价值，而且，委托专业机构调查还能够减少人力资源部门的工作量，避免企业之间大量的协调工作，拓宽了信息获取的渠道。

不足之处就是要支付一笔昂贵的费用，并且咨询公司的信誉也至关重要，要保证咨询公司不能随意将企业的薪酬水平、政策等机密性资料和调查的结果透露给竞争对手，不能作出任何有损于企业的行为。因此，在选择咨询机构时要慎重，遵守以下原则：

1. 信誉高。在行业中有良好的信誉，以便能获取大量的真实数据，提高调查的精确度。而且，在调查的整个过程中严守企业秘密，具有很高的职业道德水准。

2. 业绩好。业绩好的咨询公司经验丰富，能够为企业提供大量的有价值的信息。

3. 节约性。企业只选合适的，不要最优的。选择那些能够满足自身需要的咨询机构即可，不一定要选择那些顶级的，以节约资源，降低调查成本。

通过上述介绍，我们对市场上通行的薪酬调查方法有了初步的认识，但在实际应用中，企业并不是简单的运用某一种方法，更不是三种方法的简单叠加，而是结合企业的实际，有选择的使用。

三、市场薪酬调查的目的和意义

对于绝大多数企业而言，特定职位的薪酬水平都是直接或间接的在薪酬调查基础上确定的。虽然，薪酬调查只是确定基准职位的薪酬水平，其他职位依据其相对价值和基准薪酬来确定。但不可否认的是，薪酬调查不但有助于增进对竞争对手的了解，还能够使企业及时调整薪酬水平和薪酬结构。此外，市场薪酬调查的结果对企业实现薪酬的公平、合理、及时、竞争和有效性方面有着重要作用。

一般情况下，市场薪酬调查的目的和意义体现在以下几方面：

（一）明确企业薪酬水平

薪酬的市场调查旨在考察某一些行业或地区中的某岗位在其竞争对手中的薪酬水平，即考察该岗位的市场环境。实际上，在某些情况下，薪酬调查可能比企业内部的岗位评定更为有效。例如，当各企业对信息技术人才的需求极大时，该岗位的薪酬水平就更多的取决于市场，而与其平常的岗位评定水平不太相符。而且，薪酬调查还有助于企业了解竞争对手的薪酬变化情况，并针对性地制定与调整企业的薪酬政策，以免在劳动力市场和产品市场的竞争中处于不利地位。

（二）确定企业薪酬结构

过去企业注重的是薪酬水平的内部公平性，而忽视了外部竞争性，即某岗位薪酬水平的高低取决于工作的内容，或者是以工作所需的技能的复杂性程度为基础。外部薪酬调查的作用主要是为企业总体薪酬水平的确定提供参考，对不同岗位间的薪酬制定无太大的影响。现在，企业更多地利用薪酬调查的结果来判定企业岗位评价的准确性。例如，在一个企业内部，对人力资源经理和市场经理的岗位评定，前者的薪酬远低于后者，但经过周密的市场调查发现，二者相差无几。则此时，公司需要重新审定岗位评定程序，查看二者的工作是否评价准确。另外，随着一些企业逐渐从以岗位为基础的薪酬体系向以人为基础的薪酬体系的转变，企业就更为依赖市场薪酬调查结果来确定其薪酬水平以确保其外部竞争性。

（三）解决与薪酬相关的人事问题

例如，为什么不少为企业服务多年的员工纷纷离职？为什么很多一贯表现良好的员工最近牢骚不断？如果企业政策没有大的变化，而市场薪酬调查结果显示：同类竞争性企业中类似岗位的薪酬要高于本企业，此时企业就要重新确定相关岗位的薪酬以挽留那些处在关键岗位上的员工，防止因薪酬的相对过低而导致人员的流失。同时，通过市场调查来了解行业中岗位的薪酬变化，可使企业妥善处理劳资关系，避免引发各种劳资纠纷。

（四）建立良好的公司形象

员工都是理性而趋利的"经济人"，不免存在着"贪念"——希望减少工作时间而又不断的、无限制的提高自己的薪酬水平。若企业通过市场薪酬调查，将目前市场上的薪酬水平告诉员工，并向其解释竞争对手的薪酬状况，就会消除员工的不满足感，增加其对企业的信任度，从而提高工作的积极性，使员工凝聚成一个强大的团体，为实现企业的繁荣而互相协作，努力奋斗。同时，还有利于增强企业对人才的吸引力，让员工深切体会到，只有在这里，才能充分施展自己的才华，以在这样的企业里工作而感到自豪，树立企业的良好公众形象。

四、市场薪酬调查的程序

薪酬调查方法与一般的调查研究大致相同，主要是利用问卷和访问的形式收集资料，其程序可分为三个阶段：准备阶段、实施阶段以及整理和分析阶段。

（一）准备阶段

企业在薪酬调查的准备阶段的主要工作包括：

1. 审视现有的薪酬调查资料，确定调查的必要性、目的和方法。在开展薪酬调查工作之前，我们要查看现有的薪酬调查数据，看其是否能够向我们提供所需的全部或大部分信息。如果能，则我们就有必要停止调查而利用现有的资料即可；反之，则继续进行准备阶段的工作。毕竟，在当今高度开放的社会，查看以前各种薪酬调查的结果是非常容易的，尤其是那些社会公开的信息。同时考虑到要调查的内容涉及企业的商业机密，并不是每一个企业都愿意与我们合作，如果现有的薪酬调查数据就可以解决问题，那我们就有可能避免那些尴尬的处境，还能节约企业的成本和精力，降低调查成本。

在我们对已有的薪酬数据进行筛选和利用的同时，一定要保证与自身薪酬决策的匹配性，而且，还要确保数据的可靠性和真实性。例如数据的样本是否足够大，是否考虑了各种相关的因素以及适用条件等。

如果现有的薪酬调查数据不能够满足企业的需求，就要考虑下一个问题：薪酬调查的目的是什么？因为薪酬专业人员希望根据竞争对手支付给雇员的工资来决定本企业的薪酬水平，正确的薪酬决策可以帮助企业获得竞争优势，而错误的薪酬决策刚好相反，它会损害企业的竞争优势。薪酬调查可以帮助薪酬专业人员在决定员工薪酬水平时做出正确的判断。过低的薪酬会限制企业招聘和保留高质量雇员的能力，薪酬水平大大高于竞争对手的话又会增加公司的经营成本。因为企业的各种资源是有限的，因此企业不可能随意的使用有限的资源，它们必须投放到那些高利润、高回报的项目上。同样，过高的薪酬会产生机会成本，因为企业可以把这些资金用在重要的项目上，如研究开发、培训等项目。

明确了调查目的后，我们进行该步骤的最后一项工作：使用何种调查方法？关于三种调查方法的优劣性我们在上文已经详细的讲解过，这里不再重述。值得强调的一点是，无论企业采用何种调查方式，都要从企业的实际需要出发，结合自身的实际情况来选择调查方式。其最终目的只有一个，尽可能的提高薪酬调查的价值，使得企业的薪酬政策更具有竞争优势，同时还要最大限度的控制调查成本。

2. 确定调查范围。该步骤包含两部分：一是确定相关劳动力市场范围；二是确定调查的企业类型和数目。

相关劳动力市场是指具体工作潜在的、有资格的候选人市场，它是企业招聘人员的市场，也是企业与其竞争对手争夺人才的市场。按照覆盖范围划分，劳动力市场可分为地方性劳动力市场、地区性劳动力市场、全国性劳动力市场和国际性劳动力市场。因此，对于不同类型岗位上的员工而言，可能有的来自地区性劳动力市场，而有的来自全国性劳动力市场，尤其是企业的高层人员有时甚至要在全球范围内进行招聘。总之，员工的来源都依据其职位重要程度的大小而有所不同。比方说，对于低层次的岗位来说，比如文员、一般技术人员等，所要调查的区域就应该是在地理位置上与企业比较接近的地区；而对于中高级岗位而言，其目标市场就要扩大，应选择那些实力与己相当或超过自己的企业，并且有可能与企业竞争人才的行业所在的地区。

由于员工的来源渠道不同，因此在开展调查之前，要尽可能的确定劳动力市场范围，并不断的缩小调查范围。只有这样，才能够提高薪酬调查的精度，为企业的薪酬决策提供真实的信息，同时节约调查的费用。

确定调查的企业类型和数量要根据调查目的的不同而不同。如果调查普通岗位的薪酬，只需要调查少数企业，因为普通岗位都有严格的评价标准，按照规范化的程序评定即可，有大量的范例可循。高层岗位由于承担的责任重大，其薪酬评价标准难以确定。因此要准确的确定高层岗位的薪酬，就必须调查不同规模的同行业甚至是竞争对手类似的岗位薪酬，有时甚至要跨地区进行比较，来确定该岗位的薪酬水平的高低。同时，样本的容量也要依据薪酬调查的精确度而定，要求越高，样本的容量也就越大。因为样本的容量越大，越有可能消除各种消极影响因素，缩小误差，反映薪酬水平的真实状况。但样本的容量也不能过大，因为企业的时间和预算是有限的，要尽可能的在限定的条件下，得到企业所期望的结果。例如，如果要调查管理岗位的薪酬水平，那么所需调查的样本数量可能就是调查普通岗位所需样本容量的 2 倍左右，这是因为企业组织方式很少有完全相同的。只有扩大样本容量，才可能把影响薪酬的各种要素考虑在内，得到精确值，但又不能无限大，只能选取那些有显著性影响的因素。因此，确定样本数量也是必不可少的。

一般情况下，要调查企业的类型和数量取决于那些处在同一行业，并且在同一劳动力市场上有竞争的可能或实力大于或等于自己的企业。确定调查范围应遵循以下原则：选择在同行业中处于领导地位，特别是薪酬制度有影响力的企业；选择员工多，人事部门设置完善、内部岗位划分明确的企业；最好选择薪酬与消费物价指数等主要经济指标相挂钩的企业；选择薪酬制度完善，有福利计划的企业。

3. 选择基准岗位。调查范围确定后，就要确定调查哪些岗位。因受到调查时间和费用的限制，调查人员不可能对所有岗位都进行调查，这也是不现实的，所以企业必须选择有代表性的岗位，根据其他岗位相对于基准岗位的价值大小来确定它们的薪酬。

基准岗位一般满足下列条件：该岗位必须能够代表其所属的工作职系，不同级别的岗位都应包含在内；该岗位必须是大部分参加薪酬调查的企业都有的；该岗位必须是相对稳定的；该岗位必须有详细的描述和界定。

其实，选择基准岗位的工作并不难，只要按以下步骤实施即可：一是对调查的岗位进行明确而清楚的描述。这一点是非常必要的，因为即使是同样的岗位名称，其工作内容也可能相差特别大，或者有时对任职者的任职资格要求有很大的差别，尤其是在国内的职位体系比较混乱的情况下。例如总经理助理一职，在有的企业中其工作职责是帮助总经理统揽公司管理的一个或几个方面，甚至当总经理外出时，可以代总经理行使其职责；而在有的企业，它只相当于打字员，负责文件打印或接待等工作。同样的岗位，其工作职责以及任职资格相差特别大。所以对基准岗位进行岗位描述是必要的，其内容应包含岗位的名称、职责以及任职资格，这些内容应尽可能的详尽，使要调查的岗位描述与企业的岗位尽量匹配一致。但岗位描述不要过于冗长，以免分散被调查企业的注意力。二是对岗位进行层级划分。考虑到某些岗位族可能会包含不同层级的岗位，如市场营销岗位族就包含市场营销总监、市场部经理、市场营销员等岗位。即使是同样的岗位族，其内部的层次划分也不尽相同。薪酬调查中岗位层次可能只有 4 层，但企业却可能有 3 层或 5 层，而且即使是两者的层级数相同，但每一层级的岗位描述也有可能不一致。因此，划分好岗位层级，保持调查对象岗位与企业的岗位层级的吻合性是准确确定每一层级岗位薪酬水平的前提。

做好上述两点，就能确保被调查企业岗位与企业内相似岗位间的匹配。总之，选好基准岗位，对薪酬调查工作起着重要作用。

4. 收集相关资料。这项工作主要是通过问卷调查以及面谈的方法来收集有关的信息。

关于企业的资料：这类资料包括要调查企业的名称、地址、企业规模、员工人数、营业额、销售额、注册资本、经营范围。这些资料可通过当地工商、税务等部门以及曾经或正在企业中工作的员工等途径获得，获取较方便。

薪酬调查的项目包括以下几种：

第一，基本薪金。这是指根据事先约定的报酬标准，以员工实际完成的劳动量支付的报酬，有计件和计时工资制两种。即使是同一岗位，员工的基薪也可能是不同的。因此，为了全面了解目标企业的基本薪酬支付情况，还要考察被调查岗位的薪酬浮动范围，确保被调查企业提供的基本薪酬数据真实可靠。

第二，奖金。由于企业经常向员工提供各种形式的奖金，因此，在薪酬调查中，调查者要向被调查企业询问它们在过去的一个财务年度中对某一岗位所支付的平均年度奖金数量。另外，还要询问被调查者所支付的奖金占该岗位基本薪酬的比例，这将有利于调查者做更为详细的验证与分析工作。

第三，福利、津贴。当今福利、津贴已经成为吸引、雇用和留用优秀员工必不可少的工具。因此，在薪酬调查中，要了解被调查企业实施福利和津贴的类型、数量以及在总薪酬中所占的比重。

第四，员工持股等长期性激励计划。鉴于员工持股对于企业人员的激励性，因而在薪酬调查中决不能忽视这类报酬因素，应当了解员工的持股比例、每年的利润分成等。另外，还应关注股票期权等其他长期性激励计划，以防止对企业某些岗位薪酬水平的低估。

关于员工和岗位的资料：该资料包括工作类别、员工类别、员工的实际薪酬、奖金、最近的提薪等，在这里就不做一一详述了。

补充一点的是，在对企业调查中，要全面深入的了解其薪酬结构、福利、分红等细节，以免误解企业的薪酬水平。尤其是要慎重的对待员工的陈述，因为员工有可能只谈对自己有利的部分。例如员工常说其他企业的起薪点是多么的高，但那些企业可能没有分红制度或股票配股，或是没有晋升制度，或是起薪点虽高，但是没有奖金等。总之，一定要搞清这些因素，然后再调整自己的薪酬水平和薪酬制度。

(二) 实施阶段

1. 设计薪酬调查问卷。一份全面而完整的薪酬调查问卷，关系到薪酬调查工作的成败。因此，调查问卷首先要在内容上全面而详尽。不仅要涵盖基本薪酬、奖金、福利、津贴等，还要对其进行细分，因为有时连员工自己都搞不清到底是属于奖金还是属于福利。对每一项目细分有利于帮助员工了解收入的归类，提高调查资料的真实性。另外，在设计问卷时，应包括一些涉及被调查企业的基本情况，如企业规模、所处行业、薪酬增长率、员工流失率等与薪酬水平密切相关的信息。最后，在每份问卷末要有一些开放性问题，让被访者谈谈自己对本企业、同行竞争对手间薪酬水平的看法或建议，以具有更高的参考价值。

调查问卷的设计应当尽可能地考虑被调查者的使用方便。问卷的提问不应过多，最好在3～4页之间，以免提问过多，让被调查者感到厌烦。同时，字与字、行与行间的间距不应过于紧凑，以免影响被调查者的视觉和阅读速度，对问卷的有效性产生一定的影响。最好在每份问卷的开头部分有详细的问卷填写说明，以避免被访者对有关问题的误解。必要时，要有专业人员向其解释填写过程中遇到的误解，以确保所有的被调查者以相同的方式回答问题；设计的问题尽量避免晦涩难懂或产生歧义，尽量避免设计涉及机密性的问题。即使是涉及到，也要以委婉的方式提问，以免双方尴尬；在关键字句下要加着重号以示强调等。总之，所做的一切都要从方便被访者的角度出发，确保得到一份高质量的回访问卷。

最后，在设计完成后，最好先做一次内部测试。调查者可以自己填写一遍或者请未参加调查的企业试填，以发现问卷中的不足并加以改进。

2. 寄发并收集调查问卷。由于薪酬涉及企业机密，员工甚至包括人力资源经理也不一定全部知晓企业的薪酬，同时也为了避免不必要的麻烦，在寄发问卷时要做好与企业总经理的沟通工作，得到企业高层人员的理解与支持，与被调查企业签订合作协议，并约定保密条款，严守被调查企业提供的薪酬资料。

为了确保问卷发放的及时性和有效性，应采取直接发送，并留下被访者的联系方式，以备在将来对有疑问的问卷进行回访。同时，要在被访的单位、个人填答的过程中给予解释和指导，以便取得准确的第一手资料。当对某一涉及员工人数较多而薪酬水平又存在着较大差异的岗位，我们在开展薪酬调查时需要了解不同薪酬水平员工的薪酬资料，对中、高、低不同层次薪酬水平的员工进行问卷调查，以便全面了解该岗位的薪酬水平，防止犯以偏概全的错误。

在发放问卷后的2～4周内要及时的回收问卷，以防时间过长，被访者将问卷遗失。对确定遗失问卷的被调查企业、个人进行及时补访，提高问卷的回收率，为薪酬水平和薪酬体系的调查提供充分的、真实的信息。

当然，在薪酬调查中，除问卷调查之外，还有其他的方式可供选择：电话访谈、实地访谈以及集体访谈。

事实证明，在所有的调查方式中，问卷调查最为有效，但也存在着不足，尤其是在确保岗位的可比性和薪酬数据的质量方面。因为在薪酬调查中，确保岗位的可比性是数据搜集时最重要的一个问题，实地访谈和电话访谈的方式能够使双方更容易就一些特殊问题或企业间相应的岗位的比较进行充分的双向沟通，从而提高数据的质量和有效性。对于那些在本地区范围内、规模较小的薪酬调查，群体访谈的方式更为有效。

总而言之，在现行的市场薪酬调查中，问卷调查的方式更受欢迎，其他的方式要视企业实际情况而有选择的采用。

（三）整理和分析阶段

1. 整理和分析阶段。该阶段主要是核实调查所得数据的真实性和有效性，并采用统计方法分析数据，得出现行市场薪酬水平值以及各种与其相关的数据。

整理数据。当问卷回收上来以后，要立即进行整理工作。对每份问卷的内容逐个检查，以核实数据的真实性。因为，尽管薪酬调查者做了许多工作以确保被调查者提供准确的信息，但双方在背景经验、沟通方式等方面存在差异，仍会使得被调查者无法完全领会调查者的意图。因此，还应该根据实际岗位与基准工作岗位间的匹配程度来检验薪酬调查数据，确保数据的有效性。例如，当某一岗位的基本薪酬数据与该岗位的浮动薪酬范围不一致时，则应摒弃该数据。同时，我们不能指望通过调查所得到的某一岗位的多个薪酬数据是高度集中的，而只能选取一些相对集中且又有代表性的数据，那些过高或过低的数据应当舍弃。另外，应对搜集到的信息进行 2~3 次的筛选，以免对错误有所遗漏，提高分析的精度，同时还应借助于专门的数据库软件进行统计，以减少误差。

分析数据。数据核查完成之后，就是最后一道工作程序即分析数据。薪酬数据的分析方法一般包含频度分析、中心趋势分析、离散程度分析、回归分析。

第一，频度分析。它是一种简单而直观的方法，即将调查所得到的与每一岗位相对应的薪酬数据从高到低排列，然后看落入每一薪酬范围内的企业数量。数量越多，越表示接近于目前市场薪酬水平。

第二，中心趋势分析。具体说来，中心趋势分析又可细分为算术平均数和中位数两种数据分析方法。

（1）算术平均数。这是一种最为常见的分析方法。它不考虑不同企业中某岗位上员工数的差异（即赋予各数据相同的比重）而把各数据简单相加或者是赋予各薪酬数据不同的权重后再相加，再把得到的数字除以参与调查企业的个数，从而求出平均值。采用前一种方法相对简单，但容易受到极端值的影响，因而在相加之前要首先剔除极端值，以提高结果的精确度；而采用后一种方法更为科学，它合理的考虑了不同企业对薪酬水平的影响程度，因此得出的数据更为接近劳动力市场的真实情况。

（2）中位数。这种分析方法是把所有的薪酬按从小到大的顺序排列，而取数据系列中间数值的分析方法。如果 n 为奇数（n 代表数据个数），则位于 $(n+1)/2$ 的数字即是中位数；如 n 为偶数，则中位数是 $n/2$ 位与其后一位数的平均数。用这种分析方法得出的数值比用算术平均数得出的数值更具有代表性，因为它的计算不受每个指标大小的影响，但也相当粗略，只能显示当前市场平均薪酬水平的大概情况。

第三，离散程度分析。离散程度分析的方法主要有两种：标准差分析、四分位和百分位分析。

（1）标准差分析。标准差是指每一个工资数值与平均数之间差别的平均值，即观察值比平均值大多少或是小多少。标准差表明个人工资和平均数之间的差别对于市场来说是否"典型"，表明了大多数工资的范围，薪酬专业人员可以用这个范围来判断企业的工资范围是否和市场的工资范围类似。

（2）四分位和百分位分析。此种分析方法是通过小于某一数值的数据百分比来描述离散程度。以四分位为例，将某岗位的所有薪酬调查数据从低到高依次排列，平均划分为4组（百分位中为10组），第一个四分位数意味着市场上有25%的企业的薪酬比其低，第二个四分位表示市场上有50%的企业的薪酬比其低，其余依次类推，其中处在第二小组（在百分位中是第5小组）中的最后一个数据可近似的代表当前市场上的平均薪酬水平。百分位分析方法与四分位分析方法类似。四分位和百分位表明了低于某一具体数值的观察值的百分比，是标准差的补充，增强了薪酬专业人员对离散指标的理解，有助于企业制定公平、合理、有竞争力的有效薪酬。

第四，回归分析。利用两个或多个相关变量间的关系，利用其中一个变量的值来预测另外一个变量的值。变量之间的相关系数越接近于1.0，则变量间的相关性也就越强，其预测值也就越精确。

2. 撰写薪酬调查报告。分析完资料后，就要根据企业的需要做出相关分析报告。分析调查报告一般分为综合性分析报告和专项性分析报告。综合性报告对地区内不同性质、规模领域内企业的薪酬与福利数据进行综合分析和处理,全面反映被调查地区企业的薪酬与福利的现状;专项性报告则根据企业需要从参与薪酬调查的企业中抽取一定数量、有可比性的企业的数据进行分析处理,获取针对性、指导性更强的专项薪酬报告,并将报告上呈给企业高层领导,以供企业制定起薪点、调整现行的薪酬水平和薪酬体系、解释薪酬政策时参考。

关 键 词

薪酬水平　外部竞争力　劳动力市场　产品市场　效率工资理论　信号工资理论　保留工资理论　劳动力成本理论　领先型薪酬策略　跟随型薪酬策略　滞后型薪酬策略　混合型薪酬策略　市场薪酬调查　频度分析　中心趋势分析　离散程度分析　回归分析

小 结

1. 薪酬水平是指企业支付给不同职位的平均薪酬。薪酬水平高低会直接影响企业在劳动力市场上的竞争力。因此,我们将企业薪酬水平的高低以及由此而产生的企业在劳动力市场中竞争能力的大小定义为薪酬的外部竞争力。薪酬水平的外部竞争力体现在吸引、保留和激励员工,控制劳动力成本,增强企业的实力和塑造企业形象这四个方面。

2. 影响薪酬水平,进而影响外部竞争力的因素可以归纳为劳动力市场因素,如在劳动力市场上寻求具有技能和能力的员工的压力;产品市场因素,如产品市场或服务市场的竞争影响组织的财务状况;其他相关因素。分析劳动力市场因素时要综合考虑劳动力需求和供给,对劳动力市场理论的补充与修正也值得重视。

3. 企业要选择具有竞争性的薪酬策略,主要有四种选择:领先型薪酬策略,跟随型薪酬策略,滞后型薪酬策略,混合型薪酬策略。

4. 市场薪酬调查是实现企业薪酬水平外部竞争性的重要途径。通过市场薪酬调查,企业可以明确组织内的各种薪酬标准与市场水平的关系,有利于提高企业薪酬水平的外部竞争力。通过市场薪酬调查可以查清两方面问题:一是了解竞争对手给其员工的报酬是多少;二是针对竞争对手的报酬水平来设计本企业的薪酬标准,以确保企业在劳动力市场上的竞争优势。薪酬调查方法与一般的调查研究大致相同,主要是利用问卷和访问的形式收集资料,其程序可分为三个阶段：准备阶段、实施阶段以及整理和分析阶段。

复习思考题

1. 薪酬具有外部竞争力的作用有哪些？
2. 影响薪酬决策的主要因素有哪些？
3. 常见的薪酬水平策略包括哪几种类型？它们各自的优缺点是什么？
4. 企业为什么要进行薪酬调查？薪酬调查类型有哪些？
5. 薪酬调查的程序和步骤是什么？
6. 如何撰写和利用薪酬调查报告？

第九章 薪酬制度设计

学习目的

学习本章后，你应该掌握如下内容：
1. 掌握薪酬制度设计的六大原则
2. 掌握基本工资制度设计的六大职能和设计要点
3. 掌握工资制度设计的七个步骤及每个步骤所包括的内容
4. 掌握工作评价的排序法、套级法、评分法和因素比较法
5. 掌握工资政策线的制定方法及工资结构设计方法
6. 了解以绩效为基础的工资制度设计方法
7. 了解以能力为基础的工资制度设计方法

【**如何决策：固定工资制还是佣金制？**】李昭是一家中日合资企业的销售员。作为日语专业的大学毕业生，他在大学里就是一个很有自信和抱负的学生，他梦想着能在事业上有所成就。

李昭一开始对销售员的职业挺满意，因为这家公司与别的公司不一样，他们给销售员的是固定工资而不是销售佣金，并且固定工资也挺高，尤其是对于刚毕业的他来说，佣金肯定比别人少得多。

随着对销售业务的熟悉，与零售商们关系的如鱼得水，他的销售额渐渐上升了。到了第二年，他算了算自己应该进入公司销售员的前20名之列了。第三年，根据与同事们的接触，他估计自己当属销售员中的冠军了。不过公司的政策是不公布个人的销售额，也不鼓励相互比较，所以他还不能很有把握地说他一定能够坐上第一把交椅。

去年9月初，他已经完成了比前年高25%的销售额。10月中旬，日方销售经理让他去汇报工作。听完他用日语做的汇报后，经理对他格外客气，祝贺他取得了好成绩。但临走的时候，经理对他说："咱公司要再有几个像你一样棒的销售明星就好了！"李昭想说些什么，却又匆匆地走了。

今年，公司把他的定额又提高了25%。虽然达到目标的难度加大了，但根据自己的经验，他预计自己的定额到10月中旬准能完成。但令他苦恼的是，

一贯的固定工资制使他的热情已经大减。他也听说本市另有两家也是中外合资的化妆品制造企业都搞了销售竞赛和奖励活动。其中一家的总经理亲自请最佳销售冠军到大酒店美餐，而且这两家公司内部还发行公司通讯小报，让人人都知道个人的销售排名，表扬每季和年度最佳销售员。

一想到自己公司的这套做法，他就会特别生气。在刚来公司时，他干得不怎么样，较高的固定工资的确不错，但如今他的渴望却是销售佣金。

最近李昭到销售经理那里谈了自己的看法，建议给他实行佣金制。不料销售经理回绝了他，理由是日本的母公司也是一贯如此。不久，李昭被一家竞争对手挖去了，而那个销售经理却怎么也想不明白他为何那么做。

对于李昭这样的情况，公司是不是应该考虑按照他的意愿更改薪酬制度呢？采用固定工资制还是佣金制的确是这家日本公司应该考虑的问题，同时也是我们需要考虑的。薪酬制度的形成、实施与管理的好坏根本还是在于薪酬制度本身设计的好坏，是否适合企业自身的发展，是否符合员工的利益。薪酬制度中最基本也是最核心的设计部分是工资制度设计，它关系到一个企业的成本与收益的问题，也是关系到企业能否让像李昭那样的员工安心工作的问题。在这一章，我们将着重讨论工资制度的设计与实施及其管理，同时给出工资制度设计的具体实例。

第一节 薪酬制度设计原则

薪酬制度作为一项重要的企业制度，其设计是遵循一定的标准的，必须考虑与企业其他制度的关系。薪酬制度设计应该遵循六大原则。

一、公平原则

企业员工对薪酬多少以及薪酬发放是否公正的认识与判断，是进行薪酬制度设计必须首先考虑的因素。公平不是绝对的平等，同时，也不仅仅是结果的公平，更重要的是过程的公平。

一般而言，薪酬制度设计的公平性体现在以下三个方面：

1. 外部公平性。即企业之间的薪酬公平，体现为在同一行业同一地区或同等规模的不同企业里类似职务的薪酬基本相同。

2. 内部公平性。即员工之间的薪酬公平，同一组织中不同职务所获薪酬有一个匀称的比例关系，体现为不同员工之间所获薪酬与其贡献和绩效成正比。

3. 个人公平性。 即同种工作岗位上的薪酬公平，体现为占据同一职位的不同员工所获得薪酬数量是有差别的，这是因为个人在绩效与能力等方面存在差异。

为求设计上的公平，需要注意以下几点：

（1）薪酬制度要民主、透明、公开。这一点更多的是强调企业要民主地制定薪酬制度，并保证足够透明地公开，同时，接受员工的监督和建议，并做出回应。

（2）薪酬制度设计要有原则作为指导和规范。原则可以是更多地考虑员工利益或企业成本等，规范可以是其他制度形成的规范，如财务制度、招聘制度等形成的规范。

（3）将员工的注意力从注重结果公平转移到注重机会均等上来，一方面可以促使员工自觉地去把握成就自我的机会，另一方面也可以减少薪酬制度设计和改革的压力。

（4）不要刻意追求公平。绝对公平是不存在的，这就要求企业努力建设好相对公平的环境，让员工感觉到彼此间的公平，同时，不断完善薪酬制度，使之更好地体现公平。

公平理论可以较好地解释员工如何感觉薪酬制度设计公平与否的心理过程。从图9-1可以看出，当员工感觉不公平时，会以"比较对象"的工作方式为"模范"，即工作上表现为减少对工作的投入，降低个人的工作效率，采取消极抵制的工作态度。当员工感觉公平时，员工满意感强，对企业的忠诚度也会随之增强，工作行为表现为热情高效，积极乐观，富于团队合作与奉献精神。

$$K_1 = \frac{IP（员工对自身收入的感受）}{OP（员工对自身工作投入的感受）}$$

$$K_2 = \frac{IO（员工对比较对象收入的感受）}{OO（员工对比较对象工作投入的感受）}$$

说明：K_1——投入与收入心理平衡比，比例越大，心理越满意；

K_2——对比心理平衡比，数值为1，心理感觉最公平。

$K_1 = K_2$　感觉公平

$K_1 > K_2$　多报酬，不公平

$K_1 < K_2$　少报酬，不公平

资料来源：杨剑，白云，朱晓红，郑蓓莉. 激励导向的薪酬设计. 北京：中国纺织出版社，2002：39-42.

图 9-1

二、竞争原则

当今企业间的竞争不再是单纯的设备的竞争，而更是人才的竞争。人才的竞争已经成为了市场竞争的焦点。薪酬制度设计的目的之一就是为本企业吸引到优秀的人才，促进企业的发展。为此，企业的薪酬制度必须有足够的竞争力和吸引力，以战胜竞争对手，招聘到宝贵的人才，并长久地留住他们。

企业要想拥有真正的人才，必须制定出一套对人才具有吸引力并在行业中具有竞争优势的薪酬制度。如果企业制定的薪资水平太低，那么必然在与其他企业的人才竞争中处于劣势，甚至连本企业的优秀人才也会流失。

企业究竟要付出多大的成本才能制定出具有竞争力和吸引力的薪酬制度，要视企业财力、市场人才供需状况等因素而定。一般来说，企业的薪酬标准至少要等于或高于市场行情，才能具有一定吸引力去吸引到优秀人才。

三、激励原则

通过薪酬制度来激励员工的责任心和工作积极性是最常见和最常用的方法。一个科学合理的薪酬体系对员工的激励最持久，也最有效。

每个人的能力不同，对企业的贡献也不同。激励原则就是根据员工能力和贡献大小，按企业内部分类、各级职务的不同而对员工进行激励。企业的薪酬标准也要适当拉开距离，充分利用激励效果，调动其积极性。

四、经济原则

经济原则与竞争原则和激励原则三者是对立统一的。当三者同时作用于企业时，竞争原则和激励原则是受到经济原则制约的，因为管理者所考虑的不仅仅是薪酬系统的吸引力和激励性了，也会考虑企业财力大小、承受能力大小等问题。

提高企业的薪酬标准，虽然可以提高竞争力，增强激励性，但同时不可避免地导致了人力成本的上升。要降低人力成本，需要合理配置劳动力资源。劳动力资源数量过剩或资源配置过高，都会导致人力成本的上升。如图9-2所示。

五、战略原则

现在，众多的企业在进行薪酬制度设计时，也会考虑是否与企业的战略规划相适应。所以，在进行薪酬制度设计的过程中，一方面要时刻关注企业的战略需求，要通过薪酬制度设计反映企业的战略规划；另一方面要把企业战略转

```
A1 = A2,  E1 = E2      配置合理                经济
A1 > A2,  E1 > E2      配置过高，资源浪费       不经济
A1 < A2,  E1 < E2      配置过低，资源紧张       不经济

说明：A1——劳动力资源的数量需求
      A2——劳动力资源的数量配置
      E1——劳动力资源的学历技能需求
      E2——劳动力资源的学历技能配置
```

资料来源：杨剑，白云，朱晓红，郑蓓莉．激励导向的薪酬设计．北京：中国纺织出版社，2002：39-42.

图 9-2

化为对员工的期望和要求，并进一步转化为对员工的薪酬激励。

六、合法原则

合法性是指企业的薪酬制度必须符合现行的法律。薪酬制度要遵守国家相关政策、法律法规和企业一系列管理制度。如果企业的薪酬系统与现行的国家政策和法律法规、企业管理制度不相符合，则企业的薪酬制度是无法实施的。

第二节 基本工资制度的设计与建立

工资制度是企业薪酬管理的重要内容。它的设计和实施也是企业人力资源管理中最复杂、涉及因素众多的工作。以下我们将具体谈一下工资制度的设计和建立过程。

一、工资的职能

由于工资制度是企业薪酬制度里面最基本的内容，所以它具有其他薪酬制度可能没有的优势和职能。一般来说，现代企业的工资具有调节职能、激励职能、补偿职能和效益职能。

（一）调节职能

工资的调节职能主要体现在两个方面：劳动力的合理配置和劳动力素质结构的合理调整。在社会主义初级阶段，地区之间、部门之间、企业之间的工作环境和劳动轻重的差别，使得劳动力稀缺程度也存在差别。此时可以通过科学地运用工资这个劳动力市场运行的经济参数来引导劳动者向合理的方向流动。

同时，产品结构、技术结构和产业结构的变化，对劳动力的素质结构的适应性提出了越来越广泛的要求，因此，劳动力素质结构方面的供求失衡是经常的现象。在这种情况下，工资关系的调整就能从供求两个方面来调节劳动力素质结构，使其达到平衡。

（二）激励职能

人们的收入高低决定了物质文化生活条件的好坏，而员工的收入主要来自工资。工资是按劳动质量与数量来计付的。员工要多得工资就要尽可能地提供数量多、质量高的劳动。这就决定了工资具有激励职能。

（三）补偿职能

劳动者在劳动过程中脑力与体力的消耗必须得到补偿，才能得以恢复，劳动才能继续。员工提供劳动得到工资，通过工资取得消费资料，从而保证了劳动力生产和再生产。工资的这一补偿功能，前提是劳动。只有进行了劳动才能按消耗的劳动量进行补偿，多劳多补偿，少劳少补偿，不劳不补偿。

（四）效益职能

工资的投入是资本投入的特定形式，是活劳动这一生产要素的货币表现。由此可见，工资就是必要劳动，员工不仅创造必要劳动价值，也创造剩余劳动价值。以此，从表象上看，似乎工资能够增值。虽然这是假象，但是正因为如此，企业主才愿意以工资的形式来进行投资，从中获利。如果企业主投入的工资量与员工所得到的劳动是相等的，他就不愿意投资，就一定会停止雇用劳动者。所以，从企业主的眼光来看，工资具有效益职能，是其投资的动力。

二、基本工资制度设计原则

合理的薪酬方案应致力于三个目标的实现：遵守相关法律和法规，企业花费应具有有效性，确保员工受到公平对待。因此，在设计基本薪酬制度——工资制度时，务必把握好以下原则：

1. 同工同酬原则。这是公平的工资制度应具备的首要条件。

2. 合乎法令原则。工资的制定受法令约束，如加班津贴、伙食津贴、最低工资等规定，为避免无意义的劳动纠纷或损害组织形象，应以合乎法令为原则。

3. 简单、实用、普遍性原则。工资制度应考虑实际状况，以简单、实用、普遍性为原则，避免出现理解困难、实施复杂、难以控制的现象。

据此，设计基本工资制度时应注意以下问题的解决：

（1）工资应确保满足员工的基本生活需要。为了确保满足员工的基本生活需要，并使他们安心工作，无论是新入员工的工资还是一般员工工资水平，都要达到社会公认的标准。

（2）公平合理的工资制度应具有激励作用，努力做到薪酬多少由员工的绩效和能力决定。能力越高，工作越出色，得到的薪酬就越多。

（3）工资的要求水平与人际和谐、归属意识的关系。如果把员工对工资的要求水平同马斯洛的要求层次论对应，就可表现为下列五个层次：

① 对满足生存的工资的需要。

② 对增加工资体系中的固定收入部分的需要。

③ 对取得同事间的公平薪酬的需要。

④ 为与能力和地位相称，要求取得高于他人薪酬的需要。

⑤ 要求能过更富裕生活的工资的需要。

三、企业工资制度的设计过程

企业的工资制度必须具有外在公平性与内在公平性，才能达到吸引、保持和激励员工的目的，因此，工资制度的制定和管理是企业人力资源管理的重要内容之一。目前企业的人力资源管理中，工资制度的设置和管理有一套完整的程序，它由七个基本步骤组成，表9-1说明了工资制度建立的具体过程。

表9-1

具体过程	相关工作
制定企业工资分配的原则与策略	拟定企业文化与策略
工作分析与设计	编写工作说明与工作规格
工作评价	确定付薪因素及选择评价方法
工资调查数据与数据收集	地区及行业调查及数据收集
工资结构设计	确定和绘出工资结构线
工资分级与定薪	工资范围及数值的确定
工资制度的执行、控制与调整	竞争力与成本控制调整等

（一）制定企业工资分配的原则与策略

工资分配原则的确定是企业文化的重要内容，是工资制度设计的前提。这需要对员工的人生观的正确认识，对职工总体价值的评价，对管理者及高级专业人才所起作用的正确估计等；企业对员工福利承担义务，真正体现了按贡献分配才是现阶段的最大公平的道德观，以及由此产生的有关工资分配的政策与策略，如工资拉开差距的分寸差距标准，工资、奖励与福利费用的分配比例等。

企业的工资分配制度必须体现出外在公平性与内在公平性。所谓外在公平性指企业某种职务的工资至少应达到本地区、本行业的平均水平,特别是与企业主要竞争对手相应职务的工资相比,不能相差太多,这样才能起到稳定军心、吸引人才的目的;内在公平性指企业制定的工资制度应体现多劳多得的原则,不同职务的工资应与其对企业的贡献挂钩,这样才能调动员工的积极性。此外,企业还要根据自己的实际和人力资源市场的供需情况,制定特殊的工资政策,如对企业急需的人才许以高薪,以吸引所需人才。

(二) 工作分析与设计

企业根据自己的经营目标确定相应的组织结构,形成一定的组织结构系统,然后,通过职务分析,确定每一职务的工作内容的任职资格,这是建立工资制度的依据。

1. 工作分析

工作分析的主要任务是对现有的工作进行分析,从而为其他的人力资源管理实践者如甄选、培训、绩效评价及薪酬等收集信息。工作分析是对组织中工作的特征、规范、要求、流程以及对完成此工作员工的素质、知识、技能要求进行描述的过程,工作分析的结果将形成工作描述书与工作规范书。

工作分析包括两个方面的内容:一是对工作所含的任务、职责、责任以及其他特征的确定,即工作描述;二是对完成工作的任职人所具备的知识、技能及其他特征的说明,即工作规范或工作说明。

工作分析是对组织内部各项工作系统分析的过程,这个过程包括遵循一系列事先确定的步骤。一般分为四个阶段:准备阶段、调查阶段、分析阶段和完成阶段。这四个阶段关系密切,相互联系,相互影响。

(1) 准备阶段。准备阶段是工作分析的第一阶段,主要任务是对工作分析进行全面的设计,包括确定工作分析的组织、样本及规范,以及建立关系等工作。具体如下:

- 成立工作分析小组或委员会
- 确定工作分析小组开展工作的原则与要求
- 确定工作分析的意义、目的、方法及步骤
- 在组织内向有关人员进行工作分析的宣传
- 确定调查与分析的样本,并使其具有代表性
- 把各项工作分解成若干个工作元素和环节,确定工作的基本难度

(2) 调查阶段。调查阶段是工作的第二个阶段,主要任务是对整个工作流程、工作环境、工作内容和任职人员等主要方面进行全面调查的过程。具体

任务如下：
- 设计调查问卷
- 针对不同目的和不同调查对象采取不同的调查方法
- 广泛收集有关工作的特征和需要的各种数据
- 收集工作任职人员必需的特征信息
- 对收集来的有关工作的特征、工作人员的特征的信息重要性及其发生的频率等做出等级的评定

(3) 分析阶段。分析阶段是工作分析的第三阶段，主要任务是对调查收集的整个工作的特征与任职人的特征结果进行认真分析。具体任务如下：
- 仔细审核已收集到的各种信息
- 创造性发现有关工作和任职人员的关键信息
- 归纳、总结出工作分析所需要的材料和要素

(4) 完成阶段。完成阶段是工作分析的最后阶段。该阶段是在前面三个阶段工作的基础上，形成工作分析的最终确定结果即工作描述书和工作规范书，这也是本阶段的任务。具体包括以下工作：
- 草拟出工作描述书，工作规范书
- 将以上草拟的内容与实际工作进行对比
- 修正草拟内容
- 经过多次反馈，修订形成最终的工作描述书和工作规范书
- 将工作分析的成果运用于实践中，注重实际工作过程中的反馈信息，使二者不断完善
- 对工作分析进行总结评估，并将二者进行归档保存，建立工作分析成果的管理制度，为以后的工作分析提供信息

2. 工作设计

工作设计 (Job Design) 是指为了提高组织效率和员工的工作满意程度，而完善或重新修订工作描述和工作资格要求的行为或过程。

(1) 工作设计的形式。为了有效地进行工作设计，工作人员必须全面了解工作的当前状态，以及该工作在整个组织工作流程中的位置或地位。工作设计的形式有很多，下面介绍几种常见的形式。

①工作轮换 (Job Rotation)。它是指在不同的时间阶段，员工在不同工作岗位上进行工作。其好处在于可以给员工更多的发展机会，让员工感受到工作的新鲜感和工作的刺激性；使员工掌握更多的技能；增进不同工作之间员工的理解，提高协作效率。但是，它也存在一些问题：只能限于少部分工作轮换，大多数工作是无法进行轮换的，因为很难找到双方正好都能适合对方职务资格

要求的岗位；而且轮换后由于需要熟悉工作，可能会使效率降低。

②工作丰富化（Job Enrichment）。它也称工作垂直延伸，是通过更多、更有意义的任务和责任感，使员工得到工作本身的激励和成就感，以增强员工的自主性和责任，提高工作的价值。垂直工作延伸也可以通过员工组成团队，并给予这些团队更大的自我管理能力来实现。

③工作扩大化（Job Enlargement）。它是指扩大工作的范围，目的在于向员工提供更多的机会，即让员工完成更多的工作量。当员工对某项工作更加熟悉时，提高他的工作量，同时相应提高他的待遇，会让员工感到更加充实。

④以员工为中心的工作再设计（Employee-centered Work Redesign）。它将组织的战略、使命与员工对工作的满意度相结合。在工作设计中，员工可以提出对工作进行某种改变的建议，以便工作更加让人满意，但是他们还必须说明这些改变是如何更有利于实现整体目标的。

（2）工作设计的方法。根据心理学、管理学、工程学及人类工程学等理论研究成果，目前，存在激励型、机械型、生物型、知觉运用型工作设计等四种工作设计方法。

①激励型工作设计。此方法侧重于可能会对工作任职者心理价值以及激励潜力产生影响的工作特征，它把态度变量（如满意度、内在激励、工作参与以及出勤、绩效等行为变量）看成是工作设计的重要结果，并强调通过工作扩大化、工作丰富化等方式来提高工作的复杂性，同时强调应围绕社会技术系统来进行工作的构建。

②机械型工作设计。此方法是源于古典工业工程学。它强调寻找一种能够使得效率达到最大化的最简单方式来构建工作。该方法通常是通过降低工作的复杂程度来提高人的效率，即让工作变得尽量简单，使任何人只要经过快速培训就能够很容易地完成它。这种方法强调按照任务专门化、技能简单化以及重复性的基本思路来进行工作设计。

③生物型工作设计。它主要源于人类工程学（Ergonomics）。该方法的目标是以人体工作的方式为中心来对物理工作环境进行结构性安排，从而将工人身体的紧张程度降低到最小。因此，它侧重于关注工人身体疲劳度、痛苦以及健康抱怨等方面。

④知觉运用型工作设计。此方法侧重于人类的心理能力和心理局限。它是通过降低工作对信息加工的要求来改善工作的可靠性、安全性以及使用者的反应性，确保工作的要求不会超过人的心理能力和心理界限。使用该方法进行工作设计时，设计者应以能力最差的人所能够达到的能力水平为基准，按具有这种能力的人能完成为标准进行设计工作。与机械型的工作设计方法类似，这种

方法一般也起到了降低工作的认知度的效果。

进行工作设计时，会遇到很多不一样的情况。此时，能够掌握使用不同工作设计方法，了解其可能产生的优势和不足是非常重要的，需要掌握每一种方法之间的成本和收益，使之达到平衡，为组织谋取竞争优势。

（三）工作评价

工作评价即以工作分析所确定的各种工作的工作范围以及任职资格为依据，求出每一工作对本企业的相对价值的大小。不同工作的相对价值可用一定顺序、等级或分数来表示，某一工作完成的难度越大，对任职者的素质要求越高，这一工作对企业的重要性也就越高，其相对价值和对企业的贡献也越大。以每一工作对企业的贡献和相对价值的大小为依据确定工资水平，保证了工资制度的内在公平性。工作评价是对工作价值的判断，进而将结果纳入工资结构，并提出工资结构的标准程序。工作评价是工作分析的延续，与工作分析既有区别又有联系，工作分析是工作评价的前提和基础。

工作评价主要是找出企业内各种工作的共同付酬因素，根据一定的评价方法，按每一工作对企业的贡献大小，确定其具体价值。常用的工作评价方法有四种，即排序法、套级法、评分法和因素比较法。除此以外，还有海氏系统法。

1. 排序法

这是最简单的工作评价方法，这种方法以工作说明书中所规定的工作内容和工作规范为依据，把企业的所有工作两两比较，根据其价值大小或重要性的高低排出顺序或等级，参照工作的重要性确定工资额。一般要求评价人员考虑以下因素：各工作量及工作岗位的困难程度，承担责任、管理和工作的层次与范围，所需技术专业水平和工作条件优劣等因素。综合权衡各职务的轻重程度并排定先后次序后，将其划入不同的工作工资等级内。

这种方法的优点是不需要复杂的量化技术，操作简单，不用请专家参与，因而评价的成本较低，又可以保证重要工作得到较高的工资。其缺点是没有严格具体的评价标准，评价的主观随意性很大，由于不同的评价者对不同工作的了解不同，可能会导致他们的评价结构间差异较大，从而降低评价的信度。因此，这种工作评价方法仅适用于那些规模较小，结构简单，工作类型较少，评价者对各种工作都比较了解的企业使用。

2. 套级法

这是以责任大小和能力、技能、知识、职责、工作量和经历等方面的要求为根据，将企业的各类职务分别定级，然后将各种级别排列成一个体系。它可以在一定程度上克服排序法由于缺乏明确的评价标准所造成的误差。使用这种方法进行工作评价时，首先制定一套等级标准，然后将要评价的工作与评价标准相比较，从而确定这一工作的相对价值或重要性。制定评价标准时，首先将企业的所有工作大体划分为若干种类，如管理类、工程类、销售类等，然后根据复杂程度再把每种工作分为若干等级。在划分的每类每级工作中，分别挑选出一个典型的工作来，并列出该工作的工作范围和任职资格。这些典型工作以及相应的工作范围和任职资格，就是进行工作评价时所参照的等级标准。

用排序法和套级法进行工作评价时，都是仅对不同的工作作整体的定性比较，不进行维度细分，因而所做的比较是粗线条的，评价的结果也只能将不同的工作按其对企业的相对价值或重要性大小排出顺序或等级，并不能指出各等级间差距的大小，各等级之间的差距也不一定相等，因此，评价结果对工资结构设计的参考价值是有限的。

3. 评分法

评分法也称计点法、点数法、点系法、计分法等。这是在进行工作评价时应用得最为普遍的一种方法。这种方法与套级法的共同之处是，首先制定评价的标准，然后将要评价的工作与标准相比较，以确定被评工作的等级。二者的不同之处是，套级法是先选出典型工作，将典型工作作为评价标准，把待评工作作为一个整体与标准相比较；而评分法不是把整个典型工作作为评分标准，而是先将工作分解为构成要素，以这些要素作为评价标准，这些要素反映了企业对工作承担者的要求，是企业据以支付报酬的因素，因此，被称为付酬因素，如常见的付酬因素有与工作有关的专业知识、工作经验、工作的难度、所承担的责任、劳动条件等。需要指出的是，不同类型的工作所包含的付酬因素是不同的，即使有相同的因素，其重要性也可能是不同的，例如创造性这一因素对于从事科研、开发的工程技术人员和生产第一线的车间工人显然具有不同的意义，所以，工作评价时所选择的因素必须根据企业的具体情况和所包含的工作类型来确定。付酬因素确定以后，接下来的工作是把各因素分成适当的等级，每一个因素的等级数的多少取决于该因素的相对重要性以及不同等级间相互区分的难易程度，因素越重要，等级间越容易区分，这一因素分成的等级就越多。各付酬因素的等级确定以后，为增加评价标准的可操作性，可对每一因素及其不同等级分别用简要的说明加以界定。最后，为每一付酬因素规定一个分数，并把每一因素的分数在各等级间进行分配。进行工作评价时，将被评职条件与这些标准相比较，求出该工作在每一因素上的得分，把各因素上的分数相加，所得的总分就是该工作对企业的相对价值，然后就可以按规定将这一工作纳入企业的工资等级系列。

评分法考虑的因素较多，需要利用定量技术来为每一因素划分等级和分配分数。因此，成本高，过程复杂。但只要标准制定好后，工作评价即评级的操作就容易了。因此，从操作过程看其准确性高，也容易被人理解和接受；不过这种方法的工作量大，在确定因素的比重、分配、分数以及具体评分时也易受评价人主观影响。

4. 因素比较法

用因素比较法进行工作评价时，首先选出一些标准工作，然后将被评工作与标准工作相比较来确定其相对价值和工作报酬。所谓标准工作，指企业员工比较了解和熟悉的，足以代表企业内各种类型工作的关键工作。因素分析法包括以下几个步骤：

（1）选择15~20个标准工作，并对每个标准工作提供简短而明确的工作说明和工作规范要求。

（2）根据企业特点确定工作要素，通常包括从事某工作所需的技能、智力与体力消耗大小、所承担的责任轻重与工作条件等。

（3）为每一个关键工作的各因素分配薪值，即决定把各工作工资总额如何分配给各因素，确定各因素的工资比例。

（4）画出因素比较表，把各标准工作的工资和各要素的工资的排序情况以图表形式表示出来。

（5）对照因素比较表，对待评工作进行评价，确定该工作的相对价值和应得的工资。

在这四种工作评价方法中，因素分析法是系统化程度最高、比较完善的一种，可以直接从工作内容得出工资额，与评分法相比较，省略了从工作评分到工资转换的中间环节；因素比较法在工作要素上的赋值具有相对灵活性，可根据企业特点及待评工作的特殊情况作相应的特殊处理，因此，比其他方法适应性更强。但是，因素比较法的开发难度较大，具体操作过程中它的准确性和公平性受主观成分的影响，在实际的工作评价中用得较多的还是评分法。

5. 海氏系统法

这种方法又称为"指导图标–形状构成法"，是由美国工资设计专家爱德华·N. 海（Edward N. Hay）于1951年研究开发出来的。海氏系统法实质上是一种评分方法，是将付酬因素进一步抽象为具有普遍适用性的三大因素，即专业技能、解决问题的能力和工作所承担的责任，相应设计了三套标尺性评价量表，最后将所得分值加以综合，算出各个工作职位的相对价值。它有效解决了不同职能部门的不同职务之间相对价值的相互比较和量化的难题。

专业技能是指使工作绩效令人满意所应具备的所有知识和实际技能的总和。它包括对所从事职务的专业理论知识的了解、协调多种职能的能力以及人际技能。

解决问题的能力是指在工作中发现问题、分析诊断问题，提出、权衡与评价对策，做出决策等的能力，包括思维环境和思维维度。思维环境反映了指定环境对职务行使者的思维的限制程度；思维维度指解决问题时对当事者创造性思维的要求。

应负的职务责任是指职务行使者的行动对工作最终结果可能造成的影响及承担责任的大小。它包括行动的自由度、职务对后果形成的作用及其职务责任。

（四）工资调查数据与数据收集

为了使公司的工资具有外部的竞争性，公司应在相关劳动力市场进行工资调查。这里的劳动力市场指获得特定种类员工的某一区域。这项工作主要包括工资调查的渠道，即从哪里获得数据；如何实施，即要调查些什么、怎么调查和怎么处理收集的数据等。工资调查的实施一般可分为调查目的、调查内容、调查渠道、调查范围等四个步骤。

1. 确定工资调查的目的。企业应确定工资调查的目的和调查结果的用途。一般而言，工资调查的目的有以下几点：一是帮助制定新参加工作人员的起点工资标准；二是帮助寻找企业内部工资水平不合理的职位；三是帮助了解同行业企业的调薪时间、水平和范围等；四是了解当地工资水平并与企业比较；五是了解工资动态与发展潮流。

2. 内外环境调查的内容包括以下几个方面：①本地区社会生活水平、员工期望以及企业目标、经济效益和支付能力等方面的调查与分析，这些因素决定了企业工资的总体水平与分配标准。②其他企业的工资情况调查。对本地区、本行业，特别是主要竞争对手的工资状况进行调查，以此作为参照标准来制定和调整本企业相应工作的工资，以保证企业工资制度的外部公平性。③人力资源市场的供求状况分析。当企业所需的某种类型的员工在劳动力市场上供不应求时，企业就会不惜拉大与其他员工间的工资差距，制定出颇具竞争力的工资标准以吸引急需的人才，反之，就会制定出相反的工资策略。

3. 工资调查渠道。企业可以从许多不同的渠道得到工资资料或进行调查，例如从公开的信息中收集，或委托第三方调查，或企业之间的调查。当然，企业也可以自己进行调查，企业自己调查的目标清楚、可靠，但专业化程度不高，样本较小。

4. 确定工资调查范围。这就要求首先确定调查对象，其次是确定工资调查内容。一般而言，低薪或无专长的普通工种职务，工资调查以企业所在地为调查地区，因为这类劳动力流动区域一般局限在当地；企业所需的高薪人才或流动性比较大的职务，最好进行全国性的工资调查以利于留住这些人才；介于二者之间的中低级技术人员和管理人员，可结合当地工资调查水平和全国工资调查水平综合确定。

对于工资调查的结果，可以用于企业整体工资水平的调整、工资结构的调整、员工晋升政策的调整和某具体职位工资水平的调整等。

（五）工资结构设计

所谓工资结构设计，就是指使一个企业中各职位的相对价值对应的实际工资数之间保持什么样的关系，这种关系不是随意的，而是与企业的工资分配原则和策略密切相关的。如果企业鼓励员工间的竞争，严格按贡献付酬，不惜拉大不同贡献的员工间的收入差距，不同工作间的实际工资数就会相差较大；反之，若企业偏向于照顾大多数，不愿意因为收入悬殊而激化矛盾，则不同工作间的实际工资数额相差就较小。企业的工资结构应体现出内在公平与外在公平性，因此，常在工作评价与内外环境调查的基础上综合考虑各方面的因素后才能确定。不同工作的相对价值与实际工资数之间的关系可用"工资结构线"直观、清楚地表示出来。

1. 制定工资政策线

制定工资政策线，是为了保证外部公平性。

每个公司都有自己的工资政策线，这是一条趋势线或者是一条最能代表各级职位工资水平中点的线（称为内部职位工资拟合线），所有的点对这条线的偏离程度之和最小。这条拟合线可以是直线，也可以是曲线。不管是哪一种情况，它是一条最能代表所有职工工资水平中间值的曲线，或者是最能代表基准职位工资水平中间值的曲线。

从市场角度来看，一个公司选择工资水平可以采用领先、滞后、跟随及混合的方法，这要根据企业的发展战略及观念来决定。

（1）领先政策

一个公司比其他同行业竞争者支付更高的工资水平。高工资能从外部市场吸引到更多的优秀人才，从人力资本增值的角度来看，高工资不一定是高成本，因为优秀员工的生产效率更高。从经济投入产出比来看，高工资不一定降低公司的利润，人才不能简单地作为一种人工成本。

但从另一种角度来看，工资高可能使奖金或福利相应地减少，对员工的激励性也会相应降低，造成员工的工作挑战性减弱，从而缺少冲动和活力。

（2）滞后政策

一个公司比其他同行业竞争者支付较低的工资。低工资必然会影响人才的招聘，同时，员工更容易离职。但如果公司能给员工更多的未来回报，那么也能吸引到追求事业的员工，如果能有效设计其他的分配形式，如加大奖金比重，给员工分配股权，有可能在公司内部更加容易形成一种激励机制。

(3) 跟随政策

支付与同行业竞争者相当的工资水平。许多公司都采用工资跟随政策，这在减少员工的不满意度和员工离职方面会有一定的作用。但由于与竞争对手比没有优势，因此在大量招聘优势人才时会有一定难度。

(4) 混合政策

混合政策包含两个方面的内容：(1) 在公司内部对不同职位群的员工制定不同的薪酬政策，如市场销售人员是公司的关键人员，那么，为了吸引到优秀的销售人员，公司制定高于竞争对手的工资政策。对于生产人员，如果不是公司的核心技术人员，则可采取跟随或滞后市场工资水平的政策。(2) 公司可以用不同的薪酬组合方式，如工资水平可以采取跟随政策。在薪酬体系设计中，不仅要考虑吸引优秀人才，同时也要考虑如何激励人才。

工资政策线与人力资源管理目标的关系见表9-2。

表 9-2　　　　　工资政策线与人力资源管理目标的关系

工资政策线	人力资源目标				
	吸引人才	保留人才	控制人工成本	降低员工对薪酬的不满意度	提高生产率
高于市场	+	+	?	+	?
等于市场	=	=	=	=	?
低于市场	−	?	+	−	?
混合策略	?	?	+	?	+

说明："+"表示正向作用，"−"表示反向作用，"="表示一般性，"?"表示有疑问。
资料来源：张建国．薪酬体系设计．北京：北京工业大学出版社，2003：125．

在制定公司的工资政策线时必须同时考虑内部的公平性和外部的竞争性。由于在内部公平性和外部竞争性两个方面经常出现不一致，因此，企业必须进行选择或平衡两者的矛盾。工资政策线的确定主要采用以下两种方法。

(1) 市场数据法

这种方法把外部调查数据作为重要的依据，通过市场调查获得的数据来确定每个员工的工资水平。当公司规模较大时这种方法很难实施，因为很难对成百上千个职位进行全方位的市场调查，因此，很难得出准确的市场数据。对于小型公司，由于职位少，易于对每个职位的市场薪酬数据进行调查。

(2) 工资等级法

这种方法是将职位划分为为数不多的工资等级，它能够减轻因为成百上千种不同职位分别确定的工资数据所带来的管理负担,这种方法在大、中型企业较普遍使用。

我们知道通过职位评估可以对不同的职位进行等级划分。例如,在一个公司内可以把职位划分为 20 或 30 个等级,可以把不同名称但内部价值相当的职位放在同一等级,即在同一职位等级可能包含几个甚至几十个职位。对这些职位分别进行市场工资数据调查,就会在同一职位等级上获得不同的市场工资数据,得出一条线。参见图 9-3 左图。

每个公司在确定自身的工资政策时可以采用自己的策略,如超前、滞后或跟随市场的方法。一般公司在采用超前或滞后策略时,选择在平均市场工资线 SO 的 ±25% 范围内,见图 9-3 右图。

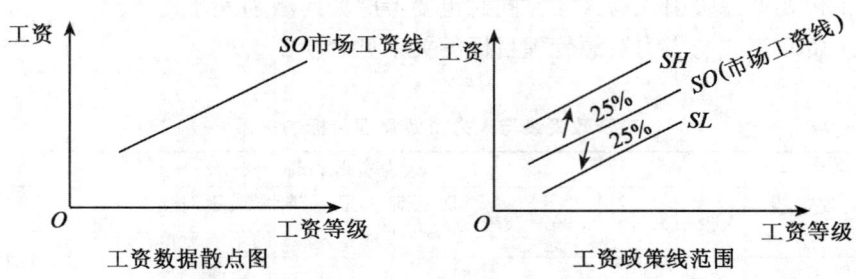

资料来源:张建国. 薪酬体系设计. 北京:北京工业大学出版社,2003:126-127.

图 9-3

许多公司用工资政策线为公司的职位确定工资等级的中间值。根据工资政策线,公司可以确立工资水平的最大值和最小值、工资等级之间的差距及工资等级内的变动范围。

当一个组织中的工资水平是算术增长并且其表现形式是直线的话,那么工资政策线可以用方程 $Y=a+bx$ 来表示(见图 9-4 左图)。如果工资水平是几何增长,就可能需要一条指数曲线来表示趋势线,可以用式子 $Y=abx$ (见图 9-4 右图)来表示。用几何增长法所画出来的工资线斜率是升高的,在同一工资结构中随着职位等级的升高其工资提高的幅度越来越大,这有助于避免采用多个工资结构所带来的混乱。

2. 工资结构设置

进行工资结构设计是为保证内部公平性。工资结构指的是企业内不同职位等级之间的工资差别以及工资政策线的形状和条数。

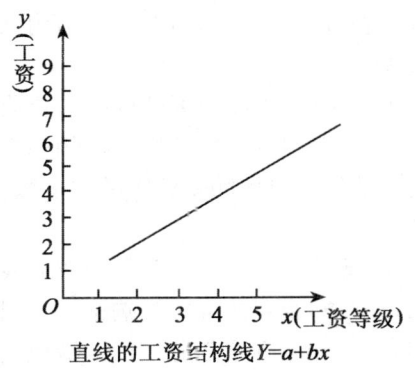 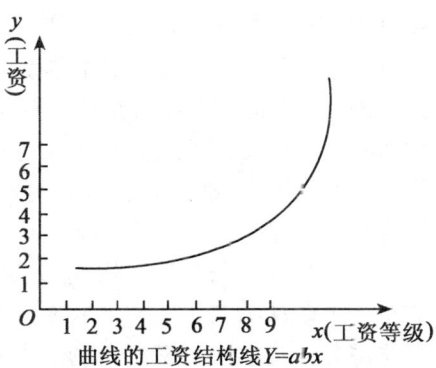

图 9-4

通过工作评价可以求出各工作对企业的相对价值或重要性，根据这种相对价值或重要性给不同的工作规定工资额是工资结构设置的任务。如前所述，根据评分法对不同的工作进行评价后，可以求出各工作对企业的相对价值的分数，然后根据企业工资分配的原则和策略就可以把各工作的相对价值的分数转化成实际的工资额。表 9-3 是上述评分法所确定的不同工作的分数与工资级别的转换关系。

表 9-3 工作分数—工资级别转换表

分数范围	工资级别	月工资（元）
101~150	1	250~310
150~200	2	300~360
201~250	3	350~410
251~300	4	400~460
301~350	5	400~460
351~400	6	450~510
401~450	7	550~610
451~500	8	600~660

企业的工资结构可以用工资结构线直观的表现出来，通过工资结构线可以清楚的看出企业为各工作的相对价值与相应的实际工资额间的关系。以工作评价分数作横坐标，以实际工资额为纵坐标，把与各工作相对应的实际工资额连接起来，就可以得到工资结构线，工资结构线可以反映工资额随各工作的相对

价值变化的趋势。如果企业的工资结构具有内在公平性，即工资制度体现出按劳分配的原则，员工所得的工资与其对企业的贡献成正比，所得的工资结构线就是一条直线。图 9-5 是四条典型的工资结构线。

图 9-5 中的两条工资结构线都是直线，说明采用这两种工资结构线的企业中所有工作的工资都与其贡献成正比，体现了多劳多得的分配原则；但相比之下，a 线较陡，b 线较平，这说明采用后者的企业偏向于照顾企业中的大多数，不喜欢收入悬殊，以防止造成矛盾和冲突。

图中另外两条工资结构线都是折线。c 线是至某点后尾端上翘，采取 c 线的企业可能认为某一工作上的人员是企业的骨干，对企业的成败影响很大，同时这部分人员在人力资源市场上供不应求，为吸引和激励这部分人员，给他们提供相对较高的工资；d 线是到某一点后尾端下垂。采用 d 线的企业对某一工作评价分数以上的人员所付的工资，相对于其对企业的贡献来说有点偏低，这一企业在薪酬分配的指导思想上可能想把员工间的工资差距限制在一定范围内，以减少低工资员工的怨言；同时，尽管某一工作评价分数以上的人员是企业的骨干，他们的工作对企业十分重要，但是，企业的高层骨干实力较强，人力资源市场上这类人员又供过于求，由于这两方面的原因，企业采取了相对较低的工资政策。

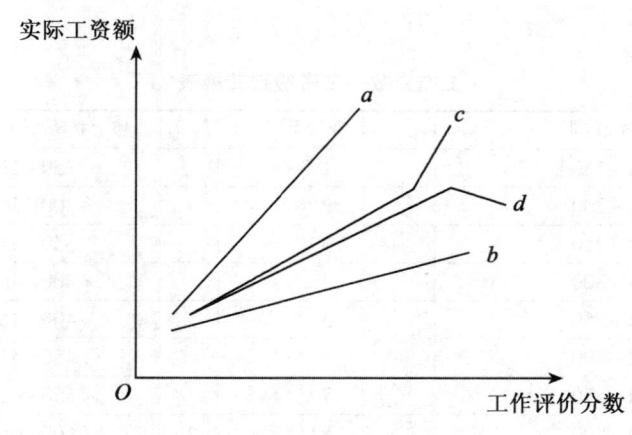

图 9-5　典型的工资结构线

但是，由于许多原因，工资结构线被设计成曲线。如图 9-6。

图中表明，工作的相对价值与付给该工作的工资值不是按照相同的比率增长的。工资结构线如 e 线的企业中职位较低的员工工资增长速度较快，职位

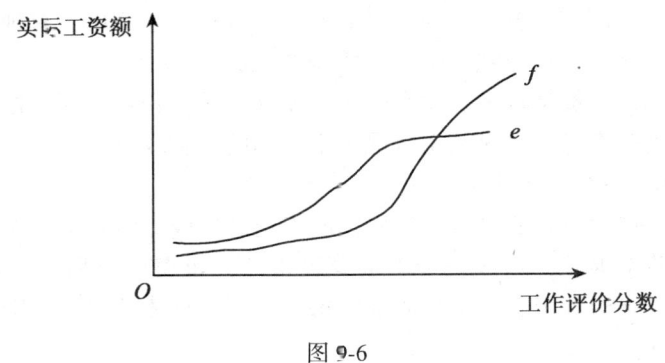

图 9-6

较高的员工工资增长速度较慢，反映了对积极性较低的员工主要靠工资进行激励，对积极性较高的员工主要靠工资以外的其他方式进行激励。工资结构线如 f 线的企业中正好相反，职位较低的员工工资水平不仅较低，而且增长也较慢，这是由于职位较低的员工社会供应量大，因而工资低；职位较高的员工工资水平不仅较高，而且增长也是非常快的，这是由于此类员工社会供应量小，因而工资低。

通过工资结构设计，可以保证企业工资分配的内部公平性。企业可以开发出工资结构系统，使每一工作的工资都与它的相对价值相一致；也可以对已有的工资系统进行检核，把与每一工作相对应的工资额在由工作评价分数与实际工资额构成的坐标系中标出来，根据这些点的分布情况绘制出反映其分布规律的特征结构线，或采用线性回归技术，以工作评价分数为自变量，以各工作的实际工资额为因变量做回归分析，求出最小二乘回归直线方程，绘制出最小二乘回归直线，这条直线反映出各工作的工资额随工作评价分数变动的趋势。如果各点都在这条直线上，说明各工作的工资额与工作评价分数间存在完全正相关，这是一种理想化状态。实际上许多点会或多或少的偏离直线，随机地分布在直线两边。得出了特征结构线以后，企业可以根据自己的实际情况对特征结构线进行调整。在对企业现行工资系统进行检核时，若与各工作相对应的工资额分布呈完全随机状态，看不出有什么变化趋势，或用线性回归技术得出的回归方程回归系数不显著，说明企业现行的工资系统中各工作的工资额与工作评价分数间不存在线性关系，各工作的相对价值与其工资额间的关系是杂乱无章的，工资的分配毫无公平性可言，需重新进行工资结构设计。

通过工资结构设计也可以保证工资分配的外部公平性。把本企业和竞争对手的工资结构线以及代表行业中各职务平均工资水平的特征线绘制于同一坐标系,就能直观地看出本公司的工资在市场上所处的地位与竞争力强弱。企业可以结合自己的价值观、竞争策略、付酬能力等进行综合考虑,对现行的工资系统酌情进行调整,以吸引和保持企业所需的人员。

由此可见,工资结构设计没有固定的模式可循,企业必须根据自己的实际情况与人力资源市场上供求关系状况制定不同的工资政策。

（六）工资分级与定薪

在工作评价后,企业应根据其确定的工资结构线,将众多类型工作的工资归并组合成若干等级,形成一个工资等级系列,如表9-4所示。通过工作评价得分与工资结构等级表,可具体确定每一个职务具体的工资范围,保证职工工资的公平性。

1. 确定工资等级数量

等级数量一般受以下因素的影响：工资结构线的斜率,工作的数量和分布情况,组织的工资管理和晋升政策。等级数量必须足以使不同难度的工作有所区分,但数量不能太大,否则会使两个相邻等级的区别不太明显。在工资总额一定的情况下,工资等级数量与工资级差呈反向关系。如果划分的工资等级太少,那些在工作任务、责任和工作环境上差异较大的员工被支付相同的工资,就会损害工资政策的内部公平性；若是太多,也会损害内部公平性。

有些公司参考市场调查所得的数据来建立工资结构,其所建的工资结构中有70~80个工资等级或可能更多。有些行为科学家现在提出至少有4~6个工资等级。工资等级之间设定的差异太小的话,将一个职位错误地放到高两级或低两级的位置上几乎察觉不到。较多的工资等级也使得评估结果不同的职位分到不同的等级上去的概率增大。如果工资等级数量很大的话,相邻两个工资等级的交叠部分也将很大。工资等级的范围越大,就越容易对在相同职位上或类似职位上工作而表现不同的员工支付不同的工资率。

确定工资等级的数量时,应注意以下几点：

（1）工资等级是从劳动质量的角度来区分劳动的差别,因此首先要考虑各种工作的复杂程度、繁重程度、重要程度和责任大小等。

（2）工资等级又是反映员工劳动熟练程度的标志。如果企业内员工的技能熟练程度差异大,工资等级数量可多些。

（3）还要考虑企业的规模。企业的规模大,拥有的工作职位多,则工资等级应该多些。

（4）工资等级的数量要与技术、业务标准的等级相适应,并且具有相对稳定性。

表 9-4　　　　　　　　　　工资等级结构举例

工资等级	工作评价点值范围		月工资浮动范围		
	最低	最高	最低	中间值	最高
1	100	150	1 740	2 170	3 610
2	150	200	2 648	3 310	3 970
3	200	250	3 555	4 444	5 333
4	250	300	4 463	5 579	6 694
5	300	350	5 370	6 713	8 056

资料来源：李燕萍．人力资源管理．武汉：武汉大学出版社，2002．

2. 确定工资范围和薪幅

在实际的工资管理中，常为每一职级的工资规定一个变化范围，即薪幅，指在一个工资级别内最低工资和最高工资的差额。薪幅范围的大小与工资等级数成反比，即工资的等级数越多，每一等级的变化范围就越小。此外，薪幅还随工资等级的升高而变大，即工资的等级越高，该等级的底薪与顶薪相差越大。相邻等级之间还有一定的重叠程度，薪幅越大，相邻等级间的重叠程度越大。

给每一职级的工资规定一个变化范围在人力资源管理中具有积极意义，可以给那些由于职位的限制而一时难以得到提升的优秀员工较多加薪的机会，从而提高其工作积极性。但是，职级薪幅的增大不可避免的会使邻级间的重叠区域扩大，当员工得到提升时，可能其工资距离新职级的底薪已较近，以后增薪的机会不多，降低了工资制度的激励功能。因此，在工资管理中，整个企业的工资分为多少个等级，每一等级的变化幅度以及不同等级间的相互重叠程度多大，需根据企业的具体情况灵活安排。

3. 确定工资等级系数

它是用来表示工资等级并进一步确定各等级工资数额的一种方式，指某一等级的工资标准同最低等级标准的对比关系，说明某一等级的工资标准是最低等级工资标准的多少倍。

4. 确定工资等级线

工资等级线即指各工作职务的起点等级和最高等级的跨度线。它是反映某项工作内部劳动差别程度的标志。劳动复杂程度高，则起点线高；反之就低。责任程度高，则起点就高；反之就低。工资等级线的长短与级差大小呈反向变化，即级差越大，工资线就越短；反之就越长。

（七）工资制度的执行、控制与调整

企业的工资制度建立以后，就要考虑如何投入正常运作并对其实行适当的控制与管理，使其发挥应有的职能，并且需要进行适当的调整，以适应企业生产经营发展的需要。

1. 工资的管理

工资制度的建立与完善，事关每一个员工的切身利益。若员工对企业工资制度的公平性产生怀疑，势必影响企业的凝聚力和员工的积极性，因此，工资管理的前提是使员工了解企业工资制度所依据的原理，信任并接受企业的工资制度。由于工资制度的直接依据是工作评价的结果，因此，首先必须让员工了解工作评价的基本原理、内容、程序及方法，增加评价过程的透明度，吸收员工参与工作评价过程，允许员工对评价表达意见，这样才会得到员工的认可。然后，在根据工作评价结构设置工资等级以及每一等级的薪幅大小时更要统筹兼顾多方面的利益，广泛征求员工的意见，确保所建立的工资制度的公平合理性。具体来说，在工资分配方面还要注意以下几个方面的问题：

（1）无论对哪个级别的员工支付的工资，都应达到社会公认的公正性标准，真正使员工的贡献与其所得的报酬相一致。

（2）无论对哪一层次的员工支付的工资，都应保证使他们在劳动中所消耗的体力和脑力及时得到补偿，以维持劳动力的再生产，因此，其最低额不能低于最低生活费用。

（3）在企业的工资管理工作中，特别注意克服避免工资分配中对女性员工的不公正待遇。

（4）对于那些业绩突出、贡献大、能力强的员工，应使他们优先得到加薪和晋级的机会，充分发挥工资制度的激励作用。

（5）严格遵守劳动法及相关法律的有关规定。企业支付给员工的工资不得低于工资标准，企业应把员工的工资以货币形式按月支付给本人，不得克扣和无故拖延，不得以实物或有价证券代替工资。

2. 工资调整

企业的工资制度确定以后，还要随企业内外环境的变化不断进行调整，从而保证其激励功能的正常发挥。企业工资调整的类型主要有以下几种：

（1）工龄调整。目前实行的结构工资制中，工龄工资是整个工资的组成部分之一。工龄的增加意味着工作经验的积累与丰富，代表着能力或绩效潜能的提高，因此随着员工工龄的增加，其工龄工资也随之增加。

（2）效益调整。这是企业根据自己的效益情况对工资进行的调整。当企业的经营效益较好、盈利较多时，为回报员工对企业的贡献，对全体员工的工资普遍上调，但在经营效益欠佳时可能会再调回。因此，这种调整随企业经营效益的变化而变化，是暂时性的。

（3）生活指数调整。当发生通货膨胀时，尽管职工的工资没有减少，但物价的上涨使其实际购买力下降，从而造成实际收入的减少。为了使员工的生活水平不致因为通货膨胀而恶化，企业常根据物价指数的变动情况对工资进行调整。根据物价指数对工资进行调整时，可采取两种不同的方法：一种方法是等比式调整，即所有员工的工资都在原有基础上按同一比例增加。等比式调整的优点是保持了原来工资结构内在的相对级差，使各工作的相对价值与工资额间的相对关系保持不变；但用这种方法进行调整时，工资越高增加的工资额越多，进一步拉大了不同员工间的收入差距，容易使低工资者产生不公平感。另一种方法是等额式调整，即不管原来的工资高低，一律增加相同数目的工资额，这种调整方法容易为员工接受，但却导致级差比的缩小，使各工作的相对价值与相应工资额间的相对关系发生变化，动摇了原来工资结构设计的基础。

（4）奖励性调整。以上几种调整方法是面向全体员工的，不管增加的工资额是否相等，所有的员工均能获得调整。奖励性调整的范围则相对小一些，是为了奖励那些绩效突出，为企业做出较大贡献的员工，使他们保持优点，再接再厉。

第三节 各类薪酬制度的设计

一、以绩效为导向的工资制度设计

（一）以绩效为导向的工资制度设计的主要特征

以绩效为导向的工资制度强调员工的工资调整取决于员工个人、部门及公司的绩效，以成果与贡献度为评价标准。其主要特征为：

1. 注重对个人绩效差异评定，认为绩效的差异反映了个人在能力和工作态度上的差异；

2. 个人的工资增长与个人的绩效直接挂钩；

3. 强调以目标达成为主要评价依据，注重结果。

无论是管理者还是一般员工都认为工资应该与绩效挂钩。通过对企业的研究发现，如果工资基于个人的绩效，低绩效者的离职率就高；如果个人的绩效不与工资挂钩，则高绩效者的离职率就高。

大致而言，以绩效为导向的工资制度具有如下优点：

1. 有效促进公司战略目标的传递与分解；

2. 强化员工的直接贡献和不断地改进绩效;
3. 使工资分配更加客观和公平;
4. 使工资分配具有更大的可变性,强化激励效果。

(二) 绩效结果与工资评定相结合的方法

如图 9-7 所示,10、11 级工资等级的工资区间划分为 S1、S2、S3 三段,假定某一公司员工年终绩效评定等级为 A、B、C、D 四个等级,其中 A 为最高等级,则员工个人的绩效等级(见图 9-7)与工资调整的关系如表 9-5 所示。

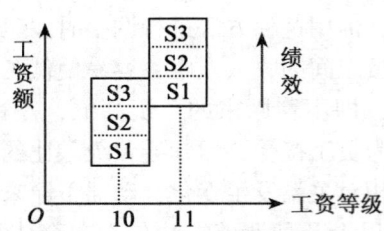

图 9-7 基于绩效的工资等级

表 9-5 工资调整表

个人绩效等级	原工资区段		
	S1	S2	S3
A	+P3	+P2	+P1
B	+P2	+P1	0
C	+P1	0	0
D	0	−P0	−P0

注:P 为调薪幅度,P3>P2>P1。

假设两位员工 Y1、Y2 的绩效评价都为 A,而 Y1 原工资区段在 S1,Y2 在 S3,尽管他们两个的绩效都是 A,但 Y1 的调薪幅度为+P3,大于 Y2 的调薪幅度+P1。因为 Y2 的工资已高于 Y1,既然两人的绩效都是 A,就应给 Y1 较大一些的增幅,以减少二者工资的不公平性。这种调薪公式的思想是充分激励员工产生杰出业绩。如果新员工的业绩优秀,再调薪给他一个加速度,就可以鼓励新人以更快的速度发展,同时鞭策老员工要不断进步,否则,工资只能原地踏步。

(三) 以绩效为导向的工资制度设计的优缺点

1. 以绩效为导向的工资有明显的优点

(1) 评价比较客观,以事实为依据;

(2) 强化绩效管理，使员工更关注自身对企业的贡献。

2. 当然它也可能会产生一些问题

(1) 员工更关注短期业绩。

(2) 员工可能抵制公司的管理变革和技术改造，因为这需要员工学习更多的知识，而且还会担心变革可能会给自身带来利益损失。

(3) 员工更加关注个人的绩效，而不太关心团队合作与部门的配合；

(4) 员工由于害怕会提高生产标准而更不愿意建议采用新的生产方法；

(5) 有经验的员工不愿意对新员工进行在职培训，导致新员工离职率增加；

(6) 由绩效评价产生的误差也会影响工资评价的公平性。

要使以绩效为导向的工资制度发挥有效作用，我们必须首先做好绩效评价工作，必须保证绩效评价的客观性和准确性，对于真正为企业做贡献的员工给予合理的回报，而且必须充分拉开差距。在企业内形成一个有效的激励机制。

二、以能力为导向的工资制度设计

技术变革的加速与市场竞争的加剧，使得企业要不断地调整战略目标和创造竞争优势，迫使企业员工要不断地适应变革的需要，今天要求员工做的事情明天也许就要改变。如何促使原本抵制变革的员工愿意不断地学习和超越自我，是企业能否不断适应调整后的战略的关键。以能力为导向的工资制度不只注重员工当前业绩，而且强调员工是否能适应公司发展的需要以及产生高绩效的能力如何。

(一) 以能力为导向的工资制度的目的

1. 有效改变员工行为，促进组织变革和达成目标；
2. 强化员工在团队中的贡献和不断自我学习；
3. 为公司的未来发展选拔合适的人才；
4. 为增强管理的灵活性和适应能力打下基础。

(二) 能力与工资结合的两种最基本方法

1. 方法一

以职位等级评定为基础，在等级内的工资评定依据员工的能力表现，见图9-8所示。

如员工 Y 的职位等级为 10 级，能力评定结果分为优秀、良好、合格和不合格，可以采用两种方法来进行工资调整。一种方法是，如果员工个人能力评为优秀，则其工资定为 S3 区段；另一种方法是，如果员工 Y 能力评为优秀，则其工资在原工资基础上增加一定比例。由于工资有很强的刚性，即调资容易调下难,因此,如果直接根据员工的能力评定等级直接进入相应工资区段 S1、S2 或 S3,对于能力评定等级比上次低的员工,工资就会马上下调,这对员工的心理会产生很大的震荡。

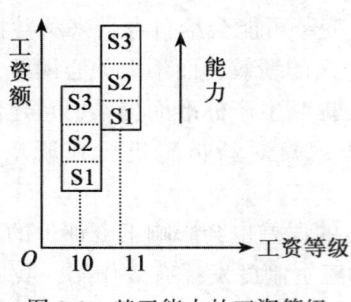

图 9-8 基于能力的工资等级

2. 方法二

不是以职位等级评定为基础,而是以职位族来分类,首先对公司所有的职位进行归类,如分为管理类、研发类、营销类、生产技术类等,然后对于每一类职位,根据其自身的能力等级差异划分出几个等级,如图 9-9 所示。

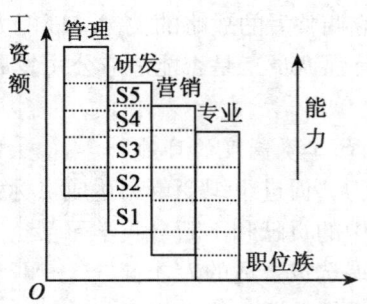

图 9-9 基于职位族的工资等级

每一职位族可以分为 5 个或几个工资区段,每个区段都有相应的能力评价标准。这样对一个员工进行工资评定时,首先根据其任职岗位,划归到相应的职位族,如产品开发人员归到研发族。然后,按照所归属职位族的能力评价标准,对员工的能力水平进行评价。假设该产品开发人员的能力被评为三级,则其工资可以进入到 S3 区段。

本方法的优点是同一职位族由于其工作性质相同,能力差异易于区分。另外，每个职位族的工资区段直接与外部劳动力市场比较，可以增加工资的市场竞争力，而且可以避免同一公司内不同职位族之间的工资攀比。

以能力为导向的工资制度在一些知识劳动型企业中已经受到一定的重视。这些企业更加关注提升员工能力，培育自身的人力资本价值，以适应外部变化的需要。

（三）以能力为导向的工资制度面临的主要问题

以能力为导向的工资制度存在的主要问题是：

1. 能力较难测评，因此员工对工资分配的公平性认可度较低；
2. 员工可能只注重工作过程中的表现，而不注重工作成果的产出，企业经营业绩会受到损害；
3. 由于难以客观地评价能力，企业内部会出现任人唯亲的现象；
4. 员工相应缺乏工作目标的压力，工作效率可能相应降低。

因此，能否有效实施以能力为导向的工资制度的根本是能否在企业内形成一套员工能力的客观评价标准，为公司建立员工职业任职资格标准，分层分类地对员工的实际工作能力进行客观评价，使得对员工能力的评价和回报有事实依据。

要使以能力为导向的工资制度有效运作，进行有效的能力评价是关键。这里所要评价的员工能力一定是能对企业产生效益的行为能力，是在当前工作中或不远的将来做出贡献的能力，而不是员工脑子里是否有一个"图书馆"。要对员工能力做出客观评价，而且所评价的能力要素或深度对工作有实际意义，必须先对各职位族各级的能力标准进行明确定义，且先要有一套方法来确定各职位族各级的任职资格标准。

关 键 词

薪酬制度设计　因素比较法　评分法　海氏系统法　工资结构　工资分级　工资政策线

小　结

1. 薪酬制度作为一项重要的企业制度，其设计要遵循公平、竞争、激励、经济、战略、合法等原则。

2. 由于工资制度是企业薪酬制度最基本的内容，所以它具有其他薪酬制度可能没有的优势和职能。一般来说，现代企业的工资具有调节职能、激励职能、补偿职能和效益职能。

3. 在设计基本薪酬制度——工资制度时，务必把握好同工同酬原则，合乎法令原则，简单、实用、普遍性原则。

4. 工资制度的设置和管理有一套完整的程序，它由七个基本步骤组成，分别是制定企业工资分配的原则与策略、工作分析与设计、工作评价、工资调查数据与数据收集、工资结构设计、工资分级与定薪、工资制度的执行、控制与调整。

5. 工作评价有排序法、套级法、评分法、因素比较法以及海氏系统法。

6. 企业的工资制度建立以后，就要考虑如何投入正常运作并对其实行适当的控制与管理，使其发挥应有的职能，并且需要进行适当的调整，以适应企业生产经营发展的需要。

7. 以绩效为导向的工资制度强调员工的工资调整取决于员工个人、部门及公司的绩效，以成果与贡献度为评价标准，其主要特征为：注重对个人绩效差异评定，认为绩效的差异反映了个人在能力和工作态度上的差异；个人的工资增长与个人的绩效直接挂钩；强调以目标达成为主要评价依据，注重结果。

8. 以能力为导向的工资制度设计有两种基本方法：以职位等级评定为基础，等级内的工资评定依据员工的能力表现；以职位族来分类，对公司所有的职位进行归类，然后对于每一类职位，根据其自身的能力等级差异划分出几个等级。

复习思考题

1. 薪酬制度作为一项重要的企业制度，其设计遵循什么样的原则？
2. 工资制度是企业薪酬制度里面最基本的内容，它具有哪些职能？
3. 在设计基本薪酬制度——工资制度时，应该贯彻哪些原则？
4. 工资制度设计具有哪些步骤？每一步是怎么进行的？
5. 工作评价有哪些方法？
6. 工资分级与定薪分为哪几个步骤？各步骤又是怎么实施的？
7. 工资的控制与管理是怎么进行的？
8. 以绩效为导向的工资制度设计有哪些优缺点？以能力为导向的工资制度设计有哪些优缺点？

第十章 绩效奖励

学习目的

学习本章后，你应掌握如下内容：
1. 熟悉绩效奖励的基本原理
2. 了解各种激励理论对绩效奖励的启示
3. 掌握短期绩效激励计划的种类及运用
4. 掌握长期绩效激励计划的种类及运用
5. 了解个人绩效激励计划与群体奖励计划的优缺点
6. 了解长短期奖励计划的优缺点

【IT人才，我该怎么留住你】 最近，张辛三番五次地云办公室找李凡，一见面就喋喋不休地抱怨大半天，让李凡很无奈。张辛却不顾及，按张辛的话说，"我没办法了，我要是再不找你，估计我也得辞职了。"

张辛是北京奥研技术开发公司（以下简称"奥研"）的技术部经理。奥研公司是家科技公司，经营内容是为客户开发定制软件。李凡是这家公司的人力资源经理，让张辛不辞辛苦地找李凡诉苦的原因，是最近或者说长期积累最终爆发的一个问题，技术部近期先后又有两个员工辞职了。

"员工离职本来是很正常的，任何公司都会有。但从近几年的工作情况来看，我觉得IT人才的去留对公司来说不是那么简单的事。因为这个现象对公司造成的影响，已不容任何人忽视。"张辛郑重地说。

公司的IT人才流失，对公司不可避免地存在项目滞后效应。奥研公司主要是以做项目为主，和产品不同的是，项目是面向单一用户的，功能相对特殊化、单一化，比较有针对性。可以说，每一个IT项目都是一个产品。

如果在产品制造过程中有人才流失，毫无疑问，这个项目就要延期。如果是关键性人才的流失甚至可能会造成项目的流产。

如果再招聘新的IT人才，是需要人才重置成本的，要重新投入成本培养人才。对企业的财务成本先不谈，一个IT人才来公司，公司最低的培训时间是半个月。而且项目上手后完成的期限肯定会比较长，IT人才重置成本一般高于原来损失的人才成本。

"问题还没结束，知道吗，人才的流失会给企业带来多大的无形损失？如果这些人才离职后去了我们竞争对手的公司，那种看不见的损失可能都无法估量。"张辛的语气很沉重。

张辛的话不无道理，在国内，2002年某软件公司技术骨干离职时，带走的科技成果造成公司无形资产损失数百万元。2004年某科研小组几乎全部被竞争对手挖走，同时带走了一项专利，无形资产损失高达千万元。

李凡也无可奈何，"作为负责人力资源的人员，我深知人才对企业的重要性，可IT人才就是难管理，社会需求大，而且很多IT大公司长期招聘，待遇条件当然都比我们中小IT企业要优厚，他们的离职不可避免。何况，IT人才一般都是80年后（即20世纪80年代及以后）的。"

在李凡看来，80后的员工，虽然可塑性强、能跟得上新的IT技术，但大都以自我为中心，崇尚自由，而且兴趣广泛。所以稍有不如意就会离职走人。"其实和很多中小IT企业来比，我们公司的待遇还算是偏高的，但就是难以留住这些80后的IT人才。"李凡感叹道。

IT人才流失已经成为国内许多中小IT企业的最大困扰，很多企业都在感叹："IT人才啊，我该怎么留住你？"

随着新经济时代的到来，IT人才已成为价值独特的"新贵一族"。在过去的几年中，IT企业争相提升对员工的激励手段，以吸引和留住他们。最频繁使用的手段就是不断地加薪和股票期权。企业如何建立起完善的知识员工薪酬激励体系，以吸引和留住优秀的知识员工？怎样才能充分发挥薪酬的激励作用，最大限度地调动知识员工的工作积极性，激发他们创造性地开展工作？IT人才想要得到的仅仅是"钱"吗？IT人才究竟想从公司得到什么呢？IT企业在设计激励体系时要考虑哪些因素呢？学完本章，相信你就会对这些问题有更深入的了解。

第一节 绩效奖励的基本原理

一、绩效与激励

（一）绩效及其影响因素

绩效也称业绩、成就，反映的是员工通过自己的努力达成的对组织有价值的结果，以及他们在工作中所表现出来的符合组织的文化和价值观，同时有利于组织战略目标实现的行为。

员工绩效受员工个人情况和外部环境的共同影响，概括起来有四点因素：一是员工知识水平；二是员工的能力，即员工所具备的技能和胜任工作的能力；三是员工工作动机，即员工工作的目标指向性以及所受到的激励程度；四是员工工作的积极性，这与员工对其工作的喜好程度以及外部环境有关。这四大因素缺一不可。为此，要确保员工的绩效，组织必须做好以下工作：一是必须雇用知识技能较高的员工；二是持续不断地加强对员工的培训，增强员工的知识和技能水平；三是合理的配置员工，做到人尽其才；四是制定有效的激励措施，发挥员工的积极性，增强员工的忠诚度。

与个人绩效相对的是团队绩效，团队绩效主要是由团队合作的程度决定的。团队建设、跨团队职能合作、知识经验共享方式和程度、团队学习能力等因素是团队绩效的四大影响因素。

（二）激励概述

激励是指激发人的内在需要和行为动机以鼓励和帮助人们为实现目标而积极努力的过程。这一定义包含以下几方面的内容：一是激励的出发点是满足员工的各种需要，只有这样才能真正发挥激励的作用；二是激励必须贯穿员工工作的全过程；三是信息的沟通需要贯穿激励手段综合运用的过程；四是激励的最终目的是要达到组织目标和员工个人目标客观上的统一。

激励的过程并不复杂。人的一切行为总是由其全部需要结构中最重要、最强烈的需要所支配的，这种需要就是优势需要。这种优势需要会指引人们朝着优势需要的目标努力。这种努力的结果又作为新的刺激反馈回来调整人的需要结构，指导人的下一个新的行为。这就是激励的过程，也称动机行为过程。其基本模式见图10-1。

在激励的过程中，难免会有不尽如人意的时候，这就提醒我们在激励的过程中要关注影响激励效果的因素。概括起来有以下几点：一是个体因素。激励主要是针对个体，个体的思维方式、推理判断能力、社交能力、文化背景、知识水平以及个性的差异都会对激励效果产生重要影响。二是环境因素。包括组织的规章制度、人际关系、协作程度、领导者的风格和作风等。三是员工成熟度。员工成熟度是指设置高而且现实可行的目标的能力，承担责任的意愿和能力，个人或群体受教育程度的高低和所具备经验的丰富程度。组织的激励措施能否适应员工的成熟度，会影响到激励效果。

从激励效果的影响因素可知，想要使激励发挥应有的效果，在实施激励措施的过程中，要遵循一定的原则。概括起来有六个原则：一是实事求是的原则。要在全面系统地分析研究组织客观存在的事实的基础上，制定和实施激励

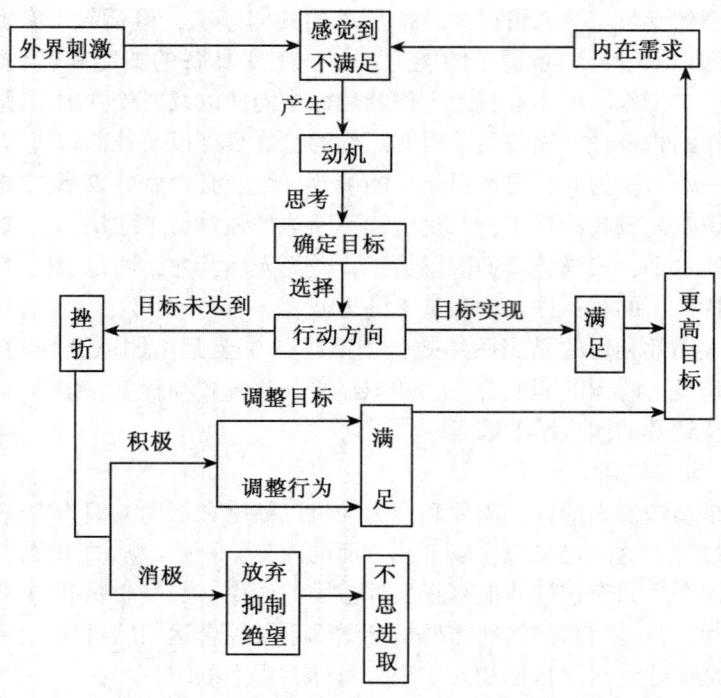

图 10-1 人的行为过程

措施。二是系统性原则。激励策略要优化组合，在空间上相辅相成，在时间上相互衔接，形成综合治理的格局及积极性的良性循环。人的积极性运动机制的复杂性和交叉性，决定了激励必须采取综合治理的方式。三是公平公正的原则。公平公正是激励的基本原则，违反这个原则不仅不会收到预期的效果，反而会造成许多消极的后果。四是及时、适度原则。及时发现问题并采取相应的适度措施，是激励效果的重要保证。及时和适度是相互联系的，只有适度的及时和及时的适度，才能最大限度地发挥激励的作用和效应。五是连续性和可变性原则。在实际管理过程中，激励必须保持其持续性，间断性的激励政策非但不能保持以前的激励成果，而且还会严重影响员工的工作态度。同时，激励手段和政策必须依据不断变化的实际情况、不同的人而有所调整和变化。激励方案的设计要具有柔性，以适应不同的情况，否则就会使激励方案失去吸引力和生命力，无法保持激励的持续性和效果。六是目标结合原则。在激励机制中，设置目标是一个关键环节。目标的设置必须体现组织目标的要求和满足员工个人的需要。群体和个人目标任务追求的一致性能产生很强的群体凝聚力，迸发出巨大的能量，从而带来组织的高绩效。

(三) 激励理论及其对绩效奖励的启示

前面介绍了激励的定义、激励效果的影响因素和遵循的原则。激励体现在很多环节和方面，就绩效管理来讲，激励就体现在绩效激励计划中。在现代社会，"以人为本"和"人性化"管理理念已日益深入人心，组织想要提高员工的工作积极性和主动性，创造更多更好的绩效，就必须重视制定绩效激励计划。大多数企业领导人认为，这种将绩效和薪酬联系在一起的做法非常有助于提高员工的工作积极性。事实上，组织行为学和管理学中的激励理论对此给予了充分的肯定，并对绩效奖励的思想提供了坚实的理论基础。

1. 马斯洛的需要层次理论

马斯洛的需要层次理论认为，人的行为是受到人的内在需要激励的。人的需要是由一个从最基本的衣食住行需要到高等级的自我实现需要所构成的有序等级链。准确地说，人的需要包括生理需要、安全需要、社交需要、尊重需要以及自我实现需要五大层次，并且当低层次的需要得到满足后，较高层次的需要才会变得更迫切，越是迫切的需要对引导行为的激励作用越大。当员工需要得不到满足时，他们就会产生挫折感。见图10-2。

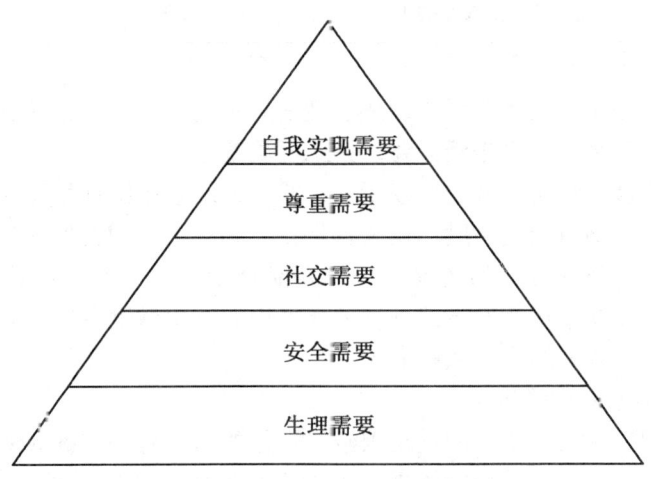

图10-2 马斯洛的需要层次理论的等级图

马斯洛的需要层次理论自产生以来，在各组织中引起不少研究。在得到肯定的同时，也受到不少批评。如认为对人类的需要不应静态观察，而应动态观察。尽管如此，马斯洛的需要层次理论仍对管理人员有很大的吸引力，因为个人需要问题，是理解行为的关键因素。表 10-1 就是需要层次理论同管理措施密切结合的参考表。

表 10-1　　　　　　　　　　人的需要层次与管理措施

需要层次	诱因（追求的目标）	管理制度与措施
1. 生理需要	薪水，健康的工作环境，各种福利	身体保健，工作时间，住宅设施，福利设备
2. 安全需要	职位的保障，意外的防止	雇用保证，退休金制度，健康保险制度，意外保险制度
3. 社交需要	友谊，团体的接纳，与组织的一致	协调制度，利润分配制度，团体活动制度，互助金制度，娱乐制度，教育训练制度
4. 尊重需要	地位，名分，权力，责任，与他人薪水之间相对高低	人事考核制度，晋升制度，表彰制度，奖金制度，选拔进修制度，委员会参与制度
5. 自我实现需要	能发展个人特长的组织环境，具有挑战性的工作	决策参与制度，提案制度，研究发展计划，劳资会议制度

　　马斯洛的需要层次理论对于薪酬管理的启示是：第一，企业支付的基本薪酬必须能够满足员工基本生活需要。第二，奖励性薪酬对于员工具有一定的激励性，它与成就、认可、称赞等联系在一起，但绩效激励计划要注意风险适度和设计合理，否则就会使激励作用大打折扣。第三，不同类型的员工的需要层次是不同的，企业在可能的情况下可使薪酬计划具有柔性，以适应不同的需要。第四，除重视货币激励方式外，还要考虑非货币激励方式，并探讨将货币和非货币激励方式相结合的激励方法。

　　2. 赫茨伯格双因素理论

　　双因素理论认为：工作的满足因素与工作的内容有关，称为激励因素。这些因素包括工作本身的乐趣、体现员工能力与价值、满足高层次需要的成就、责任、自身的进步与发展、他人的赞赏等。这类因素的改善，往往会对员工产生极有效的激励，令员工对工作有一种满意的感觉，有利于长久地调动员工的主动性、积极性和创造性。工作的不满足因素与工作的周围事物有关，称为保健因素。这些因素包括企业工资报酬、福利待遇、人际关系、工作条件等。如果这类因素处理不当，会导致员工的不满，甚至会严重挫伤员工的积极性；但即使这类因素较为理想，只会消除其不满情绪，没有激励作用。见图10-3。

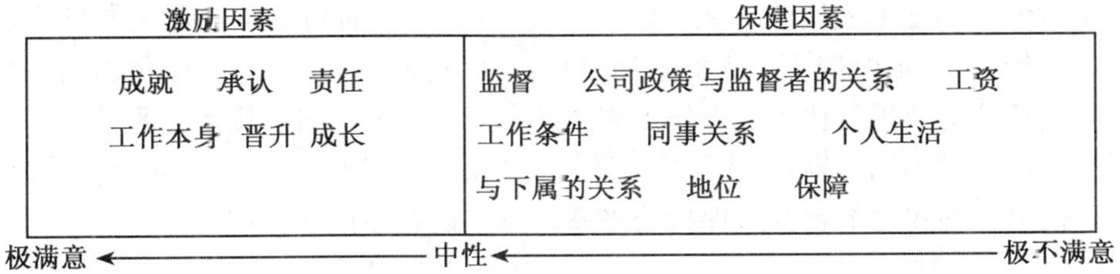

```
激励因素                    保健因素
┌─────────────────────────┬──────────────────────────────────┐
│ 成就  承认  责任         │ 监督  公司政策与监督者的关系  工资 │
│ 工作本身 晋升 成长       │ 工作条件  同事关系  个人生活     │
│                         │ 与下属的关系  地位  保障          │
└─────────────────────────┴──────────────────────────────────┘
极满意 ←────── 中性 ←──────────────────────── 极不满意
```

图10-3

双因素理论对薪酬管理有如下启示：第一，企业的基本薪酬本身并不会对绩效产生较高激励作用。同样，过高的收入保障和福利对员工产生的激励作用也是非常有限的。第二，能够满足员工在认可、责任、成就等方面需要的绩效激励计划是富有激励性的。第三，激励不能仅仅依靠货币薪酬激励，还要考虑非货币薪酬激励，此外还要注意改善人际关系和工作条件等因素。

3. 期望理论

美国心理学家维克托·弗洛姆于1964年在其《工作与激励》一书中提出了人们总是怀着某种期望去从事一项活动的观点，分析了人有目的的行为与可能实现的希望之间的关系，形成了期望理论的基础。期望理论认为，人们从事一件工作的动力有多大，取决于这件工作获得成功的可能性与成功的结果对个人有多大的吸引力，用公式表示为 $M = E \times V$。式中 M 为动力，即一个人受到激励的程度；E 是效价，指当事人对于获得某种预期效果后组织所给予奖励的偏好程度；V 为期望值，指当事人采取特定行动后实现预期成果的成功概率。只有当预期的成果对当事人有较大的吸引力，组织所给予的奖励能够满足其迫切需要时，而且他相信成功的希望较大时，才会被激励起来去行动和努力。相反，如果当事人对预期成果不感兴趣，效价趋近于零，或者他对取得成功的信心不足，预期值极低时，工作动机就会大打折扣。

由期望理论可得到以下启示：第一，企业需要对员工进行培训并改善其工作条件，影响员工对个人能力的自我评价，提高员工的预期值。第二，企业应建立公平、完善的绩效评价体系，从而让员工相信他们自己对绩效目标的实现是有充分控制力的。第三，薪酬激励的收益必须足够大才能使员工将其视为一种真正的激励，实现绩效与薪酬的统一，提高效价。

4. 公平理论

该理论由美国学者亚当斯于1965年提出，侧重研究工资报酬分配的合理性、公平性对员工生产积极性的影响。公平理论指出，职工的工作动机，不仅会受到绝对报酬的影响，还受到相对报酬的影响，即一个人不仅关心自己收入的绝对值（自己的实际收入），还关心自己收入的相对值（自己收入与他人收入的比较）。一般情况下，人们是通过将自己所获得的收入与相应付出的比例同相关参照对象进行比较后来作出判断的。当二者相等时，则为公平状态；如果二者的比例不同，就会产生不公平感。当他们认为自己的收入偏高或偏低时，便会调整自己的行为来保持公平感。具体内容参照表10-2。

表 10-2　　　　　　　　　　　　　公 平 理 论

觉察到的比较结果	评价结果
$Q_1/P_1 < Q_X/P_X$	不公平（报酬偏低）
$Q_1/P_1 = Q_X/P_X$	公平
$Q_1/P_1 > Q_X/P_X$	不公平（报酬偏高）

注：Q代表收入，P代表付出；1代表本人，X代表参照对象。

公平理论对薪酬管理的启示是：第一，薪酬的内部公平性和外部公平性对员工的绩效激励有很大的影响。因为影响员工的行为和态度的是相对薪酬而不是绝对薪酬的数量。第二，企业中必须建立一套客观公正的绩效评价体系，确保在同等条件下，绩效较好的员工所获得薪酬超过绩效欠佳的员工。第三，无论是基本薪酬还是绩效激励计划都必须注意在全体员工中保持公平性和一致性，这样才能激发员工的公平感，保持工作的主动性和积极性。

5. 强化理论

强化理论是由斯金纳于20世纪70年代提出的。该理论认为人的行为是由外界环境决定的，外界的强化因素可以塑造行为，人们的行为是对其以往所带来的后果进行学习的结果。如果员工的行为得到了与预期目标相符的某种报酬的强化，则能保持员工的积极性和主动性；如果没有人认可这一行为，那么这种行为便不太可能再发生。当人们因为某种行为而招致负面后果（负强化或惩罚）时，他们通常会立刻停止这种行为，但是惩罚并不能保证不受欢迎的行为彻底消失。同时心理学家也认为，任何相对持久的改变都是一种刺激与反应的关系。这种关系表现在两种方式中，即传统条件作用和强化条件作用。传统条件作用是刺激先于反应，而强化条件作用是反应先于并预示着刺激，这是强化理论的基础。

强化理论对薪酬管理的启示为：第一，对于员工的绩效必须给予相应的报酬，这会强化（激励和维持）员工的绩效。第二，应当在员工的绩效或对企业有利的行为以及这种绩效或行为所获得的报酬之间建立起一种较为直接和及时的联系，即必须在员工产生企业期望的绩效之后尽快给予相应的报酬。

6. 目标激励理论

20世纪60年代末，爱德温·洛克提出，指向一个目标的工作意向，是工作效率的主要源泉。目标告诉员工需要做什么以及需要付出多大努力，明确的目标能够提高工作绩效，设置一个有难度的但却可以实现的目标通常会较设置一个容易的目标得到更好的绩效。另外，反馈较没有反馈更能提高绩效。虽然人们总是倾向于对自己参与设定的目标付出更多努力，但目标究竟是由个人参与设定的还是由他人制定的，对于最终绩效的影响并不明显。同时洛克等人通过研究还发现自我效能感也会对绩效产生影响。虽然在适当的情况下，目标可能带来更高的绩效，但是没有证据证实这种目标和工作满意感的提高有关。

目标激励理论的实际告诉我们：第一，明确具体、富有挑战性的绩效目标对于组织成员具有间接的、持续性的激励作用。第二，绩效奖励性报酬的数量应当与目标达成的难度相匹配。第三，在实施目标激励的过程中，组织应该与员工就目标的设计与实施进行耐心的沟通，并及时提供绩效反馈，增强员工的信心和勇气。

7. 综合激励理论模型

在总结以上各种激励理论的基础上，管理学家斯蒂芬·罗宾斯提出了期望理论、公平理论、强化理论等多种激励思想在内的一个综合激励理论模型，见图10-4。从模型图上可以看出，要真正达到绩效激励的效果，就必须根据具体情况，灵活采用激励理论或综合采用几种激励理论。但无论是采用什么激励方法，都必须坚持两个基本原则：一是要坚持公平对待；二是个人的绩效必须得到适当的报酬和认可。在指定实施绩效激励计划的过程中，不能仅仅关注货币薪酬激励，还要关注非货币激励。任何组织都不能忽视激励的功能，忽视制定和实施绩效激励计划，在当前这种风险很高的经营环境下，绩效激励计划设计的重要性不亚于基本薪酬设计的重要性，在某些情况下，它的重要性甚至还要显得更高一些。

综合上述各种激励理论，我们可以看出它们对绩效激励计划的以下几点启示：

第一，员工的需要会影响员工的行为，能够满足员工不同需要的薪酬体系才会真正具有激励性。在员工的需要多样化的情况下，单一的薪酬体系或者薪

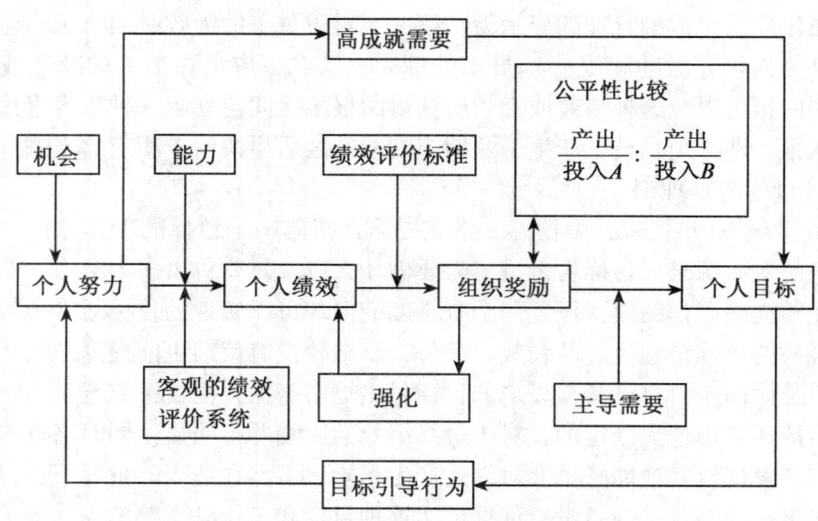

图 10-4 综合激励理论模型与绩效奖励

酬结构可能无法为员工带来满足感,弹性的薪酬体系或者多样化的薪酬体系对员工绩效的诱导因素可能是最强的。

第二,激励要建立在公平的基础上才有效。薪酬管理的许多工作应当注意公正性,表现为是否能获得必要的工作条件和资源支持,员工的绩效能否得到准确、公正的评价,员工的绩效能否得到公正的报酬。

第三,绩效激励计划的成功需要企业与员工之间良好的沟通。通过沟通来确保员工了解企业的期望,以及达到企业的期望后所获得的报酬,这样员工就有了明确的目标并且有了工作的动力,以保证绩效激励计划的顺利实施并取得预期的效果。

二、绩效激励计划

(一) 绩效激励计划的含义和发展①

绩效激励计划是指员工的薪酬随着个人、团体或者组织绩效的某些衡量指标所发生的变化而变化的一种薪酬设计。由于绩效激励计划是建立在对员工业绩和行为后果的评价的基础上,因此,绩效激励计划有助于强化组织规范,激励员工调整自己的行为,有利于企业目标的实现。

---

① 刘昕. 薪酬管理. 北京:中国人民大学出版社,2002:208.

绩效激励计划的发展也经历了由不完善到完善、由简单到复杂的过程。绩效激励计划的实质是将绩效与薪酬联系在一起。在20世纪80年代以前,很少有这种意识,当时的管理者缺乏人性化管理的理念,认为员工无足轻重;况且企业也不需要员工发挥太多的主观能动性,只需员工按时完成分内的事。即使有,也只是体现在高层管理人员身上。然而到了20世纪80年代以后,由于世界经济的不景气,企业界开始认真思考出路。在这个过程中管理者才逐渐认识到员工的重要性。在实践中他们发现,重视员工积极性、主动性、创造性的发挥,会收到意想不到的效果。在这种情况下,企业管理者认识到,必须将员工变成具有一定权限,能够承担一定的责任和风险,同时能够分享组织成功的能动的价值创造者。这样,浮动型绩效激励计划的价值获得了广泛的重视,员工薪酬的一部分随组织的经营状况变化而有所升降。同时,绩效激励计划的实施也使得当时企业所面临的固定成本过高的问题以及裁员的问题多少得到一些缓解。

当然,今天绩效激励计划的内涵和外延以及实施目的已经有了很大的扩展,已经形成了一个全方位、多角度、多层次的体系,并已经得到广泛的应用。

(二) 绩效激励计划优缺点

绩效激励计划虽然越来越受到现代社会的重视,并发挥了重要的作用,但任何事物都具有两面性,绩效激励计划的优点很明显,但其缺点也不容忽视。

绩效激励计划的优点具体表现在:第一,有利于企业通过灵活调整员工的工作行为来实现企业的重要目标。绩效激励计划有明确的绩效目标,企业可以通过调整某些绩效目标来影响员工的行为,以实现企业的某些重要目标。第二,由于绩效激励计划中的报酬支付实际上成为一种可变成本,因此,它的实施减轻了组织在固定成本开支方面的一些压力,有利于组织根据自身的经营状况灵活调整自己的支付水平,而不至于因为成本的压力陷入困境。第三,由于绩效奖励往往与直接绩效改善联系在一起,并且奖金的授予对象是那些为更高绩效的达成做出贡献的人,因此,绩效激励计划有利于企业总体绩效水平的改善。

绩效激励计划的一些缺点表现在:第一,在绩效激励计划中所使用的产出标准很可能无法保持足够的准确和公正,在产出标准不公正的情况下,绩效激励计划很可能流于形式。第二,绩效激励计划有可能导致员工之间或者员工群体之间的竞争,而这种竞争可能不利于组织的总体利益。第三,在绩效激励计划的设计和执行过程中还有可能增加管理层和员工之间产生摩擦的机会,因为在很多绩效激励计划当中都存在讨价还价的问题。第四,绩效激励计划的设计和实施过程有时候非常复杂，员工可能难以理解。

（三）绩效激励计划的实施要点

绩效激励计划有其优点和缺点，在使用它的过程中，要尽量发挥其优点，避免其缺点，采取谨慎的态度。

第一，绩效激励计划只是薪酬体系中的一部分，只有与其他薪酬计划密切配合，才能确保绩效激励计划的作用正常发挥。不能以为只要有了设计良好的绩效激励计划，企业对员工的报酬和激励问题就可以顺理成章地得到解决。

第二，绩效激励计划必须与组织的战略目标及其文化和价值观保持一致，并且与其他经营活动相协调。成功的绩效激励计划必须回答下面的问题：一是组织的服务对象是谁？组织的产品和服务是什么？（员工目标和组织特性）二是组织如何完成其战略任务？（组织的战略规划）三是组织确立了什么样的目标？（组织目标）

第三，在实施绩效激励计划前，必须建立起有效的绩效管理体系。绩效管理体系须确保公正合理，准确完善，明确企业所要实现的成果是什么，什么样的员工行为有利于这种成果的实现，以及企业将如何对这些成果进行衡量、监督和管理。

第四，有效的绩效激励计划必须在绩效和奖励之间建立起紧密的联系。无论企业目标多么清晰，绩效评价多么准确，反馈多么有效，但若不与报酬建立联系，绩效也不会达到最大化。

第五，绩效激励计划必须获得有效沟通战略的支持。绩效激励计划要求员工承担一定的风险，那就要企业能够及时为员工提供正确作出决策所需要的信息；同时，企业还需要就绩效进展情况向员工提供经常性的反馈，以帮助员工提高达到既定目标的可能性。

第六，绩效激励计划需要保持一定的动态性，因为绩效激励计划是围绕企业经营目标、企业外部的经营环境、员工的工作内容、工作方式等情况发生不断变化的。

第二节　绩效激励计划的种类

绩效激励计划有很多种，组织要根据自身的经营战略、经济状况、人员情况以及组织目标来选择合适的计划。绩效激励计划，从时间角度来讲，可分为长期绩效激励计划和短期绩效激励计划；从激励对象角度来看，分为个体绩效激励计划和群体绩效激励计划。

一、短期绩效激励计划

（一）绩效加薪

绩效加薪是将基本薪酬的增加与员工在某种绩效评价体系中所获得的评价等级联系在一起的一种绩效激励计划。通常是在年度绩效评价结束时，企业根据员工的绩效评价结果以及事先确定下来的绩效加薪规则，决定员工在第二年可以得到的基本薪酬。

绩效加薪计划的三大关键要素是加薪的幅度、加薪的时间以及加薪的实施方式。就加薪的幅度而言，绩效加薪的幅度主要取决于企业的支付能力。从绩效加薪的时间安排来看，常见的绩效加薪是每年一次，有的企业也采取半年一次或者两年一次。从绩效加薪计划的实施方式来看，绩效加薪可以采取基本薪酬累积增长的方式，也可以采取一次性加薪的方式。一次性加薪是常规的年度绩效加薪的一种变通措施，它通常是对那些已经处于所在薪酬等级最高层的员工所采取的一种绩效奖励方式，因为这时企业已经不能再提高这类员工的基本薪酬水平，但是又需要对其中的高绩效员工提供一定的激励。

在实施绩效加薪计划时，通常会用到一种薪酬管理工具——绩效加薪矩阵。这个矩阵可以详细列举在不同薪酬等级上的不同绩效水平的员工所应当获得的加薪幅度以及加薪的时间安排等要素。绩效加薪矩阵按简单到复杂的顺序可以划分为以下三种类型：

1. 仅仅以绩效为基础的绩效加薪矩阵

这是最基础、最简单的类型，加薪的唯一依据是绩效评价等级的高低，高绩效者会获得高的加薪幅度，低绩效者将获得低的加薪幅度或不加薪，甚至还要被降薪。

这种绩效加薪计划有利于企业控制加薪的成本预算，管理较方便，与员工沟通起来也很方便，但也有可能导致企业内部的薪酬差距过大，不利于企业内部的团队建设和员工之间的合作。因此，在使用这种加薪方式的过程中，可以以员工所在薪酬范围的中值为基准来实施绩效加薪，这使得薪酬的提升更加紧密地与绩效联系在一起。（见表 10-3）

2. 以绩效和相对薪酬水平为基础的绩效加薪矩阵

这种方式主要是，在考察员工绩效的前提下，判断员工的薪酬水平与内部或者外部市场平均薪酬水平之间的关系，如果与内部或者外部市场相比，员工的薪酬已经达到比较高的水平，则企业会在同等条件下酌情考虑降低员工的加薪幅度；相反，如果员工的薪酬水平较内部或者外部市场低，则企业会在同等条件下适当提高加薪幅度。这样有利于控制报酬成本以及维持薪酬结构的完整性。

表10-3 仅以绩效为基础的绩效加薪计划：以所在薪酬范围的中值为基准

员工	当前的基本薪酬（元）	以薪酬范围中值为基准的绩效加薪（%）	绝对加薪额（元）	实际加薪百分比（%）
A	2 500	2.0	50	2.0
B	3 500	2.0	50	1.4
C	4 500	2.0	50	1.1

3. 以绩效和相对薪酬水平为基础同时引入时间变量构建的绩效加薪矩阵

其内容是，绩效水平较高的员工所获得的加薪幅度较大而且频率较高，绩效一般和绩效低于一般水平的员工，则需要等待很长时间，才能获得加薪而且加薪幅度较低。这种绩效加薪方法具有明显的优点：一是能够为优异的员工提供大量的、频繁的加薪，激励员工达成更为优异的绩效；二是当经济效益好时，可频繁的加薪，激发员工的积极性。当经济效益差时，可适当减少加薪频率，降低成本。但这种绩效加薪方式操作起来较为不便，一旦操作不当，就会增加企业成本，加大管理和沟通难度。

（二）一次性奖金

一次性奖金在现实生活中也应用得非常普遍，属绩效加薪的范畴。它是一种一次性支付的绩效加薪，而不是在基本薪酬的基础上的累积性增加。正是这个因素，使得一次性奖金可以有效解决薪酬水平已经很高的员工的薪酬管理问题，还可避免企业固定薪酬成本的增加。但要注意的是，一次性奖金的支付周期较长；且从长期看员工实际得到的奖金额要比普通绩效加薪的数额少。如果企业长期以一次性奖金替代基本薪酬的增加，则有可能导致员工采取一些不利于绩效提高的消极行为。见表10-4。

表10-4 普通绩效加薪与一次性奖金在长期中的比较　　　　单位：元

	绩效加薪	一次性奖金
基本薪酬（年薪）	50 000	50 000
第一年支付5%奖金	2 500	2 500
一年后的基本薪酬	52 500	50 000

（三）月或季度浮动薪酬

这是一种介于绩效加薪和一次性奖金之间的一种奖励方式。它根据月或季度绩效为基准，通过发放月绩效奖金或季度绩效奖金来激励员工。在实际操作中，往往采用基本薪酬乘以一个系数或是百分比的方式来确定。这种方式的优势很明显：绩效奖励周期短，既可以在短期内满足员工的心理需要，产生直接的激励作用；也可以时时提醒和刺激员工调整自己的状态和行为，为实现组织目标努力。值得关注的是，这一计划的绩效评价周期短，工作量大，将增加管理成本和难度。

（四）特殊绩效认可计划

1. 特殊绩效认可计划的内涵和作用

特殊绩效认可计划是一种现金或非现金的绩效认可计划，即在员工远远超出工作要求的表现的情况下，组织给予他们的多种形式的一次性奖励。它是一种经常被忽视的变动性的报酬，其类型多种多样，可以是在组织内部公开表扬某人，可以是奖励一次度假机会，可以是奖励高价值的商品，也可以奖励大量现金等。总之没有固定的形式，因而具有相当的突发性和弹性。

目前，这一计划越来越受到重视，已发挥着重要的作用。具体表现在以下几个方面：

第一，有利于激发员工的主动性和创造性。特殊绩效认可计划的奖励方式、奖励时间、奖励内容均与一般绩效奖励不同，具有相当的突发性和弹性，能给员工意想不到的惊喜和满足；通过奖励，刺激其他员工寻找各种机会来为企业做出意想不到的贡献，在这个过程中，员工的主动性和创造性就被调动起来了。

第二，有利于激励那些与组织的价值观和文化相一致的行为，强化企业的战略目标。在实施特殊绩效认可计划时，企业的奖励行为实际上是在告诉员工什么样的行为是受到鼓励的，什么样的想法和做法是企业所希望的。这可以使员工关注自己在组织中的行为，调整自己的目标，使之与组织目标和文化相一致。

第三，提高了绩效激励计划的灵活性和自发性。特殊绩效认可计划适用于某个员工或团体出现超过预期要求的优秀业绩，但企业又无法利用其他报酬提供奖励的情况，而且奖励内容和方式多种多样，这就增强了整个绩效激励计划的灵活性，提高了整个绩效激励计划的吸引力，也就提高了员工的主动性和创造性。

但是，特殊绩效认可计划也有其缺点。它较高的随机性和灵活性，增加了管理的难度，一旦管理不细或沟通不清楚，就可能造成误解，引起不必要的麻烦；同时，员工可能会一心想要标新立异而不服从组织安排，甚至做出不顾组织和他人的利益的行为。

综上所述，在设计、实施特殊绩效认可计划的过程中，要确保特殊绩效认可计划与组织的薪酬战略相一致。组织要力求通过特殊绩效认可计划来表达诚意，引导和影响员工的行为朝着有利于组织目标实现的方向发展；也要尽可能的避免特殊绩效认可计划向员工传达的一些不合适或不协调的信息。

2. 特殊绩效认可计划的设计

在设计特殊绩效认可计划时，组织必须首先回答下列问题：我们希望得到什么样的效果？为实现这些效果我们需要什么样的行为？我们应当有多少这样的计划？这些计划应当如何互补？哪些活动或人员可以获得奖励？认可采用何种形式？认可计划如何与现有的薪酬战略保持一致？

在回答了上述问题后，企业可以按照以下步骤来设计自己的特殊绩效认可计划：第一步，确定特殊绩效认可计划的目标；第二步，决定特殊绩效认可计划的类型和数量；第三步，确定需要激励的活动的类型和性质；第四步，决定谁可获得奖励；第五步，决定奖励的类型和水平；第六步，决定奖励的频率；第七步，确定奖励过程。

第一步，确定特殊绩效认可计划的目标。特殊绩效认可计划的目标必须服从和服务于组织的整体战略目标。特殊绩效认可计划是其他绩效激励计划的有益补充，要综合考虑整个绩效激励计划，分析企业员工心理需求，制定科学合理的目标。这个目标要指出，企业通过奖励，是要强化哪些行为和结果以求达到什么绩效、效果和经营目标。

第二步，决定特殊绩效认可计划的类型和数量。特殊绩效认可计划大体可以分为三种类型——正式认可计划、非正式认可计划、日常认可计划。三种计划的特点比较如表 10-5，企业要根据具体需要和企业状况选择一种或几种计划。

第三步，确定需要激励的活动的类型和性质。组织中个人和团体符合组织要求的行为和绩效都需要激励和强化，如生产率、服务质量、做出的专业方面的贡献、表现出来的理想行为、总体工作绩效、突出贡献、特定项目等。这些要么是在常规工作职责中所达成的突出成果，要么是在非常规工作职责中所做出的额外特殊贡献。

第四步，决定谁可获得奖励。所有特殊绩效认可计划的参加者都有机会获得奖励，包括在常规工作职责中所达成的突出成果，要么是在非常规工作职责中所做出的额外特殊贡献。

表 10-5　　　　　　　　不同类型的特殊绩效认可计划的比较

比较维度	特殊绩效认可计划的类型		
	正式认可计划	非正式认可计划	日常认可计划
结构性程度	结构性的，有明确的指导方针。要在规定的时间提出申请并完成审查过程	较少结构性程序，没有时间限制	非正式和非结构性的感谢
使用频率	较低	经常使用	频繁使用
奖励成本	较高	中等或较低	低或无
获得者的人数	相对较少，主要是个人，但现在向团体发展	获得者较多，包括个人和团体	高度个人化，使用在组织的各个层次上，获得人数较多

第五步，决定奖励的类型和水平。特殊绩效认可计划的奖励类型分为两类，即货币型和非货币型。货币型奖励在数量上的浮动范围较大，分小额奖励、中等奖励和大额奖励，采取何种货币数量的认可取决于员工贡献的重要程度。非货币型的报酬通常有：商品、度假、表扬、地位标志等。在实施的过程中，很多企业发现效果很好，不仅可以提高员工的短期绩效，还有利于企业文化建设。在决定采用货币或非货币方式时，要结合员工的实际需要，企业要注意，通过在平时的观察倾听和询问过程中了解员工的心理需要。

第六步，决定奖励的频率。绩效奖励频率与绩效认可计划的类型和奖金的额度有关。正式认可计划有严格的时间规定，不会经常性的进行奖励，往往周期较长。非正式和日常奖励计划没有严格的时间限制，在需要的时候就发放，周期不定，但总的来说不会很长。此外，小额的奖励可以以天为单位，额度大一些的频率就会小一点，通常以星期、月、季度为单位。

第七步，确定奖励过程。不同的绩效认可计划的提名和认定决策也是由不同层次的管理者决定的。通常情况下，正式认可计划往往具有严格的结构化的提名程序，而且通常由选拔小组挑选获奖者，而且由除了提名者以外的人来决定获奖者。非正式认可计划中，获奖决策通常由特殊绩效认可计划参与者的上级直接作出，高层管理者只对整个过程进行监督。日常认可计划的决策过程和非正式认可计划相似，但更为随便一些，且没有监督。

3. 特殊绩效认可计划的审查和评价

在实施特殊绩效认可计划的过程中,为确保其顺利实施和达到预期效果,必须及时反馈,进行分析和评价,确保计划符合组织的需要。重点要注意以下问题:

第一,计划实施是否到位。在很多组织中,特殊绩效认可计划并未受到重视,使用的频率很小。针对这些情况,组织管理层需将特殊绩效认可计划放在经常考虑的层面上,真正重视和关注特殊绩效认可计划的实施,认真做好反馈和评价以及调整,充分发挥其激励功能。

第二,员工对所提供的绩效认可报酬是否感兴趣。无论是何种绩效认可计划,都要使员工感到有价值,这样才能发挥其激励功能。组织要作好经常性调查,提供由多种报酬组成的报酬组合,让员工根据自己的需要进行选择。

第三,计划是否与组织的战略目标相一致。特殊绩效认可计划的制定和实施的最终目标是激励员工努力去实现组织的战略目标。特殊绩效认可计划是服从和服务于组织战略目标的,这就要求两者保持一致。要知道两者是否一致,就需要对两者的一致性做经常性的检查,及时发现问题,做出调整。

二、长期绩效激励计划

(一)长期绩效激励计划的内涵和特点

长期绩效激励计划是衡量周期在一年以上的对既定绩效目标的达成提供奖励(主要是股票的形式)的计划。长期绩效激励计划的支付通常是以 3~5 年为一个周期,它强调和重视长期规划和对组织的未来可能产生影响的决策。这一计划不仅为员工提供薪酬奖励,还为员工提供方便的投资工具。

(二)股票所有权计划

1. 股票所有权计划的内涵

股票所有权计划是长期绩效激励计划的最主要的形式。其内涵是企业以股票为媒介所实施的一种长期绩效激励计划。

2. 股票所有权计划的类型

传统的绩效激励计划多集中于组织的高层管理人员,以促使他们关注长期经营结果。现在,这项计划已向普通员工扩展。常见的有三类:现股计划,期股计划,期权计划。

现股计划是通过公司奖励的方式向员工直接赠与或参照股权当前的市场价值出售股票。员工拥有的股票在一段时期内不得出售。期股计划则是公司和员工约定在某一时期内以一定的价格购买一定数量的公司股票,该计划也对员工出售股票的期限作出了规定。期权计划是公司给予员工在某一时期内以一定价格购买一定数量公司股票的权利。但是，到期时，员工可以行使这种权利，也可放弃这种权利。该计划也同样要对员工购股之后出售股票的期限作出规定。三种计划的权利义务比较见表 10-6。

表 10-6　　　　　　不同类型的股票计划的权利义务比较

	增值收益权	持有风险	股票表决权	现期资金投入	贴息优惠权
现股	√	√	√	√	×
期股	√	√	×	×	√
期权	√	×	×	×	√

三、个人绩效激励计划

(一) 个人绩效的内涵

个人绩效激励计划是指针对员工个人的工作绩效提供奖励的一种报酬计划，也是一种最古老的绩效激励计划，它的唯一评判标准就是个人绩效。在长期的实践过程中，人们发现个人绩效激励计划能够起到提高生产率、降低生产成本以及提高工人的收入等重要作用。

(二) 个人绩效激励计划的优点和缺点

1. 个人绩效激励计划的优点

第一，个人绩效激励计划能降低监督成本。员工的薪水直接与个人绩效挂钩，劳动成果多，薪水就高，反之，就少。员工受到一种内在的激励去把握自己的工作，而无须过多的直接监督，这样就降低了企业的监督成本。第二，个人绩效激励计划能有效避免出现生产率低而员工的薪酬水平不变的现象。第三，操作简单方便。

2. 个人绩效激励计划的缺点

第一，个人绩效激励计划适合传统制造业，但不适合没有可衡量的物质产出的现代服务业。第二，个人绩效激励计划不适合团队工作方式，而团队工作方式已越来越受到重视。第三，个人绩效激励计划不利于企业文化建设。个人绩效激励计划使得员工只做有利于他们获得报酬的事情，而对其他事情则不管不问，员工只是工作的机器，不利于培养员工对企业的感情。第四，个人绩效激励计划不利于员工掌握多种不同的技能。学习新技能会使员工短期内的工作效率降低甚至停止生产，这将影响其收入。

(三) 个人绩效奖励的种类

1. 计件工资计划

这种计划是指薪酬直接根据产出水平而发生变化。先确定在一定时间内应当生产出的标准产出数量，然后以单位产出数量确定单位时间工资率，最后根据实际产出水平算出实际应得薪酬。这种奖励计划简单明了，易被员工接受和理解。但是，在确定标准的问题上存在困难，这个标准的准确性受到观察次数、观察对象和对正常操作速度的界定等各方面因素的影响。

2. 标准工时计划

实施这种计划，先要确定正常技术水平的工人完成某种工作任务所需要的时间，然后再确定完成这种工作任务的标准工资率。这种计划非常适合于周期较长、技能要求较高、非重复性的工作。

3. 差额计件工资计划

这种工资制度是由科学管理理论创始人泰勒最先提出的。其主要内容是使用两种不同的计件工资率：一种适用于那些产量低于或等于预定标准的员工，另一种适用于产量高于预定标准的员工。实施这种计划，先要确定单位时间内的标准工作量，单位时间内低于标准工作量的员工，获得较低的工资率；单位时间内高于标准工作量的员工，将获得较高的工资率。这里介绍的是分两个等级，也有分三个等级的计件方式。显然，这种薪酬体系有利于刺激员工提高生产率。

4. 可变计件工资计划

这种计划的内容是，当员工在企业研究确定的标准工作时间内完成某项工作任务后，就会因节约时间而产生效益，员工可参与效益分配。这种计件工资计划包括三种形式。第一，海尔塞计件工资计划。当员工以低于标准工时的时间完成工作，从而因节约时间而产生效益时，企业和员工平分效益。第二，罗曼计件工资计划。在分配上，它与海尔塞计件工资计划是类似的，所不同的是，随着所节约的时间增加，员工所能够分享的收益所占的比例是上升的。第三，甘特计件工资计划。主要内容是，在确定标准工时的时候，有意将其定在较高的水平上。不能在标准时间内完成工作任务的人将会得到有保证的工资率。但是对于那些能够在标准时间内或者是少于标准工时内完成工作任务的员工，计件工资率定在标准工资率120%的水平上。

四、群体绩效激励计划

(一) 群体绩效激励计划概述

所谓群体绩效激励计划是依群体绩效为基准提供奖酬的一种报酬计划，这是近年来受到广泛重视和应用的一种绩效激励计划。与个人绩效激励计划相比，群体绩效激励计划具有比较优势。第一，群体绩效激励计划适合现代服务业的发展。现代服务业的工作产出是集体合作的结果，在个人产出无法衡量的情况下，群体绩效激励计划更适用。第二，有利于企业文化建设。群体绩效奖励客观上有利于激励群体内成员相互协作和共同努力，以求取得良好的群体绩效。这个过程有利于培养员工的团结合作精神，培养员工的企业归属感，改善员工关系。但不可忽视的问题是，一旦群体绩效激励计划设计不当，就会出现一些员工"搭便车"的现象，即付出努力少，但却可以分享别人的成果。出现这种现象，不仅会将对个人的工作激励降低到很低的水平，也会使高绩效的人放弃努力或者离开组织。

（二）群体绩效激励计划的类型

群体绩效激励计划通常可以分为以下几种类型：利润分享计划，收益分享计划，目标分享计划。

1. 利润分享计划

利润分享计划是指根据对某种组织绩效指标（通常是指利润这样一些财务指标）的衡量结果来向员工支付报酬的一种绩效奖励模式。根据这一计划，所有或者某些特定群体的员工按照一个事先设计好的公式比例，来分享所创造的利润。

利润分享计划具有两个方面的优势。第一，利润分享计划与组织的总体财务绩效相联系，因而有助于促使员工关注组织的财务绩效以及其他经营状况，增强员工的责任感和使命感。第二，利润分享计划不会进入员工个人基本薪酬，这使得企业在经营状况不好时，既能不降低基本薪酬，也能通过降低利润分配来控制劳动力成本。

但是，利润分享计划也有缺陷。组织内部的信息不对称现象，即组织高层管理者们拥有对企业信息包括财务信息的控制权，员工所能知道的信息非常有限，因而对员工的积极性和主动性的调动也很有限，对员工的激励作用也很有限。

2. 收益分享计划

收益分享计划是企业提供的一种与员工分享因生产率提高、成本节约和质量提高而带来的收益的绩效奖励模式。通常情况下，员工按照设计好的收益分享公式，根据本人所属单位或群体的总体绩效改善状况获得奖金。收益分享计划的基础是群体绩效而不是个人绩效，并且这种群体绩效通常是一种短期的群体绩效。

收益分享计划具有以下特点：第一，收益分享计划中的收益常与生产率、质量改善、成本有效性等因素相联系,而员工对这些因素拥有一定程度的控制力,这就使员工行为、绩效和收益分享的联系更紧了,其激励作用更强了。第二,收益分享计划下的奖励支付周期短,一般不超过一个月。第三,收益分享计划不会对组织的收益存量产生压力。因为收益分享计划中的收益是组织过去无法挣得或者节约出来的钱,是员工努力创造出来的,无须企业自掏腰包。因此,受到企业界的普遍欢迎。

到目前为止,收益分享计划已经历了三个阶段。第一代收益分享计划是斯坎伦计划和卢卡尔计划,这些计划从生产率改善或成本控制的角度来对财务结果进行衡量,并运用历史的绩效标准来确定支付报酬的绩效水平。第二代收益分享计划主要是对单位产出的标准劳动工时进行测量。以劳动工时来确定绩效,通常也是在制造业环境中使用且只在小时工人范围内使用。第三代收益分享计划是指对经营计划的收益分享,在遵守经营计划浮动薪酬模型的基础上,将范围更为广泛的经营目标作为核定收益分享资金来源的依据和报酬衡量标准。这一代收益分享计划的最主要特征是它依据未来导向性目标来确定绩效衡量标准,而不是依据历史实践,并会经常进行反馈和调整。因此,其现实性、适应性和灵活性更强。

3. 目标分享计划

目标分享计划是指企业各级管理者根据内外部条件共同制定经营总体目标,然后将总体目标层层分解落实到各个部门、班组或个人,各级员工都按规定的共同目标进行工作,并根据目标完成情况确定绩效、给予奖励的一种报酬方式。其报酬支付的基础是既定目标的达成状况或者绩效改善程度。其一般程序是制定总目标,分解总目标并获得目标体系,实现目标,反馈评价。

概括的说,目标分享计划具有以下特点:第一,目标分享计划需要为参与的经营单位设定目标操作模型,该模型要指出几个核心业务并确定目标,作为绩效衡量的关键指标。第二,目标分享计划所关注的是经营单位的目标达成情况或绩效改善情况,其关键是为每个经营单位确定一套明确公平的目标。第三,目标分享计划要求经营单位中的每一位员工全面参与。这样,才能增强员工的目标认同感,调动员工的积极性和主动性。

第三节 绩效奖励计划的选择

在众多的绩效奖励的方法中,没有放之四海而皆准的绩效奖励方案,不是每一个绩效奖励系统都可以为不同的组织带来相同的效果。管理者需要建立适合组织环境的绩效奖励体系,选择恰当的绩效奖励计划,配合组织管理者的领导风格，才能让绩效奖励发挥作用，驱动组织达到理想绩效，培养出组织成功所必需的企业文化。

一、个人和团队绩效奖励计划的选择

（一）选择个人和团队奖励计划的考虑因素

个人绩效奖励计划是针对员工个人的工作绩效提供奖励，团队绩效奖励计划是针对某一工作集体或部门提供奖励。基于绩效奖励的对象，绩效奖励计划的选择需要考虑以下几个方面的因素。

1. 员工可控度和绩效指标。员工个人的工作绩效取决于员工自身的努力程度，这要求员工本人对自己的工作条件和工作进度等有充分的控制能力，员工知道自己应该做的事情、自己正在做的事情、缩小应该做的事情和正在做的事情的差距。当员工本人对自己的工作进度和工作完成情况有充分的控制能力，最终的业绩明确并且可以进行准确衡量时，适宜采用个人绩效奖励计划。这类工作常见的有：流水线工作、销售工作等；当工作产出是团队合作的结果，个人在其中的贡献无法得到衡量时，适宜采用团队绩效奖励计划，如利润分享计划、收益分享计划。

2. 组织经营状况。绩效奖励计划的进行需要以可衡量、可评估的绩效标准为前提。当企业所处的经营环境、生产方法和要素组合相对稳定时，组织才能制定出相对稳定的个人绩效标准，并有效地运用这个标准实施奖励；如果企业处于非稳定的环境中，劳动要素组合和个人绩效标准多变，则适宜采用团队绩效奖励计划。

3. 领导风格和企业文化。从管理的角度看，因为个人绩效奖励计划大多是以引导生产效率的提高为出发点的，因此它实际上会鼓励员工在同一岗位上长期工作，提高工作的熟练程度。如果企业的领导风格和企业文化强调员工个人的专业性，经常为员工提供专业化的培训，设计单一的职业发展通道，有科学合理的绩效评价系统以及明确稳定的绩效标准，各评价过程公平公正，则适宜采用个人绩效奖励计划；当领导和企业文化比较强调团队合作精神，希望建立团队合作文化，比较看重组织整体的目标，则适宜采用团队绩效奖励计划。

4. 工会状况。工会在组织中的作用是帮助员工得到待遇上的平等。个人之间的竞争可能抑制员工间的"友爱"、影响员工关系。对于没有工会或者工会作用微弱的组织，可以选择个人绩效奖励计划，引导员工完善个人能力，提升自身竞争力，提高企业生产效率；对于有工会且其对组织有一定程度影响的组织，适宜采用团队绩效奖励计划，因为工会倡导待遇平等，培养组织内凝聚力和群体内平均分配。

(二) 个人和团队绩效奖励计划的优缺点

1. 个人绩效奖励计划的优缺点

个人绩效奖励计划有以下优点：

首先，个人绩效奖励计划是针对个人绩效报酬的一种激励制度，企业支付给员工的奖励性薪酬不会累积到员工的基本薪酬之中，员工如果想要重复性地获得奖励，需要仍然像原来一样努力。

其次，个人绩效奖励计划降低了监督成本。与根据工作时间支付固定报酬的薪酬制度相比，个人绩效奖励计划不需要为了维持某种合理的生产水平而对员工进行过多的直接监督，员工会受到一种内在的激励自觉去控制自己的工作速度和工作质量，这样，企业在监督方面的成本就会大大降低。

再次，多数情况下，结果导向的薪酬系统，如果能够得到完善的组织绩效和个人绩效工具的配合，会比按工时支付固定薪酬的做法能更好地预测和控制劳动力成本，从而使企业避免出现生产率过低，同时员工的薪酬水平不能变动的情况。

最后，个人绩效奖励计划对于员工的奖励通常是以实物为评价基础的，而不是以主观的绩效评价结果为基础的，因此个人绩效奖励计划的操作和在员工之间相互比较容易。

个人绩效奖励计划也有以下缺点：

第一，个人绩效奖励计划对于传统的制造业中的生产类员工来说比较适用，但是现代企业中大多数工作，如管理型的工作和专业型的工作都没有衡量的物质产出，对从事这类工作的员工，个人与其他员工之间的工作联系非常紧密，因而很难以物质产出的方式区分员工的工作绩效，很难采用个人绩效奖励计划。另一方面，即使克服了对个人绩效进行客观衡量的障碍，个人绩效奖励计划的实施不利于团队工作方式的形成。

第二，个人绩效奖励计划绩效衡量标准和维持具有潜在的管理问题。员工个人绩效标准设定和业绩考核相当复杂，因此，个人绩效考核计划的操作过程比较繁琐且容易有失公正，影响员工对工资体系的信服。

第三，对团队合作和企业文化可能造成不良的影响。由于个人绩效标准的设置多数情况下是以产出数量为基础的，在结果导向的情况下，员工可能只关注产量的最大化，忽略产品质量、客户服务水平等整体目标，也可能有些有经验的老员工不愿意对新员工在职训练提供必要的帮助。

第四，不利于员工掌握多种不同的技能。单纯的个人绩效奖励计划下，员工对生产速度和产量的关注甚于掌握新技术、学习多种技能的关注，不利于提高员工的队伍的整体素质。

2. 团队绩效奖励的优缺点

团队绩效奖励的优点有：首先，可以弥补个人绩效奖励计划的缺陷，防止强调个人业绩而对团队精神的侵蚀；其次，团队绩效奖励计划高度评价了合作的价值，可以促进团队成员间的合作精神；另外，团队绩效较个人绩效容易衡量，为企业的绩效评估节省了一定的财力、物力；最后，团队绩效奖励计划能够鼓励更多的员工积极地参与组织决策，有助于组织凝聚力的提高。

团队绩效奖励的缺点有：

第一，较个人业绩的奖励不容易激发个别员工的努力，在某些具体业绩目标上它可能比不上个人绩效奖励计划的结果。

第二，团队绩效奖励计划中容易出现"搭便车"的问题，如果奖金是根据集体的工作绩效确定，需要团体共同努力，那么某些个人就会不努力，期待着分享共同的劳动成果，由此产生的后果是低绩效者不思进取，最终高绩效者放弃努力或者离开组织。

第三，员工薪酬风险上升，员工的流动率上升。

二、长期和短期绩效奖励方案的选择

（一）选择长短期绩效奖励方案考虑的因素

大多数长期绩效奖励计划的内容都是围绕股票所有权计划来设计的，也运用其他一些经济奖励实施长期绩效奖励计划需要考虑到以下一些因素：

组织经营状况：由于大多数长期激励的内容是企业的股票所有权，企业良好经营状况是长期激励有效的保证。

实施对象：长期绩效激励计划通常是激励公司高层人员或者核心人员的一种手段，使管理人员在经营过程中注重长期决策，有利于公司的长期稳定发展。

长期激励计划的种类：不同的长期绩效激励计划所带给企业的激励效果不尽相同，各有利弊，针对员工的需求选择恰当的长期绩效奖励模式可以事半功倍。比如业绩股票只能适用于经营业绩良好、现金流量充足的企业。它较高的激励成本也决定了激励对象的有限性；员工持股计划需要健全的股市支持，当股价不能反映公司业绩时，员工持股计划的激励作用将会大打折扣。

短期绩效奖励计划在下列情况最有效：

首先，组织愿意并且能够确定和考核财务绩效目标。

其次，经营周期相对较短并与绩效激励计划中设立的绩效周期相关。

再次，影响短期业绩的重要因素在计划参与者的控制之内，并且经过努力能够实现。

最后，领导风格支持短期绩效的奖励。管理人员愿意通过将参与者的业绩进行比较和分级来评估他们的绩效，并且相应地给予奖励。

（二）长短期绩效奖励方案的优缺点

1. 长期绩效奖励计划的优缺点

第一，长期绩效奖励计划通过允许员工特别是管理人员分享企业成功，使员工更有责任感和主人翁精神。将员工的薪酬的一部分与企业的长期绩效联系起来，使员工的个人利益与股东的利益更趋于一致，因此长期绩效奖励增加了公司资本投资的收益。

第二，长期绩效奖励计划能有效分散对短期绩效过多的注意力，使管理人员更注重长期考虑，有利于企业长期稳定的发展。

第三，吸引和留住经理人员的精英。长期绩效奖励计划通常占管理人员薪酬的较大比例。当激励方案被设计和实施了一段时期之后，可以作为一种有效的留人工具。另外，由于长期绩效激励计划在现代企业中盛行，公司如果不运用长期绩效激励计划就会越来越不易吸引和留住优秀人才。

第四，有利于员工职业的发展、收入的增加，提高员工的投资风险意识。

长期绩效奖励计划的潜在缺点有：一方面，长期绩效激励的较长时间期限对员工来说意味着更多的不确定性，不确定的增加会削弱经营者的长期激励；另一方面，较长时间期限也增加了重新签约或委托人违约的可能性。

2. 短期绩效奖励计划的优缺点

结构良好的短期激励计划可以改善组织的绩效，并成为一个有力的管理工具激励雇员的行为；短期绩效奖励计划对于比较注重即时反馈和短期奖励的员工能够达到较好的激励效果。短期绩效奖励的弊端是以短周期的业绩为评估标准对员工进行奖励会使得员工看重短期利益，也不利于长期保留高素质的人才。

关　键　词

绩效　需要层次理论　双因素理论　期望理论　公平理论　强化理论　目标激励理论　利润分享计划　收益分享计划　成功分享计划　股票所有权计划

小　结

1. 绩效反映的是员工通过自己的努力达成的对组织有价值的结果，以及他们在工作中所表现出来的符合组织的文化和价值观，同时有利于组织战略目标实现的行为。受到员工知识、能力、工作动机、工作积极性的影响。

2. 马斯洛的需要层次理论、双因素理论、期望理论、公平理论、强化理论、目标激励理论等理论对激励均有指导作用。

3. 绩效激励计划是指员工的薪酬随着个人、团体或者组织绩效的某些衡量指标所发生的变化而变化的一种薪酬设计。从时间角度来讲，分为短期绩效激励计划和长期绩效激励计划；从激励对象角度来看，分为个体绩效激励计划和群体绩效激励计划。短期绩效激励计划分为绩效加薪、一次性奖金、月或季度浮动薪酬、特殊绩效认可计划；长期绩效激励计划主要是股票所有权计划；个人绩效激励计划分为计件工资计划、标准工时计划、差额计件工资计划、可变计件工资计划；群体绩效激励计划分为利润分享计划、收益分享计划、目标分享计划。

复习思考题

1. 绩效的含义以及影响员工绩效的因素是什么？
2. 传统激励理论对绩效奖励的启示是什么？
3. 绩效激励计划分为哪几种类型？各有哪些表现形式？
4. 特殊绩效认可计划的含义、作用以及设计过程是什么？
5. 试比较个体绩效激励计划与群体绩效激励计划的优缺点？
6. 奖励计划选择有什么依据？

第十一章　员工福利管理

学习目的
学习本章后，你应当掌握如下内容：
1. 员工福利的含义及特征
2. 员工福利的发展和意义
3. 员工福利的种类
4. 员工法定福利、企业自主福利和员工服务福利
5. 弹性福利计划的含义、类型及设计原则
6. 员工福利管理的原则
7. 员工福利计划的制订、组织与实施及控制

【宝洁公司福利】
（一）宝洁公司背景介绍

宝洁公司（Prcoter & Gamble），简称P&G，是一家美国消费日用品生产者商，也是目前全球最大的日用品公司之一。总部位于美国俄亥俄州辛辛那提，全球员工近110 000人。2008年，宝洁公司是世界上市值第6大公司，世界上利润第14大公司，也同时是财富500强中第10大最受赞誉的公司。1999—2000财政年度，公司全年销售额为399.5亿美元。在《财富》杂志最新评选出的全球500家最大工业/服务业中，排名第75位，全美排名第23位并被评为业内最受尊敬的公司。

（二）宝洁公司的福利制度与体系

宝洁的员工福利制度，具体包括以下几个方面：

1. 住房福利

住宿安排：考虑到新员工在适应崭新的工作和环境的同时，未必能马上找到合适的住所。因此，在宝洁上岗培训结束之后，公司会为新员工安排酒店住宿，限期为1个月，员工可选择入住并且不需要支付房租。

住房公积金：根据当地政府保障职工住房基本需要的要求，公司为每位员工缴存了相同于或多于其本人所需缴存数额的住房公积金，为员工将来购房、

建房、修房积累下一定的资金。

2. 医疗福利

公司为员工提供医疗福利，员工只须支付小部分的门诊费用和极少部分的住院费用。

3. 保险福利

人寿保险和人身意外伤害保险：员工自正式加入公司起享受人寿保险和人身意外伤害保险两项人身保险。保险费全部由公司负担。此保险是在员工发生人身意外或伤残的情况下，向员工的亲人或员工本人提供经济上的资助以渡过难关，恢复经济来源。两项险种最高赔偿金额为72倍的员工基本月薪。

宝洁全球差旅意外保险：公司为所有因公务出差的员工提供此项保险。在发生人身意外死亡情况下，公司将赔偿员工的直系亲属3倍的年薪。

社会保险、国家统筹安排的社会福利项目。

养老保险：根据国家和当地政府的规定，养老保险金由公司和员工共同分担，公司承担大部分。这是为员工退休以后提供经济来源。另外公司会按当地政府的规定为员工购买工伤、生育、失业等社会保险。

4. 假期

为了让员工合理安排工作与休息时间，全体员工在加入公司后都可以享受员工假或探亲假，符合相关政策规定的员工可以每年根据自己的实际情况选择员工假或探亲假。根据个人服务年限及个人实际情况，每位员工可以获得相应的员工假或探亲假。另外，员工还可以享受带薪假期：病假/婚假/产假等。

5. 奖励福利

（1）宝洁周年服务纪念计划

此计划是对员工在宝洁公司任职周年的承认和庆贺。公司藉此计划表达对员工忠诚的服务态度及贡献的万分感谢。

（2）股票选择计划

为了让员工有更全面分享公司成功的机会，在公司工作的正式员工，可获准选择在参加该项计划的第6年到第10年间得到价值为一定数量的宝洁普通股的增值部分。

（3）员工长期持股储蓄计划（ISOF）

为了鼓励员工分享宝洁公司发展成果，全体员工在加入公司后都可以自主决定是否参与员工长期持股储蓄计划，员工通过该计划按照既定的比例认购宝洁公司股票。

6. 宝洁的特殊福利制度

分类	福利项目名称	说明
弹性时间	弹性工作时间	8小时工作日，保证上午10点至下午6点在公司办公
	在家工作计划	每周有一天在家办公
平安计划	年度健康计划	
	牙齿健康	
	流感疫苗接种	
	女性健康检查	
	眼睛护理	
	医院挂号预约卡	
	女性健康讲座	
	睡眠健康讲座	
	个人理财建议	
	免费健身俱乐部会员资格	
	半价游泳	
	舍宾、瑜伽、动感单车培训	
	儿童发展计划	
活动	运动会	
	歌咏比赛	
	篮球、羽毛球俱乐部	

从宝洁公司福利制度中我们看到什么？是对福利的高度重视，以及对福利工具的灵活运用。

福利对企业与员工有什么作用？如何准确地理解福利的本质？如何去进行福利设计与管理？这些都属于本章要讨论的内容。

第一节 员工福利概述

一、员工福利的含义及历史沿革

福利经济学的创始人庇古对福利提出了如下两个命题：第一，福利的要素是一些意识形态之间的关系；第二，福利可置于较大或较小范畴之下。依据第一个命题，一个人所要享受的福利会寓于他自己的满足之中，这种满足可以来源于对财物的占有，也可基于其他原因（如自我发展、情感、休假等）而产生。

福利源于员工各种各样的需要，越来越多的企业开始关注和重视员工福利。这不仅仅是因为日渐高涨的工资成本使企业不堪重负，而且是因为以人为本的现代企业管理理念要求劳资关系不能再只停留在"你出一份力、我出一份薪"这种缺乏人情味的操作层面。① 员工福利会在满足员工需要的同时，改善企业激励机制，提升整个企业的绩效。

那么员工福利是什么呢？我们认为员工福利是企业薪酬体系中的一个重要组成部分，它是企业为满足员工的某些需要，向员工个人及家庭提供的除直接货币以外的实物和服务等一切待遇。首先，员工福利是企业薪酬体系的一个组成部分，它要求企业为此支付货币成本。很多企业也是以此来吸引高素质的人才。其次，员工福利是基于员工某些需要的产物。这些需要可以是生活层面上的提高，也可以是工作环境上的改善，也可以是精神服务方面的要求。第三，员工福利的绝大部分项目是企业全体员工所享有，而有些福利项目的提供却有一定门槛。最后，员工福利内容的表现形式既可以是实物，也可以是某些服务。

员工福利的历史悠久，其起源可以追溯到 19 世纪初，甚至更早。员工福利的发展经历了三个阶段。②

（一）员工福利的早期发展

英国人罗伯特·欧文（1771—1858 年）是发展早期员工福利的主要贡献者和主要代表人物之一。他在 18 世纪末期和 19 世纪初期的社会主义思想和实践中对保护劳工和发展员工福利起了重要的推动作用。他最早研究劳工保护问题，一方面向下议院提出法案来改善劳资关系，另一方面在自己管理的工厂进行实践长达 30 多年。他采取的福利措施主要有：缩短劳动时间，增加员工休息时间；开办工厂小学、澡堂和食堂等。这些早期社会主义思想和实践，在一定程度上唤醒了工人的权利意识，推动了维权斗争的进行。

（二）员工福利的中期发展

第二次世界大战以后员工福利得到迅猛发展，表现出其地位上升、员工福利的形式成熟和比例加大三个特征。这一段时期是资本主义发展的黄金时期，

---

① 陈全明，等．福利管理．深圳：海天出版社，2003：15．
② 于小东，等．员工福利与退休计划．北京：中信出版社，2004：56．

也推进了员工福利的发展。国家、社会和企业对员工福利的关注程度日益增多。一些国家开始出现关于员工福利的国家立法,如英国在1945年颁发的《家庭补助法》和1946年颁布的《国民保障法》。在企业方面,员工福利成为企业分配制度的一项内容,开始进入董事会的议事日程。在工会方面,员工福利成为工会活动的重要内容,工会通过集体谈判协商机制开始为增加员工福利而斗争。员工福利形式成熟是指企业提供的员工福利形式变得多样和有长期计划的安排。很多企业开始将多项福利的资金筹集、管理和支付纳入具有统一性、综合性和长期性的企业管理活动中,以达到投入和产出比实现最佳状态的目标。此外,员工福利比例在员工劳动力成本中所占比例也逐年提高。在对工资进行管制后,小额优惠就受到了企业和员工的青睐。因此,以小额优惠形式的各种福利在总报酬中的规模逐渐增加。

(三) 员工福利的现代发展

在20世纪末期和21世纪初期,员工福利伴随着知识经济和全球化继续发展。首先,员工福利越来越体现以人为本的理念。如今员工福利计划的设计、实施和管理都逐步体现出人力资源开发、利用和保护的理念,以求将企业发展的动机和员工需求紧密地结合起来,如弹性福利计划的出现。其次,员工福利的动态管理技能开始增多。既然员工福利是企业发展目标和员工需求的共同产物,那么企业就要根据企业经营战略目标的改变和员工需求的转移而不断变化,对员工福利计划不断进行改善,在动态中有效地实现公平与效率的有机结合。最后,员工福利与社会福利整合发展。很多国家已经改革其传统的养老保障体系,形成了一个多支柱的保障体系。作为福利的企业年金则是该体系中的第二支柱,或者是中间支柱。员工福利和社会福利逐步交叉发展,有力地推动社会保障的发展和完善。

二、员工福利发展的影响因素

员工福利制度始于西方,现代意义上的员工福利计划约开始于20世纪20年代,30年代以后企业员工的福利事业迅速发展,逐步形成了现在这样由国家立法规定,法律法规监督实施,国家、社会、企业和员工多方参与,项目众多,品种齐全,构成完备制度体系的企业员工福利制度。几十年来各国的企业员工福利开支大幅度增长,总体是随时间推移而呈稳步上升之势。以美国为例,1929年,员工福利开支平均占薪酬总额的比重为3%,1955年为17.9%,1973年为30.9%,1997年增加到41.3%。[①] 员工福利的发展是多种因素共同

---

① 马新建,等. 人力资源管理与开发. 北京:石油工业出版社,2003:437.

作用的结果。

(一) 国家法律法规的推动

国家的立法精神就是要对一国社会经济的发展具有指导和矫正意义，使社会得以和谐发展。国家政府作为具有一元化特征的社会中心，需要整合各种利益关系。劳动者在国家公民群体中占绝大多数，也是一国社会经济发展的重要支柱。企业员工的福利发展状态不仅对于一国社会福利水平的提升有重大影响，而且是国家经济发展和社会稳定的重要润滑剂。因此，大多数国家对于劳动者在就业过程中以及退出劳动力市场之后应当享受的福利都有一些强制性的规定，如养老保险、失业保险、工伤保险、生育保险、带薪休假等都是以法律的形式规定的企业必须提供的员工福利项目。另外，各国政府还对企业应当提供福利的最低实施水平也有法律规定。20 世纪 30 年代《美国社会保障法》和其他一些罗斯福新政时期颁布的相关法律中，不仅确定了一些要求企业必须设立的福利项目，而且表明了政府已将员工福利发展纳入政府职能范畴。我国更是非常重视劳动者的福利，计划经济时期政府对职工福利采用了统筹包办的形式。到了市场经济时期，随着社会主义市场经济目标的确立和企业改革的逐步深化，国家立法将员工福利推进到体制和制度创新的阶段。基于利益协调和社会平等原则而制定的关于员工福利方面的相关法律法规，无疑是推动企业员工福利普及和不断发展的一个重要影响因素。

(二) 控制劳动力成本的目标

成本控制在企业管理中已经越来越占据重要位置，而福利具有两方面的成本效能。一方面，绝大多数员工福利可以享受政府税收的优惠。在许多市场经济国家，政府在企业员工福利增长上扮演着重要角色。政府除了直接通过立法要求企业提供某些福利外，还通过税收杠杆的作用积极鼓励企业为员工设立福利项目，力求平衡个人和企业利益以及其他对社会不负责任的短期行为。另一方面，许多集体福利项目的实施费用要低于单个员工的购买。企业所提供的福利是员工生活需要的，即使企业不为员工提供这些，有的项目员工自己也得花钱去购买。但在商品和服务的购买方面，单个员工购买显然处于劣势地位，以企业出面不仅有更多更完备的专业知识来选购商品和服务，而且集体购买具有规模效应，节约成本也是理所当然的。

(三) 工会的影响

在许多市场经济国家都存在工会与企业进行集体谈判的各种机制。工会是企业或行业员工自发的群众性组织，其主要职责是向企业雇主争取更多的员工权益，是对企业要求权利的重要活动基地和斗争武器。在这些企业中，工会代表员工就工作环境、雇用条件、报酬待遇等一系列问题与企业或者企业联盟进行谈判。福利常常是一个关键性的目标,这是因为福利相对于其他货币薪酬而言更具有灵活多样性与伸缩适应性,不易引起法律的管制和其他企业的模仿,工会争取福利的努力也就更能取得成功。因此,工会经常会把注意力放到增加福利的水平和规模上来,尤其在工会势力较强的时候,它们对企业福利发展的作用是不可忽视的。不仅如此,许多企业也同样为员工提供各种市场上通行的福利,防止本企业员工加入工会造成本企业工会势力的膨胀,这也是工会潜在的威胁效应对企业福利的一种影响方式。

(四) 员工福利对企业所具有的重要意义也是员工福利发展的重要原因

员工福利的出现不仅是因为外部力量的推动,也是福利本身具有重要的内在价值的反映。如在提高员工绩效、吸引和保留员工、缓和劳资矛盾方面,福利都发挥着不可或缺的作用。正是基于此,企业也会不遗余力地将员工福利管理好,以此来加强企业自身在劳动力市场上的竞争优势和树立良好的企业社会形象。同时,如今在劳动力市场上的竞争压力,使得越来越多的企业以高水平的福利作为一种资本争夺优秀的人力资源。当然,有时企业是否提供福利的决策权其实是很小的。尤其是遇到强有力的竞争对手提供了某种形式的福利(如补充医疗保险)时,那么在其他条件相同的情况下,企业提供同种形式的福利就很有必要,否则必然会在劳动力市场上处于相对劣势地位,于是众多企业也纷纷将员工福利计划提上日程。

(五) 企业自身的条件和高层管理者的经营理念也影响了员工福利的发展

企业自身的条件在这里主要指企业的经济实力和规模。如今福利已经成为企业劳动力成本的重要组成部分,企业在员工福利管理中往往要考虑到企业自身的经济实力和规模能力,据此进行员工福利类型、数量和员工参与率的决策。只有在条件允许的情况下,员工福利才有发展的可能。同时,企业的高层管理者是否具有现代管理理念,是否实行以人为本的人力资源管理政策,是将员工福利视为一种成本还是一种投资等都将影响员工福利的实施与发展。

三、员工福利的特征

福利既不以员工对企业的相对价值,也不以员工当前的贡献为基础,与员工的工作时间之间也没有直接的联系。它涵盖面广,形式多样,成本也高。具体而言,员工福利具有如下一些基本特征:

(一) 报酬性

企业为员工提供的福利是以工作关系为存在依据的,只有在本单位、本企业工作的员工才能享受(有些福利项目的享受还会延及家属)。虽然员工福利的直接效应是保证员工一定生活水平和生活质量的提高,然而从企业的角度出发,员工福利首先要保证员工的积极性和凝聚力,培养员工对企业的归属感,吸引和留住高素质的人力资源,为企业创造效益。员工福利的另一效应是期望能提高企业的社会声望,树立良好的企业形象,增强竞争力和影响力。因此,从本质上讲,企业提供给员工的福利是企业为员工完成工作任务而支付的报酬和向员工承诺的一种形式,是企业员工360度报酬体系中的一部分。

(二) 均等性

员工福利的均等性是指企业提供的福利是针对所有履行劳动义务的本企业员工,不管是谁,只要在本企业工作就都可以享受。因此,这也可以说是具有普适性。企业员工福利的主要功能是以共同消费的形式满足员工的某些需要,它不是劳动者谋生的手段。员工福利也不体现按劳分配的要求,而是在员工之间普遍地分配和享受,具有机会均等和利益均沾的特点,每个员工都有享受本企业福利的权利,都能共同享受本企业分配的福利和举办的各种福利事业。

(三) 集体性

员工福利的主要表现形式是举办集体福利事业,员工也主要是通过集体消费、共同使用公共设施的方式分享员工福利。虽然某些福利项目要最终分配给员工个人,但这不是员工福利的主要部分,并且这些福利项目的提供都是以企业集体出面的形式购买。一般而言,企业员工集体消费或共同使用的公共物品,如员工食堂、员工俱乐部等都具有集体性这一重要特征。

(四) 补偿性

企业提供的福利只起到满足员工生活有限需求的作用,不像工资奖金是满足员工基本生活需要的,它只是对员工为企业提供劳动的一种补偿。另外,员工福利也是对按劳分配为主要分配方式的补偿。实行按劳分配难以避免各员工之间由于劳动能力、供养人口等因素的差别所导致的家庭消费需要满足程度乏力,从而使得部分员工生活困难。员工福利可以在一定程度上缓解按劳分配带来的收入差距。因此,员工福利是货币薪酬的必要补偿。

(五) 针对性

企业为员工提供的福利如消费品与服务等都具有明显的针对性。一方面,某项福利的提供往往是针对员工的某一需要而设立的,如员工夏季的防暑费、冬季的取暖费等。另一方面每位员工的需要又是有差异的,随着以人为本的管理的兴起,员工福利也就会变得越来越个性化,其针对性的特征也就会越来越明显。

四、员工福利的价值意义

员工福利是企业报酬体系中一个重要的管理平台和激励手段。虽然它没有货币薪酬那样具有明显的直接激励作用，但是它的价值也是非常大的。完善的企业福利制度可以帮助企业更有效地吸引、保留和激励员工，从而起到增强企业竞争力的作用；也可以有效地提高成本效率和避免劳资双方冲突。具体而言，员工福利具有以下几方面的功能意义：

（一）员工福利能有效地吸引和保留优秀员工，培养员工的忠诚度

人们在寻找工作时，越来越把优厚福利作为重要的选择标准，因为在市场工资相差不大时，良好的福利意味着获得更多的报酬。同时，如今企业许多福利项目的设计也和工龄等因素有关，如带薪假期的长短就与年资深浅有关。这些福利实际上成为员工的一种长期投资，员工一旦离开企业，就会永远失去。因此，员工福利是一种吸引和保留员工的好工具。有吸引力的员工福利计划既能帮助企业招聘到高素质的员工，也能保证已经被雇用来的高素质员工继续留在企业中工作。此外，当企业希望吸引和雇用某些员工或者是为了弥补优秀员工未能晋升的损失，但又因为某种原因（比如制度、公平性等）而不能单方面提高他们的货币薪酬水平时，员工福利就可能会成为一种非常有利的补偿报酬形式。

（二）员工福利有利于激励员工，提高整个企业的绩效

员工福利是企业薪酬体系的重要组成部分，企业为员工支付的福利成本已越来越高。单是从经济学中的投入产出角度来看，企业也应该发挥福利的激励作用来获得更多的产出。首先，良好的企业福利可以解除员工对自己和家庭的后顾之忧，使其专心地在企业中工作。其次，员工会因福利满足了某种需要而增加对企业的满意度，从而有利于提高企业员工的士气，减少缺勤率。最后，良好的福利可以体现企业高层管理者以人为本的管理思想，使员工有与企业荣辱与共的使命感，进而激发员工自觉为企业目标而奋斗的动力。尤其是全面而完善的福利制度，使员工因受到周到的体贴和照顾而体会到企业大家庭的温暖，产生一种家庭的成员感和归属感，从而增强对企业的认同与忠诚。这是企业的一种宝贵而又持久的激励力。一旦企业员工的工作积极性和创造性提高了，形成一股巨大的合力，那么整个企业的绩效也就会明显地提高。

（三）有利于协调和缓和劳资双方的关系，增强企业的凝聚力

在西方发达国家，员工和雇主之间的矛盾很大，员工福利也正是这种劳资关系的结果。一般说来，如果员工福利直接体现了企业对员工的关心，其发展就能有效地协调这种斗争关系。如美国SAS软件公司为员工提供医疗保健、儿童照料、教育培训等服务，解决员工急需的生活问题，极大地提高了员工的满意程度和劳动生产率。该公司要求员工工作的时间也远远低于行业标准，由于员工上班时间短，精力更加充沛，更能专心致志地做好工作。其结果是不

仅使员工和顾三的关系得到了极大改善,而且也使得公司可雇用较少员工,获得较多的收益。此外,随着工业化程度和劳动复杂程度的提高,人力资源对生产率提高的重要性日益超过物质资源,但对工人劳动的衡量也越来越难,企业也就必须更加信赖员工的自觉性来提高绩效。出于对这一系列因素的考虑,企业也愿意增加员工福利以提高企业的凝聚力。

(四)员工福利有利于保障员工生活的稳定,具有社会意义

员工福利具有补偿性,企业通过福利的形式为员工提供各种援助,有助于员工家庭经济收入和生活质量的提高;而提供的各种风险防范措施,为员工在疾病、退休和各种意外时对可能遭受的身体伤害和经济损失提供了保障,有利于员工及其家庭生活的稳定。例如员工发生疾病时,医疗健康保险就能有效地减轻员工及其家庭的经济压力,尽快地加以救治;养老保险则为员工的老年生活提供了基本保障;失业保险为员工在失业时提供及时补助。无疑这些措施对稳定社会都有积极的作用。

(五)员工福利作为工资的替代补偿方案,其灵活机动性使之具有广泛的适用空间

提高工资要受到国家的政策和立法的约束,并且用提高工资来获得劳动力市场竞争力的方式透明度高,容易引起其他企业的模仿,其优势也就不是很明显。相比之下,企业实施各种福利项目的灵活性和自由度更大,因而也就会深受众多企业的青睐。

第二节　员工福利的类型

如今员工福利项目的类型已经到了令人眼花缭乱的地步,随着立法的增多和社会经济的发展不断推陈出新,但它的潜力也是无止境的。根据员工福利的享受对象,员工福利可以分为集体福利和个人福利两种形式;根据其性质可以将员工福利分为强制性福利和自愿性福利;从员工福利的表现形式看,又有经济性福利和非经济性福利之别。最后我们根据员工福利的内容将其划分为员工法定福利、企业自主福利和员工服务福利。

一、集体福利和个人福利

(一)集体福利

它是指企业员工普遍享有的,通过企业实施的供员工集体享用的福利和服务。主要包括以下一些项目:

第一,保险性福利。这是企业提供给员工最重要的福利项目,不仅包括国

家通过立法的形式规定企业所必须提供的，而且还包括企业自主地为员工提供的补充性的保险项目。这种福利都是企业员工能享有的，具体的有养老保险、失业保险、医疗保险、工伤保险和生育保险计划。养老保险是针对员工退出劳动领域或无劳动能力时为保障其生活稳定所实行的社会保护和社会救助措施。失业保险是为遭遇失业风险、暂时中断的失业者设置的一道安全网，它的覆盖范围通常包括社会经济活动中的所有劳动者。医疗保险是指由国家立法，通过强制性社会保险原则和方法筹集医疗资金，保证人们平等地获得适当的医疗服务的一种制度。工伤保险则是针对那些最容易发生工伤事故和职业病的工作人群设置的一种特殊社会保险。企业自主补充保险计划有企业补充养老金计划，为员工退休生活提供更多经济保障；人寿保险计划，这是市场经济国家的一些企业所提供的一种最常见的福利；健康医疗保险计划，主要是为了减少当员工生病或遭受事故时本人或其家庭的经济损失。

第二，住宅性福利。企业免费给员工提供单身宿舍、夜班宿舍，廉价公房出租或出售给本企业员工，提供购房低息或无息贷款等。长期以来，我国实行福利分房政策，由国家或企业建设，低租金分配给员工使用。这种制度正在改革，取代它的是商品化和货币化制度改革，新的改革措施使住宅补贴成为货币薪酬收入的组成部分。

第三，集体生活设施。企业食堂为员工提供免费或低价工作餐、工作间免费饮料，报销公关应酬饮食花费，免费发放节假日食品等。企业托儿设施或托儿所为有孩子的员工解除后顾之忧；企业卫生设施及医疗保健能及时解决员工突发病，保证员工生命安全。这些都是对全体员工免费或低价服务的，还有的企业为方便员工上、下班提供免费或低价交通性福利。

第四，文体娱乐性福利。这一类福利已向高层次福利发展，注重员工生活质量的提高。例如，企业举办有组织的集体文体活动（晚会、舞会、郊游、体育竞赛等），企业自建文体设施（运动场、游泳池、健身房、阅览室等）；提供免费或折扣电影、戏曲、球赛票券和优惠车、船、飞机票，提供免费订票服务等。

第五，企业内提供短期培训，企业外提供公费进修，免费提供计算机或其他学习设施与服务等。除每周末及法定假期或病假、产假外，每月及每年有若干带薪事假或休假日，时间长短通常与员工服务年限或年龄相联系。

（二）个人福利

员工个人福利从法律上讲具有任意规范的性质，如果在劳动合同或内部管理制度中有相应规定，那么就具有约束力，否则就没有法律效力。因此，相对于集体福利而言，个人福利是企业员工福利体系中的特殊部分，其项目也是较少的,仅是针对特殊员工和管理层所提供的。

第一,离退休福利。包括退休金、公积金(按月抽取员工基薪一定比例,企业同时提供一定补贴,积累到退休时一次发放;若提前离职,企业只发还其自供款项,还可能按规定根据不同的服务年限发给相应金额的企业补贴款),以及长期服务奖金(工龄满足规定年限时发给)等。

第二,特种福利。如对高层人员的轿车、飞机、星级宾馆出差待遇。

第三,特困补助。针对特别困难的员工提供的企业福利生活补助。

二、强制性福利和自愿性福利

(一)强制性福利

它是根据国家法律法规的要求,所有企业必须向员工提供的福利。社会保障体制中的绝大部分项目都是属于企业的强制性福利,主要包括前面提及的养老保险、失业保险、工伤保险、医疗保险、生育保险,还有住房公积金等。

(二)自愿性福利

它是企业根据自身的经济效益、经营战略目标、当前的薪酬制度,以及经营理念和文化确定的企业员工福利,主要是体现本企业的特色和企业文化价值观,以此有竞争性地吸引劳动力市场上的高素质人力资源。如上所述的文化娱乐、集体福利、住宅性福利、教育培训性福利和享受带薪假期等。

三、经济性福利和非经济性福利

(一)经济性福利

它是指货币或实物形式的福利,员工能够得到有形的物品或补贴。集体福利和个人福利都有以货币或实物形式表现的经济性福利,它直接要求企业为此提供较多的货币支出,这些福利直接发生经济成本。

(二)非经济性福利

这是一种较为广义上的员工福利,一般表现为服务或员工工作环境的改善,不涉及直接向员工提供货币与实物,故称为非经济性福利。这些福利项目旨在全面改善员工的工作和精神生活质量,有些员工福利已经超越一般意义上的福利范围或传统的人事管理职能范畴,但对企业人力资源管理和全面薪酬战略的实施具有相当重要的意义。工作生活质量的改善主要体现在企业的工作环境保护方面。

四、员工法定福利、企业自主福利和员工服务福利

上面论述的强制性福利和自愿性福利又可以从另外一个角度分解:一是企

业福利，包括企业自主提供的物质性福利和员工服务项目；二是法定福利。二者一样都是以满足企业成员的物质和精神生活需要，提高员工的生活质量为基本任务，体现为以实现企业内公平为主要价值取向的物质或非物质帮助。在如今企业福利社会化的过程中，企业员工福利兼有了一定的社会福利功能，公共福利设施也能承担一定的员工福利任务。但严格来说二者还是有着明显的区别。第一，企业福利多由企业举办或者负担费用，但法定福利是国家强制要求的，其费用由企业和员工共同承担。第二，企业福利的享受对象主体只限于本企业员工及家属，但大部分的法定福利则要延及全社会成员。第三，企业福利具有一定范围内的集体性，而法定福利则具有全社会性。因此，员工福利也可依此划分为员工法定福利（法律规定提供的物质性福利），企业自主福利（特指企业自主提供的物质性福利）以及员工服务福利（企业提供的服务项目）三个基本类型。

（一）员工法定福利

员工法定福利是政府通过立法，要求企业向员工必须提供的一些社会保险、法定假日及劳动保护措施等。这既有物质实物性的补偿，也有服务性的帮助。它以劳动法、社会保障法等方面的有关法律法规为依据，由政府、企业和社会公共机构共同管理。其中最核心的部分是社会保险项目，它是以向社会保险经办机构缴纳税费的方式提供具有强制性的员工福利，这从企业的角度上看可视为员工法定福利。

（二）企业自主福利

这是指企业自主决定向本企业员工提供的一些福利项目，但这里特指物质性福利。企业自主福利是在没有政府立法要求的前提下，为增强企业本身的吸引力，以求获得更多高素质的人力资源并鼓励他们为企业的发展不断贡献力量而提供的福利。因此，在某种层面上良好的企业自主福利是企业与员工之间的一种双赢策略，也是现代企业发展的一个价值取向。一般表现为通过提供集体福利设施、发放补贴、以低价或免费等方式满足本企业员工某些普遍性和共同性的消费需要。这种以企业为主体自发地为员工提供的福利，在市场经济国家很活跃也很受欢迎。

（三）员工服务福利

从本质上讲员工服务福利也属于企业为员工主动提供的福利，但随着社会经济的发展，在企业福利体系中服务项目发展却是相当之快，也是最具有潜力价值的福利品种。这是因为现代社会的复杂性使越来越多的企业看到通过向员工提供某种服务，可以极大地满足员工需要，达到调动他们工作积极性和创造性的目的，是一项成本低、收益大的投资。如在西方许多企业在员工福利管理中都开始注重员工服务项目，以寻求一种友好的家庭式组织环境。一项美国全国性的调查发现，被调查的企业中有85%为员工提供了某种类型的儿童看护帮助，96%提供了管理家庭经费财产服务，40%提供了应急处理办法及安排治疗服务，13%提供了急救患病儿童的护理服务，10%提供了儿童看护服务。具体的员工服务福利有：

第一，健康服务计划。旨在帮助提高员工甚至其家属健康状况的健康服务计划是员工福利中提供最多的福利项目，也是最受欢迎的福利项目之一。这些计划主要包括：尽早地发现和治疗员工病症，以防病情恶化而导致巨额的医疗费用支出、残障或死亡；改变员工的生活习惯，减少未来发生健康问题的可能性；向员工提供预防疾病医疗服务，如给员工接种疫苗、为员工提供健身的场所和器械以及为员工举办健康讲座等。

第二，员工援助计划（Employee Assistance Program，EAP）。该计划是企业针对诸如酗酒、赌博或重大压力等问题向员工提供咨询或治疗的正式计划。据估计，在美国规模为3 000人或以上的企业中，有50%~75%的目前提供了EAP。其援助的基本模式有四种：在内部模式中由企业雇用全部援助人员；在外部模式中，企业与卖方签订合同，由卖方提供援助人员和服务。在合作模式中，多个企业集中它们的资源制定一个共同EAP。在加盟模式中，卖方已经与公司签订了合同，但卖方将合同转包给一个专业机构，而不是利用自己的员工执行合同。[1]

第三，法律保护性服务。这是员工福利中增长最快的项目之一。通常有两种类型：简易方案和综合方案。简易方案提供免费电话或办公室咨询、文件审核及对比较复杂的事件提供免费或优惠价法律服务。综合方案包括其他服务、平等就业权利保护（反种族、性别、年龄等歧视）、投诉检举的反报复隐私保护等。

第四，咨询性服务。企业可以为员工提供广泛的咨询服务。免费为员工个人进行职业生涯的咨询，即对其职业发展进行分析、指导和建议，提供参考资料与情况服务等；为员工提供心理健康咨询，如为员工提供医过分的工作负荷与压力导致的高度焦虑或精神崩溃等心理症状的诊治服务。

第五，家庭护理服务。由于现在双职工和单亲家庭增多，人口学上的改变也给企业带来了问题：照顾家属可能会引起缺勤、怠工，因家庭事务请假带来时间耗费。如果企业对员工的家庭责任漠不关心，雇主会丧失在员工面前的信任。提供家庭护理计划也就减少了上述问题的出现，也有利于吸引新员工的加

---

[1] 刘昕．薪酬管理．北京：中国人民大学出版社，2002：273．

入,家庭护理的需求也就日益旺盛起来。家庭护理福利计划主要包括儿童看护和老人护理计划。

第六,理财服务。现在许多企业为员工设计的财务计划已经提供给其员工。任何全面的财务计划,均需考虑可以获得的福利和潜在可获得的福利。这对高层管理人员来说具有吸引力。企业已经将这种福利看成是高管人员的必需福利,能够吸引和挽留那些将财务计划看成是现有报酬增值途径的高管人员,以便他们能够更加充分地发挥才智,为企业重大决策献计献策。

第七,教育援助计划。教育援助计划是针对那些想接受继续教育或完成教育的员工实施的一种很普遍的福利计划。教育援助计划分为内部援助计划和外部援助计划两种。内部援助计划主要是指企业内部的培训,如企业开设自己的大学课程,聘请大学教师来企业讲课等。外部援助计划主要指的是学费报销计划,包括全部报销和部分报销方式,为员工继续教育提供保障和支持。

第三节 员工福利的发展趋势

一、员工福利面临的问题

传统员工福利计划有两方面的问题。首先,福利价值相对缺失,边际效用递减。由于福利提供的普遍性和趋同性,许多员工视员工福利为基本待遇,没有意识到福利本身具有的价值,因而失去了其激励作用,并且随着员工福利项目的增多,其边际效用递减很明显。其次,传统员工福利不能充分满足员工的差异需求,员工满意度较低,企业提供的福利组合也并非适用于每一个员工。在这种情况下,企业福利成本可能很高,对员工也没有很大吸引力。如独身员工通常不喜欢家属医疗保障计划,因为他们不能得到相应的价值,从而偏好其他形式的福利。企业面临的市场竞争日趋激烈化,福利成本是总薪酬成本中一个重要的组成部分,企业不能不考虑如何才能促使福利成本的收益最大化问题。因此,进入21世纪以后,企业员工福利出现了弹性福利计划和培训福利日益受欢迎的重要发展趋势。

二、弹性福利计划的发展

(一)弹性福利计划的含义

弹性福利计划又称为自助餐福利计划,是指企业提供一份福利菜单,其内容的选择由每一位员工积极参与,在一定约束条件下(如金额限制,某些是必选项目)员工依自己的需要和偏好自由选择福利组合。其基本思想是让员工对自己的福利组合计划进行决策与选择。它具有许多优点。第一，员工自主选择，福利组合就能够和员工个人的需求偏好进行更好的匹配，从而激发员工工作的积极性和创造性，福利的效用价值和激励功能将得到很好的提高。第二，员工对企业提供什么样的福利有了更清楚的认识，因此，这种计划可以加强企业与员工在福利方面的沟通，使他们意识到企业为员工的付出和所做的有益于员工生活质量提高的各种努力，有助于提高整个福利体系的投资回报率。第三，推行弹性福利计划可以更好地控制和降低福利总成本。通过对备选福利项目的优化设计来引导员工做出更有效率的选择，淘汰或削减一些不切实际的福利项目，以此达到降低福利成本的目的。第四，弹性福利给予员工更大的权利来控制自己的福利选择，这种做法本身就能够很好地体现企业对员工的忠诚，有助于增强员工对企业的忠诚，从而达到双向忠诚的最佳状态。总之，弹性福利计划不仅满足了员工对于福利计划灵活性的要求，使得他们能够看清自己的权利和义务，同时也是提高企业福利成本投资回报率的重要手段。

（二）弹性福利计划产生的背景①

弹性福利计划起源于20世纪70年代的美国，80年代在美国蓬勃发展。之所以能在美国兴起，与美国的税法规定有很大的关系。在70年代，美国新泽西州林西顿的教育测试服务处以及TRW公司相继出现了弹性福利计划的雏形。到了1978年，美国制定了税务法，规定员工可以从公司所提供的现金或福利措施中自由选择，如果选择的是福利措施，此部分不必并入所得收入缴税。这个法案同时也准许员工以抵扣薪资的方式来取得更多或更优越的福利措施。在税务法修正通过并付诸实施后，弹性福利计划就如雨后春笋般地纷纷出现。哈维协会的一项调查表明，在1980年仅有8家公司采用正规的弹性福利计划；到了1988年实施此计划的企业已逾800家，且正在持续增长中。同时根据统计资料显示，全美员工福利的支出占薪酬比重，已从1959年的24.7%增加到1990年的38.4%，福利成本的骤增显现出福利成本不再是一个无足轻重的小角色。福利成本的上扬也促使人力资源专家不断绞尽脑汁研究如何降低福利成本。以苹果计算机公司为例，由于该公司的医疗福利远优于同样规模的公司，因而成本一直居高不下。该公司1987年开始实施弹性福利计划，医疗成本已经明显下降，而员工的需求也受到重视，该制度颇受欢迎。此外，60年代在人群关系学派学者的经营下，管理哲学有了很大的变化。马斯洛的需要层次理论、麦格雷戈的Y理论等都鼓吹人性化的管理是组织生存的不二法门。弹性福利计划非常强调员工参与，这和人性化管理的思潮十分吻合。休斯特等

---

① 欧明臣. 自助餐式的员工福利——弹性福利制. 中国人力资源开发，2003（3）.

专家的研究指出，在对企业决策的满意度方面，参与决策的员工亦比未参与的员工满意度来得高，所以这些理论都为弹性福利计划的发展提供了相当的基础。除此之外，现今劳动力市场竞争日益激烈，利用符合多元化员工需求的福利制度来吸引和留住员工，也是弹性福利计划能受到重视和发展的原因之一。

（三）弹性福利计划的类型

第一，核心加选择型的弹性福利计划。它由"核心福利"和"弹性选择福利"两部分组成。"核心福利"是每个员工都可以而且必须享有的基本福利，不能自由选择，如员工法定福利。可以随意选择的福利项目则放在"弹性选择福利"之中，让员工自由选择。

第二，标准福利计划。在这种福利计划中，企业为员工提供多种不同的福利组合，他们可在这些组合之间自由地进行选择，但却没有权利来自行构建自己认为合适的福利组合。一个福利组合与另外一个福利组合之间的差异可能在于福利项目的构成不同；也可能是由同种项目构成，只是每种福利项目的水平之间存在差异。这些福利组合通常都包括一些员工法定福利项目。

第三，弹性个人福利账户。员工每一年可从其税前总收入中拨取一定数额的款项作为自己的"个人福利账户"，并以此账户金额为限去选择购买企业所提供的各种福利措施。拨入个人福利账户的金额无须扣缴所得税，但余额不可在下一个年度中并用，亦不能够以现金的方式发放。在这种计划下，员工的货币性薪酬通常要相对地高一些，以弥补这种方案下企业自主福利对员工所造成的潜在损失。

第四，混合福利计划。员工按照自己的意愿在企业提供的福利选项中决定每种福利的多少，但是总福利水平不变，一种福利的减少意味着员工有权利选择更多的其他福利。当然，如果降低其他福利项目的水平仍然不能满足其所需要的某种特定福利，企业就只能采取降低货币薪酬的办法来弥补其过多的福利选择。

第五，选高择低型。以员工法定福利为基础，再规划数种不同、项目不等、程度不一的福利组合给员工做选择。这些组合的价值和原应有的福利相比，有的高有的低。如果所选择的福利范围较大，需要在员工薪资中扣除一定的金额来补足。如果所选择的福利价值较低，员工可获得现金补助的差额，但这些现金补助必须纳税。

（四）弹性福利计划的设计原则

设计一套满意而又全面的弹性福利计划，需要遵循以下一些基本原则。首先，核心福利计划必须统一提供，即保障员工基本需要的福利，如医疗保险、养老保险和企业年金由企业统一决定，提供给每一位员工，而且要注意核心福利的适时修改与调整,以保持其效用。员工法定福利肯定是核心福利,它是由有关法律法规保障的,企业员工人人应该享有,故不能弹性化。其次,为了保证福利计划的总成本不超出预算,在提供弹性福利计划之前,还需要进行企业内部的福利调查,给出员工一系列可供选择的福利项目,让他们确定自己的福利组合,企业不会提供那些只有少数人选择的福利项目。第三,清晰地界定各种福利项目之间的关系。例如一笔 500 元的奖金等价于一天额外休假、一次双人晚餐或一个为其两天的培训等。每种福利的价格应可以进行成本核算,通过定价使弹性福利项目之间可以进行加减运算。第四,员工制定的自身福利计划所需费用超出限额的,其超出部分应由员工自行支付。最后,激励内容应根据员工们的需求进行调整,这可以通过员工福利调查来了解。员工也可以随时对新的福利种类提出建议,只要是合理的都应得到重视。

三、培训福利日益受欢迎

(一) 培训福利计划的产生

企业的福利政策应该是企业整体竞争战略的一个有机组成部分。吸引人才、激励人才,为员工提供一个自我发展、自我实现的优良环境,是企业福利的目的。现在各类人才,尤其是高科技领域的人才,在专业和管理的知识技能方面自我更新和自我提升的需求日益强烈。同样,对于年轻的员工来说,他们在求职过程中最关心的问题就是:企业有没有相关业务培训?我们将来如果想进修,企业能不能提供条件?之所以会出现这种情况,是由于随着知识经济和信息社会的来临,人们越发感到知识的恐慌、能力的恐慌,接受再次教育的欲望也就更加强烈,而培训是提升自我素质行之有效的途径。因此,越来越多的员工将培训机会视为一种很好的福利,越来越多的企业也为适应员工要求,将开展员工培训,鼓励员工不断学习、不断提高自身技能作为一项福利项目。

上海贝尔总裁谢贝尔曾指出:"在我们的整个福利架构中,培训是重中之重,我们在此可谓不遗余力。"从企业长期发展的远景规划以及对员工的长期承诺出发,上海贝尔形成了一整套完善的员工培训体系。新进员工都必须经历为期一个月的自谋出路培训,随后紧接着是为期数月的上岗培训;转为正式员工后,根据不同的工作需要,对员工还会进行在职培训,包括专业技能和管理的专项培训。同时,为了让员工真正融入国际化的社会、把握国际企业的运作方式,上海贝尔的各类技术开发人员、营销人员都有机会前往上海贝尔设在欧洲的培训基地和开发中心接受多种培训。也有少数管理者还被公司派往海外的名牌大学深造。如果一个企业能提供各种条件,使员工不断地学习,不断地使自身的知识与技能始终保持在前沿水平,那么还有什么会比这更能打动员工的心？

（二）员工培训的意义

所谓员工培训，是指企业有计划地实施有助于员工学习与工作相关能力提高的活动。企业采用各种方式对员工进行有目的、有计划的培养和训练，其目标是使员工不断地更新、开拓技能，改进员工的动机、态度和行为，使其适应新的要求，更加完美地胜任现职工作或担任更高级别的职务，从而促进企业效率的提高和企业目标的实现。

现在人类社会步入以知识经济资源和信息资源为重要依托的新时代，智力资本已成为获取生产力、竞争力和经济成就的关键因素，而员工培训是创造智力资本的途径。员工培训无论是对员工还是对企业，都有着极其重要的意义。首先，企业在面临全球化、高质量、高效率的工作系统挑战中，培训显得尤为重要。员工培训是企业的一项重要投资，它不仅能激发员工工作的积极性和创造性，从而改善企业的工作质量和构建高效的工作绩效系统；而且培训使员工的知识和技能明显地得到提高，工作态度得到显著改善，由此提高企业效益，获得竞争优势。其次，培训使员工的工作能力提高，为其取得好的工作绩效提供了可能，也为员工提供了更多晋升、获得较高收入的机会。最后，在现代企业中，员工的工作目的更重要的是为了"高级"需求，即自我价值的实现。培训不断教给员工新的知识与技能，使其能适应或能接受具有挑战性的工作与任务，实现自我成长，这不仅使员工在物质上得到满足，而且使员工有精神上的成就感，从而能较好地满足员工实现自我价值的需要。因此，建立一种新的适合未来发展与竞争的培训机制来提高企业员工的整体素质也就日益成为一种发展趋势，培训福利也正是这一趋势的重要体现，在企业实践中它将会发挥越来越大的作用。

（三）员工培训的组织与实施

在培训的实际操作过程中，企业员工培训应做好培训需求分析、培训计划与实施以及培训效果评估等几个环节。第一，员工培训需求分析，要从企业、员工、工作三个不同层面来进行比较分析。员工培训的需求分析模型是发现绩效偏差，进行成本价值分析并找出员工工作绩效偏低原因的工具，从而确定哪些员工在哪些方面需要进行培训。第二，培训计划的制定。在这一环节上要依据员工的学习规律及成人学习的特殊性，遵循理论联系实际、短期计划与长期计划相结合、员工的个性与共性相结合、培训与兼顾工作等几个原则进行培训计划的制定。其中内容包括确定培训目标、安排培训课程及进度表、设计采用的培训方式、制定培训经费预算制度、确定培训控制措施等。第三，培训计划实施过程中要注意做好确定培训师、确定教材和大纲、确定培训地点、准备好培训设备、选择培训时间、发出培训通知等几个工作要点。常见的培训方法有讲授法、视听技术法、讨论法、案例研讨法、角色扮演法、观摩范例法、互动小组法、远程培训法。第四，培训控制。培训控制是指在培训过程中不断根据目标、标准和受训者的特点，矫正培训方法和进程的种种努力，可以有训前控制、训中控制和训后控制三个阶段。第五，培训效果评估，是指在培训过程中受训者所获得的知识、技能和其他特点应用于工作中的程度与效果。常见的培训效果分析方法有投入产出分析、测试比较评估、受训者意见反馈评估、工作标准对照评估、工作态度考察评估和工作考察评估等几种方法。

第四节　员工福利管理

一、员工福利管理概述

管理是为实现特定的目标而进行的有计划、有组织的活动。员工福利管理是为建立和有效实施员工福利而进行的决策、计划、组织、指挥、协调和控制。员工福利管理既有管理的共性又有自己的特性。[①] 第一，员工福利管理是综合性的管理。员工福利管理的对象十分广泛，涉及企业里的所有员工。就管理机构而言，企业是主要角色，但政府、社会公共机构等往往也参与到福利管理中。员工福利管理的内容更是广泛，既包括对养老保险、失业保险、医疗保险、工伤保险、生育保险等多项社会保险制度的管理，也包括企业内部的补充保险计划、福利津贴、员工服务的管理。第二，员工福利管理是专业性的管理。员工福利管理的专业性主要体现在员工福利资金的筹集、支付和营运都是一个相对独立的专业化体系，其管理需要涉及大量专业技术知识，需要一支经过专业知识培训的工作人员队伍。第三，员工福利管理是服务性的管理。福利管理的目标是为员工的工作生活创造更加优越的条件，为企业员工遇到年老、疾病、工伤、失业等社会风险时提供物质帮助和生活照顾。所以员工福利管理应当立足于为保障对象提供优质高效的服务。服务的质量和水平应是衡量员工福利管理优劣的基本依据，也是评价员工福利效率高低的重要方面。

福利管理在现代企业管理中日益受到重视，一方面是由于政府法律的不断完善，要求企业必须做出具体的福利计划；另一方面是人们认识到福利激励功能越来越重要。如果企业缺乏对福利的规划和管理，那么这种福利成本的支出就会是一种损失。

---

① 陈全明，等．福利管理．深圳：海天出版社，2003：232.

二、员工福利管理的原则

企业必须充分考虑到影响福利管理的基本因素，同时依据员工福利的目标进行员工福利管理。福利管理有其内在的规律和原则，这也是企业在福利管理过程中所应遵守的一般准则。

（一）需要原则

企业福利计划的实施，自然以员工为对象，要以员工的需要作为企业员工福利设计与管理的出发点。倘若企业花了大量的成本提供给员工一些他们当前情况下并不渴求的福利项目，那么不单是企业支付了成本，而且会得不到员工的认可与满意，这是得不偿失的选择。因此，应以员工当前切实的真正需要为基础，依员工职业生涯发展各阶段的特点来构建整个企业的福利体系，只有这样员工福利才会变成有价值的东西。

（二）效益原则

任何福利计划，对于一个企业来说，不仅要有助于员工需要的满足及对企业价值观的认同，更要有利于整个企业绩效的提高。也就是说福利是一项正规的工作，也是一项投资，必须有成果的回报，必须讲求投入产出分析及机会成本的核算，否则就变成理所当然的事或慈善救济。员工福利的收益回报，综合起来有下列几种形式：生产力的提高，易于人才的引进，提高员工士气，增强员工对企业的忠诚，员工流动与缺勤的降低，良好的公共关系，工会影响力的下降，政府干预的减少，待遇差异的适当调节等。因此，企业应以这些方面为目标进行员工福利的管理。

（三）合法原则

员工相对于企业来说是弱势群体，国家和政府在涉及企业与员工利益的管制时往往较多地偏向于员工方面。因此，在企业福利管理上，一方面企业必须遵守国家有关员工福利的规定，对一些法定福利应认真贯彻执行，以确保员工的基本权利得到落实。另一方面，任何福利措施均必须在法定范围内才可运用，否则就可能有来自政府及社会公共关系的压力。

（四）匹配原则

企业的福利项目不仅要与企业所处的社会经济环境匹配，而且要与企业本身的战略目标匹配。社会经济环境的变化时刻对企业的各项活动产生深刻影响，员工福利也不例外。于是需要根据当时当地的法律法规、人文习俗、竞争对手战略来设计和管理本企业的福利，使其健康有利的发展。企业管理各项活动都要围绕企业的战略目标来开展，那么福利项目的实施也要服从服务于企业战略目标。强化企业员工对企业文化及价值观的认同也是员工福利管理必须考虑的又一重要因素。

（五）参与原则

如果企业希望福利投资能够获得较大收益，那么企业首先应积极征询员工的意见，鼓励员工参与制定福利计划，并成立由管理者与员工共同组成的专门委员会来执行、解释和统筹福利政策，使福利项目尽可能地满足员工真正的需要，也即要鼓励员工参与福利管理。

（六）动态原则

为了更好地实现福利目标，员工福利管理必须适应现实经济环境的变化，尤其是劳动力结构以及员工生活方式的变化。员工年龄和性别等基本人口构成要素对员工所希望得到的福利类型有非常重要的影响，比如对年轻的未婚女员工而言，她们会期望更高的工资和奖金，而当她们正处于抚养孩子时可能会对产假更感兴趣。同时，企业也必须注意到福利组合对员工队伍的构成会产生重要的影响。如一种富有吸引力的养老金计划可能会吸引愿意在企业从事长期工作的员工。

三、员工福利计划的制定

法约尔曾经讲过：管理应当预见未来。管理者要面对未来，把握未来，而做好这一切，计划工作是极其重要的。它不仅能够在管理活动中指明方向，减少未来的不确定性，而且能够提供控制标准，从而高效地实现目标。狭义的计划仅指制定计划，即根据实际情况，通过科学准确地预测，提出在未来一定时期内的目标以及实现目标的方法。员工福利的管理也要进行计划，也要遵循计划的一般流程。

（一）明确员工福利目标

许多企业的员工福利方案不符合企业发展战略，也没有反映企业的核心价值观。各式各样的福利仅仅意味着一大笔固定的开销，没有起到激发员工工作动机的作用。这种僵化的福利机制，使许多员工认为福利只不过是理所当然的收入。高效的企业福利体系应该建立特定的目标，且该目标不仅考虑到了企业的经济实力、薪酬策略、企业所处地区的社会经济环境，还涉及到了企业的赢利能力及行业竞争对手情况等因素，最重要的是企业福利要和企业经营战略目标相一致。同时，员工福利目标既要考虑员工的眼前需要与长远需要，还要能调动大部分员工的积极性，吸引优秀人才，并将福利成本控制在企业可能的范围之内。

（二）福利调查与基准确定

在进行福利决策时，还要考虑到其他企业所采取的福利措施。企业要想吸引和留住员工,保持在劳动力市场上的竞争力,一个重要的工作就是要了解企业竞争对手所提供的福利水平。通过各种有利的途径与方法对竞争对手的福利计划组合、福利标准等情况进行调查,再有针对性地确定本企业的福利制度。比如政府相关机构以及行业协会或者咨询公司所主持的市场薪酬调查中往往都可以找到市场上一些有关福利方面的资料。

(三) 企业内员工福利调查

仅仅对市场上相关企业的福利调查还有可能会导致企业做出一些错误的决策,如企业可能会因为很多其他企业实施了某些福利项目,而并没有对本企业员工的需要和偏好进行认真分析,就轻易地决定实施这些福利。要想获知员工对福利的偏好,可以在组织内部对员工进行问卷调查。问卷可以简单些,可以只包含一系列企业可能提供的福利项目,让员工对之进行重要性排序,最好还要在问卷中包含答卷人的个人特征,这样企业就可以看出什么类型的员工群体偏好什么类型的福利计划。[1]

(四) 对企业的财务状况进行分析

现在企业的福利成本一直高居不下,它直接关系到企业的支付能力问题。企业必须从福利成本与员工需要相结合的角度对企业的福利水平及支出进行总体上的分析与核算。这种做法显然对于员工和企业都是有利的。

通过以上这些步骤,企业便可以对本企业的员工福利体系进行很好的规划,从而做出科学决策,引导企业的员工福利体系良性发展。

四、员工福利的组织与实施

组织就是建立企业的物质和社会的双重结构。员工的福利在组织与实施过程中,应做好以下几方面的工作。

(一) 设置专门的企业福利管理结构

员工福利管理工作关系到员工的切身利益,涉及面广,政策性、专业性强。因此,企业有必要设置一个福利管理机构,这个机构可以隶属于企业人力资源部门,但其成员构成应当由企业、员工代表和福利事业单位工作人员共同组成。员工福利机构具有劳资合作的性质,具有专门性和综合性的特点,在实施员工福利的过程中应统一领导,分工协作。员工福利管理机构应当在员工福利管理方面发挥重要作用,从而为员工福利高效地实施提供坚强的后盾。

(二) 福利基金的筹集

筹集福利基金是企业员工福利管理的重要内容,也是员工福利的基础。员

---

[1] 刘昕. 薪酬管理. 北京:中国人民大学出版社,2002:278.

工的福利基金是企业依法筹集的，专门用于员工福利支出的资金。企业在进行福利设计和管理时，必须确定基金的来源渠道。不同的国家与地区的企业有不同的资金来源，一般有三种筹集渠道：按法规从企业总收入中提取，企业自筹，向员工个人征收加企业补贴。我国企业也必须按照国家法令的规定来提取或筹集员工福利基金。

（三）员工福利沟通

在现代企业管理中，沟通已是管理活动中的重要手段之一。良好的沟通是信息和思想的交换，它使双方保持相互了解和信任。在员工福利管理中，沟通也发挥了重要作用。年轻员工很少考虑有关退休金的问题，所以他们也很少意识到企业提供了退休福利待遇。还有在福利计划本身比较复杂的情况下，员工也难以对其进行详尽的了解，退休金计划就是其中的一个例子。因此，企业有必要设计一种完善的福利沟通模式，一方面告诉员工他们都能享受哪些福利待遇；另一方面，告诉员工他们享受的福利待遇的市场价值到底有多高。在这一进程中，企业应该采取一些有计划、持续的方式与员工进行福利信息的交流。福利沟通可以采用以下方法：编写员工福利手册，解释企业提供给员工的各项福利计划；定期向员工发布有关福利信息，包括福利计划的适用范围及价值；向员工做福利报告；建立福利问题咨询办公室或咨询热线；还可建立网络化的福利管理系统，以上工作都可由企业员工福利管理机构来完成。同时管理人员应加强沟通技能的提高，从而有效地进行沟通，传递更多有价值的信息。

（四）组织实施员工福利

这是关键的一步，也是企业人力资源管理工作的重要组成部分。在实施过程中要落实各项福利计划与预算，分配与协调，实施与改进，以增强员工对企业的认同感和凝聚力。

五、员工福利控制

在管理工作中，控制是监视各项活动以保证它们按计划进行，并及时纠正各种偏差的动态管理过程。控制是管理活动中最后一个重要环节，确保组织的各项活动朝着既定方向的运行和企业目标的实现。在员工福利管理中，控制活动主要体现在以下几个方面。

（一）福利成本控制

如今员工福利成本已是越来越高，作为一项投资，企业就很有必要对其进行成本核算与控制。企业在福利成本控制时必须从以下一些方面考虑和努力。首先，一种福利项目的成本越高，则节约福利成本的机会越大。也就是说企业可以从高成本项目进行福利成本控制。其次，福利项目的增长趋势非常重要，即某些福利项目成本在当前是可以接受的，但其增长率可能会导致企业在未来承受巨大的成本。因此，企业必须注意这些福利项目的实施与控制。最后，只有当企业在选择将多少钱投入某种福利项目具有非常大的自由度时，遏制福利成本才会起作用。所以，企业就应该通过其销售或利润估算出最高的、可能支出的总福利费用，以及确定年福利成本占薪酬总额的百分比、主要福利项目的成本及每个员工每年的福利项目成本，从而制定相应的福利项目成本计划。

（二）福利实施控制

员工福利计划在实施中，企业应当用预定的福利目标对实际工作成效和进度进行检查和衡量，及时发现福利项目实施过程中的偏差，如员工是否享受到其需要的福利以及是否出现逆向选择的问题。要正确评价和衡量结果，则需要将结果与目标进行比较，对数据和相关信息进行分析、整理、归类，形成有用的、合适的信息。管理人员可以采用亲自观察、分析统计资料、听取和阅读汇报、进行抽样调查等方法来获得衡量与控制的信息。一旦发现偏差后，应当及时采取补救措施，以保证员工福利价值的真正体现。

（三）员工福利监控

福利项目涉及面广，发展变化也很快。企业必须紧随组织内外态势的变化对员工福利进行动态调整。首先，企业应当关注有关法律的变化，定期检查企业所提供的福利是否符合相关法律的规定。其次，员工的福利需求调查应该是一项持续不断、经常进行的工作，以保证企业提供的福利项目与员工的需求和偏好一致。最后，竞争对手的福利实施也需要时常关注，这是保持企业在劳动力市场上竞争优势的有力工具。总之，企业只有对在福利领域所发生的种种变化进行有效的监控并随时做出调整，才能保证企业以较低的成本提供令员工满意的福利项目。

关　键　词

员工福利　员工法定福利　企业自主福利　员工服务福利　弹性福利计划培训　福利沟通　员工福利调查　福利控制

小　结

1. 员工福利是企业薪酬体系中的一个重要组成部分，它是企业为满足员工的某些需要，向员工个人及家庭提供的除直接货币以外的实物和服务等一切待遇。首先员工福利是薪酬的一个组成部分，越来越多的企业以此来吸引高素质的人才。其次员工福利是基于员工某些需要的产物，这些需要可以是生活层面上的，也可以是工作环境上的改善，也可以是更高层次的精神服务方面的要求。第三，员工福利绝大部分项目是企业全体员工所享有，而有些福利项目的提供却有一定门槛。最后，员工福利内容的表现形式既可以是实物，也可以是某些服务。

2. 员工福利的发展是多因素共同作用的结果，国家法律法规、劳动力成本、工会、福利本身所具有的重要作用、企业自身的条件和企业经营理念等都会对员工福利的发展产生不同程度的影响。

3. 员工福利是企业报酬体系中一个重要的管理平台。虽然没有货币薪酬那样具有明显的直接激励力，但是它的价值作用也是非常大的。良好的企业福利制度可以帮助企业更有效地吸引、保留和激励员工，从而起到增强企业竞争力的作用；也可以有效提高成本效益和避免劳资双方冲突。

4. 根据员工福利的享受对象可以分为集体福利和个人福利两种形式；根据员工福利的性质可以分为强制性福利和自愿性福利；从员工福利的表现形式看，有经济性福利和非经济性福利；根据员工福利的内容可将其划分为员工法定福利、企业自主福利和员工服务福利。

5. 企业面临的市场竞争日趋激烈化，福利成本是总薪酬成本中一个重要组成部分，企业不能不考虑如何才能促使福利成本的收益最大化的问题。因此进入21世纪以后，企业员工福利出现了弹性福利计划和培训福利日益受欢迎的重要发展趋势。

6. 福利管理在现代企业管理中日益受到重视，一方面是由于政府法律的不断完善，要求企业必须做出具体的福利计划以及对员工和组织做出承诺；二是人们认识到福利激励功能越来越重要。如果企业缺乏对福利的规划和管理，那么这种福利成本的支出就会是一种损失。具体来说，员工福利管理需要经历计划的制定、组织与实施和控制等步骤。

复习思考题

1. 员工福利经历了怎样的发展阶段？
2. 影响员工福利发展的因素有哪些？
3. 员工福利有哪些特征？
4. 怎样理解员工福利的重要意义？

5. 员工福利可进行怎样的类型划分？
6. 怎样理解员工福利的两个重要发展趋势？
7. 弹性福利计划在设计时要注意哪些问题？
8. 如何去把握员工福利管理的流程？

第十二章 薪酬控制

学习目的

学习本章后,你应当掌握如下内容:
1. 薪酬预算的含义和目标
2. 薪酬预算的主要方法
3. 薪酬控制的含义和意义
4. 薪酬控制的基本原则
5. 薪酬控制的指标体系
6. 薪酬控制的若干宏观对策和具体方法
7. 薪酬支付的艺术和技巧

【诺基亚的薪酬体系①】 诺基亚对电信业来说,是一个令人折服的传奇:一个以造纸起家的芬兰小公司,历经130多年,非但没有为时代淘汰,反而一举走出世界,从摩托罗拉和爱立信等老牌电信巨头手中夺走了手机老大的宝座。在中国,诺基亚更是如日中天,不但以超过50%的市场占有率傲视群雄,更以其产品战略上的步步领先成为中国市场上"手机时尚"的代名词。

一、薪酬体系中表现出来的对中国文化与中国员工的尊重

"诺基亚北京公司薪酬体系"的"现金福利"部分写有现金福利发放表:春节每个员工发放现金福利600元,元旦200元,元宵节100元,中秋节200元,国庆节300元,员工生日400元。其现金福利的发放,虽然不算一个大数目,却完全是按照中国传统的节日来设计的。"员工生日"现金福利的规定,更是让员工感受到细致入微的个性化体贴。在薪酬体系中表现出来的对员工的尊重,使员工们"受尊重、被确定"的组织认同需求得到满足,无疑是诺基亚薪酬制度上的另一个闪光点。

二、重要员工管理理论嵌入诺基亚薪酬体系

---

① 改编自:黄国辉. 诺基亚内部薪酬体系. www.hroot.com/publish/html.htm,2004-11-27.

诺基亚是重要员工管理理论的推崇者，从其薪酬体系中即可明显发现这一点。例如，诺基亚的薪酬比率明显地随级别升高而递增：在3~5级员工中，其薪酬比较率为1.05；而在更高一层的6级员工中，其薪酬比较率为1.11；到了7级员工，这个数字提高到了1.17。也就是说，越是重要、越是对企业有贡献的精英员工，其薪酬比较率就越高。这样就确保了富有竞争力的薪酬体制能吸引住企业的重要员工，有效避免了企业高层动荡带来的伤害，使诺基亚的企业发展战略保持了良好的稳定性。这对于企业的持续发展来说，是至关重要的。

在不同层次的薪酬结构上，诺基亚也根据重要员工管理原则作了相应的规划，其薪酬结构上有三个趋向性特征：基本工资随着等级的升高而递增，现金补助随着等级的升高而降低，绩效奖金随着等级的升高而升高。前两点保证了诺基亚的薪酬体系在稳定性方面会随着员工等级的升高更有行业竞争力，其目标在于保持高层员工的稳定性。第三个特征则注重鼓励高层员工对企业做出更大贡献。因为高层员工的绩效对企业整体效益的影响，是数倍甚至是数十倍于一般员工的。重要员工管理理论在诺基亚薪酬体系中的嵌入，一方面保证了高层员工有更好的稳定性和更好的绩效表现，同时也给低层员工开拓了一个广阔的上升空间，在薪酬体系上表现出相当强的活力与极大的激励性。

三、薪酬体系具备业内竞争力而又不会带来过高的运营成本

为了确保企业的薪酬体系具备业内竞争力而又不会带来过高的运营成本，诺基亚在薪酬体系中引入了一个重要的参数——比较率，其计算公式为：诺基亚员工的平均薪酬水平/行业同层次员工的平均薪酬水平。例如：当比较率大于1时，意味着诺基亚员工的平均薪酬水平超过了行业同层次员工的平均薪酬水平；比较率小于1，则说明前者低于后者；等于1，两者相等。为了让比较基数——行业同层次员工的平均薪酬水平——能保持客观性和及时性，诺基亚每年都会拨出一定的经费，让专业的第三方市场调查公司进行大规模的市场调查。根据这些客观数据，再对企业内部不同层次的员工薪酬水平作适当调整，务求每一个层次的比较率都能保持在1~1.2的区间内（即行内同层次薪酬水平与高于该平均水平的2成之间）。这样既客观有效地保持了薪酬体系在业内的竞争力，又不会带来过高的运营成本。

薪酬成本控制是企业都很重视的。什么是薪酬控制？如何进行有效的薪酬控制？如何将控制与竞争优势联系？有哪些具体的控制途径？希望在读者读完本章后，对此有全面的了解。

第一节 薪酬预算

薪酬政策的实施是一把双刃剑,在制定时要同时考虑两个方面的因素:一方面要保持本企业薪酬体系在劳动力市场上的竞争力;另一方面要合理地控制薪酬成本。企业欲以高薪吸引和留住人才,而其成本又不能随意上扬,因而如何确定适当的薪酬水平,设计科学合理的薪酬结构,调整缺乏竞争力的薪酬体系就成为现代企业的一个重要课题。薪酬预算是在保证企业效益的基础上,优化人力资源配置、控制企业薪酬成本的一个重要前奏。

一、薪酬预算的含义

薪酬预算,指的是企业在薪酬管理过程中对薪酬成本支付方面所进行的计划与权衡。早期的预算,一般被认为是一种限制支出的工具,它首先是在政府机构或其他机关团体采用,而后来逐渐被应用到企业中。在国外预算这种方法很早就在企业里得到广泛的应用,而在中国,以前的预算总是与计划相联系,在市场经济体制下才逐步开始从计划中脱离出来成为社会经济活动中重要的成本控制工具。任何一种经济活动,要使最少的投入得到最优的产出,那么通过预算来进行成本控制就是一个非常关键的环节。

薪酬预算要求企业把薪酬外部竞争力及企业薪酬决策中的各种问题,如薪酬结构、薪酬水平尤其是薪酬成本等放在一起综合考虑。同样,在决定更新企业的薪酬结构,为员工加薪或者是实施收益分享计划时,薪酬预算也是企业确保薪酬成本不超出企业承受能力的一个重要防范措施。同时,企业财力资源是有限的,企业如果在薪酬管理方面支付的成本上升,那么在其他管理举措上的投入就必然会相应地减少,而一旦这种偏差过大,就会有影响企业战略目标实现的危险。因此,如果企业没有对薪酬进行科学有效的预算,那么就有可能会影响企业经营的稳定性和效率。为了避免这种情况,企业应该建立科学的薪酬预算体系,追求薪酬操作上的规范化,进而实现企业经营的高效率,增强其在劳动力市场上的竞争力等几个方面的薪酬管理目标。

二、影响薪酬预算的因素

(一) 企业内部环境

企业薪酬预算的内部环境主要涉及企业自身的战略和当前的发展情况,也就是说企业的薪酬支出不仅要符合企业的发展战略,也要考虑企业当前的财务状况和企业的赢利能力,当然还要或多或少地反映企业的价值观和企业文化,要通过这些措施的实行起到激发员工工作动机的作用。这些都要在企业进行薪酬预算时加以考虑。同时，企业还必须能够清晰地界定员工方面的一些问题：哪些员工会一直留在企业里？他们以后将会得到怎样的薪酬待遇？企业需要雇用什么样的新员工，他们应当得到多高的薪酬？企业内部环境的变动情况主要是由于员工队伍本身发生了变化，例如员工数量的增减以及员工的流动。这些都要纳入企业成本收益核算范畴，自然对薪酬预算的影响也显而易见。另外一个会对薪酬预算的内部环境发生较大影响的因素是技术进步。当科学技术的发展带来了企业技能水平的总体上升时，即使员工总数下降，平均薪酬水平也是会有所上升的，而这种变化无疑也会影响到企业的薪酬预算。

（二）企业现有的薪酬状况

任何企业的管理活动都带有一定的连贯性和发展性，薪酬政策也不例外。要进行薪酬预算必然要以现有的薪酬状况为基础，其中比较重要的方面有：

第一，企业现有的薪酬政策。企业的薪酬政策主要涉及薪酬水平政策和结构政策。薪酬水平政策所关注的是企业薪酬支付水平的高低，如企业是要做劳动力市场上的薪酬领袖、跟随者还是滞后者？哪些职位理应得到水平较高的薪酬？哪些职位可以适当地降低其薪酬？薪酬结构主要回答的问题则包括：在企业的薪酬水平决策中，外部竞争性和内部一致性所起的作用哪一个更大一些？企业里究竟设多少个薪酬等级？各个等级之间的重叠范围有多大？员工在什么情况下会获得加薪？此外，对现有的薪酬政策的考察还可能涉及：员工和管理者对当前薪酬状况的满意度如何？[①] 从这些问题的回答中找出企业在薪酬体系中的问题，以此有针对性地进行薪酬的预算。

第二，上年度的加薪幅度。上年度的加薪幅度相对于企业本年度的薪酬预算而言可以充当一种参照物。根据这样一个参照物，可以确保企业不同年份之间基本薪酬的一致性和连贯性，并在年度支出方面进行平衡，从而有效合理地控制薪酬成本。毋庸置疑，这种做法对于给员工提供心理上的安全保障，实现企业稳健经营都是十分必要的。年度加薪的幅度可以用公式来进行计算：

年度加薪率＝（年末平均薪酬－年初平均薪酬）／年初平均薪酬×100%

（三）外部市场环境

现代经济是市场经济，任何一个企业与其所处的市场间都有着不可分割的联系。这里除了涉及市场薪酬水平外，更主要的是竞争对手所实施的薪酬政策，然后以此来设计有本企业特色的薪酬政策。要了解外部市场的情况，一种常见的方式就是进行薪酬调查。通过这种调查，企业可以搜集到有关基准职位

---

① 刘昕．薪酬管理．北京：中国人民大学出版社，2002：332．

的市场薪酬策略方面的信息，再把它们与组织中的现有状况进行比较分析，判定自己在劳动力市场上的准确定位，为企业的预算制定提供可靠的依据。同时有目的地进行市场薪酬调查，可以获知竞争对手薪酬政策的变化，这不仅可以及时调整薪酬政策以确保企业在劳动力市场的优势，而且可以有效地进行某些企业的标杆管理。

（四）生活成本的变动

薪酬最直接的效用在于满足员工基本生活的需要，因此，把生活成本的变动情况结合起来考虑是企业在进行薪酬预算时一种很自然也很普遍的做法。但员工个人的消费模式、婚姻状况、供养人数、年龄甚至居住地区之间的地域都是有差别的，所以对员工的生活成本变动进行衡量和计算又确实是一件很难的工作。但员工领取的薪酬高低应当与其生活成本存在着一定的关联性，这样就更能够满足员工的生活需要。一般地选取消费价格指数（CPI）作为参照物，以产品和服务价格的变化来反映实际生活成本的变动情况。然而，由于员工之间的差异性及生活中不确定因素的存在，这种衡量方法对企业而言只能算作一种比较粗略的方法，但在企业薪酬预算时也可以发挥一定的参考价值。

只有紧紧围绕上述几个方面，也即企业的内外部环境态势及趁早发现企业存在的问题，总结经验来进行薪酬预算，才能在薪酬政策的实施过程中有效发挥薪酬激励的效用和价值，从而提高管理活动的针对性和有效性。

三、薪酬预算的目标

员工是企业的活细胞和企业存在的基础，这些员工聚集在一起，通过实现企业经营目标的方式来追求自身的利益。因此，薪酬可以说是企业和员工之间雇用关系的重要基础，它体现了双方就彼此的责任和权利达成的一致性意见。从企业角度来看，在薪酬管理过程中，企业一般会希望通过科学有效的薪酬预算实现以下几个方面的目标：

（一）找准均衡点，获得最优的人力资源收益

和所有的交换一样，发生在企业与员工之间，就劳动力本身和薪酬所进行的交换也要遵循经济学中的一般规律：双方处于一种博弈的过程，都希望在提供最小的投入的情况下从对方获得最大的产出。具体到企业方面，当它从员工方面得到绩效逐渐提高而获得效益的时候，它购买劳动力的成本也必然逐渐上升。劳动经济学指出，在企业劳动力成本和企业劳动力收益相互变动的过程中，一定存在这样一点，在该点能够满足这样一个理想的条件，即企业的边际劳动力成本（MPC）等于它所得到的边际劳动力收益（MPR），这就是均衡状态。企业所要进行的薪酬预算最重要的目标就是找到这一均衡点，以决定企业

所需的劳动力数量和薪酬水平，达到劳动力成本和企业收益之间的最优组合，从而获得最优的人力资源收益，保证企业收益最大化的目标能够实现。

（二）有效地降低企业劳动力成本

薪酬预算的很大一部分内容就是如何采取措施有效地降低企业的劳动力成本。降低员工流动率、提高企业人力资源收益无疑对企业有重要意义，但企业薪酬成本直接对企业财务状况发生影响，成本过高，企业经营风险也就会提高，企业经营的稳定性也就无法保证。因此，进行薪酬预算就是要在保证人力资源收益时，计划采取哪些措施来降低企业的劳动力成本，提高企业在市场上的竞争力。

（三）合理控制员工流动率

现代社会员工流动已是司空见惯的现象，越是在经济发达的地区，员工流动率越是居高不下。很明显，员工流动不利于企业稳定的发展，尤其是高层员工及核心员工的流动对企业的影响非同小可。员工流动受到雇用关系中诸多因素的影响，薪酬水平和薪酬结构是其中非常重要的因素。企业期望与大多数员工建立长期和稳定的雇用关系，一方面节约招聘、选拔、培训和雇用方面所支出的费用，另一方面维持企业的稳定发展。员工通常会审时度势地选择有利于他的企业，这也就反映了薪酬水平的外部竞争力问题。一旦企业所支付的薪酬较低，那么员工流向高收益的地方也是顺理成章的事。同时，公平理论指出员工一旦发现自己受到不公正的待遇，就会采取消极措施甚至以跳槽来抵制，这也就是反映薪酬结构的内部公平性问题了。因此，企业在薪酬预算时，必须认真权衡和选择有效的薪酬水平和薪酬结构来降低员工流动率。

四、薪酬预算的方法

（一）自上而下预算法

自上而下预算法，也即宏观接近法，是指在对企业的总体收益指标做出预测后，再确定企业所应和所能够接受的薪酬成本，最后按照一定的比例把它分配到各个部门，由各部门负责进一步分配到每位员工身上。其基本思想是根据企业所确定的薪酬总额进行薪酬的个人分配。这种预算方法总体上来说可以较好地控制薪酬成本，但缺乏灵活性，并且确定薪酬总额时主观因素过多，降低了预算的准确性。这一流程由上而下，其所需要的工作量往往与组织结构的繁简程度成正比。一旦管理不力，很可能给组织带来较大的管理成本。自上而下预算法进行薪酬预算有三种具体操作方法。

第一，销售额基准法。销售额基准法，即根据薪酬费用比率、薪酬费用总额、销售额之间的相互关系，确定合理的薪酬费用或目标销售额。

薪酬费用比率=薪酬费月总额/销售额×100%

薪酬费用比率所反映的是一定销售额下所应支付的薪酬，或是支付一定薪酬应达到多少目标销售额。在本企业的经营业绩稳定的情况下，管理者可以由本企业过去的经营业绩推导出适合本企业稳健运营的薪酬费用比率。若企业的经营水平不佳，则应参考行业的一般水平来确定出合理的薪酬费用比率。这一比率因企业的规模和行业而异。

如果要在维持一个合理的薪酬费用比率的前提下使员工平均薪酬能够有所上升，就必须增加销售额；也就是说薪酬水平的提高必须处于员工平均销售额的上升范围之内。当然这里所说的薪酬费用是指为雇用员工劳动所支付的一切费用，不仅包括直接的货币性薪酬，还包括各种福利费用，从企业的角度而言，这是一系列的劳动力成本。下面举例对此方法加以说明。

假设某一企业根据过去的经营业绩得到本企业合理的薪酬费用比率为10%；企业现有员工200名，每人月平均薪酬为2 000元，预测下一年销售额可达5 400万元，则

下一年的薪酬费用总额为：　　5 400×10%＝540（万元）
下一年每人月平均薪酬为：　　5 400 000/（200×12）＝2 250（元）
下一年薪酬增长幅度为：　　（2 250－2 000）/2 000×100%＝12.5%

又如假定某企业薪酬费用比率为20%，上年度年平均薪酬为18 800元，本年度计划平均员工人数为208人，薪酬增长幅度为15%，则本年目标销售额应为：

18 800×（1+15%）×208/20%＝2 248.48（万元）

第二，盈亏平衡点基准法。所谓盈亏平衡点，是指在该点企业销售产品和服务所获得的收益恰好能够弥补其总成本（含固定成本和可变成本），而没有额外的盈利，也就是表明企业处于不盈不亏但尚可维持经营的状态。

除了盈亏平衡点之外，在这里还要使用边际盈利点和安全盈利点。其中边际盈利点是指销售商品和服务带来的收益不仅能够弥补全部成本支出，而且还可以付给股东适当的股息；安全盈利点则是在确保股息之外，还能得到足以应付未来可能发生风险或危机的一定盈余。显然这三点与企业销售量的大小密切相关，而可能实现的销售量的多少又直接关系到薪酬费用水平的高低。[1] 用这些指标来进行薪酬预算可以很好地进行薪酬控制。其计算公式分别是：

盈亏平衡点=固定成本/(1-变动成本比例)
边际盈利点=(固定成本+股息分配)/(1-变动成本比例)
安全盈利点=(固定成本+股息分配+企业盈利保留)/(1-变动成本比例)

---

[1] 刘昕. 薪酬管理. 北京：中国人民大学出版社，2002：335.

根据上面三个公式，我们可以计算出企业支付薪酬费用的最高比率、可能比率和安全比率。

假定某企业的固定成本为 4 000 万元，其中薪酬成本为 2 500 万元，变动成本比率为 60%，则在实现盈亏平衡经营时：

$$盈亏平衡点 = 4\,000/(1-60\%) = 10\,000（万元）$$
$$薪酬费用的最高比率 = 2\,500/10\,000 \times 100\% = 25\%$$

则在欲实现 500 万元的微弱盈利时：

$$边际盈利点 = (4\,000+500)/(1-60\%) = 11\,250（万元）$$
$$薪酬费用的可能比率 = 2\,500/11\,250 \times 100\% = 22.2\%$$

假设企业除有盈余分配 500 万元之外，还欲为企业的发展保留 1 000 万元的盈余，则会有：

$$安全盈余点 = (4\,000+500+1\,000)/(1-60\%) = 13\,750（万元）$$
$$薪酬费用安全比率 = 2\,500/13\,750 \times 100\% = 18.2\%$$

这也就是说，对该企业而言，比较恰当的薪酬费用比率应当为 18.2%，如果是 22.2% 或者是 25% 的话，则该企业的经营已经超越常规限度，说明企业已经处于比较危险的经营状态。

第三，劳动分配率基准法。它是以劳动分配率为基准，根据一定的目标薪酬费用推算出所必须达到的目标销售额，或者根据一定的目标销售额，推算出可能支付的薪酬费用及薪酬增长幅度。① 劳动分配率是指企业薪酬费用占企业附加值的比率，附加值是由企业本身所创造的价值，是企业可用于进行分配的收入，是在资本与劳动之间分配的基础。附加价值的计算方法有两种：一种是扣除法，由销售净额扣除外购价值求出。其公式为：

$$附加价值 = 销售额 - 外购部分$$

另一种是相加法，即将形成附加价值的各项因素相加而得出。其公式为：

$$附加价值 = 利润 + 劳动力成本(薪酬费用)$$
$$+ 其他形成附加价值的各项费用(财务费用、租金、折旧、税收)$$

在应用劳动分配率基准法时，还涉及附加价值率的问题，即附加价值占销售额的比例。附加价值率越高，表明企业的盈利能力越好，进而企业支付薪酬的能力越强，所以薪酬费用比率可由以下公式求出：

$$薪酬费用比率 = 薪酬费用总额/销售额$$
$$= (附加价值/销售额) \times (薪酬费用总额/附加价值)$$
$$= 附加价值率 \times 劳动分配率$$

---

① 刘军胜. 薪酬管理实务手册. 北京：机械工业出版社，2002：254.

假设某企业附加价值率为40%，劳动分配率为45%，目标薪酬费用总额为3 600万元，则目标销售额的计算方法如下：

目标销售额 = 目标薪酬费用总额/(附加价值率 × 劳动分配率)
　　　　　 = 3 600/(40% × 45%)
　　　　　 = 20 000(万元)

利用劳动分配率基准法还可以计算出薪酬的合理增长幅度，如假设其企业上年度薪酬费用总额为2 790万元，附加价值为9 000万元，本年度确定目标附加价值为10 000万元，劳动分配率同上年。该企业本年度可支付的薪酬总额和薪酬增长幅度的计算如下：

劳动分配率 = 2 790/9 000×100% = 31%
本年度应支付的薪酬总额 = 10 000×31% = 3 100（万元）
薪酬增长幅度 =（3 100-2 790）/2 790×100% = 11.1%

(二) 自下而上预算法

与自上而下预算法相对应，自下而上预算法指的是先由管理者预测出每位员工在下一年度里的薪酬水平，再把这些数据加总在一起，从而得到整个企业的薪酬预算，又称微观接近法。这种预算方法体系实际、灵活，且可行性较高，在企业薪酬预算的实践过程中，这一做法较为常见，但不易控制企业的总薪酬成本。具体说来，整个过程应该包括以下这些步骤：

第一，对管理者进行薪酬政策培训。在采用此方法的情况下，各部门管理者是关系到企业的薪酬预算能否顺利进行的关键。因此，对他们进行企业的薪酬政策和诸如使用工资政策线以及预算等薪酬技术方面的培训，使他们具备在薪酬管理方面的基本技能，对制定科学合理的薪酬预算来说是很有帮助的。此外，就市场上的薪酬水平及其分布情况与这些管理者进行沟通也很有必要。

第二，提供薪酬预算的说明书和工作表格。在薪酬预算工作中，主管需要一定的工具才能按照企业所要求的那样进行薪酬管理。这些工具应该包括工作表格和薪酬预算说明书。前者主要是提供特定员工在薪酬方面的一般性信息，例如他的绩效表现、加薪情况及时间，这些有助于对特定员工的薪酬管理保持一致性和连贯性，更好的实现内部公平。薪酬预算说明书则阐述一些需要应用到的技术以及对这些技术的具体使用方法做出简要描述，起引导性作用，这样将有利于提高管理效率。

第三，给各主管提供咨询。应要求为在预算过程中遇到困难的管理者提供咨询建议和工资信息方面的服务。

第四，审核并批准薪酬预算。毕竟各部门管理者并非从事人力资源工作，因而他们所做的预算就会或多或少的存在一定的问题，那么进行审核就会有效地保证预算与企业的薪酬政策和薪酬等级相符而不至于发生太大的偏差,这是企业整个薪酬预算的保障。同时,这种做法能够在总体上对各部门预算进行协调和控制,确保内部公平性和外部竞争性。审议后提交企业领导层进行决议,确定出最终的预算方案。

第五,监控薪酬预计的和实际的增加。通过追踪和向管理层报告周期状况来控制预计的增加与实际的增加,从而有效地控制企业的薪酬成本。

通常,企业会同时采用这两种方法。首先,根据企业制定的整体薪酬预算决定各部门的薪酬预算额;然后,根据企业规定的加薪准则预测个别员工的增薪幅度;最后,比较这两步得出的结果,确保员工的加薪符合部门的薪酬预算额。如果两者之间的差异较大,就要适当调整各部门的预算额。

第二节 薪酬成本控制

在管理活动中,控制的含义是监视各项活动以保证它们按计划进行,并采取措施纠正各种偏差的动态管理过程。控制在整个管理过程中是一个非常重要的环节,它有力地保证组织的各项活动朝着既定方向运作,从而实现企业目标。在企业的控制实践过程中,正式的控制过程往往包括以下几步:首先,要对控制的内容确定相关标准以及衡量指标;其次,在实践控制过程中用相关标准及指标对实际结果进行比较衡量;最后,如果二者之间出现偏差,明确偏差原因并采取补救性措施。

一、薪酬控制的含义

广义上的薪酬控制是对企业的整个薪酬体系运行状况进行监控,以保证企业的薪酬体系发挥作用。一般意义上的薪酬控制仅指企业薪酬成本控制,也就是我们在本节中所要讨论的薪酬控制。员工所领取的薪酬,对企业来说是在支付劳动力成本。现代社会竞争的激烈性使得企业不得不将成本控制纳入其必须认真考虑权衡的范畴。但这种控制不是简单地压缩劳动力成本,而是要在保证薪酬外部竞争性和内部公平性的基础上采取有效控制措施,减少一些不合理和不科学的劳动力成本支出。同时,由于企业在进行薪酬预算时通常对市场薪酬水平、薪酬变动幅度等因素只进行大致的估计或预测,而现实中的不确定因素使得薪酬预算往往有所偏差。因此,针对实际情况及时纠正薪酬预期就非常有意义。此外,企业在进行薪酬预算时采用的内部信息往往也未必精确。于是为了保证企业整个薪酬体系有效地运行和薪酬管理目标的顺利实现,对薪酬进行控制就是企业薪酬管理的一个不可或缺的环节。

上一节所论述的薪酬预算可以看成是薪酬控制的第一步,即为企业的薪酬实施确定具体标准和衡量指标,接下来的薪酬控制也就能有的放矢。

二、薪酬控制的意义

在一定时期的生产经营和提供劳务过程中,薪酬成本是企业以直接方式或间接方式支付和分配于企业员工之间的全部费用,它既包括以货币方式支付的薪酬或以实物形式支付给员工所发生的费用,也包括提供便于员工工作、生活、教育、健康、娱乐等设施和服务所发生的福利成本。薪酬成本主要包括工资总额、社会保险费用、职工培训费用、劳动保护费用、员工住房费用等。在当代经济全球化、企业竞争日益激烈的背景下,现代管理理念所要求的全面薪酬管理的实质是通过强调对人力资源投入产出效益的管理,提高企业人力资源管理的科学性和有效性。具体来说加强薪酬控制的意义和必要性表现在以下几个方面:

1. 加强薪酬控制是企业增强市场竞争力的重要途径。第一,对人力资源的投入所形成的人力资本是否科学有效,是企业战略实现和经济效益增长的源泉之一。第二,企业薪酬控制不当容易挫伤员工的工作积极性和创造性,从而影响企业的整个绩效。第三,企业薪酬的支付也即成本的增加,其高低直接关系到企业利润的多少,而薪酬控制为此提供了保证。

2. 加强薪酬控制是企业实现低成本的有效途径。在越来越激烈的市场竞争中,企业的高效率和合理成本是实现高效益和高工资的必要保证。外资企业之所以能够支付高于国有企业的工资,是由于其具有效率高效益好的优势。

三、薪酬控制的基本原则

加强对薪酬成本进行控制,围绕企业员工所发生的全部费用进行科学合理的界定、核算、支付和调整薪酬主要应遵循以下基本原则:[1]

（一）追求人力资源效益最大化

在薪酬总体水平随着企业效益浮动的同时,应该努力提高整个企业绩效,发挥人力资源在企业发展中的重要作用,达到高效率、高效益、低成本。对薪酬成本的合理控制要遵循"两个低于"的原则,即企业薪酬的增长要低于企业附加价值的增长幅度,平均薪酬的提高要低于以附加价值计算的劳动生产率提高的幅度,使企业的薪酬增长建立在企业经济效益的增长基础之上。在确保企业经济效益和产品市场竞争力的前提下,员工薪酬更应保持适当的灵活性,

---

[1] 江贻送. 企业人工成本科学管理的研究. 中国人力资源开发, 2005 (4).

维护员工的合法权利，发挥其激励杠杆作用，提高人力资本投资的产出效益，这不仅是薪酬控制的原则，而且也是企业整个薪酬管理的原则。

（二）以人为本，科学控制

目前一些企业效益不好，薪酬费用比例偏高，并不完全是企业薪酬总额增长过多、平均薪酬水平过高造成的，关键是劳动力成本效益低、劳动生产率低所致。加强对薪酬进行科学控制，并不是单方面压缩或减少薪酬费用的绝对支出水平，单纯地为节约成本而片面压缩薪酬支出，不仅不能达到控制成本的目的，反而会引起员工不满情绪的产生。正确的做法应该是以人为本，充分满足员工当前的需要，利用薪酬的激励作用来提高员工的积极性和创造性，将着眼点放在企业劳动生产率的增长之上，从而实现企业和员工的双赢。

（三）企业自我约束与标杆管理相结合

在市场经济条件下，薪酬管理是一个系统工程，而薪酬成本控制是企业薪酬政策得以正常运行和实现薪酬管理目标的必要保证。作为薪酬控制实施主体，企业应自我定位、自我约束、因地制宜，根据企业自身发展特点，充分考虑企业经营状况和负担能力，认真分析薪酬内部构成情况，采用科学的控制策略，努力提高企业薪酬投入产出比。同时，企业应逐步实行标杆管理，与同行业的标杆企业相比，对薪酬控制的方式和技术方法进行动态调整，为企业薪酬成本控制明确目标，施加压力，提供动力。

四、薪酬控制的指标体系

事实上，薪酬和劳动力成本实质上是一个问题的两个方面：薪酬是从员工角度来讲的，而劳动力成本是从企业角度而言的，企业支付给员工薪酬总和构成了企业的劳动力成本。薪酬的支出并不单纯是成本的问题，也并不一定多支出就是坏事。只有将劳动力成本的各项结构和花费与其产出进行比较，才能说明其是否科学有效。下面简略地描述几个企业在薪酬控制过程中可能会用到的指标。

（一）平均劳动力成本

该项指标是反映企业薪酬水平的指标，表示企业雇用一名员工要支付的平均薪酬。纵向比较反映出企业薪酬水平是上升还是下降，横向比较反映本企业在行业内员工平均薪酬水平的高低。其公式为：

$$平均劳动力成本 = 一定时期内薪酬总额 / 员工人数$$

平均劳动力成本指标可向劳动力市场提供企业的劳动力价格信号和表明企业吸引力有多大等。企业要提高员工积极性，增强企业对员工的凝聚力，吸引高素质的员工就需要发挥平均劳动力成本指标的作用，对企业的薪酬成本进行分析和调整。

（二）劳动力成本利润率

该项指标反映企业经营环境的变动趋势，是加强宏观薪酬调控的指标。纵向比较反映出企业劳动力效率是上升还是下降，横向比较反映本企业在同类企业中是否具有劳动力效率的优势及产品竞争力的强弱。

$$劳动力成本利润率 = 一定时期内企业利润总额 / 劳动力成本总额$$

（三）全员劳动生产率

该项指标是反映企业员工劳动生产率高低及创造经济效益多少的指标。一般在同行业不同企业之间进行分析比较，或对同一企业的不同时期进行比较。

$$全员劳动生产率 = 一定时期内企业附加价值 / 员工人数$$

企业附加价值一般包括折旧、税收净额、企业利润、薪酬总额等四个部分。

（四）劳动力成本结构指标

劳动力成本结构指标是指劳动力成本各组成部分占劳动力成本总额的比例，它可反映劳动力成本投入构成状况的合理性与否。它包括以下两项主要指标：

第一，工资占劳动力成本总额的比重，是其主要指标。其公式如下：

$$工资占劳动力成本总额的比重 = 工资总额 / 企业劳动力成本总额 \times 100\%$$

第二，福利项目费用占企业劳动力成本总额的比重，是反映企业福利水平的重要指标，其公式为：

$$福利项目费用占企业劳动力成本总额的比重$$
$$= 福利项目费用 / 企业劳动力成本总额 \times 100\%$$

（五）薪酬费用比率

该项指标反映劳动力投入占企业总产出的水平，是反映劳动投入产出的指标。纵向比较反映出企业薪酬费用比率是上升还是下降，横向比较反映本企业在行业内的薪酬水平及产品竞争力的强弱。

$$薪酬费用比率 = 劳动力成本总额 / 销售收入总额 \times 100\%$$

可以看出，如果企业的销售业绩较好，销售额较大，即使劳动力成本增加多一些，企业也能承受，这说明企业的支付能力较强，反之就不应该盲目地增加劳动力成本的支出。

（六）劳动分配率

这表示企业在一定时期内新创造的价值中有多少比例是用于支付薪酬费用的，它反映薪酬费用投入产出关系。同一企业在不同年度进行劳动分配率比较，同一行业内不同企业之间进行比较，说明劳动力成本相对水平的高低。其计算公式为：

劳动分配率=劳动力成本总额/附加价值×100%

五、加强薪酬成本控制的若干策略

（一）转变观念，增强对薪酬控制的意识

薪酬控制仍然是众多企业管理中的一个薄弱环节，而转变落后观念、增强企业对薪酬控制的意识是加强控制的基础。首先，应充分认识到它是关系企业多方位市场竞争的重要战略因素，既关系到劳动力市场上的竞争力，又关系到产品在产品市场上的竞争力。其次，要清醒地认识到它不仅关系到企业人力资源开发，而且关系到企业经济效益的提高。最后，企业还应该积极引导员工正确处理好控制薪酬成本与增加员工收入的关系，让他们明白员工收入较高并不等于薪酬费用较高，薪酬控制并不等于简单地减少其薪酬，而是把控制薪酬费用与增加员工收入有机地结合起来。

（二）发挥人力资源部门的核心作用

企业薪酬控制是一项系统工程，要求企业必须有系统、全方位、全过程地进行这项工作，在企业内部应建立以人力资源部门为主的控制体系。它在薪酬管理过程中应着重做好以下工作：对各项薪酬预算进行严格审核，对预算外费用严格监督，履行必要的审批程序，努力降低劳动力成本；对各部门的报表数据质量要负责检查；每年召开劳动力成本结算会议，对有效管理劳动力成本的部门进行奖励，对劳动力成本偏高的部门进行预警告示，必要时进行成本否决。

（三）确定合理的劳动力成本控制目标

理想的劳动力成本分析结果应是"U"形的，即："两高一低"，高人均劳动力成本，高全员劳动生产率，低薪酬费用率或劳动分配率。劳动力成本控制不是要减少企业劳动力成本的绝对额，劳动力成本的绝对额必然随着社会的发展不断提高，这是一个社会经济发展的趋势。从投入产出的经济学角度考虑，一定的劳动力成本投入应带来一定的产出效益。当企业人均劳动力成本增加时，人均增加值和人均销售收入应有所增长，且增长幅度应高于人均劳动力成本的增长幅度，才能带来经济效益的提高，这才是增收增效的劳动力成本。因此，企业薪酬控制是要控制相对数，也就是说企业进行薪酬控制的目的是要降低劳动总成本的比重，增强产品的竞争能力；降低劳动力成本在销售收入中的比重，增强劳动力成本的支付能力；降低劳动力成本在劳动分配率中的比重，增强人力资源的开发能力。①

---

① 王楠，等．企业人工成本管理问题及对策研究．价值工程，2004（9）．

(四) 建立薪酬控制的预警制度

目前在劳动力成本的比率控制方面存在着低水平的基础上收入过分向个人倾斜的问题。例如有的企业劳动分配率、薪酬费用比率都高于行业平均水平，主要在于企业所创造的增加值绝大部分用在了薪酬成本上，而用于扩大再生产的积累所剩无几。因此，为了实现劳动力成本控制管理的预定目标，应采取事中控制的方法，对劳动力成本进行分析评价并发布评价结果，对所属各部门的薪酬控制好、中、差分别亮"绿灯"、"黄灯"、"红灯"，以促进劳动力成本预定目标的实现。

(五) 加强劳动力成本的弹性控制和管理，实现效益和成本的双挂钩

从企业资本经营的角度看，一定的资本投入必然要求一定的产出，那么劳动力成本决策的首要依据是经济效益的高低。加强劳动力成本的弹性控制，实现效益和成本的双挂钩，企业可以从以下四方面加强努力：第一，建立企业劳动力成本弹性分析与控制体系，总结经验与教训，不断提高薪酬控制水平。第二，从生产经营活动中努力增加产出，即企业增加值与销售收入的增长，减少支出。第三，要充分利用新技术、改善设备，提高企业产品或服务的科技含量，减少人数总量，转变经济增长方式。第四，严格限制，减少无效消耗，减少冗员，最大限度降低人力资源的潜在损失。

六、薪酬控制的方法

企业支付给员工的总薪酬的多少取决于两个因素：一是每位员工的平均薪酬水平，二是员工数量的多少或劳动量的多少。因此，薪酬控制也就应该从这两点出发采取积极措施。同时企业所采用的薪酬技术，例如工作分析、工作评价、技能薪酬计划、薪酬等级、薪酬宽带、收益分享计划等，在一定意义上也能够对薪酬成本控制发挥不小的作用。

(一) 通过雇用量进行薪酬控制

雇用量取决于企业里的员工人数和他们相应的工作时数，通过控制这两个要素来控制薪酬成本可能是最为简单和最直接的一种方法。在支付薪酬水平一定的情况下，企业里的员工人数越少，企业的经济压力就相应越小。然而，如果每位员工的工作时间可以延长，但总体薪酬水平却能够保持不变，那么企业这种控制也就会非常有效。

第一，控制员工工作时数。变动员工的工作时数往往是控制企业雇用量最方便和最简单的手段，但控制工作时数与劳动保护方面的法律法规密切相关。在很多国家都有明文规定，员工的工作时间在超过正常周工作时数以后，额外工作时间里的薪酬应按原有薪酬水平的1.5倍甚至更高来计算。但事实上当一

国的劳动法管辖效力不高的时候,许多企业都会变相地增加员工的工作时数,这种情况在我国经济发达地区的一些劳动密集型加工企业中也经常能够看到。

第二,控制员工人数。裁员会有效地节约企业的成本开支,但其副作用也是显而易见的。裁员不当可能会导致熟练工人的大量流失,直接影响到企业经营的稳定性和可持续发展。在控制员工人数的方法上更多的企业会选择和不同类型的员工团体建立不同性质的合作关系,与核心员工的雇用关系一般是以长期取向为主,而与其他员工往往是一种短期不稳定的雇用关系,也即企业通过建立一支稳定的核心员工队伍再加可自由伸缩的临时员工队伍的方式来保持企业劳动力数量的灵活性,达到控制薪酬成本的目的。

(二)通过调整薪酬水平进行薪酬控制

对薪酬水平和薪酬结构的控制也许是实现薪酬成本控制最为有效的手段。企业的薪酬水平确定以后,并不是僵化不变的,为了对薪酬成本进行有效控制,需要进行不断调整。第一,奖励性调整。这是针对员工做出优良业绩进行的奖励,企业可以依不同时期内的财务状况对此部分的金额、频率、员工参与率等方面灵活伸缩。第二,补偿性调整。这种调整是为了补偿员工因为通货膨胀而导致的实际收入的减少。补偿性调整有三种方式:等比式调整是所有员工都在原有水平基础上调升同一百分比;等额式调整是全体员工一律给予等额数量的调升;工资指数化是指工资与物价直接挂钩。企业有时可以中止这种调整的做法以减少企业成本的升高,但必须把握一个度的问题,否则会引起员工的不满情绪。第三,效益调整。当企业效益好盈利颇丰时,便可对全体员工实施收益分享计划;当效益欠佳时,这部分的支出就要进行一定的压缩了。

(三)通过薪酬结构的调整进行薪酬控制

薪酬结构反映了企业内部员工之间的薪酬关系,是企业薪酬内部公平性和有效性的重要保证。这种调整有以下几种具体方法①:第一,采取不同方式调整高、中、低三个层次员工的薪酬比重。在企业薪酬体系中,高、中、低三个层次员工所实行的薪酬政策是不一致的。高级管理人员人数少,但人均占有薪酬比重高;基层人员人数多,但人均占有薪酬比重低。因此,在薪酬控制时,要采用不同的薪酬结构调整措施,对于高级管理人员,采取降低录用率的措施效果较为明显;对于中级管理人员,加大对绩效工资的考核力度,提高绩效工资的比重,使大部分员工只能拿到基本工资,而很难得到绩效奖励。对于基层员工,在不增加薪酬或增幅不大时可以适当延长工作时间或压缩企业规定的休假时间。第二,调整工资标准和工资率。目前西方国家调整薪酬结构时,广泛

---

① 刘军胜. 薪酬管理实务手册. 北京:机械工业出版社,2002:244.

采用"宽波段化"的典型做法来调整工资标准和工资率。所谓"宽波段化"，就是将工资等级线延长，将工资类别减少，由原有的十几个减少至三五个；在每种类别上包含更多的工资等级和工资标准；各类别之间工资标准交叉。这种做法在薪酬管理上具有很大的灵活性，比较适用于一些非专业化无明显专业区域的工作岗位，也有利于增强员工的创造性和全面发展，在员工收入分配上有广阔的伸缩空间，从而有利于企业进行薪酬控制。

（四）通过薪酬技术进行薪酬控制①

第一，最高和最低薪酬水平。每一薪酬等级都有该级别的最高薪酬水平和最低薪酬水平。其中，最高薪酬水平对于企业薪酬控制的意义比较大，因为它规定了特定职位能够提供的产出在组织里的最高价值。一旦有特殊情况导致员工所得高于这一限额，就会使企业不得不支付"赤字薪酬"，那么进行控制也就有必要了。最低薪酬水平代表企业里的职位创造出来的最低价值，因而它一般应支付给那些尚处于培训期或刚上岗的新员工。

第二，薪酬比较比率。在薪酬控制过程中，经常会用到薪酬比较比率这一指标。其计算公式为：

薪酬比较比率＝实际支付的平均薪酬／某一薪酬等级的中值

这一比率可以反映出特定薪酬等级内部职位或员工薪酬的大致分布状况。一般的，薪酬中值是绩效表现居中的员工理应得到的薪酬水平，在理想情况下，企业支付某一薪酬等级的平均水平应该等于薪酬中值。所以，当比较比率大于1时，说明企业给员工支付的薪酬水平偏高，劳动力成本控制不当；而当该比率小于1时，就是企业薪酬支付不足了。因此，采用薪酬比较比率进行薪酬控制有很高的预警性和明晰性。

第三节 薪酬支付的艺术

薪酬支付的艺术很大程度上体现为薪酬激励的效果如何，如何促使员工发挥其工作积极性和创造性，努力提升自身的绩效。虽然薪酬激励不是激励员工的唯一手段，但却是一个非常重要、易操作的方法。薪酬总额相同，但支付方式不同、构成不同，会取得不同的效果。所以实现薪酬支付效能最大化，是一门值得探讨和发展的艺术。具体来说在薪酬支付上应注意从以下几个方面发挥其激励效果。

---

① 刘昕．薪酬管理．北京：中国人民大学出版社，2002：344．

一、把握支付的时机

调动员工积极性的手段之一就是对他们良好的工作绩效给予及时的奖励。把握薪酬支付的时机，是保持员工工作热情的关键。员工的特性和所在岗位不同，其适用的薪酬支付时机也有所不同。

（一）需求不同支付时机不同

现代管理趋向人性化管理，充分尊重和重视每一个员工的真实需要是现代企业的一个价值取向。员工薪酬发放的时间也应根据其需求不同采取灵活多样的发放形式。当员工遇到特殊情况时，企业应该能做到想员工之所想、急员工之所急，帮助员工度过困难时期。如在松下电器公司，考虑到员工家庭贷款和子女教育费用等问题，就灵活地实行了"全额薪酬支付员工制度"，只要员工申请，就可以将退休金加到薪酬中提前发放，很受员工的欢迎。如果组织能够做到"雪中送炭"式的发放员工薪酬，那么发给员工的薪酬可能会超过薪酬本身的价值。

（二）年龄不同支付时机不同

行为科学研究表明，人的主观需要会随年龄的不同而变化。对于同一事物，年轻员工与年长员工的感觉会有很大不同。年轻人更渴望得到及时、明确的承认与肯定，不断的鼓励与表扬会增强他们的自信心。所以，对年轻的员工应该给予及时、高频率的肯定与赞赏，无论采取何种奖励形式都应该趁热打铁及时兑现，使他们更加乐意从事自己的工作。年长的员工心态沉稳，一旦得到激励其效果将会持久，于是企业可以相应地采用延时的支付办法，奖励的频率可以低一些，但要特别注意这些激励措施是有效的。

（三）职位不同支付时机不同

不同职位的员工所担负的责任、工作环境的好坏不同，针对不同的职位要选择差异化的支付时机才能有效地提高员工的满意度。对于工作条件相对优越的职位可以相应地降低频率，适当推迟支付的时间。对于环境比较恶劣的工作职位则应采取及时、高频率的薪酬支付来不断提高员工的积极性和满意度。

二、确定合理的支付方式

企业内部不同职位的工作性质不同，计酬方式也会不完全一样。如果企业实行"一刀切"的支付政策，势必会造成员工积极性的下降和不满情绪的产生。因此，针对不同职位的工作人员应采取不同的计酬方式。

计酬方式通常包括按时计酬、按件计酬、按绩计酬等。最缺乏激励效果的是按时计酬，其激励作用只是体现在每次调薪前后的一段时间，很难持久。但它也有优点，如收入稳定，能给员工安全感，实施方便，易于进行薪酬预算，不会因为强调产出数量而忽视质量等。计时薪酬可以采用日薪酬、周薪酬、月薪酬。计件薪酬是将薪酬与个人的产量直接挂钩的计酬方式，比较适合于可以计量产出的生产制造业。对于那些产出数量容易计量，质量标准明晰的职位，计件薪酬对员工的激励作用就十分明显。在 IT 行业，最通常采用的是按时计酬与按绩效计酬相结合，在考核期结束时或项目完成后根据实际工作业绩评估结果计算浮动工资或提取奖金，绩效由团队和个人绩效两部分决定。对管理者，中高级管理者的薪酬常与组织的绩效、市场占有率及内部因素相联系；基层管理者的薪酬常与组织的市场占有率、内部薪酬关系和个人的业绩有密切关系，但这种做法需要稳定的目标管理和良好的绩效考评系统支持。管理者的薪酬主要由基本工资、年终分红、长期激励报酬、管理者福利和额外津贴等构成。

三、增加薪酬支付的透明度①

现在有许多企业，尤其是一些中小企业采用"模糊薪酬制"，即不公开每个员工的薪酬水平，以此回避薪酬公平性问题，减少员工与企业、员工与员工之间的矛盾。但是，人们往往有好奇心理，越是保密的事情越是喜欢打听清楚，如果得不到真实信息，就会增加员工之间的嫉妒和猜疑；甚至会感觉到企业缺乏对员工的忠诚，从而导致员工忠诚度的下降。因此，从原则上来讲，一个公平合理的薪酬体系和制度应该是透明的。透明的薪酬制度具有以下优点：第一，透明的薪酬制度可以发送一个积极的信号，表明薪酬制度的公平合理，鼓励员工公平竞争，营造良好的竞争氛围。第二，透明的薪酬制度将员工的绩效和薪酬公开，使员工明确绩效和收入之间的关系，进而有助于提高工作积极性。第三，员工是在不同系列的薪酬上升通道的比较和选择过程中，根据自身的情况，确定自己的职业发展目标，所以一个公开透明的薪酬体系能够保证组织稳定和员工的可持续发展。第四，企业应该公开薪酬制度，把不能客观反映企业薪酬分配的小道消息扼杀掉，并且通过公开薪酬可以发现组织现存薪酬制度的不足，通过员工与组织之间的正式沟通健全薪酬制度。

四、做好薪酬沟通工作，争取员工的信任

无论采用哪种薪酬支付方式，要想使企业的薪酬管理顺利执行，最关键的一点是在企业制定和执行薪酬方案的时候，进行有效的沟通，争取员工的信

---

① 张春瀛. 人力资源管理. 北京：中国铁道出版社，2004：196.

任。薪酬发放得到员工信任必须做到三点。第一，引进部分员工参与支付方案的制定。在制定薪酬方案的同时，管理者可以与员工代表充分讨论方案的利弊，积极采纳员工提出的合理建议和意见。这样，充分体现员工意见的薪酬支付方案将会很顺利地实施。第二，方案实施之前，要向员工解释清楚，企业实施这一方案的原因以及方案的具体内容，避免员工因为理解偏差产生不满情绪。第三，企业应努力改变员工对于自身薪酬决定方式的既有看法与偏见；鼓励员工在企业薪酬体系之下做出最大的努力，从而影响其工作态度和行为方式。只有让员工理解了企业的薪酬政策和其要义，才能使企业的薪酬体系发挥其应有价值，达到薪酬管理的目标。

关 键 词

薪酬预算　薪酬水平　薪酬结构　年度加薪率　自上而下预算法　自下而上预算法　销售额基准法　盈亏平衡点基准法　劳动分配率基准法　标杆管理　薪酬比较比率　薪酬沟通

小　结

1. 薪酬政策的实施是一把双刃剑，在制定时要同时考虑两个方面的因素：一方面要保持本企业薪酬体系在劳动力市场上的竞争力；另一方面要合理地控制薪酬成本。企业欲以高薪吸引和留住人才，而其成本又不能随意上扬，因而如何确定适当的薪酬水平，制定科学合理的薪酬结构，调整缺乏竞争力的薪酬体系就成为现代企业的一个重要课题。

2. 薪酬预算，指的是企业在薪酬管理过程中进行的成本开支方面的计划与权衡。在做薪酬预算之前，对企业所处的内部环境和外部环境加以把握是十分必要的。通过这一步骤，企业可以更清楚地了解自身目前的状况、市场和竞争对手的情况以及所面临的机遇与挑战，从而有利于做出科学合理的薪酬预算。

3. 薪酬预算通常要达到企业劳动力收益最优、合理控制员工流动率和降低企业劳动力成本的目标。宏观接近法和微观接近法是实现薪酬预算的两个最主要的方法。

4. 薪酬的支出并不单纯是成本的问题，也并不一定多支出就是坏事。只有将劳动力成本的各项结构和花费与其产出进行比较，才能说明其是否科学有效。薪酬控制的指标体系为之提供了一系列的工具。

5. 企业支付给员工薪酬的多少取决于两个因素，一是每位员工的平均薪酬水平，二是员工数量的多少或劳动量的多少。因此，薪酬控制也就应该从这两点出发采取积极措施。同时企业所采用的薪酬技术，例如工作分析、工作评价、技能薪酬计划、薪酬等级、薪酬宽带、收益分享计划等，在一定意义上也能够对薪酬控制发挥不小的作用。

6. 薪酬总额相同，但支付方式不同、构成不同，会取得不同的效果。所以实现薪酬支付效能最大化，是一门值得探讨和发展的艺术。

复习思考题

1. 企业的薪酬预算应该达到什么样的目标？
2. 薪酬预算的外部和内部环境对于薪酬预算的影响主要表现在哪些方面？
3. 薪酬预算的方法主要有哪些？试比较这些方法的优缺点。
4. 在企业的薪酬控制中应遵循怎样的原则？
5. 企业可以采取哪些措施来进行薪酬控制？
6. 怎样理解薪酬支付的艺术？在实践中我们又应怎样去把握？

第十三章　国外薪酬制度

学习目的

学习本章后，你应当掌握如下内容：

1. 了解美国薪酬管理制度的影响因素和基本内容；理解留岗奖金、佣金、员工持股计划、股票期权、金降落伞合同、宽幅制等概念
2. 了解日本薪酬管理制度的发展，理解年功序列制、职务职能制，理解现代日本薪酬制度——年功职务职能制，学会其基本工资的计算；比较美日薪酬制度的特点
3. 了解美国、日本薪酬管理制度对我国薪酬管理的启示
4. 了解全球主要国家薪酬制度的发展特点

【IBM 的薪酬模式】　如何制定合理的薪酬体系，使得企业战略与人才能够和谐地发展？让我们看看美国 IBM 公司是怎么做的吧！

"为了争夺软件工程师和信息技术专业人才，我们每天都要全力作战。我们面对的是一个卖方市场"，里其特说。安德鲁·里其特博士是 IBM 公司企业系统、个人系统、软件及技术集团负责薪酬的主管。

IBM 在 1995 年至 2004 年之间对其整体报酬模式进行了巨大的改革。其中，"全面报酬体系"帮助这家公司变革了企业文化，从而在 21 世纪为争夺信息技术人才展开了更有力的竞争。

对于 IBM 在过去几年里的全面改造，以及首席执行官路易·郭士纳（Lou Gerstner）如何加盟 IBM 并助其成功转型，媒体做过许多报道。但全面报酬策略在"蓝色巨人"改造过程中所起到的作用，人们却尚未认识。

IBM 的转型始于 20 世纪 90 年代中期，当时郭士纳开始掌舵，帮助 IBM 止住了在信息技术市场自由落体般的滑落。里其特说，郭士纳尝试在企业文化中重新注入活力，进行重新定位。这意味着要设计出不同的职业和薪酬模式。

"如果你无法吸引人才，你就不能做这个生意。"当谈到公司在吸引和留住重要的信息技术人才方面所面临的挑战时，里其特说。

于是，IBM 打破了原来的薪酬格局，给经理们"一大罐子的钱，让他们

来决定薪酬。我们像对待成年人那样对待他们。结果怎么样呢？确实有效。总的来说，我们坚定地依靠各级经理来做出重要的薪酬决策，而他们从来没有让我们失望。"

股票期权是"我们这个行业里人才的硬通货"，在这方面，IBM 坚持认为并非所有员工都应该持有股票期权，但公司开始区分哪些员工应该获得股票期权。

"当我们面试新员工时，我们会问，你们工作的目的是什么，你们为什么想在 IBM 工作？我们不想失去最好的人才。"里其特说。

企业需要吸引、保留和激励人才以取得成功。全面报酬体系则是一种将企业为达到这一目的的各种要素进行战略整合的工具。

全面报酬体系的基础是薪酬和福利，它们在此体系中占有相当大的比重；全面报酬体系中的"工作体验"部分则具有杠杆作用，它同薪酬及福利计划一起，共同构成适合于企业为其员工设计的最为完善的全面报酬体系模型。

关于 IBM 的全面报酬策略，里其特说，该策略的目的是为了提供一整套薪酬，其总数和分配比例都是最佳的。

对蓝色巨人来说，这种转型实现了全面报酬体系的三个目标：
- 改变了公司文化并诱导了公司希望看到的行为；
- 吸引并留住了人才；
- 控制了成本。

不可否认，IBM 的成功，合理的薪酬制度的设定功不可没。

外国企业的成功薪酬制度给了我们什么启迪？中外薪酬管理到底有无差异，希望本章给你一个认识视角。

第一节　美国的薪酬管理制度

一、影响员工薪酬的因素

美国企业已经认识到企业薪酬制度的设计对于企业实现战略目标的能力有至关重要的影响，对其发展有举足轻重的作用。他们在制定和设计薪酬制度时，充分考虑到所从事经营的环境因素变量——包括外部环境变量和内部环境变量。

（一）外部环境变量

1. 经济状况

经济状况是影响企业薪酬制度的重要因素。通常，萧条的经济状况通常会增加劳动力的供应，增加劳动力工资；而经济繁荣的时候，则会减少劳动力供应，降低现行工资的水平。

2. 竞争状况

企业在产品市场上面临的竞争水平也是设计薪酬制度的一个重要影响因素。当组织有很多生产产品的竞争对手时，常会用提高员工报酬来留住优秀员工。设计薪酬制度时要考虑到，只是单纯提高员工经济报酬（工资、薪水、佣金、福利、保险、津贴等），上升的生产成本最终将不得不转嫁给顾客，这样就会带来丧失市场份额的危险。在这种情况下，非经济报酬（提升、工作丰富化、培训等）也许在报酬计划安排中有更大的重要性。

3. 政府管制状况

美国政府不直接控制各公司工资和薪金的发放，但要为其确定工资提供一定的条件和依据。美国政府在这方面所做的主要工作有三项：一是进行工资调查。美国早在1884年就成立了劳工统计局，分期分批地对各产业进行工资调查，其内容涉及工资水平、历年工资增长情况、年平均工资率等。其调查结果成为企业制定工资标准和调整工资关系的依据或参考。二是制定最低工资标准。1938年颁布的《公平劳动标准法》规定了工人最低小时工资和超时工资标准。此后经过多次修改，现最低小时工资为5.15美元。三是发布消费物价指数。美国劳工统计局根据七大类321种商品价格的变动情况，计算全国的消费物价指数，每月公布一次。企业根据物价指数适当增加工资，但其增资幅度因企业而异。四是禁止报酬歧视。利用均等就业法律——包括《民权法》、《就业年龄歧视法》、《美国残疾人保护法》、《均等工资法》等，禁止对特定族群的就业歧视，特别是劳动报酬。

4. 劳动力市场状况

劳动力市场状况对薪酬的影响主要表现在两个方面：劳动力的供给和需求以及竞争对手付给员工的工资水平。

当劳动力供不应求的时候，对稀缺的劳动力资源的竞争就会激化，从而抬高劳动力成本，求职者可以根据自身需要寻求报酬水平较高的公司；当劳动力供过于求的时候，求职者对有限职位的竞争使公司可以支付较低的薪水。

在劳动力市场上，一些行业或组织把支付高于竞争者的工资作为一项既定政策，在高技术行业和研发行业中，这样做可以吸引高度称职的员工。

（二）内部环境变量

1. 企业战略

企业战略是企业面对激烈变化、严峻挑战的经营环境，为求得长期生存和不断发展而进行的总体性谋划。企业薪酬制度作为企业战略的一部分，应该符合企业战略规划总体的、长远的要求。

薪酬制度的设计重点应该是降低成本和提高效率。最有效的报酬组合应该是一个非常有竞争力的基本工资、奖金和福利组合。一个组织可能有不止一个薪酬战略和体系。在组织内,不同的部门或单位也可以有不同的薪酬体系。

2. 企业生命周期

公司有不同的发展阶段,每个时期都需要对基本工资、奖金、福利进行不同的组合。见图13-1。

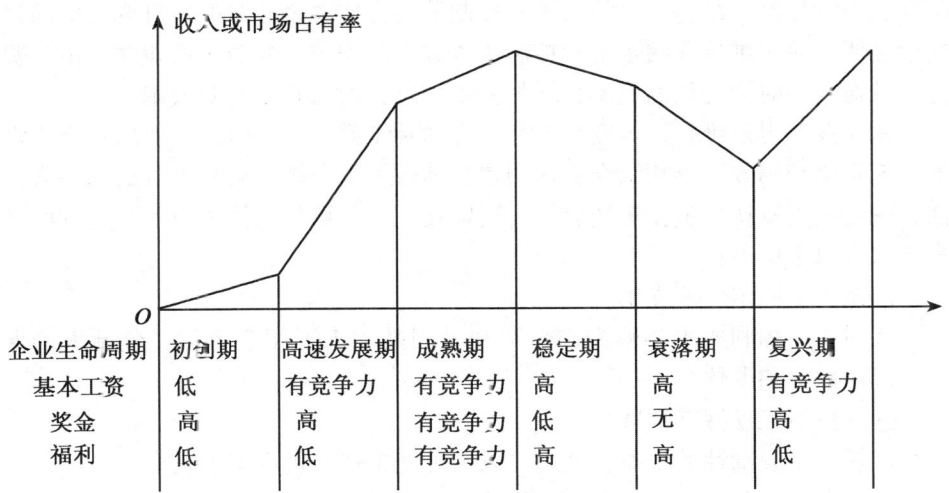

资料来源:George Milkovich and Jerry Newman (1987) Compensation, 2nd ed., Homewood, Ⅱ: BPI/Irwin, p.16, Reprinted with permission

图 13-1

3. 员工工作业绩影响

员工薪酬受多个因素影响,对其本人来说,最可控的因素是他们的工作业绩。这种业绩通常是通过绩效评价来决定的,而评价的数据则是由多种方法提供输入,这些我们将在下文进行讨论。

(1) 绩效工资。这是根据评价中所指出的业绩水平而给员工加工资。薪酬的一个主要目标是激励员工尽最大可能努力工作,因此直觉上绩效工资是最吸引人的一个想法——按员工对公司的贡献发薪水。但是,实际上,绩效工资有很多缺点。从管理者的角度看,建立绩效工资体系的过程中,对绩效标准进行量化和准确说明常常是一个很大的障碍。但是,这还不是唯一的障碍。其他问题在于员工薪水应该包括的内容和雇主所持有的长期传统观念。很多雇主和公司认为他们有义务使员工的工资随利润的上升或通货膨胀一起上涨,因而就不断增加基础工资。这样就剩下很少的钱对员工进行奖励。于是,从员工的角度来看,员工每年都在按薪水册上的数额领取工资,而不论最近业绩水平怎样。绩效工资在影响工资满意度和业绩上就因此往往变得不成功。所以绩效工资常常被用于备选的报酬战略,如利益分配、年度工资和分红制。

(2) 可变工资。这是一种以业绩为基础的报酬。对于业绩来说,通常的可变工资是奖金。奖金是一种时间性报酬,它并不增加员工的基础工资。随着国际竞争的加剧,维持高业绩水平和控制劳动力成本是必需的。可变工资通过奖励表明了对于维持业绩水平和控制成本方面的需求,并激励高业绩。由于奖金是针对某一时期提供的而不是增加基本工资,所以它是有效成本。

除非业绩得以维持,可变工资并不自动延续到以后的时期。所以,企业常把可变工资与绩效工资相结合,使用包括绩效工资但强调可变工资的两要素方法,用可变工资认可员工短期成果,用绩效工资认可员工持久贡献。这种两要素方法有以下优点:

①减少了固定工资支出。

②减少了福利成本。因为许多福利是同基本工资相联系的,包括人寿保险、残疾保险和退休金;

③支持员工发挥其创造性。

④提供了激励性的报酬,公司可以为可变工资提供更多的资金。

(3) 技能工资。这是一种以员工所拥有的与工作相关的技能和知识为基础,而不是工作头衔为基础的报酬制度。它可以激励员工去获得附属职能,提高其对公司的价值以及改善公司竞争位置。企业获利的同时员工也获得有形或者无形的报酬:工资增长、工作安全、更大的灵活性和更具有价值的满足感。获得额外技能还可使员工无需向较高级的工作调动即可获得增加收入的机会。

但是,技能工资也对管理层提出了挑战。它需要提供充足的培训机会,否则这个制度就不能成为动力。与此相关的是,企业发生高额的培训与开发费用,并且要为拥有过多技能的劳动力支付高工资,工资成本将快速增长。不过,尽管有这些消极的可能性,仍然有很多公司通过技能工资方案成功的削减了运营成本并获得了其他好处。

(4) 能力工资。这是一种对员工所展示的专业知识进行奖励的报酬方案。能力包括技能,但也涉及其他诸如动机、特长、价值、自我认识等方面的因素。对于每个公司来说,其核心的能力将是独一无二的。

二、薪酬制度的内容

(一) 员工的薪酬制度

美国公司制企业具有灵活自主的分配制度,各有各的特色,其主导性的薪酬制度是以岗位工资为主,奖金、津贴为辅的模式,部分公司还实行员工持股计划。一般员工实行岗位等级工资制度,工资等级按各工种技术水平的高低划分。在每个等级中,又根据工种不同分出几个级差。

员工薪酬的构成大体情况是:

1. 基本工资。尽管设置了绩效工资体系,大多数薪酬计划还是使用一定形式的基本工资。它是指从所从事的工作中获得基本现金收入,根据个人的技能水平、教育状况、工作经验或其他情况进行调整。它可以按照小时计算,也可以按照一个星期、一个月或者以年计算。基本工资占员工总收入的40%~80%。

2. 奖励工资。这是绩效工资体系最常见的形式,是指基于员工在过去的一年里相对于某些绩效标准的绩效水平,对那些已经发生的行为进行奖励,它可以基本工资的一个增加额发放,也可以作为一笔钱总付给员工。

3. 奖金。通常也是将报酬和某些绩效标准联系在一起,它与奖励工资一样都是为了诱使员工产生组织所期望的行为,其不同之处在于奖金是未来导向的。奖金大致包括两种类型:一是直接计件制:在这种制度下员工每生产出一个单位的产品就能得到一个固定数额的报酬。二是标准小时制:在弄清完成某项服务或任务所需的标准时间长度的基础上,确定完成这项工作的标准报酬率,如维修一台发动机的标准时间是两个小时,维修工就可以得到两个小时的报酬。如果维修工完成任务不到或者超过两个小时,他还是同样得到相同的数额。全美大约有50%以上的工人按小时支付工资。在员工的劳动收入中,奖金的比重较小,仅为约9.72%。

在过去的几年中各种合并、收购、接管和公司关门等事件在美国的数量不断上升,导致了一种新的奖金类型:留岗奖金。它包括各种先进奖金和其他由公司提供的激励措施,主要目的是在公司重组和关门期间为了留住对公司来说有价值的员工。这种奖金原来只提供给组织中职位较高的员工,现在也提供给拥有很难替代技能的员工或者有工作经验的员工。

4. 福利津贴。这是工资报酬的一种补充,加工作时间外的报酬、雇主为员工缴纳的社会保险金以及部分医疗费、保健费、抚恤金和文娱费用等。美国公司的福利费支出呈上升趋势,目前约占其人工成本的38%。

5. 佣金。它一般在工商业、保险业和新闻业的销售人员中实行。它可以是直接的佣金方案，也可以是工资和佣金（或奖金）的一个综合方案。佣金是销售提成，指按销售额的一定比例提成付给员工，提成比例根据不同的行业、产品或者销售工作的性质不同而有所不同。佣金的使用有很多优点：它可以奖励绩效，容易进行沟通与管理，并且可以拉开收入差距。但是，另一方面，单单只是用佣金计划会带来不同时期收入较大的变动性，也许会产生对组织较低的奉献精神。此外，对销售量的强调也许会导致员工较少注意那些非销售的责任。最后，使用佣金的一个假设前提是金钱对员工行为起着主要的激励作用。

在当前，美国各公司所有员工的约1/4参加了员工持股计划。员工持股计划在20世纪50年代创立，它允许公司通过有计划地组织员工以各种形式购买本公司股份，使员工能分享企业一定比例的财产所有权，获得一定的经济收益。在公司业绩非常好的时候，员工持股计划的参与者可以获得巨大的收益。而且，在最近几年员工持股计划还给公司带来了两个额外的收益：第一个就是可以为那些向员工提供股份的公司带来税务上的好处，公司给员工持股计划所提供的借款的利息中的50%是免税的；第二个好处是可以抵御那些恶意收购。

（二）管理人员的薪金制度

管理人员工资支付形式多为薪金制，其中一般管理人员为月薪，高层管理人员为年薪。企业每半年或一年要根据预定的工作目标对员工进行考评，根据员工的工作绩效及其对企业的贡献来调整工资水平。

公司制企业高层管理人员的薪酬一般由五部分组成：基本薪金、短期（按年）激励或奖金、长期激励和资本增值计划、福利和津贴。

1. 基本薪金。这是管理人员报酬的基本形式，其他四个要素均以它为基础，按其一定比例支付。企业大多根据管理人员的绩效和能力，即个人工作对组织的贡献和个人履行其职责的表现来确定其薪资水平。它虽然不是报酬组合中的最大部分，但仍然很重要。

2. 短期（按年）激励或奖金。这是对管理人员完成短期（通常是一年）目标的奖励，也称为年终红利。在激励的价值上，它的支付反映了一种价值观念，目前，这些奖金在美国高级管理人员的报酬中占了70%。

3. 长期激励和资本增值计划。通常只适用于高级管理人员，其普遍程度随经济的发展趋势、公司内部的财务状况、对长期激励计划态度的变化、税法的变更及其他因素的变化而不同。美国现在有50%以上的公司制企业使用长期激励计划来激励和奖励管理人员。它主要包括六种形式：股票期权、股票增值计划、绩效达成计划、定量股票计划、影子股票计划和股票面值计划。下面我们对其中的股票期权进行详细介绍。

股票期权有两种形式：标准期权形式和狭义期权形式。标准期权形式给予员工在一定的期间（通常是 10 年）内以一个设定的价格购买公司股票的权利，这个设定的价格常常是在授予期权的那天的股票的市场价值。如果价格超出了那个初始水平，员工可以行使这个权利来购买股票，然后立即抛出，就可以得到一笔稳赚的收入。公司希望管理者在公司一天就不要把股票抛掉，但是这个要求不是绝对的。公司并没有记录程序来检查管理者是否卖掉他们的股票。

狭义股票期权形式中，对管理者获得的股票有一定的限制，就是他们在一个特定时间段（通常是 5 年）内不能转卖掉这些股票。在这期间内，他们可以获得所有股息并拥有投票权，即使股票的价格下跌，这些股票的销售仍然能带来一定数额的收入。

4. 福利。通常包括带薪休假、健康保障、遗属保障和退休保障等。目前美国立法机关严格限制高级管理人员的福利价值只能高于其他员工福利的一定水平。

5. 津贴。它是对福利的一种补充，根据雇员在公司的级别和以往的绩效，只发给少数挑选出来的高级管理人员，包括使用公司的汽车、游艇和管理人员专用餐厅、配偶旅行、子女的大学费用补贴等。

同时，针对 CEO 等高层管理人员，许多企业还提供"金降落伞合同"。它是指在其他公司收购经理人员所在的公司或由于其他原因被迫离开公司时保护经理人员的一种津贴。目前，CEO 们签触合约的一揽子合同内容通常包括：3 倍的年薪、奖金和提前使用权等。如比慷慨的原因是为了同其他公司进行竞争。

（三）其他薪酬制度：宽幅制

它是一种为改善组织效率而把许多工资等级合并成几个大范围的工资组别的方法。组织规模的缩减和工作职位的重新确定，导致了更广泛的工作范围。于是，员工要完成比以前更多样化的工作。见图 13-2。

宽幅制为简化报酬系统创造了基础，而简化的报酬系统减少了对结构和控制的关注并提高了判断和灵活决策的重要性，这具体包括：

1. 完成工作方法的灵活性。
2. 促进员工横向发展。
3. 有利于实现企业目标。
4. 发展员工技能和鼓励形成一个团队核心。
5. 转移员工对垂直晋升机会的关注。

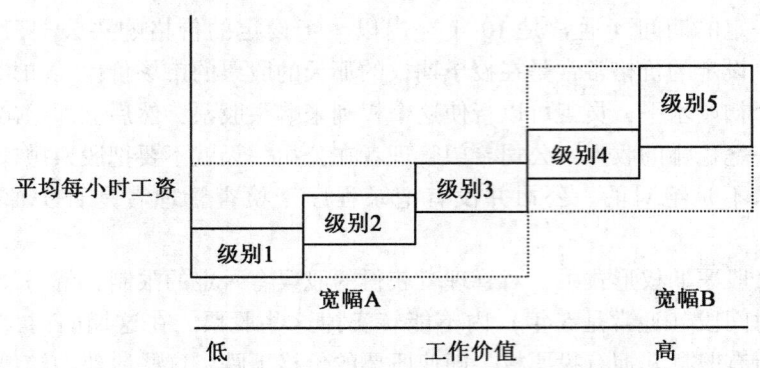

资料来源：Joseph. Martocchio（1998）*Strategic Compensation*，Upper Saddle River，NJ：Prentic Hall，p. 36.

图 13-2

三、薪酬分配关系

在美国公司内，一般初级管理人员的平均薪金收入是普通员工的 1.5 倍，少数技术水平高的员工或特殊员工的报酬会超过初级管理人员的报酬。中级管理人员的年薪收入一般是员工平均收入的 2.5 倍以上，高级管理人员与一般员工的收入差距很大，并因公司规模大小和所在行业而不同。据调查，美国 20 世纪 80 年代大型公司（销售收入 300 亿美元以上）的总裁年收入为一般员工收入的 109 倍，20 世纪 90 年代其差距还呈扩大趋势。

四、对我们的启发

（一）切实转变政府职能，更有效地发挥政府在企业收入分配中的立法、执法和信息服务作用

美国政府在公司制企业收入分配管理过程中，都没有采用直接管理或控制的做法，而更多的是通过立法、协调、信息服务或调整税收政策等手段来实施间接影响。

随着我国市场体系的不断发展和法制建设的加强，政府对现代企业的工资收入分配的直接干预手段也要逐渐弱化。政府职能要向间接调控、工资水平调控转变，调控手段要向经济和法律手段转变。政府要通过建立健全最低工资保障制度、工资支付制度和工资集体协商规则等法律法规，规范企业工资分配行为；通过建立工资指导线，调节企业平均工资水平及其增长；通过建立劳动力

市场工资指导价位，调节企业内部工资关系；通过建立人工成本预测预警制度，合理调节企业工资总额和人工成本等。同时，政府也应制定相应的劳动法规，来规范不合理的人才流动。美国有"竞业避止"的规定，即员工在单位期间和离开原单位一定期限内，未经原单位同意，不得从事同原单位有竞争性的业务，不得接受原单位竞争对手的聘用，不为原单位竞争对手提供咨询性服务，不聘用原单位的其他员工为自己工作，也不唆使原单位任何员工接受外界聘用等。这是企业用工的基础。在国内，只有珠海等少数地方出台了相关的法规。

（二）将工作由单纯的谋生手段向促使个人发展的机会转变，做好员工职业规划

知识经济时代充满了竞争与挑战，更多的美国人选择了"游牧式"的工作状态，对他们来说，增长知识与经验的锻炼机会远远比现实的金钱报酬更有诱惑力，并希望在不同的公司甚至不同行业中积累经验、增长阅历，他们纷纷寻求培训和学习机会。许多美国企业也希望利用职员的个人经验，而不是从头培养这种经验。当前高级人才外流的主要原因之一就是，国内企业的人才培训及发展规划机制不健全，人们更注重出国培训或自己技能的提升，因此，职工的职业生涯规划的建立健全，能更好地吸引到人才。

（三）搞好专业技术人才及高级管理人才的薪酬规划

例如，实行年薪制或给予其股票期权，使员工感到自己与企业的发展同呼吸共命运，真正做到能引人、留人、感人、育人，让职工感到企业既是获得收入的地方，又是自己职业生涯的重要里程碑。

（四）与实际情况相结合，积极探索多种薪酬形式结合的方案

美国公司职员的薪酬结构在不同类型、不同规模、不同行业和不同发展阶段的企业是不一样的，我国在设计企业职员薪酬结构时，不能搞一刀切，应根据国有企业的改制状况、企业规模大小、行业状况以及地区差别采取多样化的薪酬形式，将宽幅制、年薪制、股票期权以及金降落伞合同等激励方式结合起来。在具体操作上，按照责任、贡献、风险、利益相统一的原则，以国际惯例为参考，加大对经营管理人员的激励力度，合理拉大职工收入的差距。

同时还要注意，在建立和完善现代企业工资制度的过程中，在设计不同人员的薪资奖励制度时，在调整各类人员的收入结构和收入水平时，不可一味求变求快。不仅要考虑到企业和行业的微观经济情况，还要考虑到国家宏观经济情况。要把我国生产力的发展水平、居民的收入状况、就业状况以及企业的经营管理水平等各种客观因素计算在内。

企业在确定职位或岗位工资差别时，要参照劳动力市场价值，根据各职位

相对价值和各类人员的市场稀缺程度，合理拉开差距；在实施经营者年薪制时，要按照其承担的岗位职责和作出的贡献合理确定工资报酬，适当拉开董事会成员或经理层成员之间的年薪水平，适当拉开高级管理人员与企业普通员工的收入水平；在实施利润分享、员工持股计划和期权试点时，要积极稳妥，根据国家和地方的政策法规，根据企业综合经营管理能力以及职工意愿，选择适当的形式，在企业内部各类人员中分步推开。

（五）将职工的薪酬与企业战略和人力资源战略结合，并向市场化、科学化发展，逐步形成具有竞争力的战略薪酬机制

现在，许多国际大公司已经采用股票期权来奖励表现突出的员工，并取得了很好的效果。在美国等发达国家，大约已有2/3的大中型公司采用了可变薪酬机制，随着国际竞争的加强，这一现象会变得更加普遍。股票期权和可变薪酬等手段将员工的命运同公司的发展紧密相连。企业的薪酬机制逐步完善，与人力资源管理战略相结合，对企业的发展起了不可忽视的重要作用。[①]

第二节 日本的薪酬管理制度

一、薪酬体系的发展

（一）年功序列制

1. 概念

日本的传统薪酬制度，主要的内容就是职工的基本薪酬随着职工本人的年龄和在企业的服务年限的增长而增长，而且增加薪酬有一定的序列，按各企业自行规定的年功薪酬表循序增加。其基本思路是职工的业务能力和技术熟练程度与职工本人的年功和在企业服务年限成正比。本人年龄越大，服务年限长，对企业的贡献越大，功劳也越高，薪酬因此也应该增长。

2. 产生原因

（1）客观情况。20世纪60年代到70年代中期之前，日本的经济处于高速增长时期，企业规模发展快，每年都要招收大量的新职工，企业内职工的年龄结构是年轻的职工多，中老年职工少的"金字塔"型，年功序列制在此期间执行顺利，对日本经济起到了相当大的推动作用，因而得到大力推广。

（2）主观思想。这与日本的东方传统文化、推崇儒家伦理道德有关。以

---

① 夏咏冰. 美国薪酬制度的最新发展及其对我国的启发. 工会论坛，2004（11），Vol. 10（6）.

年功为主的薪酬制度适应人们"长幼有序"的传统观念；年功薪酬与缓慢晋升相结合促进了企业内部员工之间的和谐团结，体现了儒家的中庸思想；日本强调集团主义、家庭观念，用终身雇用的劳资关系，培养员工对企业的忠诚和奉献精神，建立起在群体忠诚基础上激动职工努力工作的劳动薪酬制度。

3. 实行方法

年功的含义就是年龄越大，在企业的服务年限越长，功劳就越大；序列就是等级的意思。实行年功序列制的企业按员工入厂的年限对职工分层，入厂在两年内的叫新人层，3~5年的叫一般层，6~9年的叫中间层，10~14年的叫棒心层，15年以上的叫监督层。只要在企业的服务年限长，对企业忠诚，能力不高也会晋升等级，提高薪酬。

4. 特点

年功序列制以劳动等价报酬和生活补偿为原则。其特点是：

（1）基本薪酬按年龄、在企业服务年限和学历等因素决定，薪酬标准由各企业自定，并随职工生活费用、物价、企业的经济效益等因素每年变动。

（2）多等级，小级差，每年定期增加薪酬，也是随职工年龄增长、家庭负担的增加而增加薪酬。

（3）考虑到职工衣食住行和其家庭的需要，除基本薪酬外，还有尤厚的奖金和各种津贴与补贴。

（4）职工的退休金和奖金的计算也与职工的年龄和在企业服务年限有关。

（二）职务职能薪酬制

从20世纪70年代中期开始，日本经济进入成熟时期，增长速度显著减慢，企业间竞争加剧。同时，以微电子技术、生物工程、新型材料为先导的第三次科技革命浪潮冲击日本，再加上日本国内高消费、高学历、高龄化等变化，年功序列制受到挑战，其支柱——终身雇用制也开始动摇。

进入20世纪90年代以来，一部分企业在管理人员中彻底废除了以年功序列制为主的薪酬制度，而采用100%的职务职能薪酬制。员工的薪酬完全根据个人能力和完成工作的情况而定。实际工作能力强、工作成绩好、对企业贡献大的员工薪酬高；反之工作能力弱、工作成绩差的员工薪酬低。

在职务职能薪酬制中，职务工资主要是根据应知、应会、应做努力、应负责任和作业条件等因素，对职务的困难程度和重要性进行评价，决定职务工资；职能工资主要是按完成职务的能力（指包括现在能力和潜在能力的综合能力）决定的。①

---

① 参考：李严锋，麦凯. 薪酬管理. 大连：东北财经大学出版社，2002.

二、现今日本薪酬构成——年功型职务职能制

20世纪90年代以来,日本经济处于通货紧缩型低增长时期,经济出现零增长或负增长,多数企业负担不起越来越高的人事费用。同时,随着日本公司制企业国际化的发展和日本产业结构的调整,终身雇用制逐渐弱化,相应的其薪酬体系也有了很大调整。为了适应这种新形势,日本国会于1998年审议并通过了劳动基准法改革方案,确定了以工作成果为中心的管理职位年薪制和非管理职位裁量劳动制,并推行以成果(业绩)主义为中心的薪酬体系。

目前,在日本普遍实行的是年功型职务职能薪酬制,即在原来实行年功序列工资的基础上,引进职务、职能因素,使其与年功因素一起,共同决定员工的基本工资。员工的基本工资为年功工资和职务、职能工资之和,这三种工资的比例不尽一致,但基本工资主要按职务、职能因素决定的企业比例呈上升趋势,年功因素日益削弱。

(一) 基本工资

基本工资占雇员工资的60%~80%,依据员工在公司的级别而不同。它不是建立在工作评价和市场价格的基础上,也与特殊的职位名称无关。基本工资与员工的职业类别、服务年限、技术和业绩水平有关。

1. 职业

日本盛行5种职业分类:(1) 一般管理者;(2) 工程师/科学家;(3) 秘书;(4) 技术人员/蓝领;(5) 其他。前两类员工被称为白领工人。

2. 服务年限

资历是决定工作的主要因素。管理层制定每一种职业的薪酬与员工的服务年限之间的关系,但在实践中,经常使用的是年龄而不是服务年限。这是因为在日本的终身雇用制中,年龄因素时常是等同的。公司定期地比较他们的工资体系,这使得各公司的体系基本相同。总之,在50岁之前,员工的工资随着年龄的增长而增加,50岁以后,工资随年龄增长而降低。虽然每次工资上涨的幅度与其自身的技能和业绩都有关系。见表13-1。

3. 技术和业绩水平

每一种技能都被分为若干等(通常为7~13等),并且在每一等中分为1~9级。表13-2是管理岗位系列的工资表。1等、2等为协助性的工作,3等、4等包括监督和管理工作,5等、6等、7等为管理和总管。每年员工在其直接管理者对下列表现进行评价后,得到不同的晋级:

(1) 努力程度(热情、参与和负责)
(2) 工作所要求的技能(如:分析、决策、领导、计划、流程改进、团

队工作)

(3) 业绩(如:目标达成率)

表 13-1   一个日本公司管理岗位人员工资与年龄的关系

年龄	工资	年龄	工资	年龄	工资	年龄	工资
		31	1 900	41	2 900	51	3 900
22	1 000	32	2 000	42	3 000	52	4 000
23	1 100	33	2 100	43	3 100	53	4 100
24	1 200	34	2 200	44	3 200	54	4 200
25	1 300	35	2 300	45	3 300	55	4 300
26	1 400	36	2 400	46	3 400	56	4 400
27	1 500	37	2 500	47	3 500	57	4 500
28	1 600	38	2 600	48	3 600	58	4 600
29	1 700	39	2 700	49	3 700	59	4 700
30	1 800	40	2 800	50	3 800	60	4 800

注意:22 岁是一个人大学毕业进入公司的典型年龄,工资是指月工资。

现举例说明基本工资的计算。

藤井一郎大学毕业后进入一家公司,在担任 11 年的管理工作后,他的技能被评为 2 等 7 级。他在最近的评估里得了 A(主管评分代表的可以晋升等级:A=3 级,B=2 级,C=1 级,D=0 级),这意味着理论上他可以晋升 3 级达到 3 等 1 级。然而,1 等和 2 等都有最低工作年限为 6 年的规定,而他在 2 等职位只工作了 11 年不到 12 年,所以藤井不得不等到下一年才能升到 3 等 1 级。

根据表 13-2,藤井今年的基本工资是:

基本工资=工龄工资(10 年)或者年龄在 33 岁时可以领取的 2 100 美元
　　　　+2 等技术级别 9 可以领取的 2 400 美元
　　　　=每月 4 500 美元

表 13-2　　　　　　　　　　　通用管理职位技能表

	助理	高级助理	主管	经理		总监	
	1 等	2 等	3 等	4 等	5 等	6 等	7 等
1 级	600	1 600	2 600	3 100	3 600	4 500	5 500
2 级	700	1 700	2 650	3 150	3 750	4 700	6 000
3 级	800	1 800	2 700	3 200	3 800	4 900	
4 级	900	1 900	2 750	3 250	3 900	5 100	
5 级	1 000	2 000	2 800	3 300	4 000		
6 级	1 100	2 100	2 850	3 350	4 100		
7 级	1 200	2 200	2 900	3 400			
8 级	1 300	2 300	2 950	3 450			
9 级	1 400	2 400	3 000	3 500			

（二）奖金

占年工资的 20%~40%，依据员工在公司中的地位而定。对于蓝领和工会成员，管理者称奖金为"赏金"，工会则称为"额外定期支付"。奖金每年分发两次（7 月和 12 月），即使是财政不好的年度也应该如此。通常每个人的奖金相当于两个月的薪水，不过这一水平因公司的业绩水平不同而有所波动。但是，从长期看这波动是微小的，这有利于控制现金流和劳动成本，但往往不能作为激励方式来提高业绩。

日本劳动法鼓励雇主用奖金进行成本节约，因为在计算福利的时候，奖金往往不包括在计算基数内，例如：

- 养老保险的缴纳不包括奖金（每个雇员工资的 2.25%）
- 健康保险金为工资的 4.1%，但仅为奖金的 0.5%
- 加班费不包括奖金（至少为基本工资的 25%）
- 服务费和提前退休补助不包括奖金

因此通过奖金的增加而不是基本工资可以实现企业节约成本的目标。

蓝领工人的奖金不与业绩挂钩，但是白领工人的奖金日益与业绩相关。在最高管理层，如果公司业绩下滑，他们的奖金也会减少，实际上，效益差的公司经常面临人才流失的现象。

(三) 津贴

津贴存在多种形式：家庭津贴、乘车津贴、房屋和地区差异津贴。公司房补通常包括租房或贷款帮助以及为单身职工提供住房，这是一笔巨大的成本。当职工结婚或者发生亲属死亡的时候，公司给予员工补贴。交通津贴同样重要，一项最近的调查表明：一些公司的职员每月可以获得乘车津贴9 000日元（大约每月700多元人民币）。家庭津贴包括随赡养人数变化而变化的额外支付。例如：丰田公司为家庭的第一个受赡养人每月支付17 500~18 000日元的家庭津贴；当这个家庭出现第二个受赡养人的时候，公司每月就只支付4 500~5 500日元。

从历史上看，有些津贴的出现是为了应付急需，而急需过后这些津贴在很长一段时间还会继续保持。例如在20世纪40年代末到50年代初以"大米补贴"为基础建立起来的现代家庭补贴就是如此。那时候日本工人需要额外的钱养活他们的家庭，建立补贴的目的是为了对付恶性通货膨胀。

(四) 法定福利

在日本，法定福利项目包括社会保障、失业保险及伤残保险。除此以外，日本雇主还要支付健康保险、学前教育和残疾事业基金。

三、工资水平的决定和调整

日本决定工资增长的最主要形式是集中在每年春季的劳资谈判，俗称"春斗"。与欧美国家不同的是，日本的劳资谈判是公司内劳资谈判，工资的增长完全取决于劳资双方谈判所确定的劳资协议。在"春斗"中，关于决定工资增长的因素，工会方面强调物价的上涨、社会生活的提高、工资的定期增长和企业效益情况，而资方强调要以劳动生产率的提高为基准，努力控制公司的人工成本，保持产品的市场竞争力。日本公司制企业"春斗"的结果，直接影响没有工会的企业的工资增长，并进而影响国家公务员的工资增长。其间，日本政府主要运用最低工资法、劳资关系调整法等法律手段保证劳资双方平等地谈判，进行大量的工资统计、调查、分析，并将结果公布，为劳资双方谈判提供信息服务。在必要时政府引导每年的"春斗"过程，并对可能出现的问题进行调停或仲裁。

四、公司制企业的工资关系

在日本各行业中，电气、煤气、自来水、供热业的工资最高，金融保险业次之。500人以上的大规模公司中，员工工资约为30人以下规模公司的1.3倍。同一公司内，高级管理人员的收入约为一般工人的17倍。从全国来看，公司总裁的年平均收入达到制造业员工平均收入的 11 倍。①

五、美日薪酬策略比较

美日两国的薪酬策略的异同之处可列示如表 13-3 所示。

表 13-3　　　　　　　　　　　　　　**美日薪酬策略比较**

	日　本	美　国
目标	长期目标； 高承诺度； 内部公平； 劳动力灵活性； 通过奖金控制现金流	中短期目标； 高承诺度； 以市场为基准； 劳动力灵活性； 通过绩效管理； 进行成本控制
内部一致性	以人为基础； 年龄、能力、绩效决定基本工资 很多层次 级与级之间较少的差距	以工作为基础； 职位、技能决定工资很少层次； 每级之间差距很大
外部竞争性	以年龄为基础； 与竞争对手进行比较；	市场决定基本工资； 通过可变及绩效工资进行竞争
员工贡献	只在高层奖金才跟绩效相关； 绩效评估结果影响提升，但很少影响到薪酬	根据个人、团队及公司绩效增加工资； 全部工资增长有一定百分比
优点	不需要高承诺； 更多的可预测性； 灵活性——以人为基础； 关注长期业绩	支持基于竞争的绩效的观点； 基于绩效进行费用调整； 鼓励黑马（创新）； 关注短期支付（很快适应市场）
缺点	年老员工的工资成本高； 不鼓励员工单个贡献； 对于妇女及年轻雇员不利	员工有疑惑，较少的职位安全性； 关注"这能给我带来什么？"； 对长期项目的投资没有回报

---

① 参考：应永胜．日本公司制企业薪酬制度解析及启示．福建商业高等专科学校学报，2004（5）．

六、对于我国的启示

1. 通过有效的薪酬管理规划员工的行为，使其自觉地与企业目标和要求保持一致。

日本企业管理的基础是关系，重视富有弹性的明确的制度安排，组织结构上具有含蓄的职务主义，侧重于靠人对企业进行控制。这种管理理念体现在薪酬制度上，就是一方面有严明的纪律和严格的要求，利用明确的年功职务职能制做到尽可能的公平；另一方面又有一种无形的约束和含蓄的情感控制，例如，很注意分发奖金的时间。暑假和新年是传统的礼物赠送时期，也是消费者购买旺盛时期，在这时候供应奖金，保证职员的家庭购买需求。企业通过明确的制度和对员工需求的关注，灌输价值观念，建立企业文化，得到员工对企业的忠诚。

对于我国而言，我们应该健全各项规章制度，使人才引进、使用、考评、奖惩规范化，使技术分工条理化、明确化。这有利于员工对企业的认同，有利于生产效率的提高。在制度化管理的同时，要注入人情式的手段，加强职工的理想信念、人生观、职业道德等方面的教育，开掘人的精神潜力，培养企业群体精神；要把企业价值观灌输到职工思想行动中，转化为员工价值观，形成企业精神；使遵章守纪和自我约束融合，发挥"法治"和"人治"的叠加效应；实现员工个人目标与企业目标的完全结合。

2. 日本企业在重视使用外部激励的同时，更多地使用内部的激励，发挥内部报酬的作用。

日本采取终身雇用制度，不轻易解雇工人，即使企业处于困难时期，它宁可放假、停工也不会将工人赶出工厂，除非职员犯了严重错误或触犯刑律，才会解职。领导与员工之间，雇主与雇员之间，以及职工之间，除了工作上互相配合、通力协作外，还注重不断增强相互间的亲密感和信任感。企业还吸收职工参加管理，使职工不但对企业经营状况能及时了解和掌握，而且能对重大问题的决策发表意见，形成合作性的劳资关系。物质激励也是弹性工资，工人收入的25%左右是根据企业经营状况得到的红利。这种措施好处在于，精神激励调动了普通职工的积极性和献身精神，工资成本的灵活性使日本企业无需大批解雇工人也能比较容易地渡过经济不景气难关；缺点是淘汰率低容易影响员工进取心，集体决策影响决策的果断性和时效性。

终身雇用制度有利有弊，我们无需全盘照搬，而应该取其精华，去其糟粕。在企业薪酬管理中，可以加大对员工精神激励的重视，努力创造一个友好、和谐和愉快的气氛，让员工参与对企业事务的管理，使员工有充分的安定感、满足感、归属感，在工作中体味人生的乐趣和意义。

附录　全球薪酬模式扫描

世界各国都针对各自不同的国情和经济决策制定了相应的薪酬制度。本章附录就提供一些简单的比较供大家参考。

一、内部一致性

在日本和韩国，基本工资的决定采用基于任职者的薪酬体系来进行确定，埃及和墨西哥的高科技公司也是如此。在西欧和美国的大部分公司，采用基于职位的方式来确定基本工资。同时，在一些与工程和计算机相关的职业增加考虑了任职者的因素，如学位、取得学位的年限、工作经历等。知识和能力日益获得重视。

二、外部竞争性

北美与英国的公司在进行薪酬决策的过程中更多地考虑劳动力市场和产品市场上竞争对手的因素，而日本和韩国的许多公司更强调内部因素。当然，全球化的竞争使这两种模式各自都在发生变化。

在欧洲和亚洲的许多国家，雇主协会和工会共同谈判决定薪酬标准，这种标准适用于整个行业。在建立起国家或行业的薪酬标准后，薪酬就不太容易进行调整。

三、雇员的贡献

绩效工资将成为一种全球趋势。美国和英国更多地强调以业绩为基础的方法，在不同的国家，业绩工资比重因税率、文化和理念而呈现差异。

四、福利

税收和政府法规是影响全球工资管理的主要因素。在墨西哥，收入法规规定，如果企业连续支付给员工福利、津贴或者奖金两年，那么这些报酬将成为员工的权利。因此，一些咨询专家告诉新到墨西哥投资的雇主，在增加员工福利方面要十分谨慎。印度和墨西哥都规定了强制的利润分享，10%的税前利润必须分配给雇员。此外，大部分发达国家和一些新兴工业化国家都通过雇主与雇员缴费的方式提供国家医疗保障。①

关　键　词

留岗奖金　佣金　员工持股计划　股票期权　金降落伞合同　宽幅制　年功序列制　职务职能薪酬制

小　　结

1. 美国影响员工薪酬的因素：
外部环境变量：经济状况、竞争状况、政府管制状况、劳动力市场状况
内部环境变量：企业战略、企业生命周期、员工工作业绩影响

2. 美国薪酬制度的内容：员工的薪酬制度包括基本工资、奖励工资、奖金、福利津贴、佣金；管理人员工资支付形式多为薪金制，其中一般管理人员为月薪，高层管理人员为年薪。企业每半年或一年要根据预定的工作目标对员工进行考评，根据员工的工作绩效及其对企业的贡献来调整工资水平。其中，公司制企业高层管理人员的薪酬包括基本薪金、短期（按年）激励或奖金、长期激励和资本增值计划、福利和津贴。

3. 留岗奖金。它包括各种先进奖金和其他由公司提供的激励措施，主要目的是在公司重组和关门期间为了留住对公司来说有价值的员工。这种奖金原来只提供给组织中职位较高的员工，现在也提供给拥有很难替代技能水平的员工或者有工作经验的员工。

4. 长期激励计划主要包括六种形式：股票期权、股票增值计划、绩效达成计划、定量股票计划、影子股票计划和股票面值计划。

5. 期权有两种形式：标准期权形式和狭义期权形式。标准期权给予员工在一定的期间（通常是10年）内以一个设定的价格购买公司股票的权利，这个设定的价格常常是授予期权的那天的股票的市场价值。如果价格超出了那个初始水平，员工可以行使这个权利来购买股票，然后立即抛出，从而得到一笔稳赚的收入。

6. 金降落伞合同。它是指在其他公司收购经理人员所在的公司或由于其他原因经理人员被迫离开公司时保护经理人员的一种津贴。目前，CEO们接

----

① 参考：乔治·T. 米尔科维奇、杰里·M. 纽曼. 薪酬管理. 董克用，等，译. 北京：中国人民大学出版社，2002.

触合约的一揽子合同内容通常包括：3倍的年薪、奖金和提前使用权等。

7. 宽幅制是一种为改善组织效率而把许多工资等级合并成几个大范围的工资组别的方法。它为简化报酬系统创造了基础，而简化的报酬系统减少了对结构和控制的关注并提高了判断和灵活决策的重要性。

8. 美国薪酬制度对我们的启发：要切实转变政府职能，更有效地发挥政府在企业收入分配中的立法、执法和信息服务作用；要将工作由单纯的谋生手段向促使个人发展的机会转变，做好员工职业规划；要搞好专业技术人才及高级管理人才的薪酬规划；与实际情况相结合，积极探索多种薪酬形式相结合的方案；要将职工的薪酬日益与企业战略和人力资源战略结合，并向市场化、科学化发展，逐步形成具有竞争力的战略薪酬机制。

9. 年功序列制是日本的传统薪酬制度，其主要的内涵就是职工的基本薪酬随着职工本人的年龄和在企业的服务年限的增长而增长，而且增加薪酬有一定的序列，按各企业自行规定的年功薪酬表循序增加。

10. 职务职能薪酬制，职务工资主要是根据应知、应会、应做努力、应负责任和作业条件等因素，对职务的困难程度和重要性进行评价，决定职务工资；职能工资主要是按完成职务的能力（指包括现在能力和潜在能力的综合能力）决定的。

11. 年功型职务职能制是在原来实行年功序列工资的基础上，引进职务、职能因素，使其与年功因素一起，共同决定员工的基本工资。员工的基本工资为年功工资和职务、职能工资之和，这三种工资的比例不尽一致，但基本工资主要按职务、职能因素决定的企业数量呈上升趋势，年功因素日益削弱。

12. 日本薪酬制度内容包括基本工资（受职业、服务年限、技术和业绩水平的影响）、奖金、津贴和法定福利。

13. 美日薪酬策略比较：

从目标、内部一致性、外部竞争性、员工贡献、优点、缺点几个角度进行比较。

14. 日本薪酬制度对于我国的启示：要通过有效的薪酬管理规划员工的行为，使其自觉地与企业目标和要求保持一致；日本企业在重视使用外部激励的同时，更多地使用内部激励，发挥内部报酬的作用。

复习思考题

1. 美国薪酬管理制度的影响因素是什么？
2. 请阐述留岗奖金、佣金、员工持股计划、股票期权、金降落伞合同、宽幅制等概念。
3. 简述日本薪酬管理制度的发展过程。
4. 比较年功序列制、职务职能薪酬制。
5. 比较美日薪酬制度的特点。
6. 简述美国、日本薪酬管理制度对我国薪酬管理的启示。
7. 简略了解全球主要国家薪酬制度特点。

第十四章　薪酬管理的法律制度

学习目的
学习本章后，你应当掌握如下内容：
1. 我国对薪酬管理立法的总体原则。
2. 国家关于工资结构和工资支付的法律规定。
3. 最低工资保障制度的具体规定。
4. 法律对于员工福利的具体规定。
5. 法律对于劳动保护的有关规定。

【社会保险费用，约定还是法定?】　刘先生是某公司的员工，该公司对员工的工资分配实行结构工资形式，即将工资分解成基础工资、奖金、津贴、补贴等几部分，根据具体考核计算每月工资。由于企业生产经营随着市场情况不断调整变化，刘先生的每月工资收入变化也较大。为了确定社会保险费的缴费基数，公司与刘先生约定：以基础工资的标准作为缴纳社会保险费的基数。刘先生虽然对公司的说法有异议，但为了能够在公司长期工作下去，因此也就同意了公司的做法。于是，公司就按双方约定的数额为刘先生缴纳社会保险费。

三年后，公司在合同终止时通知刘先生不再续订劳动合同，刘先生对公司不再续用自己感到失望。在办理离职手续时，刘先生向公司提出了社会保险费缴费基数与自己工资收入不符的问题，希望公司予以解决。公司表示双方对社会保险费缴费基数已有约定，公司按约定为刘先生缴费不存在问题，对刘先生的要求予以拒绝。双方于是发生争议。

双方理由：
刘先生认为：自己在公司工作多年，公司没有按自己的实得收入为其缴纳社会保险费，违反了国家的有关规定，要求公司补缴未足额缴纳社会保险费的差额部分。

公司认为：公司因生产经营状况有变化而与员工约定缴费基数，公司严格按约定的缴费基数缴纳社会保险费，因此不同意刘先生的要求。

这是一个关乎直接薪酬和间接薪酬的问题。到底社会保险费的缴费基数按工资总额还是基本工资确定呢？公司与刘先生的私下约定是否具有法律效力呢？当约定和法定发生矛盾时，是尊重法律还是尊重合约的精神呢？本章介绍关于薪酬管理方面的法律内容，学习本章将使你对以上问题有一个清晰的认识。

第一节 国家对薪酬管理立法的总体精神

依法治国是我国的一项基本国策。在现代化的进程中，我国不断加快立法进程，不断加大执法的力度，其目的在于完善社会主义法制、维护社会主义国家的正常运行以及社会的稳定。在法制不断完善的过程中，法律开始全方位、深入地渗透到普通公民的生活中。薪酬关系是处理劳动力使用权让渡者（即劳动者）与劳动力雇用者（即用人单位）之间报酬支付的法律关系。因这一关系涉及广泛的社会群体，故在这一方面的法制建设向来备受国家和社会的重视。

《中华人民共和国宪法》第四十二条规定："中华人民共和国公民有劳动的权利和义务。"《中华人民共和国宪法》第四十二条第二款规定："国家通过各种途径，创造劳动就业条件，加强劳动保护，改善劳动条件，并在发展生产的基础上，提高劳动报酬和福利待遇。"此规定肯定了公民劳动的合法性和受保护性，也表明了国家在调整薪酬关系上的基本态度，体现了社会主义国家的本质。同时，此项规定也是我国劳动法律制度制定的法律根据。其中，《中华人民共和国劳动法》（以下简称《劳动法》）是我国法律体系中调整薪酬关系的主要法律。该 1994 年 7 月 5 日由第八届全国人民代表大会常务委员会第八次会议通过，自 1995 年 1 月 1 日起施行。

合法性是薪酬管理的一个基本原则。掌握薪酬管理的法律制度对用人单位和劳动者都是必要的。尤其对于用人单位而言，知法守法是单位能够长期正常运行的前提。用人单位必须对国家在这一方面的立法清楚明了，从而在薪酬管理的过程中做到有法必依，不能为了本单位短期的经济利益而违反法律规定。

正如本书前面的章节提及，薪酬可分成直接薪酬和间接薪酬两个部分，直接薪酬主要是指工资、绩效工资、奖金、福利津贴、补贴、利润分享等经济性收入，间接薪酬主要是指员工福利、员工保护、法定休假、员工服务等非经济性收入。与此相对，我国调整薪酬关系的法律规范主要分为两个部分，即直接薪酬管理的法律制度和间接薪酬管理的法律制度，包含国家在工资、奖金、津贴、补贴、员工福利、法定休假、员工保护诸方面的所有法律制度。由于直接薪酬与间接薪酬本身在属性方面存在差异，调整这两者的法律的规范同样存在差异。因此，本章将对这两种法律关系进行分别论述。

一、薪酬管理立法以及监督的必要性

社会主义国家出于完善法制、保障公平、维护社会稳定和保护劳动者的需要，要对用人单位的薪酬管理进行立法规范。现阶段我国薪酬管理领域的法律体系还不够完善，随着一系列相关的法律法规的陆续出台，这一现状将得到改观，将为我国薪酬领域的"有法可依"的实现提供法律条件。

薪酬是绝大多数劳动者的主要收入来源，是劳动者本人及其亲属基本生活的经济保障。在微观层面上，薪酬的发放影响到劳动者的生活质量、工作积极性、用人单位的员工关系以及公共关系形象等；在宏观层面上，薪酬的发放又影响到国民收入的再分配、居民消费水平以及社会稳定等方方面面，因此，完善薪酬①立法是我国法制完善进程中的一个重要的组成部分。具体而言，薪酬管理立法以及监督的必要性体现在以下几个方面。

（一）完善社会主义法制

《中华人民共和国宪法》第四十二条第二款规定："国家通过各种途径，创造劳动就业条件，加强劳动保护，改善劳动条件，并在发展生产的基础上，提高劳动报酬和福利待遇。"《劳动法》第三条规定："劳动者享有平等就业和选择职业的权利、取得劳动报酬的权利、休息休假的权利、获得劳动安全卫生保护的权利、接受职业技能培训的权利、享受社会保险和社会福利的权利、提请劳动争议处理的权利以及法律规定的其他劳动权利。"两条规定都阐述了国家在薪酬管理方面的基本态度，但是并没有对薪酬管理的细节进行详细规定。国家制定劳动法的一个目的就是根据上述基本精神，在薪酬管理的领域进行立法，构筑完整的社会主义法制。劳动法是我国法律体系中一个重要的法律部门，而薪酬管理则是劳动法调整的一个重要对象。可见国家对薪酬管理的立法对于完善社会主义法制而言是十分必要的。完成对薪酬管理的立法使得用人单位在这一管理过程中有法可依，劳动者的薪酬权利可以得到法律保障。

（二）保障劳动者的经济利益

薪酬是绝大多数劳动者的主要收入来源。劳动者通过让渡劳动力使用权而获得薪酬，以此保障本人及其家人的生活需要。劳动者支付了劳动，则对用人单位产生了基本工资债权，基本工资总是与基本劳动的给付相对应的。从法律

---

① 许月明．劳动法学．重庆：重庆大学出版社，2003：129.

的角度看，工资具有债的属性，用人单位支付工资可视为履行债务的表现，因此是一种义务。可见，劳动者付出劳动后获取相应的薪酬回报是合理合法的。但是，对于用人单位来说，薪酬支出毕竟是一种成本，过高的薪酬成本会影响企业的产品成本和外部竞争力，因此不少的企业都千方百计地压低薪酬支出。例如在工资支付方面，个别不良的用人单位甚至通过折扣支付（即拒绝全额支付）、延迟支付（即拒绝按期支付）、变相支付（即拒绝货币支付而使用代用券、企业产品等形式支付）甚至拒绝支付的方法来减少自身的工资成本。在非直接薪酬支付方面的问题同样不容轻视，不少用人单位拒绝为员工缴纳社会保险费、拒绝全额缴付社会保险费（如本章预习案例即属此列）、拒绝提供法定的福利和员工服务、拒绝对员工的健康卫生提供法定的保护措施等。以上种种行为都严重危害到劳动者的切身利益，甚至使得他们的基本生活得不到保障。我国政府对于劳动者利益的保障向来是高度重视的。国务院总理温家宝曾多次批示要严肃查处拖欠农民工工资的行为，到了"以政府命令为农民工'讨债'"的地步，国家对保障劳动者利益的重视可见一斑。国家通过立法为保障劳动者权益提供了法律依据，通过加强监督、执法和司法，以法律的威严来维护劳动者的利益。同时，劳动者以及劳动者团体（如工会）也可以运用法律武器来捍卫自己的利益，监督用人单位的薪酬管理。

（三）保障社会的稳定和发展

这一点可以分解为三方面来理解。首先通过法律规范薪酬管理以保障国民收入再分配的公平性，防止社会内部矛盾激化；其次，通过法律规范薪酬管理以保证社会成员经济收入稳定；最后，通过法律规范薪酬管理以调整社会积累与社会消费的关系，促进社会经济的稳步发展。对于第一方面，国家在工资分配方面实行"效率优先，兼顾公平"的原则，把效率置于首位，使得公平分配的实现面临不可避免的阻力。例如个别企业为了激励员工提高技能，对低级技工和高级技工支付悬殊的工资，超出了公平标准的限制。为了维护工资分配上的"相对公平"（绝对公平是不可能的），国家必须在法律体系中加入禁止性法规，杜绝用人单位在工资分配上的各种歧视和不合理差距。对于第二方面，如前所述，薪酬是绝大部分劳动者的主要收入来源，维护劳动者薪酬收入稳定是保证劳动者的生活稳定的关键，也是保持社会和谐、稳定的基础。对于第三方面，由于劳动者是我国主要的消费群体之一，薪酬是他们可支配收入的主要构成部分，也是构成他们购买力的主要部分。国家通过法律规范薪酬的支付，对工资总额进行宏观调控，是为了正确处理国民收入的分配中消费和积累的关系，既不能过度积累削弱社会购买力，又不能过度消费制约社会再生产的投入。

(四) 规范用人单位的薪酬管理

合法性是用人单位进行薪酬管理的一个基本原则。国家在薪酬管理方面的各种法律法规以及相关的规定不仅包括强制性的法律规范，也包括指导性的法律规范。前者是用人单位必须严格遵守的，后者是给予他们在薪酬管理的过程中的一些指导意见。国家通过强制性与指导性相结合的方法来规范用人单位的薪酬管理，显得全面、有力。就用人单位而言，除了严格遵守强制性的法律规范以外，国家在很大程度上赋予用人单位制定薪酬政策的自由。在企业面临各种薪酬方案选择的时候，国家提供的指导性意见无疑是一种重要的参考。例如工资指导线制度和劳动力市场工资指导价位制度为企业确定平均工资提供了相当实用的参考。

二、我国工薪制度的历史沿革

我国的薪酬制度源远流长，了解其历史沿革对于更好地把握我国现行的薪酬制度是必要的。具有"中国特色"的薪酬制度源于中国古代的俸禄制度，历经后人的不断改革和完善，形成了今天的薪酬制度。虽然古代的薪酬制度跟现行的薪酬制度已经大不一样，但是我们从薪酬制度的沿革历程可以看见每一个时代的薪酬制度都与前一时代的薪酬制度具有密切的联系。了解我国工薪制度的沿革，对于更好地把握我国现行的薪酬制度是相当有帮助的。

(一) 中国古代的俸禄制度

所谓俸禄，即"俸银"和"禄粟"，是古代官吏凭借跟朝廷的隶属关系（本质还是一种雇用关系）从国库中获得的经济收入。与今天国家公务员受雇于政府并因此得到工资的性质相似。从字面理解，"俸"是一种货币形式的支付，而"禄"则是一种实物形式的支付，主要是基本生活资料。然而不同的时代，俸禄又有不同的形式。① 如春秋战国时期俸禄多折合成粮食发放；到西汉时期则钱粮并发；而到了唐宋时期，俸禄的具体构成更加多种多样，除了正常的俸禄外还发给薪炭、布帛、油、酒和役使服务型人员等。

俸禄是古代官吏从国家那里得到的物质生活资料，是其生活的基本保障。俸禄制度既是古代官僚制度的重要组成部分，又是古代"国民收入再分配"的一项重要制度。因此，俸禄制度不仅受所处朝代的政治制度和官僚制度的影响，而且受当时经济水平的制约，最终还是由社会生产力决定。

由于俸禄制度是统治阶级内部最为重要的分配制度，所以我国古代的统治阶级都相当重视发挥俸禄制度的积极作用。统治阶级注意利用俸禄制度的设计

---

① 金鸣，张敏.人力资源管理.北京：国际文化出版社，2003：322.

来约束、激励古代官吏的工作行为。历史上，俸禄制度一般具有分配、激励和养廉三个方面的作用。① 然而，俸禄制度只调整一部分人的"薪酬"，对于最大的社会群体——农民而言，中国古代根本不存在"薪酬制度"，因为雇用关系还未产生。

(二) 中华人民共和国建立初期建立的货币薪金制度

1949 年中华人民共和国建立以后，国家开始着手对不合理的工资制度进行改革。这一次工资制度改革由 1949 年持续到 1956 年才基本完成，在 1956 年到 1985 年近 30 年间，国家没有再对工资制度进行大的调整。概括地说，从 1949 年到 1985 年这 37 年可以划分为三个阶段。

第一阶段 (1949—1952 年)，这个阶段的特点是供给制与旧薪金制度并存。这是一个过渡阶段，这一阶段的特点是由当时企业的客观实际决定的。由于社会主义改造刚开始，企业里面保留了不少留用人员和工人，而同时国家又向企业派遣接管干部。这种"二元"的劳动力结构决定了工资制度进行改革之前存在的"二元工资制度"。国家派往企业的干部实行供给制，而企业的留守人员则实行旧的薪金制度。

第二阶段 (1952—1956 年)，薪金分制是这一阶段的特色。我国从 1952 年开始对旧有的薪金制度进行改革，开始实行薪金分制。薪金分制的内容是以"薪金分"这一计算单位来作为供给制人员的津贴标准和薪金制人员的薪金标准，取消了货币作为薪金计算单位的地位。每一个薪金分的值通常为国家统一规定的实物而不是货币。例如，当时，每一个薪金分含粮食 0.8 斤，植物油 0.05 斤，白布 0.2 尺。薪金分制是改货币为实物作为工资支付形式的制度。这一改变并非一种倒退，而是由我国当时特殊的客观情况决定的，它是供给制向货币工资制过渡的一种形式。

第三阶段 (1956—1985 年)，这一阶段实行的是等级薪金制。这一制度的特点是按工作本身属性和地区差异两个维度划分工资等级，不仅在同一个行业不同的职位有不同的工资标准，而且同一职位在不同的地区也有不同的工资标准。对于职位不同而导致的工资标准不同我们不难理解，而对于同一职位在不同地区的工资差异则主要是为了适应各地不同的物价水平和消费水平。从本质看，是通过设置名义工资的差异来调整实际工资，以达到实际工资的公平分配。具体而言，在同一个工资等级上，第 11 类与第 10 类工资的差距为 2.8%，第 10 类与第 9 类工资的差距也是 2.8%，如此类推所有的等级工资为等比数列，第 11 类地区的工资比第 1 类地区的工资要高出 30%。1956 年的工资改革

---

① 金鸣，张敏. 人力资源管理. 北京：国际文化出版社，2003：322.

标志着以等级工资制为主体的货币工资制在我国得到确立。这一制度在当时对我国的生产力的发展起了促进作用。然而在此后的30年里面，我国的工资制度没有进行过大的调整，传统的等级工资制渐渐与经济发展水平不相适应，成为束缚企业发展的非改不可的陈旧制度。

（三）改革开放初期的企业工资制度

为了解决传统工资制度与经济发展水平之间的矛盾，我国从1985年开始对传统工资制度进行结构性改革。此次改革主要是为了根据经济发展形势和企业内部分配实际，改革旧有工资制度建立正常的工资升级制度，以更好地配合经济体制的改革。具体而言，此次改革的主要任务是推行工资与效益挂钩的"工效挂钩"制度。改革措施包括以下方面：

1. 企业工资总额与企业效益挂钩。这一措施使得企业的工资制度不再跟随国家机关和事业单位的工资制度。"工效挂钩"的含义是国家在核定企业工资总额基数和确定工资总额与效益的增减比例的基础上，企业工资总额按照一定比例根据企业效益好坏而增减。工效挂钩的形式主要有以下几种：工资总额与企业产值挂钩；工资总额与实际产值挂钩；工资总额与上缴利税挂钩；工资总额与实际工作量挂钩；工资总额与创汇额挂钩等。改革通过"工效挂钩"的形式把"工资"这一物质利益与企业效益联系起来，对于提高企业的生产积极性和生产效率起了积极作用，同时也为企业内部的工资分配提供了前提条件。然而，由于企业的工资总额基数和挂钩的比例最终还是由政府主管部门决定的，所以这一时期的"工效挂钩"制度还带有行政化的色彩，企业工资制度还没有真正实现市场化。

2. 企业自主决定内部工资制度。企业内部工资制度的改革同样始于1985年，国家不再对企业的内部工资分配作统一的规定，而是赋予企业自主决定内部工资制度和分配方式。可供企业自主决策的内容包括工资水平、工资标准、工资形式、工资晋升办法等。各地企业纷纷开展了内部工资制度的自建，到了1988年，有大约40%的企业进行了内部工资改革，自主选择了各种不同的工资形式。

（四）市场经济条件下的企业工资制度

1992年我国确立市场经济的经济体制以后，我国的企业工资制度改革进入了一个新的时期。1992年党的十四大报告提出"加快工资制度改革，逐步建立起符合企业、事业单位和机关各自特点的工资制度与正常的工资增长机制"。1993年底《中共中央关于建立社会主义市场经济体制若干问题的决定》更加明确地提出了市场经济条件下的企业工资制度改革的具体目标，即国有企业在"两个不超过"的前提下自主决定工资水平和内部分配方式。具体来说，这一时期的工资制度改革的主要措施有：

1. 通过企业外部工资改革建立起"市场决定工资，企业自主分配 国家监督调控"的工资机制。到 1994 年，已经形成了几种工资增长的机制模式，即工效挂钩模式、"两个不超过"模式、"仿'三资企业'"模式。其中"两个不超过"指的是"企业工资总额增长不超过实现利税增长；企业职工平均工资增长不超过劳动生产率的增长"。在此前提下，企业可以根据国家有关政策和劳动力市场变化，自主决定工资增长水平。"仿'三资企业'"模式则是指除了遵守政府主管部门对改革初期的工资总额作出的规定外，企业可以在坚持经济效益、坚持劳动生产率高于平均工资增长率的前提下自主决定工资增长率。

2. 通过企业内部工资改革赋予企业在内部工资分配方面更多的自主权。具体改革措施包括：企业有权根据职工的劳动强度、劳动技能、劳动责任、劳动条件和实际贡献，决定工资奖金的比例和总额；企业可以实行岗位技能工资制或者其他适应本企业特点的工资制度，选择适合本企业的具体分配形式；企业有权制定职工晋级增薪、降级减薪的办法，自主决定晋级增薪、降级减薪的条件和时间。

3. 国家通过立法手段和宏观经济政策对工资分配实行宏观调控。国家在改革中增强了市场在工资分配上的基础决定作用，同时也增强了企业在工资内部分配方面的自主权。国家不再直接干预企业的工资分配决策和具体分配事务，而主要通过法律手段和经济手段进行间接调控。只要遵守国家有关的法律法规和相关政策，企业就具有工资分配自主权。

三、我国薪酬管理立法的总体精神

要理解我国薪酬管理立法的总体精神，必须首先分析薪酬在法学上的属性。薪酬是劳动者凭借与用人单位之间存在的雇用关系从中获取的经济性收入。在计划经济时代，劳动报酬是劳动者提供劳动而获得的消费品；而在市场经济条件下，劳动报酬则应视为劳动者让渡其劳动力使用权予劳动力使用者之后得到的一种对价补偿。有学者认为工资具有债的属性，"劳动者支付了基本劳动，则对用人单位产生了基本工资债权。基本工资总是与基本劳动之给付相对应"。① 这种理解不无道理。与其他意义的债的关系不同，工资在劳动者支付劳动以后直到工资得到支付之间的时间里都存在着债。一般的债的关系中债权人是有权向债务人要求实现债权的，但是在这一时间区间之内劳动者并没有

---

① 许月明. 劳动法学. 重庆：重庆大学出版社，2003：129.

行使自身的请求权,那是因为工资之债的两个法律关系主体在实际上的关系远比其他债的法律关系主体之间的关系密切,出于彼此之间存在契约和信任的缘故没有行使请求权。由于工资之债作为一种经济法律关系比起其他的债影响更为广泛,国家为了维护经济的正常运行,必须对这种债的实现提供强而有力的保障。

同时我国的社会主义国家本质也对国家在薪酬管理的立法方面具有决定性的影响。我国是人民当家做主的社会主义国家,维护工人阶级的利益是国家的一个基本使命。

下面我们具体分析一下国家在薪酬管理立法上的总体精神。

(一) 保护劳动者利益

《劳动法》第一条明确规定:"为了保护劳动者的合法权益,调整劳动关系,建立和维护适应社会主义市场经济的劳动制度,促进经济发展和社会进步,根据宪法,制定本法。"可见保护劳动者利益是国家包括薪酬立法在内所有劳动立法的第一要务。国家运用法律手段,以国家强制力为后盾,为劳动者的利益提供强有力的保障。

(二) 赋予企业内部工资分配的自主权

《劳动法》第四十七条规定:"用人单位根据本单位的生产经营特点和经济效益,依法自主确定本单位的工资分配方式和工资水平。"国家赋予企业在薪酬分配方面更多的自主权是市场经济的客观需要。薪酬政策关乎企业的外部竞争力,也是企业调动员工积极性的有力工具,赋予企业这一方面的自主权对于增强企业活力,促进企业效益提高具有重要作用。

(三) 维护国民收入再分配的公平

公平原则是贯穿我国劳动法的一个基本原则。国家在国民收入再分配问题上实行"效率优先,兼顾公平"的原则。《劳动法》第十二条、第十三条、第四十六条、第四十八条分别就就业歧视、性别平等、同工同酬、最低工资制进行规定。以上四条规定保证了不同特征的工人之间、不同性别的工人之间、相同职位的工人之间、收入水平悬殊的工人之间的收入公平。虽然在"效益优先"的前提下不可能实现绝对的公平,但是在一定程度上做到公平分配还是有可能的。维护收入公平对于扶助社会弱势群体,维护社会稳定,促进经济平稳发展有重要意义。

(四) 国家对工资分配进行宏观调控

《劳动法》第四十六条规定:"国家对工资总量实行宏观调控。"实际上,国家对工资总量进行调控只是国家对工资分配进行宏观调控的一个部分而已。例如对于工资的调控,国家通过《劳动法》、《工资支付暂行规定》、《企业最低工资制度》、《关于实施最低工资保障制度的通知》等进行由宏观而微观的规范。其他诸如福利、津贴、补贴、员工保护、员工福利、员工服务等方面都分别有自己的法律规范体系。国家的法律规范是国家对薪酬进行宏观调控的主要手段之一。

第二节 国家对直接薪酬管理的立法

薪酬可以分为直接薪酬和间接薪酬，前者指的是劳动者支付劳动后用人单位对其进行的经济支付；而后者指的是劳动者支付劳动后用人单位对其进行的非经济支付。这两种薪酬的一个重要区别是直接薪酬可以量化（或者说本来就已经是高度量化的），易于计量和比较；而间接薪酬主要是福利待遇、员工服务、法定休假、员工保护，这些形式的支付难以量化，也难以比较。基于这两者的区别，国家在对其进行的立法管理也呈现了不同的特点。对于直接薪酬，国家给予具体数字标准，例如最低工资线、指导工资线等，在监督和执法的时候也比较严格；对于间接薪酬，国家只是规定了实施原则、基本要求、指导意见，执法尺度也较之直接薪酬要松。本节将集中对直接薪酬管理的立法进行论述，而对间接薪酬管理的立法则在下一节另行论述。

此外必须补充说明的是，由于本节的内容跨薪酬管理和劳动法学两个知识层面，所以在"工资"以及"薪酬"的概念上两者存在的冲突使得读者可能会在阅读时遇到困难。事实上根据原劳动部《关于贯彻执行〈劳动法〉若干问题的意见》第五十三条的规定，劳动法中的"工资"一般包括计时工资、计件工资、奖金、津贴和补贴、延长工作时间的工资报酬以及特殊情况下支付的工资。可见，劳动法学意义上的"工资"跟薪酬管理学上的"直接薪酬"概念几乎重合。但是为了避免读者在查阅法律原件时遇到不必要的困难，以下一节将以该意见规定的内容作为"工资"的内涵，而不采用管理学的定义。所以读者在阅读下文时可近似地将"工资"视为管理学中的"直接薪酬"。

一、法定工资分配原则

《劳动法》第四十六条规定："工资分配应当遵循按劳分配原则，实行同工同酬。工资水平在经济发展的基础上逐步提高。国家对工资总量实行宏观调控。"结合我国现时的工资分配制度总结，法定工资分配的五个原则是：

（一）按劳分配原则

根据我国宪法规定，按劳分配制度是调整社会产品分配的基本原则，其含义是按照劳动者付出的劳动力的数量和质量来分配个人消费品。在市场经济条件下，由于价值规律的作用，按劳分配是以劳动力的实现程度为分配标准的，而且按劳分配是从整个社会的长期趋势来说的。实行按劳分配原则的意义是一方面有利于调动劳动者的积极性，另一方面有利于国家、集体和劳动者个人利益的有机结合。

（二）同工同酬原则

此原则要求用人单位对于相同职位或从事相同工作、劳动量相等且劳动成果相同的劳动者，支付相等的报酬。同工同酬原则是按劳分配原则的体现，也是国家在薪酬立法上公平精神的重要体现。同工同酬原则反对歧视，对于同工同绩的职工，性别、学历、背景、人际关系等，都不应成为对其支付有差异的工资的理由。同工同酬原则并不意味着平均主义，相反同工同酬原则具有反对平均主义的属性，因为同工同酬原则还意味着对不同的工作付出给予不同的报酬。

（三）工资水平随经济发展逐步提高原则

此原则是指一定区域一定时期内，劳动者的社会平均工资水平应随着经济发展水平的提高而逐步提高。社会主义的生产目的是不断满足人民日益增长的物质文化需要。正是这一目的决定着本原则的存在。由于通货膨胀的存在，固定不变的名义工资会使实际工资持续下降。为了保证实际工资不下降或适当上升，应相应调高名义工资。工资水平随经济发展逐步提高原则要求，在国民收入分配和工资分配中，应当正确处理积累与消费的关系，保持工资水平与经济发展水平相协调，形成一种适应社会主义市场经济，既符合社会主义生产目的，又能促进经济发展的工资增长机制。这一原则有三层内涵：一是工资水平的提高必须以经济发展为前提；二是在劳动生产率提高，经济有一定发展后，工资水平应当有相应的提高；三是应确立一个经济增长与工资增长的科学比例，使工资增长制度化。

（四）用人单位自主分配原则

此原则是指用人单位有权依法自主确定本单位的工资分配方式和工资水平。赋予用人单位分配自主权，是市场经济的客观要求。工资分配自主权的内容主要包括两个方面：一是工资分配方式确定权；二是工资水平确定权。用人单位自主分配内部工资的过程中应该注意：在行使自主权时要遵循按劳分配原则，根据劳动力市场现状和本单位内部情况进行分配；用人单位的自主权要在法定范围内行使。

（五）国家宏观调控原则

此原则是指国家通过法律的、经济的以及必要的行政手段，以社会公正和社会进步为目标，对工资分配中的不合理因素或现象实行国家干预和调整。国家的宏观调控主要是对全国工资总量进行调节和控制，以确保工资总量的增长与国民经济发展保持一个科学、合理、协调的比例关系。国家对工资总量进行适度调控，有利于保护劳动者的经济利益，有利于为用人单位创造公平的竞争环境，保持经济总量平衡，保证国民经济持续、稳定、协调发展。

二、国家关于工资分配制度的法律规定

工资分配制度在用人单位的意义上说，是用人单位决定其内部工资分配的所有规定的总称。《劳动法》第四十七条规定：用人单位根据本单位的生产经营特点和经济效益，依法自主确定本单位的工资分配方式和工资水平。可见，我国劳动法赋予了企业自主决定内部工资分配的权利。现在用人单位比较普遍使用的内部分配确定方式有立法确定、谈判确定和用人单位确定三种。具体的说，不同的用人单位的内部工资分配制度随用人单位的性质不同而不同：国家机关的基本工资制度由法律和国家的相关政策规定；企业的基本工资制度由企业依法自主确定；事业单位的基本工资制度则部分由法规政策决定，而部分由本单位自主确定。我国用人单位现在普遍使用的工资制度主要有以下几种：

1. 岗位技能工资制度。这种工资制度有两个评判标准。既考虑岗位因素，即岗位劳动责任、劳动强度、工作环境，又考虑岗位的技能要求和劳动者本身具有的技能。因此这种工资制度比较全面和公平，得到了企业的普遍采用。

2. 岗位工资制度。以岗位的劳动强度、工作条件、工作责任为标准确定工资高低的制度。这种制度适用于高度分工、高度专业化和技术比较单一的企业。

3. 等级工资制度。此制度以技能因素或者职位因素作为标准划分等级，按照等级的高低来支付工资。这种制度适合于技术含量高、同质性差的工作职位。

4. 结构工资制度。此制度把工资划分为若干部分，即：基础工资、职务工资、工龄工资、奖励工资，支付时逐项计算各项工资的数额，然后把数额加总得到应该支付的总工资。这种制度在国家机关、事业单位比较普遍。

5. 效益工资制度。此制度把企业的工资总额与企业的经济效益挂钩，由经济效益的好坏来决定企业工资总额的多少。这种制度从1985年起在国有大中型企业实行。

对于效益工资制度，国家特别作了法律规定。1993年由劳动部、财政部、国家计委、国家体改委、国家经贸委五个单位联合发布的《国有企业工资总额同经济效益挂钩规定》对工效挂钩进行了详细的规定。主要规定有以下几条：

第二条：工资总额同经济效益挂钩（以下简称工效挂钩）目前是向社会主义市场经济体制转换过程中，确定和调控企业工资总量的主要形式。企业实行工效挂钩办法，必须坚持工资总额增长幅度低于本企业经济效益（依据实现利税计算）增长幅度、职工实际平均工资增长幅度低于本企业劳动生产率（依据净产值计算）增长幅度的原则。这也就是所谓的"两个低于"标准，这是"工效挂钩"的原则。

第五条：实行工效挂钩，应以能够综合反映企业经济效益和社会效益的指标作为挂钩指标，一般以实现利税、实现利润、上缴税利为主要挂钩指标；因企业生产经营特点不同，也可将实物（工作）量、业务量、销售收入、创汇额、收汇额以及劳动生产率、工资利税率、资本金利税率等定为挂钩指标。此条规定了可以作为挂钩标准的具体指标。

第七条：经济效益指标基数要按照鼓励先进、鞭策后进的原则核定，既对企业自身经济效益高低、潜力大小进行纵向比较，又进行企业间的横向比较。经济效益指标基数，一般以企业上年实际完成数为基础，剔除不可比因素或不合理部分，并参照本地区同行业平均水平进行核定。

第十一条：企业的挂钩工资总额基数，原则上以企业上年劳动工资统计年报中的工资总额为基础核定，实行增人不增工资总额、减人不减工资总额的办法。

第十六条：企业工效挂钩的浮动比例，根据企业劳动生产率、工资利税率、资本金利税率等经济效益指标高低和潜力大小，按企业纵向比较与企业之间横向比较相结合的方法确定。挂钩的浮动比例一般按 1∶0.3~0.7 核定。少数特殊的企业，其浮动比例经过批准可适当提高，但最高按低于 1∶1 核定。

第十八条：挂钩基数、浮动比例的核定，可以实行"环比"办法，办法每年核定一次；也可以采取"定比"、"工资系数"或"工资含量"法，一定三至五年不变。

三、国家关于工资结构的有关规定

为了保障工资全额支付和不低于最低工资标准，便于核算、统计和监督，国家对工资的结构作了专门的规定。根据原劳动部《关于贯彻执行〈劳动法〉若干问题的意见》第五十三条的规定，劳动法中的"工资"一般包括计时工资、计件工资、奖金、津贴和补贴、延长工作时间的工资报酬以及特殊情况下支付的工资。（必须补充的是，如前文所述，劳动法学意义上的工资跟管理学意义上的工资不一样，管理学上的工资的范畴要比劳动法学上的工资要小得多。事实上劳动法学上的工资跟管理学上的直接薪酬概念几乎一样。）根据该意见的规定，劳动法学的工资结构主要包括以下几个部分：

1. 基本工资，即标准工资，是劳动者依法根据劳动协议在法定时间内提供正常的劳动而得到的报酬。通常分为计件工资和计时工资两类，具有常规和稳定的特征。

2. 奖金，是用人单位对劳动者的额外实际劳动贡献（如加班、节约成本、增产等）进行的一次性的经济奖励。形式包括：超额奖、节约奖、产品质量奖、安全奖、勤工奖、综合奖等。

3. 津贴，是对劳动者因工作环境特殊而造成的额外的体力或经济付出所作的补偿。包括特种作业津贴、保健津贴、特殊贡献津贴、年功性津贴等。

4. 加班加点工资，指的是工人在法定时间外为企业支付劳动而应该得到的超出标准工资标准的报酬。加班加点工资的计算标准与基本工资不一样，一般要比基本工资高。根据《劳动法》第四十四条的规定：①安排劳动者延长工作时间的，支付不低于工资的150%的工资报酬；②休息日安排劳动者工作又不能安排补休的，支付不低于工资200%的工资报酬；③法定休假日安排劳动者工作的，支付不低于工资的300%的工资报酬。

5. 特殊工资的支付。国家规定凡员工基于不同原因请假的，企业应根据其具体情况全部支付或者折价支付劳动者工资，详细规定请参看本节"工资支付的法律制度"。

特别地，《关于贯彻执行〈劳动法〉若干问题的意见》还明确规定，以下劳动收入不属于工资收入范围：①单位支付给劳动者个人的社会保险福利费用；②劳动保护方面的费用；③按规定未列入工资总额的各种劳动报酬和其他劳动收入，如发明创造奖、国家星火奖、自然科学奖、稿费、讲课费、翻译费等。

四、最低工资保障制度

最低工资制度早在19世纪末就已经在国外产生。中华人民共和国成立前后也曾经规定过要实施这一制度，但是由于我国长期实行劳动力国家统一雇用的用工制度，没有制定最低工资法。20世纪90年代，随着市场经济地位的确立，最低工资制具备了建立的必要性。原劳动部于1993年11月颁布了《企业最低工资规定》，规定中华人民共和国境内所有经济类型的企业使用最低工资制度。1994年颁布的《劳动法》第四十八条明确规定：国家实行最低工资保障制度。2004年1月颁布的《最低工资规定》又将最低工资的适用范围进行了扩展，对于用人单位来说民办非企业单位和有雇工的个体工商户，以及与劳动者建立了劳动合同关系的国家机关、事业单位、社会团体也适用最低工资制度；对于劳动者来说，包括固定工、临时工、农民工、短期用工以及试用、熟练、见习期的劳动者均包含在内。到现时为止全国绝大多数的省、市、自治区都实施了最低工资保障制度。

最低工资的内涵是劳动者履行了合乎法律和劳动协议的基本劳动，用人单位应支付给劳动者的以基本工资计算的最低工资数额。国家制定最低工资保障制度的目的在于保障劳动者取得足以保障其自身基本生活需要和满足其必要赡养亲属需要的工资数额。

最低工资标准是由政府确定的，以时间为单位可以进行换算。因为全国各地区收入水平、物价水平和消费水平的差异，国家没有使用立法明确确定的办法来规定最低工资率，而是由国家公布最低工资的原则和有关规定，授权各省、市、自治区依法根据各地自身具体情况，经过与省级工会和企业联合会的充分磋商和研究确定并呈报劳动和社会保障部审批。

《劳动法》第四十八条规定：确定和调整最低工资标准应当综合参考下列因素：①劳动者本人及平均赡养人口的最低生活费用；②社会平均工资水平；③劳动生产率；④就业状况；⑤地区之间经济发展水平的差异。同时，在实际操作中，最低工资标准还应该满足"高于当地的社会救济金和待业保险金标准"和"低于社会平均工资水平"两个要求。

最低工资计算方法有多种，其中恩格尔系数法和比重法是我国《最低工资规定》推荐使用的两种方法。前者是以食品最低支出除以恩格尔系数得到最低生活费用标准，乘以赡养系数，再加上一个调整数得到的。后者则通过调查确定一定比例的最低人均收入户为贫困户，统计出其人均生活费用支出水平，乘以赡养系数再加一个调整数得到。

最低工资制度制定、发布和调整的法定程序是：①拟定草案。省、市、自治区的劳动保障部门依法根据国务院劳动和社会保障部的指导，经过跟同级工会、企业联合会/企业家协会研究，拟定方案并报送劳动和社会保障部。②意见征询。劳动和社会保障部收到了方案后征求全国总工会、中国企业联合会/企业家协会意见，并对方案提出修订意见；若在方案收到后 14 天内未提出修订意见的，视为同意。③审批。省、市、自治区劳动和社会保障部应将劳动和社会保障部批准的方案提请省、市、自治区人民政府批准。④最低工资方案得到省、市、自治区批准后应在批准后 7 天内在当地政府公报和至少一种全地区性的报纸上发布，并在发布后的 10 天内将最低工资标准报劳动和社会保障部。用人单位应在最低工资保障标准发布后 10 天内将该标准向本单位全体劳动者公示。⑤最低工资标准公布后，如果最低工资标准参考的各种因素发生较大变化，要对其进行适时调整。最低工资标准至少每两年调整一次。

最低工资标准的法律效力主要有：①用人单位支付给劳动者的工资不得低于其适用的最低工资标准。②各级人民政府的劳动保障行政部门负责对最低工资标准执行情况进行检查监督。③工会有权对最低工资标准执行情况进行监督。

五、工资支付的法律制度

工资支付法律制度制定的目的在于保障劳动者的工资得到及时、全额、定期、货币性的支付，从而维护劳动者的经济利益，杜绝用人单位拒付、克扣、拖欠工资的行为。

（一）工资支付的原则

《劳动法》和1994年12月发布的《工资支付暂行规定》对工资支付进行了具体的规定，在工资支付过程中，企业必须遵守以下六项原则：

1. 货币支付。只可以通过货币进行支付，禁止使用实物、证券或其他非货币形式、流通性不佳的形式支付。

2. 对本人支付。只可以对劳动者本人支付。若本人因特殊情况不能亲自领取的可委托他人代领。

3. 全额支付。禁止无故克扣工资，法定代付代扣的工资或依法应予扣减的情况除外。

4. 定期支付。工资一般按月支付。如果是以小时、日、周计算工资的，可按小时、日、周支付工资。对于假期、企业周转等因素造成无法按期支付的，应以尽快、及时原则支付。

5. 定地支付。一般在营业场所支付。

6. 急用支付。劳动者因病或其他重大事情急需用钱的，用人单位应根据情况提前支付。

（二）工资支付的特殊情况

在特殊情况下，即使劳动者没有付出劳动，用人单位也应该根据国家有关规定支付工资；而劳动者支付了与平常相等的劳动，用人单位则须超额支付报酬，主要包括以下情况：

1. 视为正常工作，应照常支付的有：依法参加社会活动如行使选举权或被选举权；当选代表出席乡镇以上的各种代表会议；出任人民法庭证人；出席劳动模范、先进工作者大会；工会法规定的不脱产工会基层委员会委员因工作活动占用的生产或工作时间；劳动者依法享受带薪假期，女职工在孕期内定期检查身体的。

2. 需要超额支付的有：安排劳动者延长工作时间的，支付不低于工资的

150%的工资报酬；休息日安排劳动者工作又不能安排补休的，支付不低于工资200%的工资报酬；法定休假日安排劳动者工作的，支付不低于工资的300%的工资报酬。

3. 需要根据双方协议支付的有：劳动者依法享受的法定假日、年休假、探亲假、婚丧假期间，用人单位应按劳动合同规定的标准或基本工资标准支付劳动者的工资。

4. 其他情况的支付有：劳动者受行政处分后仍留在原单位工作或受刑事处分后重新就业的，主要由用人单位根据具体情况确定工资；劳动者受刑事处分期间，其工资待遇按国家有关规定执行；国有企业职工大会讨论通过并报企业行政主管部门备案的有限期假期期间，企业发给不低于最低工资标准的生活费。

（三）欠薪支付的保障制度

为了更好地保障工资的支付，防止拖欠和拒付工资行为对劳动者利益造成损害，国家和地方政府制定了一系列保障欠薪的支付制度，主要有：

1. 欠薪索赔优先权制度。法律赋予劳动者优先从欠债单位财产中取得清偿的权利。特别地，劳动和社会保障部与建设部于2004年联合发布了《建设领域农民工工资支付管理暂行办法》规定"业主或工程总承包企业未按合同约定与建设工程承包企业结清工程款，致使建设工程承包企业拖欠农民工工资的，由业主或工程总承包企业先行垫付农民工被拖欠的工资，先行垫付的工资数额以未结清的工程款为限。企业因被拖欠工程款导致拖欠农民工工资的，企业追回的被拖欠工程款，应优先用于支付拖欠的农民工工资。"

2. 欠薪预警制度。政府主管部门保持对工资发放情况的常规检查，一旦发生欠薪即下达预警通知书，责令限期改正。预警期间，劳动保障部门对欠薪单位定期进行抽查，用人单位应将工资支付情况报劳动保障行政部门备案。对整改期间恶意拖欠、整改不力的用人单位予以媒体曝光。

3. 欠薪报告制度。当企业发生欠薪情况后，必须向企业主管部门填报《企业欠薪情况报告书》，内容应包括欠薪金额、人数、原因、偿还计划、进度和保证措施。

4. 欠薪保障基金制度。这是指由专门机构依法筹集建立一个基金，一旦发生欠薪情况时用于向劳动者垫付欠薪的制度。

5. 欠薪责任追究制度。该项制度既对欠薪企业也对欠薪企业经营者进行责任追究。对于欠薪企业的经营者，禁止出国，取消评先、奖励资格，年薪制者削减年薪，严重的要移交司法处理。对于欠薪企业，凡欠薪必须向有关部门报告欠薪原因，欠薪2个月以上，要与劳动者签订偿还协议，并且记录在案，进行重点监控。欠薪 3 个月以上，要与工会签订偿还协议，对于经常发生群体性欠薪的企业，取消投标资格。

六、政府对工资宏观调控的若干制度

国家对工资的宏观调控是指国家通过综合利用法律、经济、行政手段对各地、各行业、各部门、各单位的工资总量及相互对比进行的调节和控制，以达到促进资源优化配置和经济协调发展的目标。国家对工资的宏观调控主要是对工资总额进行宏观调控。所谓工资总额，根据国家有关规定，由计时工资、计件工资、奖金、津贴和补贴、加班加点工资、特殊情况下的工资支付等六个部分构成，不包括各种政府奖励、福利支出、劳动保护支出等。[①]

调控地区、部门工资水平的制度主要有以下几种：

（一）工资指导线制度

国家依据劳动生产率的提高、经济的增长以及物价水平的提高，结合劳动力市场的状况，提出对工资增长的指导意见，以对企业工资进行宏观调查，是市场经济条件下国家以非强制手段调控工资的一种手段。所谓的工资指导线是由三条线组成的，分别是预警线、基准线和下线。预警线是对工资水平较高的企业提出的适度增长的预警提示。基准线是对于大部分的效益正常的企业提供的工资增长基本要求。下线是针对效益下降或者亏损的企业工资增长的起码要求，下线可以为零增长也可以为负增长，但应符合最低工资标准。

（二）劳动力市场工资指导价位制度

政府有关部门对各类职业工资水平进行广泛调查、统计、分析和修正并公布有代表性的指导价位，以指导用人单位进行工资定价。这种制度把市场的决定作用和国家宏观调控结合起来，通过提供关键信息帮助企业调节对劳动力的定价，是企业对劳动力进行定价时的重要参考。

（三）人工成本预测预警制度

这是政府有关部门通过调查、收集和整理社会人工成本信息，定期公布，对人工成本过高的企业进行预警的制度。特别地，对于国有企业的工资总额的控制，国家另有详细规定：根据原劳动部发布的《全民所有制工业企业工资总额管理暂行规定》，对国有企业工资总额，实行国家宏观调控、分级分类管理、企业自主分配的管理体制。国有企业工资总额一般采用"工效挂钩"的办法或者"工资总额包干"的办法确定。国有企业对工资总额自主分配必须满足国家规定的"两个低于"的原则，即：企业工资总额的增长幅度低于经

---

① 国家统计局．关于工资总额组成的规定，1990-1-1．

济效益的增长幅度，职工实际工资增长幅度低于劳动生产率的增长幅度。

第三节　国家对间接薪酬管理的立法

间接薪酬是用人单位支付给劳动者的所有非经济形式的外在报酬，包括员工福利、员工保护、法定假期、员工服务等。间接薪酬具有以下几个特点：法定性，无论是员工保护还是员工福利或者法定假期，都有明显的强制色彩；无差异性，跟直接薪酬不同的是间接薪酬的支付基本上与劳动者的技能、岗位或业绩没有关系，只要是同一个单位的劳动者，间接薪酬的待遇基本上是无差异的；非经济性，间接薪酬一般不会以经济收入的形式支付，而是以服务、实物的形式支付，这是间接薪酬与直接薪酬的主要区别；劣量化性，指的是间接薪酬的量化难度大，不少间接薪酬支付造成的成本是以隐性支出的形式出现的，计量、比较困难。

间接薪酬的特点决定了国家对间接薪酬立法的特点。国家对间接薪酬的立法主要有以下几个特点：

1. 注重对员工的劳动提供软硬件保障，解决职工的后顾之忧。
2. 法律标准多具有单向性的特点，即许多标准是以"不低于"、"不得超过"等形式提出的，国家只对其上限或下限作规定。
3. 许多法律制度具有明显的扶弱色彩。对于处于弱势的劳动者如未成年人、女职工、退休人员、失业人员等给予专门的保障。

一、国家关于员工福利管理的法律制度

员工福利指的是员工由于与用人单位之间雇用关系的存在而从用人单位所获得的保障生活质量的物质待遇，包括退休福利、健康福利、带薪休假、实物发放、社会保险诸方面。

国家对员工福利的规范主要体现在对社会保险的规范方面。因为社会保险涵盖退休福利、健康福利、生育福利、失业保障、工伤医疗等方面的基本要求，是国家能够通过法律的形式予以确定的。社会保险又分为法定社会保险、企业补充保险计划和员工个人社会保险。其中法定社会保险即根据国家法律法规建立的保险制度，具体包括养老保险、医疗保险、失业保险、生育保险和工伤保险。

（一）养老保险

养老保险是针对退出劳动领域、没有劳动能力的老年人实行的保险，旨在保障退休老人的基本生活。养老保险在所有社会保险制度中覆盖面最大，社会

稳定保护作用最大，是基本的社会保险项目。

我国的养老保险是一种社会统筹与个人账户相结合的模式。该模式在基本养老保险基金的筹集上采用传统的基本养老保险费用筹集模式，由国家、单位和个人共同负担；基本养老保险基金实行社会互济；在基本养老金的计发上采用结构式的计发方法，强调个人账户养老金的激励因素和劳动贡献的区别。

我国建立的是多层次的养老保险结构，包括三个层次。第一层次：基本养老保险，是法定的、强制性的、满足基本需要的基础保障；第二层次：企业补充养老保险，是由企业根据本身的经济实力和员工需要补充的，具有非强制性和辅助性的特点；第三层次：个人储蓄性养老保险，是员工自愿建立的、补充性的养老保险。

在基金筹集方面，根据《国务院关于建立统一的企业职工基本养老保险制度的决定》及其相关规定，采取国家、单位、个人三方共同负担的模式，基金基本来源是：

1. 企业缴纳部分，企业需按职工工资总额缴纳基本养老保险费，一般不超过员工工资总额的20%，具体标准由省、市、自治区人民政府规定。

2. 个人缴纳部分，工资基数按职工本人上年度月平均工资确定，缴费比率从1997年开始不得低于个人月工资总额的4%，从1998年起每两年上调1%，直到达到8%为止。对于职工工资超过当地月平均工资200%或300%的部分不算入工资总额，对于不足当地工资平均值60%的，按60%计算。

3. 政府财政补贴，国家对基本养老保险基金给予必要的补贴。

4. 其他收入，包括基金利益收入、各种捐赠和滞纳金等。

对于养老保险的个人账户，国家也进行了规定。主要包括以下几点：

1. 个人账户基金按个人工资的11%缴纳。

2. 个人缴纳的保险费用全部划入个人账户，同时使企业缴纳划入的部分逐步降至3%。

3. 个人账户参考银行当期存款利率计算利息。

4. 个人账户的养老基金必须用于养老用途，不得提前提取。职工死后个人账户中个人交费部分的余额由指定受益人或者法定继承人领取。企业交费部分划入社会统筹基金。

对于基本养老基金的计发办法，采取"因时而异"的办法，即对于不同时期参加工作、参加养老保险的劳动者采取不同的计发办法。具体而言，《国务院关于建立统一的企业职工基本养老保险制度的决定》发布实行之前已经参加工作并已退休者按1978年《国务院关于工人退休退职暂行办法》执行；《国务院关于建立统一的企业职工基本养老保险制度的决定》实行后参加工作，个人缴费累计满 15 年者，退休后按统一制度的养老金计发办法按月发给基本养老金；《国务院关于建立统一的企业职工基本养老保险制度的决定》实施前参加工作，实施后退休且个人缴费年限计满 15 年的人员，按新老办法平稳衔接、待遇基本平衡的原则计发过渡性的养老金。

(二) 医疗保险

医疗保险是国家为了保障劳动者在非工伤或患病期间基本医疗需要而建立的保险制度。与养老保险相似的是，医疗保险的结构也分为三个层次：基本医疗保险、企业补充医疗保险、个人补充医疗保险。

《国务院关于建立城镇职工基本医疗保险制度的决定》第二条规定：基本医疗保险费用由用人单位和个人共同缴纳。医疗保险基金的来源和缴费标准，具体如下：

1. 单位缴费的比例是职工工资总额的 6%；
2. 职工个人缴费的比例是个人工资总额的 2%；
3. 基本医疗保险基金的利息收入；
4. 依法纳入医疗保险的其他资金。

基本医疗基金实行社会统筹与个人账户相结合的原则。职工缴费的部分全部划入个人账户。单位缴费的部分，一部分划入统筹基金，一部分划入个人账户，具体比例由地方自行确定，一般纳入统筹基金的部分为 70% 左右，而归个人的则为 30% 左右。

(三) 失业保险

失业保险是国家为保障非自愿失业的劳动工龄职工的基本生活，促进其再就业的保险制度，主要包括物质救济和再就业服务两个部分。

失业保险基金的来源主要是单位、个人、政府三方面。其中单位和个人是主要来源，一般用人单位支付工资总额的 2%，职工本人支付工资的 1%，比例可以适时调整，职工的缴费部分由用人单位按月代扣。此外，政府给予失业保险基金一定的财政补贴。特别地，国家规定，农民合同工制工人本人免缴失业保险费，由用工单位在解除合同后给予一次性的补助。

失业保险金的领取的法律规定如下：

失业人员失业前所在单位和本人按照规定累计缴费满 1 年不满 5 年的，领取失业保险金的最长期限是 12 个月；

累计缴费满 5 年而未满 10 年的，领取的最长期限是 18 个月；

累计缴费超过 10 年的，领取的最长期限是 24 个月。

失业人员重新就业后，缴费累计年限重新计算，缴费累计年限可与前次未领取期限合计，但领取的最长期限不能超过 24 个月。

失业保险金的给付标准由省、市、自治区依法确定，一般不低于城市最低生活保障标准，不高于当地最低工资标准。

（四）工伤保险

工伤保险是国家为因工作而遭受事故伤害或罹患职业病的职工提供医疗保障和经济补偿的保险制度。

工伤保险采用社会统筹的模式，个人不需要缴纳工伤保险费。保险基金的来源主要是用人单位缴纳的工伤保险费，此外还包括基金的利息收入和其他依法应该纳入工伤保险基金的资金。

工伤保险费的缴费比率采用双轨计算的办法，即由"行业差别费率"和"行业内浮动费率"联合计算。所谓"行业差别费率"是国家根据不同行业工伤保险风险程度的不同而确定的，一般都在1%左右。"行业内浮动费率"是指在一个行业内某一企业的缴费比率是浮动的。企业首次缴费按基准费率缴纳，以后按工伤保险费使用程度、工伤发生率、职业危害程度进行相应调整。

（五）生育保险

生育保险是国家为了保障怀孕期和分娩期的妇女的基本物质生活而建立的保险制度。

生育保险基金来源主要是用人单位缴纳的生育保险费，职工不需缴纳。具体缴纳的费率由地方人民政府按计划生育人数、生育医疗费用等确定，可据费用支出适当调整，最高不超过工资总额的1%。

生育保险基金的支付主要包括生育津贴和生育医疗服务两个方面。前者主要是给予职业妇女现金补助，以职工所在单位月平均工资为标准发放，最少发放3个月。后者主要是提供给职业妇女或者男性员工的妻子的生育相关医疗服务。此外，职工的法定的生育治疗费由生育基金支付。没有开展生育保险的地区，生育津贴和法定范围内的生育医疗费由用人单位负责。在职工领取生育津贴的同时应该按规定继续缴纳社会保险费。

二、国家关于劳动保护的法律制度

《劳动法》第三条规定：获得劳动安全卫生保护是劳动者的权利。用人单位有责任为劳动者提供足以保障其安全和健康的工作环境和防护措施。国家在这一方面的一系列法律法规体现了我国政府对此的重视，也说明了劳动保护本身的重要性。劳动保护对维护员工基本人权和生命安全，保护人力资源十分重要。

我国劳动保护法以宪法为指导，以劳动法为核心，包括一系列专门性的规范文件。这一体系主要分为四大板块，即劳动安全方面、劳动卫生方面、女职工特殊劳动保护方面和未成年工劳动保护方面。

(一) 劳动安全方面的主要规定

1. 用人单位必须保证劳动者所在劳动场所的安全。必须保证生产设备、作业器械合乎国家规定的标准，并定期检修。必须为劳动者的安全作业提供防护措施。对作业人员进行必要的考查以保证其适合作业工作，必须选用质量可靠的防护用品并定期检修。

2. 生产经营单位的主要负责人全面负责本单位安全生产工作。在此基础上分管安全的领导和专职人员负直接安全责任，总工程师负安全技术领导责任，部门负责人在各自分管范围内对安全生产负责任，工人也有按章操作、安全生产的义务。

3. 加强安全教育和培训，保证工人对安全生产的知识和技能的掌握。对特种作业操作实行执证上岗制度。

4. 劳动安全技术措施应该专人专管、专款专用，应当将劳动安全技术措施计划置于与生产计划同等的地位。

5. 安全设施投资纳入项目预算，填写安全卫生项目验收表并进行审查验收，对安全卫生设施同主体工程同等对待，保证安全卫生设施的质量。

6. 用人单位发生安全事故后必须立即报告监督部门和当地政府。必须对事故进行认真的调查和处理。县级以上地方各级政府须对本区域内安全事故情况进行统计，并定期向社会公布。

7. 县级以上的地方各级人民政府应当根据本区域内的安全生产状况，组织有关部门按照职责分工，对本地区的安全生产进行检查并做书面记录。

8. 对与劳动安全联系特别紧密的有关人员、单位和物质技术进行认证，凡认证不合格者不得从事或应用于职业活动。

9. 严厉规管劳动防护用品的研制、生产、经营、进口、发放和使用，全面保证劳动防护品的质量，并定期检查、维护和更换。

(二) 劳动卫生法律方面的主要规定

1. 加强对有害物质、环境和辐射的防护和治理。保证有合乎要求的通风和照明条件，满足职工的卫生保健的特殊营养保健需要。

2. 设置专门的职业卫生管理机构，配备专门人员负责职业病防治工作。制定职业危害控制计划、方案，建立系统的职业卫生保障系统。

3. 对用人单位负责人和劳动者进行职业卫生培训。

4. 对职业健康检查医疗卫生机构、职业病诊断医疗机构、职业卫生服务机构、职业病诊断鉴定委员会人员、与职业卫生联系特别紧密的物质技术要素进行认证。

5. 建设单位在建设前应该向卫生行政部门提交职业病危害预评价报告，经审核通过后项目方可开展。

6. 建设项目的卫生和职业病防护设施所需费用应纳入建设项目工程预算，与主体工程同时设计，同时施工，同时投入使用。

7. 建立对职业病危害事故的报告、调查处理和统计制度。

8. 对粉尘作业的单位必须保证施工场所粉尘浓度合乎国家标准，并对施工人员进行防尘知识考核，合格方可上岗，提供防尘设施和防尘的防护用品。

9. 对放射性作业、高毒作业进行特殊管理。严格保障作业场所的安全，保证作业人员熟悉安全作业操作流程及应急防范措施，提供特殊防护设施和个人防护用品，加强作业人员和管理人员的防范意识。

（三）女职工的特殊劳动保护方面

1. 禁止安排女职工从事矿山井下、国家规定的第四级的体力劳动强度的劳动和其他禁忌从事的劳动。女职工禁忌劳动范围具体包括：（1）矿山井下劳动。（2）森林伐木、归楞及流放作业。（3）《体力劳动强度分级》国家标准第四级体力劳动强度的作业。（4）建筑业脚手架的组装和拆装作业，以及电力、电信行业的高处架线作业。（5）连续负重每次超过20公斤，间断负重每次超过25公斤的作业。

2. 女职工在月经期间禁止从事的劳动范围：（1）低温作业。（2）《体力劳动强度分级》国家标准中第三级体力劳动强度的作业。（3）《高处作业分级》国家标准中第二级（含二级）以上的作业。

3. 女职工怀孕7月以上不得安排延时工作和夜班劳动。禁止孕期女职工在有害胎儿成长发育的场所工作，禁止孕期女职工从事《体力劳动强度分级》国家标准中第三级体力劳动强度的作业，禁止孕期女职工从事伴有全身强烈震动的作业，禁止孕期女职工从事工作中需要频繁弯腰、攀高、下蹲的作业，禁止孕期女职工从事《高处作业分级》国家标准中所规定的高处作业。

4. 对于产期的女职工用人单位给予不少于90天的产假，难产的增加15天产假，多胞胎生育每多生一胎，增加产假15天。不得降低女职工产假期间的工资。

5. 对于哺乳期的女职工每天给予两次哺乳时间，每次30分钟。不得安排哺乳期女职工在有害婴儿成长发育的场所工作。不得安排哺乳期女职工从事《体力劳动强度分级》国家标准中第三级体力劳动强度的作业，不得安排延时工作和夜班劳动。

6. 国家要求女职工比较多的单位应当按国家有关规定以自办或联办形式，逐步建立女职工卫生室、孕妇休息室、托儿所、幼儿园等设施，妥善解决女职工在生理卫生、哺乳、照料婴儿方面的困难。为女职工提供月经期保健、婚前保健、孕前保健、产后保健、哺乳期保健、更年期保健。

（四）未成年人的特殊劳动保护方面

1. 不得安排未成年工从事矿山井下、有毒有害、国家规定的第四级体力劳动强度的劳动和其他禁忌从事的劳动。

2. 不得安排未成年工从事以下作业：（1）《生产性粉尘作用危害程度分级》国家标准中第一级以上的粉尘作业。（2）《有毒作业分级》国家标准中第一级以上的有毒作业。（3）《高处作业分级》国家标准中第二级以上的高处作业。（4）《冷水作业分级》国家标准中第二级以上的冷水作业。（5）《高温作业分级》国家标准中第三级以上的高温作业。（6）《低温作业分级》国家标准中第三级以上的低温作业。（7）《体力劳动强度分级》国家标准中第四级体力劳动强度作业。（8）矿山井下、矿山采石作业，森林伐木、流放和守林作业，地质勘探和资源勘探的野外作业，潜水、涵洞、涵道作业和海拔3 000米以上的高原作业。（9）接触易燃易爆、放射性物质的作业，有化学性烧伤和热烧伤等危险性大的作业。（10）使用凿岩机、捣固机、气镐、气铲、铆钉机、电锤的作业，连续负重每次超过20公斤、间断负重每次超过25公斤的作业，工作中需要长时间保持低头、弯腰、上举、下蹲等强迫体位和动作频率大于每分钟50次的流水线作业，锅炉司炉。

3. 必须在安排未成年工工作岗位前，工作满一年，或者年满18周岁、距前一次的体检时间已超过半年时组织对未成年工的健康检查，并根据未成年工的身体健康情况安排适当工作。

4. 未成年工上岗前用人单位应对其进行有关的职业安全卫生教育、培训。

5. 用人单位在招收和使用未成年工时，须向所在地的县级以上劳动保障行政部门办理登记手续。劳动保障行政部门根据《未成年工健康检查表》、《未成年工登记表》，核发《未成年工登记证》，未成年工须持《未成年工登记证》上岗。

三、国家关于法定休假的法律制度

法定休假是指国家为了满足公众或个人对节假日休息的需要，或者个人探亲、生育或处理婚丧事务等需要，以法律形式规定的假期休息制度。法定休假的形式主要有法定节日、年休假、探亲假、婚丧假和产假等五种形式。

（一）法定节日

法定节日是由国家根据政治、文化、风俗和宗教传统，通过法律统一规定的适用于全国公民的节日。法定节日主要分为三种，分别是传统节日，如春节、中秋节；纪念性节日，如国庆节、劳动节；宗教性节日，如圣诞节。由于历史悠久和文化繁荣等原因，我国各种各样的节日十分繁多。但是，只有由国家法律统一规定的方算是法定节日。在法定节日中，作为法定休假日的只有其中少数重大的节日如元旦、春节等。

《劳动法》第四十条规定："用人单位在下列节日期间应当依法安排劳动者休假：（一）元旦；（二）春节；（三）国际劳动节；（四）国庆节；（五）法律、法规规定的其他休假节日。"根据《全国年节及纪念日放假办法》规定，具体的放假办法是：

1. 元旦：元月一日放假一天；
2. 春节：农历正月初一、初二、初三放假三天；
3. 国际劳动节：五月一日放假一天；
4. 国庆节：十月一日、二日、三日放假三天；
5. 妇女节：三月八日妇女放假半天；青年节：五月四日十四岁以上青年放假半天；建军节：八月一日现役军人放假半天；
6. 少数民族习惯的节日由少数民族聚居地的地方人民政府按照各民族具体习惯规定放假日期。

对于适用于全体公民的法定假日，如果适逢每周的休息日，一般在工作日补假；如果是适用于部分公民的法定假日，一般不补假；少数民族的假日适逢休息日，是否补假由所在地省级人民政府根据民族习惯自行规定。

（二）年休假

年休假是指符合一定条件的劳动者在每个年度里依法和依照相关规定享有的连续的带薪假期。《劳动法》第四十五条规定：国家实行带薪年休假制度。劳动者连续工作一年以上的，享受带薪年休假。具体办法由国务院规定。现时年休假适用的具体规定是国务院1991年《关于职工休假问题的通知》。该通知规定：确定职工年休假天数时，要根据工作任务和各类人员的资历、岗位等不同情况，有所区别，最多不超过二周。在实际执行中，年休假一般是由用人单位根据单位内部规定或劳动协议统一安排的，也可以由职工提出申请由单位审批。

（三）探亲假

国家规定符合法定条件的员工享有探望异地配偶或双亲的假期，假期期间用人单位按标准工资支付工资。

所谓法定条件指的是职工必须是国家机关、人民团体和全民所有制企业、事业单位的员工，工作满一年，与探亲的对象异地居住且不能在公休日相聚。特别地，如果父母一方能在公休日相聚的，不享受带薪探望父母的待遇。

具体放假日期的规定是:

1. 探望配偶的,探亲假每年一次,每次30天;
2. 未婚职工探望父母的,探亲假每年一次,每次20天;如果是两年探望一次的,每次45天;
3. 已婚职工探望父母的,每四年放一次探亲假,每次20天;
4. 实行休假制度者应在休假期间探亲,假期太短的可以与单位进行协商调整。

职工享受探亲假期间,工资待遇按平时的标准工资给付。对探亲路费给予补贴,对于探望配偶和探望父母的未婚职工,路费由单位补贴;对于已婚的职工,路费低于个人工资额30%的部分由单位负担。职工探亲选用交通工具应当以经济、朴素为原则,单位不承担飞机票、出租车、软卧等高价的交通补贴。

(四) 婚丧假

婚丧假是指法律规定的当职工本人结婚或者职工直系亲属死亡时给予职工处理个人事务的假期,假期期间按基本工资标准发给工资。

根据我国有关规定,婚丧假一般为1~3天,具体天数由单位根据职工和单位实际决定。如果结婚双方不在一地工作或者职工在外地的直系亲属死亡,根据路程远近单位另外给予路程假。

(五) 产假

产假是指法律规定的给予生育期的女职工休养的假期。一般不少于90天。具体关于产假的放假规定请参看本节关于"女职工的特殊劳动保护方面"有关内容。

除了法定休假日以外,劳动者每工作满7天依法可以享受连续一天(24小时)的休息时间,一般安排在周六周日。我国从1995年5月1日起,普遍适用5天40小时的工作制度,于星期六和星期日休息,故称之为"双休日"。这种休息日不能算作假期,而是"公休日",不能当作法定休假日折算。换言之,当法定休假日适逢公休日,应该在工作日对法定休假日进行补假。

关 键 词

依法治国　合法性　劳动保护　直接薪酬　间接薪酬　薪金分制　工资制度　工资结构　最低工资制度　工资指导线制度　养老保险制度　医疗保险制度　劳动安全　劳动卫生　法定休假

小　结

1. 社会主义国家出于完善法制、保障劳动者权益、保障社会稳定和发展、规范用人单位的薪酬管理行为的需要，对薪酬管理进行立法监督。

2. 针对直接薪酬和间接薪酬本身的不同属性，国家在两者立法中体现了不同的特点。

3. 对于直接薪酬，国家就工资分配、工资结构、最低工资保障、工资支付和对工资的宏观调控制度等诸方面作了详细而具体的规定。

4. 对于间接薪酬，重点制定了社会保险制度，对包括养老保险、医疗保险等六种重要的社会保险进行了严格的规定。

5. 为了更好地保护人力资源，国家对劳动保护进行了全方位的规定，特别是对女职工和未成年工进行了特别的保护规定。

6. 为了保障劳动者法定休假日得到休息的权利，法律规定了关于法定休假日放假的具体办法以及工资和补贴等法定待遇。

复习思考题

1. 国家对薪酬管理进行立法和监督是出于哪几个因素的考虑？
2. 举例说明公平原则在国家对薪酬立法中的体现。
3. 国家对直接薪酬和间接薪酬的立法有什么差异？
4. 不同的社会保险基金的来源有何不同？具体的缴费比率又有什么差异？
5. 列举社会上用人单位常见的违反薪酬管理相关法律的现象或行为。

参 考 文 献

[1] Reaser, Jess Dalton. CEO and Average Employee Pay During the 1980s: Firm Level Determinants, Developments, and Effects, Michigan State University, 2000.

[2] Masao Nakamura, Olaf Hubler. The Bonus Share of Flexible Pay in Germany, Japan, and the US: Some Empirical Regularities, Japan and the World Economy, 1998 (10): 221-231.

[3] Brian S. Klaas. Containing Compensation Costs: Why Firms Differ in Their Willingness to Reduce Pay. Journal of Management, 1999, 25 (6): 829-850.

[4] [美] 丹尼尔·A. 雷恩. 管理思想的演变. 孔令济, 译. 北京: 中国社会科学出版社, 2000.

[5] [美] 乔治·T. 米尔科维奇, 杰里·M. 纽曼. 薪酬管理. 董克用, 等, 译. 北京: 中国人民大学出版社, 2002.

[6] [美] 威廉·P. 安东尼, K. 米歇尔·卡克马尔, 帕帕拉·L. 佩雷威. 人力资源管理战略方法. 第四版. 赵伟, 徐建军, 译. 北京: 中信出版社, 2004.

[7] [美] R. 韦恩·蒙迪, 罗伯特·M. 诺埃, 沙恩·R. 普雷梅克斯. 人力资源管理. 第八版. 葛新权, 郑兆红, 王斌, 等, 译. 北京: 经济科学出版社, 2003.

[8] 雷蒙德·A. 诺伊, 等. 人力资源管理: 赢得竞争优势. 刘昕, 译. 北京: 中国人民大学出版社, 2001.

[9] 赵曙明, [美] 罗伯特·马希斯, [美] 约翰·杰克逊. 人力资源管理. 北京: 电子工业出版社, 2003.

[10] [美] 巴里·格哈特, 萨拉·L. 瑞纳什. 薪酬管理: 理论、意义和战略管理. 上海: 上海财经大学出版社, 2005.

[11] [美] 托马斯·J. 伯格曼, 维达·古尔比纳斯·斯卡佩罗. 薪酬决策. 北京: 中信出版社, 2004.

[12] 何燕珍. 企业薪酬管理发展脉络考察. 外国经济与管理, 2002 (11).

[13] 杨清,刘再炟. 人力资源战略. 北京:对外经济与贸易大学出版社,2003.
[14] 杨剑,等. 目标导向的绩效考评. 北京:中国纺织出版社,2003.
[15] 唐志红,骆玲. 人力资源招聘·培训·考核. 北京:首都经济贸易大学出版社,2001.
[16] 马新建,等. 人力资源管理与开发. 北京:石油工业出版社,2003.
[17] 郑昭磊. 绩效考核在薪酬管理中的设计与应用. 黑龙江社会科学,2004(4).
[18] 郝丽. 人力资源绩效考核的误区分析. 江海学刊,2003(6).
[19] 龚达铭,李伟. 论绩效考核的核心——指标体系的选择. 中国农业银行武汉培训学院院报,2003(3).
[20] 李燕萍,余泽忠,李锡元. 人力资源管理. 武汉:武汉大学出版社,2002.
[21] 劳动和社会保障部,中国就业培训技术指导中心. 企业人力资源管理人员. 北京:中国劳动社会保障出版社,2005.
[22] 刘昕. 薪酬管理. 北京:中国人民大学出版社,2002.
[23] 张晓彤. 绩效管理实务. 北京:北京大学出版社,2004.
[24] 付亚和,许玉林. 绩效管理. 上海:复旦大学出版社,2003.
[25] 付亚和,许玉林. 绩效考核与绩效管理. 北京:电子工业出版社,2003.
[26] 盖勇,马惠. 薪酬管理. 济南:山东人民出版社,2004.
[27] 张建国. 薪酬体系设计——结构化设计方法. 北京:北京工业大学出版社,2003.
[28] 约瑟夫·J. 马尔托克奇奥. 战略薪酬——人力资源管理方法. 周眉,译. 北京:社会科学文献出版社,2002.
[29] 李严锋,麦凯. 薪酬管理. 大连:东北财经大学出版社,2002.
[30] 李旭红. 谈判工资:撬动薪酬竞争的支点. 市场报,2000-11-14.
[31] 彭剑锋. 如何激励知识型员工. 人才市场报,2001-9-14.
[32] 陈淑妮. 企业人力资本的三大激励机制. 经济管理,2002(5).
[33] 郑晓明. 现代企业人力资源管理导论. 北京:机械工业出版社,2002.
[34] 杨剑,白云,朱晓红,郑蓓莉. 激励导向的薪酬设计. 北京:中国纺织出版社,2002.
[35] 文跃然. 薪酬管理原理. 上海:复旦大学出版社,2004.
[36] 杨韶昆. 宽带型薪酬管理制度的优越性及其建立. 郑州航空工业管理学院学报(管理科学版),2004(3).

[37] 李强．企业竞争力与薪资的外部公平．中国人力资源开发，2004（1）.
[38] 杨明炜．大部分企业薪酬不具竞争力．中国经济时报，2002（10）.
[39] 赵景华．人力资源管理．济南：山东人民出版社，2002.
[40] 谌新民．人力资源管理．北京：中央编译出版社，2002.
[41] 章达友．人力资源管理．厦门：厦门大学出版社，2003.
[42] 陈全明，等．福利管理．深圳：海天出版社，2003.
[43] 马新建，等．人力资源管理与开发．北京：石油工业出版社，2003.
[44] 于小东，等．员工福利与退休计划．北京：中信出版社，2004.
[45] 欧明臣．自助餐式的员工福利——弹性福利制．中国人力资源开发，2003（3）.
[46] 刘军胜．薪酬管理实务手册．北京：机械工业出版社，2002.
[47] 江贻送．企业人工成本科学管理的研究．中国人力资源开发，2005（4）.
[48] 王楠等．企业人工成本管理问题及对策研究．价值工程，2004（9）.
[49] 孙小珍．企业薪酬激励的艺术．山西建筑，2004（14）.
[50] 法律出版社法规中心．劳动法律手册．第三版．北京：法律出版社，2004.
[51] 曾湘泉．劳动经济学．上海：复旦大学出版社，2003.
[52] 许月明．劳动法学．重庆：重庆大学出版社，2003.